21 世纪通才系列教材

世界遗产旅游概论

邓爱民 王子超 ◎编著

北京大学出版社
PEKING UNIVERSITY PRESS

图书在版编目(CIP)数据

世界遗产旅游概论/邓爱民,王子超编著.—北京:北京大学出版社,2015.5
(21世纪通才系列教材)
ISBN 978-7-301-25792-0

Ⅰ.①世… Ⅱ.①邓…②王… Ⅲ.①文化遗产—旅游资源开发—世界—高等学校—教材 Ⅳ.①F591

中国版本图书馆 CIP 数据核字(2015)第 092497 号

书　　　名	世界遗产旅游概论
著作责任者	邓爱民　王子超　编著
责 任 编 辑	赵学秀
标 准 书 号	ISBN 978-7-301-25792-0
出 版 发 行	北京大学出版社
地　　　址	北京市海淀区成府路 205 号　100871
网　　　址	http://www.pup.cn
微信公众号	北京大学经管书苑（pupembook）
电 子 邮 箱	编辑部 em@pup.cn　总编室 zpup@pup.cn
电　　　话	邮购部 010-62752015　发行部 010-62750672　编辑部 010-62752926
印 刷 者	北京虎彩文化传播有限公司
经 销 者	新华书店
	730 毫米×980 毫米　16 开本　25.25 印张　481 千字
	2015 年 5 月第 1 版　2024 年 1 月第 6 次印刷
印　　　数	11501—12000 册
定　　　价	45.00 元

未经许可,不得以任何方式复制或抄袭本书之部分或全部内容。
版权所有,侵权必究
举报电话:010-62752024　电子邮箱:fd@pup.cn
图书如有印装质量问题,请与出版部联系,电话:010-62756370

前　　言

　　自然与人文的遗产地旅游，近些年来越发受到学术界和普通民众的关注。随着人类在几百万年前开始在地球上留下足迹，周围的环境就随着他们的活动而发生着变化。而到了产业经济高度发达的21世纪，人类的智慧活动不仅带来了生产力的变革，也使得地球的环境发生了迅速的变化。在自然山水中遨游，在人文建筑中畅想的游客们，也抱有深深的忧虑：我们能为子孙后代留下什么样的旅游遗产？

　　世界遗产的概念最早在西方提出，旨在改善恶劣环境下自然与人文遗产遭受的不断破坏。为了保护人类共有的宝贵财富，1972年11月16日，联合国教科文组织在法国首都巴黎举行第17届全体会议。强调世界遗产极其珍贵、不可再生、不可复制，属于全人类，是整个文明历史的精华，在受到威胁和破坏之前，必须把它们保护起来。同时，制定了《世界遗产公约》等一系列的保护法则，如申请加入世界遗产的国家，必须对遗产提出有效的保护措施与方案设计，并在申遗成功后接受联合国教科文组织的检查。

　　目前国内关于世界遗产旅游的著作极为有限。本书作者在从事多年旅游管理、旅游规划的教学之余，通过深入的思考和文献分析，根据受到广大高校学生普遍欢迎的"世界遗产与旅游"课程的讲义和教案，设计和编写了此书。本书包括世界遗产概念的提出、世界遗产的分类、世界遗产的申报和管理、世界遗产旅游的内涵、城市遗产与旅游、建筑景观与旅游、人类遗址与旅游、自然遗产与旅游、人类非物质遗产、中国世界遗产介绍等主要内容。本教材适于旅游专业高校教师与学生授课、学习之用。

编　者

2014年10月16日

作者简介

邓爱民 1971年10月生,中南财经政法大学旅游管理系主任、教授、博士生导师,旅游管理研究生导师组组长,MTA导师组组长,出版专著7部;在《管理世界》等权威刊物上发表论文100多篇;获省部级奖励2项;主持省部级课题6项;主持或参与各级政府和企业委托的旅游规划100多项,有较强的理论功底和实践能力。

王子超 1977年出生,湖南慈利人,博士,中南财经政法大学工商管理学院旅游系讲师。主要从事旅游文化、生态景观、度假胜地管理等方面的研究,师从武汉大学知名学者谢贵安教授。在《武汉大学学报》《厦门大学学报》《澳门研究》《澳门科技大学学报》《华中建筑》《人文论丛》等学术杂志上发表论文十多篇。出版《清风浊梦》《明清至近代中国旅游文化思想的转型研究》两部著作。

目 录

第1章 世界遗产概述 ································· 1
  1.1 世界遗产的诞生与发展 ································· 1
  1.2 世界遗产与遗产旅游 ································· 5
  1.3 世界遗产旅游的发展趋势 ································· 6

第2章 世界遗产的概念、分类和特征 ································· 7
  2.1 世界遗产的概念及辨析 ································· 7
  2.2 世界遗产的分类及标准 ································· 8
  2.3 世界遗产的特征及标志 ································· 15

第3章 世界遗产申报过程和组织管理 ································· 24
  3.1 世界遗产申报过程 ································· 24
  3.2 世界遗产申报的相关组织机构 ································· 29
  3.3 世界遗产的后续管理 ································· 36

第4章 世界遗产与旅游 ································· 46
  4.1 世界遗产与旅游的关系 ································· 46
  4.2 世界遗产旅游的内涵 ································· 54
  4.3 世界遗产旅游管理的国际经验 ································· 60

第5章 城市遗产与旅游 ································· 77
  5.1 历史中心遗产旅游发展 ································· 77
  5.2 历史古城遗产旅游发展 ································· 99
  5.3 特殊城市和城区遗产旅游发展 ································· 118
  5.4 城市遗产旅游创新 ································· 126

第6章 建筑景观与旅游 ································· 130
  6.1 宗教建筑 ································· 130
  6.2 王室建筑 ································· 155
  6.3 军事建筑 ································· 171
  6.4 特殊建筑 ································· 177
  6.5 建筑旅游与保护 ································· 186

第7章 人类遗址与旅游 ·········· 189
- 7.1 欧洲遗址 ·········· 189
- 7.2 亚洲遗址 ·········· 196
- 7.3 非洲遗址 ·········· 203
- 7.4 美洲遗址:科潘玛雅遗址 ·········· 210
- 7.5 遗址旅游:生机与保护并存 ·········· 213

第8章 自然遗产 ·········· 222
- 8.1 地质演变 ·········· 224
- 8.2 生物演变 ·········· 233
- 8.3 绝妙景观 ·········· 240
- 8.4 珍稀生物 ·········· 247
- 8.5 自然遗产旅游的开发模式 ·········· 255

第9章 其他遗产类型 ·········· 259
- 9.1 自然与文化双重世界遗产 ·········· 259
- 9.2 濒危遗产 ·········· 270
- 9.3 口头及非物质遗产 ·········· 276
- 9.4 遗产的创意旅游 ·········· 282

第10章 中国世界遗产概况 ·········· 286
- 10.1 中国与世界遗产 ·········· 286
- 10.2 中国的世界文化遗产(包含文化景观) ·········· 288
- 10.3 中国的世界自然遗产 ·········· 310
- 10.4 中国的文化与自然双重遗产 ·········· 316
- 10.5 中国的非物质文化遗产 ·········· 319

第11章 中国世界遗产的开发与保护 ·········· 342
- 11.1 中国世界遗产管理体制之探 ·········· 342
- 11.2 中国世界遗产旅游 ·········· 364
- 11.3 中国世界遗产可持续发展之路 ·········· 379

参考文献 ·········· 390

后记 ·········· 397

第1章 世界遗产概述

随着社会的发展,文明取代了蒙昧。泛舟于历史的长河,犹如一幅优美的画卷,有山水自然,有城堡古迹,有辛勤工作的人群,有节庆歌舞……然而,祖先遗留的大量的宝贵财富却由于各种人为或自然因素被毁坏殆尽,各种环境污染以及生态环境恶化引起了我们的重视,唤起了我们对祖先留给我们的物质文明和精神文明的保护意识。本章主要讲述世界遗产、《世界遗产公约》的诞生与发展,以及世界遗产的概念、分类、特征和标志。

1.1 世界遗产的诞生与发展

1.1.1 历史背景

1. 努比亚遗址跨国抢救

1959年,为了消除水患,更好地发挥水电效能和发展当地经济,埃及政府决定重建阿斯旺高坝(Aswan High Dam),新建纳赛尔水库。但是,拦腰截断尼罗河修建高坝提高的水域,将使许多防御工事和城堡、城镇、陵园的努比亚的大面积遗址和几十座古代神庙被淹没损毁。因此,埃及政府一方面制订抢救努比亚古迹的计划,同时与联合国教科文组织(The United Nations Educational, Scientific and Cultural Organization, UNESCO)交涉,提出努比亚古迹虽然在埃及境内,但作为整个人类遗产的一部分,对它的抢救应该是全世界关注的问题。而这项工程规模浩大,耗资巨额,埃及政府难以承担,请求教科文组织对抢救古迹计划的制订和实施,提供物质、技术和科学援助。几个月之后,与这项工程有关联的苏丹政府也向联合国教科文组织提出类似请求。同年,应埃及和苏丹两国政府的要求,联合国教科文组织向全世界发出呼吁,要求各国政府、公营机构和民间团体,以及有可能提供援助的各方面人士,为抢救努比亚古迹提供财政、技术和科学方面的援助。这一国际保护行动最后争取到50个国家的支持,筹集了8000万美元,来自德国、法国、意大利、瑞典等近50个考古团体和众多的专家、工程师云集埃及,从1964年开始经过10年时间,最终将阿布·辛拜勒神庙和菲莱神庙(Abu Simbel and Philae Temples)完整切割迁至安全地带并重新组合。努比亚遗址的救援和宣传活动,是联合国教科文组织保护人类遗产的第一次国际行动,也是《世界遗产公约》诞生的直接诱因和最初的检验。

2. 环境问题恶化

人类创造了辉煌的物质文明和精神文明,但是随着世界范围工业化进程的加速,文化遗产和自然遗产受到了严重的威胁。从古文明国家和民族的生态破坏引起的社会衰落,到20世纪30年代连续数起多人死亡和痛苦的重大环境公害事件(30—70年代的"马斯河谷烟雾事件""多诺拉烟雾事件""洛杉矶光化学烟雾事件""伦敦烟雾事件""四日市哮喘事件""痛痛病事件""水俣病事件""米糠油事件"世界八大公害事件)之后,人类逐渐认识到环境问题的严重性。20世纪60—70年代初,很多国家的公众都意识到自然环境和古建筑遗迹是国家和民族的智慧结晶,是祖先留给世界人民的宝贵财富,应该受到充分尊重和保护。1965年,在阿布·辛拜勒神庙和菲莱神庙复原工程开始的同时,保护人类文化遗产的国际会议在美国华盛顿举行,会议提出成立"世界遗产基金"。随后,挽救努比亚遗迹国际合作的成功促进了挽救意大利的水城威尼斯、巴基斯坦的摩亨佐—达罗遗址、印度尼西亚的婆罗浮屠等其他遗址的保护工作,是世界遗产国际保护的开端。

1.1.2 《世界遗产公约》的诞生

1. 世界遗产的价值和地位

世界遗产是自然和文化的产物,是人类历史、经济、文化与文明的象征,代表着最有价值的人文景观和自然景观,是人类共有的智慧结晶和宝贵财富。世界遗产具有科学价值、美学价值、历史文化价值和旅游价值等无可替代的独特价值。世界文化遗产反映出多元的民族文化和传统特色,包括风格各异的历史名城、建筑群、文物、名胜古迹、考古遗址等,这些优秀的世界文化遗产具有艺术创新、科学发现和技术发明等特点,是人类智慧的结晶。

2. 世界遗产保护的制约

在国际社会拯救阿布·辛拜勒和菲莱神庙活动的影响下,联合国教科文组织注意到世界各国文化遗产和自然遗产面临被严重破坏的威胁,一方面因年久腐变所致,另一方面社会和经济条件的恶化造成的损害和破坏日益严重。然而,要保护和拯救那些历经数千上万年之久形成的重要文化遗产和自然遗产,由于缺乏完善的经济、科学和专业技术,很多国家的遗产保护工作相当困难,尤其是小国和穷国。因此,联合国教科文组织认为要想很好地保存这些全人类的世界遗产,必须建立一个根据现代科学方法制定的集体保护有突出、普遍价值的文化和自然遗产的有效、永久性的公约制度,将对文化遗产的法定保护提到联合国教科文组织的工作日程上来。

3.《世界遗产公约》

面对生态环境的日益恶化和文化遗产、自然遗产的严重破坏,1965年美国倡议文化和自然联合保护;联合国教科文组织1968年在巴黎召开第一次政府环境会议,会议议题为各国共同利用和保护地球生物圈,制订了教科文组织的"人和生物圈计划"。此后,联合国教科文组织与国际遗迹和遗址委员会(ICOMOS)对保护人类文化遗址起草了协定;与世界自然保护联盟(IUCN)合作,对自然遗产的保护进行归纳,提议将保护自然遗产和文化遗产放在同一个法律文件中。1972年联合国在瑞典斯德哥尔摩召开的联合国人类环境大会,国际社会确认了各国要对处于危险中的环境集体负责的观念,强调迫切需要采取措施来保护人类赖以生存的自然环境和杰出的文化成果。会议最终决定由联合国教科文组织正式拟定一个公约,将文化遗产和自然遗产的保护放在同一个法律文件中。

为了保护人类共有的宝贵财富,1972年11月16日,联合国教科文组织在法国首都巴黎举行第17届全体会议,强调极其珍贵、不可再生、不可复制的世界文化遗产属于全人类,是整个人类文明历史的精华,在受到威胁和破坏之前,必须把它们保护起来。会议通过了《保护世界文化和自然遗产公约》(Convention Concerning the Protection of the World Cultural and Natural Heritage)(简称《世界遗产公约》,以下简称《公约》),是联合国教科文组织在全球范围内制定和实施的一份具有广泛和深远影响的国际准则文件,旨在有目的、有计划地确定、整理世界范围内的文化与自然遗产,以便于国际社会将其作为人类共同遗产加以保护。它既是世界遗产的概念在国际法上的确定,同时也标志着保护世界遗产的全球化行动的开始。《公约》对文化和自然遗产的标准做了明确规定,确定了实施《公约》的指导方针,设立了世界文化和自然遗产委员会以及"世界遗产基金",以审核、论证各缔约国申报的文化与自然遗产项目。中国于1985年12月12日加入《公约》,1986年开始向联合国教科文组织申报世界遗产项目。1999年10月29日,中国当选为世界遗产委员会成员。自此,《公约》及其组织在保护具有世界意义的文化和自然遗产方面一直发挥着极为重要的作用。

1.1.3 世界遗产的保护和发展

1. 早期世界文化遗产的保护

鬼斧神工的自然美和杰出灿烂的人工美,组成了人类生存和发展的人文环境,极大地丰富了自然遗产和文化遗产。在古代王朝接替的统治下,人们就认识到历史文化遗物的价值,注重对时代文化代表物品的珍视、欣赏、保护和收藏。

这只是古代人们对逝去时代的纪念和追寻，并不是现代意义上历史文化遗产保护的开始。最初的保护和收藏对象比较狭窄，主要是一些可以搬动的古董、器具。而对于世界上的历史建筑物和建筑群，是过去统治的象征，统治阶级征服一个王朝的第一步就是毁灭前朝的都城建筑。近代工业革命的浪潮和各国生产力发展的追逐以及反古典复兴和折中主义的现代主义建筑思潮，使得许多古建筑及其环境遭到毁灭，如英国、德国、奥地利等国的许多古城都在这一浪潮中荡尽古风。著名建筑师勒·柯布西耶于1925年提出的巴黎中心改建计划，想将塞纳河北岸的古都城内的老区全部拆除，正反映出当时人们头脑中文物保护观念的淡薄。人们经历了许多教训和挫折后，终于认识到历史建筑具有不可替代的价值和作用，于是，对世界历史文化遗产的保护悄然兴起，由欧洲向世界范围逐渐扩展。

欧洲的保护思想起源比较早，从广义上来说对文物建筑和历史纪念物的保护行为最早可以追溯到古罗马时代，在文艺复兴时期进一步发展。18世纪中叶，英国古罗马圆形剧场作为欧洲第一个被立法保护的建筑，标志着文物保护的概念扩展到建筑，但这并不意味着文物建筑的价值得到广泛的认同。18世纪末，人们开始重视文物建筑的保护和修复工作。19世纪中叶到20世纪末，人们逐渐认可历史建筑的价值、作用，注重历史建筑的科学化保护和修护工作，并形成了一些基本概念、理论和原则，从此文物建筑保护运动具有了广泛的社会基础。19世纪与20世纪之交，各国开始了现代意义的文物古迹保护，并以国家立法的形式确定了下来。法国于1840年提出《历史性建筑法案》，1913年颁布《历史古迹法》，1930年颁布《遗址法》，1943年立法规定在历史性建筑周围500米内改变环境面貌必须得到专门的批准。英国于1882年颁布《古迹保护法》，1990年颁布其修正案；1913年颁布《古建筑加固和改善法》，1931年颁布其修正案；1953年制定《古建筑及古迹法》。日本于1952年综合1897年的《古神社寺庙保存法》、1919年的《古迹名胜天然纪念物保存法》和1929年的《国宝保护法》，形成《文物保护法》。美国也于1960年制定了《文物保护法》。国际上也陆续通过了一系列历史遗产保护的文件。比较著名的有1933年通过的《雅典宪章》、1964年制定的《威尼斯宪章》、1976年通过的《内罗毕建议》和1987年的《华盛顿宪章》。这些文件也体现出历史文化遗产保护范围逐步扩大的过程，即由20世纪30年代保护"有历史价值的建筑和地区"的个体文物建筑扩大到60年代的历史街区、历史地段，再到70年代"整体保护"概念的提出以及保护与城市规划的开始结合，最终在80年代确定了对历史地段、历史城市城区的保护以及城市保护与城市规划的紧密结合。

自此，世界历史文化遗产保护对象从可供人们欣赏的艺术品经历了各种作为社会、文化发展见证的历史建筑与环境，发展到和人们当前生活相关的历史地区乃至整个城市。1977年，联合国教科文组织世界遗产委员会正式召开会议，评审世界文化遗产（包括文物、建筑群和遗址）。1992年，联合国教科文组织世界遗产委员会第16届会议提出把"文化景观遗产"纳入《世界遗产目录》中,专门代表《公约》第一条表述的自然与人类的共同作品。文化景观遗产包括园林和公园景观、有机进化的景观(人类历史演变的物证)和关联性文化景观。

2. 世界遗产保护的发展

1992年,联合国教科文组织启动一个世界文化遗产的延伸项目——世界记忆文献遗产(又称"世界记忆工程"或者"世界记忆名录"),目的是抢救和保护文献记录,使人类的记忆更加完整。

1998年联合国教科文组织通过决议设立"非物质文化遗产"评选,以便保护文化的多样性,激发创造力,作为与《公约》保护的物质文化遗产并列的项目,也纳入了《公约》。

1998年奥地利赛默林铁路和1999年印度大吉岭喜马拉雅铁路,被列入《世界遗产名录》,延伸出一个具有旅游开发价值的"线性文化遗产"类型。2002年,联合国粮农组织、开发计划署和全球环境基金设立了全球重要"农业文化遗产"项目(即GIAHS全球重要农业文化遗产)。

2009年,湿地国际联盟组织开展对国际湿地纳入世界遗产保护战略,设立"湿地遗产"项目。

自此,世界遗产保护对象经历了由实体物质到物质与非物质,从"特殊的"遗产系统走向"一般的"遗产系统,从作为历史的遗产时代走向作为纪念的遗产时代的过程。随着社会的发展,将会有更多种类的物质被视作遗产。

1.2 世界遗产与遗产旅游

1.2.1 遗产旅游概述

1. 遗产旅游起源

遗产旅游的产生与遗产概念和内涵的不断商业化紧密相关。世纪遗产旅游与世界遗产有着密不可分的联系。世界遗产作为旅游吸引物,它的出现直接催生了世界遗产旅游,而世界遗产旅游的产生与发展,又对遗产功能与价值最大限度的发挥、保护与可持续利用产生了巨大的影响。1975年,欧洲的"建筑遗产年"是遗产旅游成为大众消费需求的标志。自20世纪70年代末第一批世界遗产公布后,世界遗产旅游(World Heritage Tourism)作为一种新的旅游产品,在西方国家被培育并加以营销。世界遗产作为高品位的旅游吸引物,是促进遗产旅游发生与发展的源泉和动力,涵盖人类和环境共同进化发展的文化和自然遗产的各方面,具有其他遗产所无法比拟的社会价值、科学价值、经济价值和旅游价值。尤其是20世纪,后现代主义思潮在西方的出现和盛行推动了文化的商品化和大众化，由此激发了旅游者对文化遗产及其承载的思想和文化价值的强烈兴趣以及实际的旅游行动。以文物古迹资源作为主要吸引物的文化遗产旅游由此在全世界流行开来，并成为推动世界旅游业发展的主要因素之一。到20世纪末，世界遗产地的旅游人数越来越多，以世界遗产为吸引物的各类主题旅游活动也层出不穷。联合国教科文组织的一项数字显示，仅在1998年，全世界就有近5亿人游览了552个世界遗产地。

2. 遗产旅游含义

遗产旅游是旅游学的一个分支。世界旅游组织将遗产旅游（Heritage Tourism）定义为"深度接触其他国家或地区自然景观、人类遗产、艺术、哲学以及习俗等方面的旅游"。世界遗产旅游从属于遗产旅游，世界遗产旅游是以列入《世界遗产名录》的具有历史、科学、艺术或文化价值的人类杰作的文化遗产和具有地质、地貌学、生态、生物多样性和自然美价值的自然地域空间集合体的自然遗产为主体旅游吸引物的旅游形式，即以被列入《世界遗产名录》的文化遗产、自然遗产、文化与自然双遗产、文化景观遗产以及非物质遗产作为旅游吸引物的旅游形式。遗产旅游中的目的地或吸引物一旦被列入《世界遗产名录》，也就从一般意义上的遗产旅游转化为世界遗产旅游。

本书主要采取世界旅游组织对世界遗产旅游的定义，遗产旅游是以《世界遗产名录》中的遗产地和遗产内容为吸引物的旅游，《世界遗产名录》具有动态性，每年都有新的遗产被列入其中，所以有可能成为遗产或者符合《公约》中遗产评定标准的任何一项的目的地或内容，与世界遗产相关的环境和资源都应该成为世界遗产旅游的对象。

1.3 世界遗产旅游的发展趋势

世界遗产往往是一个国家或者地区人文知识和自然知识的代表，反映着世界上自然地理和人类文明的多样性和复杂性，因而成为旅游者了解文明的一个重要窗口。遗产旅游是以《世界遗产名录》中的遗产地和遗产内容为吸引物的旅游，《世界遗产名录》具有动态性，每年都有新的遗产被列入其中，所以有可能成为遗产或者符合《公约》中遗产评定标准的任何一项的目的地或内容都可能成为世界遗产旅游发展的对象。

世界遗产以其资源的高价值、不可再生等特性在旅游业中独树一帜。世界遗产包含多种类型的旅游资源，既可涵盖观光型、生态型旅游，也融入了文化型、体验型、考察型及教育专题旅游。在旅游业蓬勃发展的当今世界，随着世界旅游的发展和普及，世界遗产旅游也将以其独一无二的遗产资源吸引更多的旅游者，成为旅游的新热点。

第2章 世界遗产的概念、分类和特征

2.1 世界遗产的概念及辨析

2.1.1 世界遗产的概念

世界遗产是指被联合国教科文组织和世界遗产委员会确认的人类罕见的、无法替代的财富,是全人类公认的具有突出意义和普遍价值的文物古迹及自然景观。狭义的世界遗产包括"世界文化遗产""世界自然遗产""世界文化与自然遗产""文化景观"四类。广义概念,根据形态和性质,世界遗产分为文化遗产、自然遗产、文化和自然双重遗产、记忆遗产、人类口述和非物质遗产(简称"非物质文化遗产")、文化景观遗产。一般地,"世界遗产"被认为是根据《保护世界文化和自然遗产公约》的规定被纳入《世界遗产名录》的遗产地,是指经世界遗产委员会确认的人类最高品位的遗产,是一个专有名词。

2.1.2 世界遗产的核心理念

1. 真实性

"真实性"这一概念最早出现在《威尼斯宪章》(Venice Charter,1964)用于欧洲文物古迹的保护与修复中,之后在欧洲社会逐渐得到广泛认可。真实性用于世界遗产领域最初见于《行动指南》,《奈良文件》(Nara Document,1994)对其做了比较详细的解释。《奈良文件》第13款指出:"想要多方位地评价文化遗产的真实性,其先决条件是认识和理解遗产产生之初及其随后形成的特征,以及这些特征的意义和信息来源。真实性包括遗产的形式与设计、材料与实质、利用与作用、传统与技术、位置与环境、精神与感受。"有关真实性的详细信息的获得和利用,需要充分地了解某项具体文化遗产独特的艺术、历史、社会和科学层面的价值。文化遗产真实性的保持还在于"不同的文化和社会都包含着特定的形式和手段,它们以有形或无形的方式构成了某项遗产"。

世界遗产委员会在《行动指南》第24段指出,列入世界遗产名录的文化遗产应符合《世界遗产公约》所说的具有突出的普遍价值的至少一项标准和真实性标准。每项被认定的项目都应满足对其设计、材料、工艺或背景环境,以及个性和构成要素等方面的真实性的检验。

2. 完整性

完整性,意味着未经触动的原始条件,主要用于评价自然遗产,如原始森林或野生生物区等。完整性原则包括自然完整、文化完整以及体验完整,既保证了世界遗产的价值,同时也为遗产的保护划定了原则性范围。自然完整包括过生态系统的完整和生态过程的完整。《行动指南》对自然遗产的完整性有如下界定:

对于表现地球历史主要阶段的重要实证的景点,被描述的区域应该包括在其自然环境中全部或者大多数相关要素。例如,一个冰期地区,应包括雪地、冰河以及切割图案、沉积物和外来物(如冰槽、冰碛物、先锋植物等);一个火山地区,应包括完整的岩浆系列、全部或大多数种类的火山岩和喷发物。

对于陆地、淡水、海洋和海洋生态系统,以及动植物群落进化和演变中重大的持续生态和商务过程定位重要实证的景点,被描述的区域应该有足够大的范围,并且包括必要的元素,以展示对于生态系统和生物多样性的长期保护发挥关键作用的过程。例如,一个热带雨林地区应包括一定数量的海平面以上的植被、地形和土壤类型的变化、斑块系统和自然再生的斑块。

对于有绝佳的自然现象或是具有特别的自然美和美学重要性的区域,应包括具有突出的美学价值,并且包括那些对于保持区域美学价值起着关键作用的相关地区。例如,一个景观价值体现在瀑布的景点,应包括相邻集水区和下游地区,它们是保持景点美学质量不可分割的部分。

对于最重要和最有意义的自然栖息地,景点应包括对动植物种类的生存不可缺少的环境因素。景点的边界应该包括足够的空间距离,以使景点免受人类活动和资源乱用的直接影响,已有的或建议的被保护区域还可以包括一些管理地带,即使该地带不能达到第44段提出的标准,但它们对于保障被提名景点的完整性起着基础作用。例如,在生物储备景点中,只有核心地区能够达到完整性的标准,但是其他地区(如缓冲地带和转换地带)可能对保障生物储备的全面性具有重要意义,本着完整性的考虑,也应该将之纳入景点范围。

2.2 世界遗产的分类及标准

世界遗产是指具有突出价值的文化与自然遗产,是大自然和人类留下的最珍贵的遗产,需要作为整个人类遗产的一部分加以保护。世界遗产是人类历史、文化与文明的结晶,代表着最有价值的人文景观和自然景观,是人类共有的宝贵财富。目前,被列入联合国教科文组织公布的各类遗产名录中的遗产类型,主要包括世界文化遗产、世界自然遗产、文化与自然混合遗产、非物质文化遗产、文化景观遗产和其他类型遗产。

2.2.1 文化遗产

1. 文化遗产的含义

文化遗产是指具有突出的历史学、考古学、美学、科学、人类学、艺术价值的文物、建筑物、遗址等。

《公约》对世界文化遗产的定义如下:

文物:从历史、艺术或科学角度看,具有突出、普遍价值的建筑物、雕刻和绘画,具有考古意义的成分或结构,铭文、洞穴、住区及各类文物的综合体;

建筑群:从历史、艺术或科学角度看,因其建筑的形式、统一性及其与环境景观结合等方面,具有突出、普遍价值的单独或相互联系的建筑群;

遗址:从历史、美学、人种学或人类学角度看具有突出、普遍价值的人类工程或自然与人联合工程以及考古地质等地方。

2. 文化遗产的标准

世界遗产委员会在公约实施细则中明确规定,世界文化遗产必须具备以下标准中一个或者多个,并经真实性检测合格,还要在保护管理方面达到要求。世界文化遗产的具体评定标准共有六个。

根据《实施保护世界文化和自然遗产公约的操作指南》的规定,凡列入《世界遗产名录》的文化遗产项目即世界文化遗产,必须至少具备以下一项或多项标准:

① 代表一种独特的艺术成就和创造性的天才杰作;

② 在一定时期或世界某一文化区域内,对建筑艺术、纪念物艺术、城镇规划或景观设计方面的发展产生过重大影响;

③ 能为一种现存的或已经消失的文明或者文化传统提供一种独特的或至少是特殊的见证;

④ 可作为某种类型的建筑物、建筑群或景观的杰出范例,代表一种或几种文化,展示人类历史上一个(或几个)重要阶段的作品;

⑤ 可作为传统的人类居住地或使用地的杰出范例,并代表一种(或几种)文化,尤其是在不可逆转之变化的影响下变得易于损坏的地点;

⑥ 与具有特殊普遍意义的事件、现行传统、思想、信仰或文学艺术作品有直接和实质的联系(只有在某些特殊情况下或该项标准与其他标准一起作用时,

此款才能成为列入《世界遗产名录》的理由）。

在符合以上标准中一项或多项的基础上，申报的项目还必须同时满足另外两个条件：符合真实性要求（包括设计、材料、工艺和布局的真实性）；有足够的法律和（或）传统的保护和管理机制作为保障。

截至 2014 年 6 月 25 日第 38 届世界遗产委员会大会在卡塔尔首都多哈闭幕，《世界遗产名录》包括 1 007 项遗产，其中世界文化遗产 779 项（含文化景观遗产），约占该名录所列遗产总数的 77.36%。

2.2.2 自然遗产

1. 自然遗产的含义

自然遗产是指具有科学、保护或者美学价值的地质、自然地理、生态、生物结构、濒危动植物栖息地和自然资源保护区等。《公约》对自然遗产的定义如下：

① 从美学或科学角度看，具有突出、普遍价值的由地质和生物结构或这类结构群组成的自然面貌；

② 从科学或保护角度看，具有突出、普遍价值的地质和自然结构以及明确划定的濒危动植物物种生态区；

③ 从科学、保护或自然角度看，具有突出、普遍价值的天然名胜或明确划分的自然区域。

2. 自然遗产的标准

根据《实施保护世界文化和自然遗产公约的操作指南》，凡列入《世界遗产名录》的自然遗产项目，即世界自然遗产，必须符合下列一项或几项标准：

① 构成代表地球演化史中重要阶段的突出例证；

② 构成代表进行中的重要地质过程、生物演化过程以及人类与自然环境相互关系的突出例证；

③ 独特、稀有或绝妙的自然现象、地貌或具有罕见自然美的地带；

④ 尚存的珍稀或濒危动植物物种的栖息地。

自然遗产的评选，在具体操作过程中，除了符合上述四条标准之外，还必须符合《实施保护世界文化和自然遗产公约的操作指南》规定的整体环境条件。这些环境条件包括：必须包含自然生态关系必备要素的全部内容或绝大部分内容；必须有相当充分的地域面积，能够自我维持生态平衡；必须具有维护物种延续的生态系统；濒危物种遗址应该具有维持濒危物种生存所需的生存条件，特别要保护迁徙性的物种种群；遗产所在地必须有令人满意的长期立法调节，以做到制度化保护。

截至 2014 年 6 月 25 日第 38 届世界遗产委员会大会在卡塔尔首都多哈闭

幕,《世界遗产名录》包括 1 007 项遗产,其中世界自然遗产 197 项,约占该名录所列遗产总数的 19.56%。

2.2.3 文化与自然混合遗产

文化与自然混合遗产(Mixed Site)简称"混合遗产"、"复合遗产"。按照《实施保护世界文化和自然遗产公约的操作指南》,只有同时部分满足或完全满足《公约》中关于文化遗产和自然遗产定义的遗产项目才能成为文化与自然混合遗产。

截至 2014 年 6 月 25 日第 38 届世界遗产委员会大会在卡塔尔首都多哈闭幕,《世界遗产名录》包括 1 007 项遗产,其中世界文化与自然混合遗产 31 项,约占该名录所列遗产总数的 3.1%。

2.2.4 文化景观遗产

文化景观是 1992 年 12 月在美国圣菲召开的联合国教科文组织世界遗产委员会第 16 届会议时提出并被纳入《世界遗产名录》中的。《实施保护世界文化和自然遗产公约的操作指南》第 47 条对文化景观遗产(Cultural Landscapes)进行了阐释:《保护世界文化和自然遗产公约》第 1 条就指出文化景观属于文化遗产,代表着"自然与人联合的工程",即自然与人的共同作品。它们反映了因物质条件的限制和(或)自然环境带来的机遇,在一系列社会、经济和文化因素的内外作用下,人类社会和定居地的历史沿革。文化景观代表"自然与人类的共同作品"。文化景观的选择应基于它们自身的突出、普遍的价值,其明确划定的地理—文化区域的代表性及其体现此类区域的基本而独特文化因素的能力。它通常体现为持久的土地使用的现代技术及保持或提高景观的自然价值,保护文化景观有助于保护生物多样性。

按照《实施保护世界文化和自然遗产公约的操作指南》,文化景观遗产分为以下三类:

1. 人类有意设计和建筑的景观

人类有意设计和建筑的景观包括出于美学原因建造的园林和公园景观,它们经常(但并不总是)与宗教或其他纪念性建筑物或建筑群有联系。

2. 有机进化的景观

有机进化的景观产生于最初始的一种社会、经济、行政以及宗教需要,并通过与周围自然环境的相联系或相适应而发展到目前的形式。它又包括两种类别:一是残遗物(或化石)景观,代表着一种过去某段时间已经完结的进化过程,不管是突发的还是渐进的。它们之所以具有突出的普遍价值,还在于其显著特点依然体现在实物上。二是持续性景观,它在当今与传统生活方式相联系的社会中保持着一种积极的社会作用,而且其自身演变过程仍在进行,同时又展示了历史上其演变发展的物证。

3. 关联性文化景观

关联性文化景观以与自然因素、强烈的宗教、艺术或文化相联系为特征,而不是以文化物证为特征。

文化景观的评定采用文化遗产的标准,同时参考自然遗产的标准。为区分和规范文化景观遗产、文化遗产、文化与自然遗产的评选,《实施保护世界文化和自然遗产公约的操作指南》对评选文化景观的原则进行了规定,文化景观"能够说明为人类社会在其自身制约下、在自然环境提供的条件下以及在内外社会经济文化力量的推动下发生的进化与时间的变迁。在选择时,必须同时以其突出的普遍价值和明确的地理文化区域内具有代表性为基础,使其能反映该区域本色的、独特的文化内涵"。

2.2.5 非物质文化遗产

1. 非物质文化遗产的含义

人类非物质文化遗产又称人类口头与非物质遗产(简称"非物质文化遗产"),是相对于有形遗产即可传承的物质遗产而言的概念,包括各种类型的民间传统和民间知识、各种语言、口头文学、风俗习惯、民族民间音乐、舞蹈、礼仪、手工艺、传统医学、建筑以及其他文化艺术。

1972年11月联合国教科文组织在巴黎通过的《公约》将对人类的整体有特殊意义的文物古迹、风景名胜及自然风光、文化及自然景观列入《世界遗产名录》,为全世界文化与自然遗产的保护工作奠定了国际法基础,全球物质类的世界遗产保护系统逐步形成,但是并不适用于非物质文化遗产。进入20世纪80年代以来,随着现代工业和交通发展、人口向城市迁徙和结集、全球一体化趋势的不断增强、国际标准化的推广、机器工业化的迅猛发展以及旅游业的大量开发,使得几千年来以一代代口传身授为主要特征的民族民间活态文化传统遭受到严重的威胁。和物质遗产相比,非物质文化遗产面临着更为严峻的形势,大量具有文化传统特性和少数当地民族文化渊源的口头遗产正面临急剧流变消失的危险。许多世界遗产缔约国呼吁联合国教科文组织制定有关民间传统非物质文化遗产拯救的国际标准文件,指出非物质文化遗产是人类通过民间口头形式传播下来的无形文化遗产,它蕴藏着一个民族古老的生命记忆和活态的文化基因库,包含了人类无限的情感和感动,代表着民族普遍的心理认同和基因传承,代表着民族智慧和民族精神,是人类另一种伟大的精神创造,其内容、内涵比起物质类遗产更为丰富多彩和博大精深。

联合国教科文组织在对世界各国非物质类遗产的评估过程中，发现它比物质类遗产面临更加严峻的形势。1989年11月联合国教科文组织第25届大会通过了《关于保护民间传统的文化的建议》，要求各国采取法律和一切必要措施，对容易受到全球化影响的遗产进行必要的鉴别、维护、传播、保护和宣传。以后，联合国教科文组织秘书处又要求各国建立本国的"人类生动财富"系统。为了进一步应对无形文化遗产濒危的紧急现状，1997年11月第29次全体会议上，联合国教科文组织通过了《人类口头及无形文化遗产代表作宣言》的决议，向保护非物质类遗产的目标迈出了具有实际性意义的一步。为在国际社会加强"无形文化遗产"的保护工作，联合国教科文组织于2001年5月宣布了首批19项"人类口头及无形文化遗产代表作"。联合国教科文组织执委会第154次会议指出：由于"口头遗产"和"非物质遗产"是不可分的，因此在以后的鉴别中，在"口头遗产"的后面加上"非物质"的限定。2003年10月联合国教科文组织在第32届大会上通过了《保护非物质文化遗产国际公约》，旨在切实保护无形文化遗产与人类文化的多样性，它是相对于有形文化遗产即物质文化遗产而言的，是世界遗产的组成部分。它的内容包括语言、文字、音乐、舞蹈、游戏、神话、礼仪、习惯、手工艺、建筑艺术以及其他艺术。《保护非物质文化遗产公约》进一步指出，非物质文化遗产概念中的非物质性的含义，是与满足人们物质生活基本需求的物质生产相对而言的，是指以满足人们精神生活需求为目的的精神生产这层含义上的非物质性。所谓非物质性，并不是与物质绝缘，而是指其偏重于以非物质形态存在的精神领域的创造活动及其结晶。至此"非物质文化遗产"这一概念和名称在国际性标准法律文件中得到了最后的确立。

2. 非物质文化遗产的标准

依据《保护非物质文化遗产公约》和《联合国教科文组织宣布人类口头和非物质遗产代表作国际评审委员会议事规则》，非物质文化遗产的评选标准主要有两条：第一，遗产具有杰出的文化代表性，对有关群体和文化多样性具有特殊价值；第二，遗产当前迫切需要保护，特别是因面临社会变革等因素缺乏保护而将消失。在实际评审过程中，对每个申报项目需要参照如下具体的评选标准：

① 参选作品应该具备体现人类的创造天才的优秀作品的特殊价值。

② 具有特殊价值的非物质文化遗产的集中体现。

③ 在历史学、艺术学、人种学、社会学、人类学、语言学以及文学方面具有特殊价值的民间传统文化表达。

④ 符合"联合国教科文组织宣布人类口头及非物质遗产代表作"规则的五项条件。这五项条件包括：表明其深深扎根于文化传统或有关社区文化历史之中；能够作为一种手段对民间的文化特性和有关的文化社区起肯定作用，在智力

借鉴和交流方面有重要价值,并促使各民族和各社会集团更加接近,对有关的群体起到文化和社会的现实作用;能够提高开发技能,提高技术质量;对现代的传统具有唯一见证的价值;由于缺乏抢救和保护手段,或因加速的演变过程、城市化趋势、适应新环境文化的影响而面临消失的危险。

截至2014年6月25日第38届世界遗产委员会大会在卡塔尔首都多哈闭幕,《世界遗产名录》包括1 007项遗产,其中非物质文化遗产183项,约占该名录所列遗产总数的18.17%。

2.2.6 其他形式的世界遗产

1. 世界记忆遗产

世界记忆遗产是指符合世界意义、经联合国教科文组织世界记忆工程国际咨询委员会确认而纳入《世界记忆名录》的文献遗产项目。世界记忆遗产是世界文化遗产保护项目的延伸,侧重于文献记录遗产,包括博物馆、档案馆、图书馆等文化事业机构保存的任何介质的珍贵文件、手稿、口述历史的记录以及古籍善本等。

为实施联合国教科文组织宪章中规定的保护世界文化遗产的任务,联合国教科文组织于1992年启动了名为"世界记忆工程"的文献记录保护项目,其目的在于鼓励和联合国际社会保护具有突出价值的文献遗产,通过合作与采用最先进的保护技术进行抢救,使人类的记忆更加完整,从而达到以下四个目标:

① 保护:采用最适当的手段保护具有世界意义的文献遗产,并鼓励对具有国家和地区意义的文献遗产的保护;

② 利用:使文献遗产得到最大限度的、不受歧视的平等利用;

③ 产品的销售:开发以文化遗产为基础的各种产品并广泛推销(赢利所得的资金用于文献遗产的保护);

④ 认识:提高世界各国或地区其文献遗产特别是对具有世界意义的文献遗产的认识。

一旦某项文献遗产被评为世界记忆遗产,即入选《世界记忆名录》。

2. 线性遗产

线性遗产是指在拥有特殊文化资源集合的线形或带状区域内的物质和非物质的文化遗产族群,运河、道路以及铁路线等都是其重要表现形式。代表性的世界线性遗产有赛默林铁路(奥地利)、大吉岭喜马拉雅铁路(印度)等。

3. 农业文化遗产

2002年起,联合国粮食及农业组织、联合国开发计划署和全球环境基金开始启动设立全球重要农业文化遗产(Globally Important Agricultural Heritage Systems,GIAHS)项目。按照粮食及农业组织的解释,农业文化遗产属于世界文化遗产的一部分,在概念上等同于世界文化遗产,联合国粮食及农业组织(FAO)将其定义为:"农村与其所处环境长期协同进化和动态适应下所形成的独特的土地利用系统和农业景观,这种系统与景观具有丰富的商务多样性,而且可以满足当地社会经济与文化发展的需要,有利于促进区域可持续发展。"其保护项目将对全球重要的受到威胁的传统农业文化与技术遗产进行保护。农业文化遗产不仅是杰出的景观,对于保存具有全球重要意义的农业生物多样性、维持可恢复生态系统和传承高价值传统知识及文化活动也具有重要作用。

4. 世界灌溉工程遗产

为了更好地收集古代灌溉工程的相关资料、了解灌溉发展史及其对文明的影响、学习古人可持续性灌溉的智慧、保护珍贵的历史文化遗产,国际灌溉与排水委员会(ICID)决定从 2014 年开始,每年对"世界灌溉工程遗产"进行评选。按照 ICID 执委会的解释,世界灌溉工程遗产属于世界文化遗产的一部分,在概念上等同于世界文化遗产。申请世界灌溉工程遗产的工程必须具有如下价值:是灌溉农业发展的里程碑或转折点,为农业发展、粮食增产、农民增收做出了贡献;在工程设计、建设技术、工程规模、引水量、灌溉面积等方面(一方面或多方面)领先于其时代;增加粮食生产、改善农民生计、促进农村繁荣、减少贫困;在其建筑年代是一种创新;为当代工程理论和手段的发展做出了贡献;在工程设计和建设中注重环保;在其建筑年代属于工程奇迹;独特且具有建设性意义;具有文化传统或文明的烙印;是可持续性运营管理的经典范例。

5. 世界湿地遗产

国际湿地是世界遗产的一部分,2009 年湿地国际联盟组织正式开展了对国际湿地纳入世界遗产保护战略的范畴,目前已经在中国计划开展湿地世界遗产评估的项目有青海湖、洞庭湖、泸沽湖等湿地。

2.3 世界遗产的特征及标志

2.3.1 世界遗产特征

截至 2014 年 6 月 25 日第 38 届世界遗产委员会大会在卡塔尔首都多哈闭幕,《世界遗产名录》收录的全球世界遗产总数已增至 1 007 项,其中包括 779 项世界文化遗产(含文化景观遗产)、197 项自然遗产、31 项文化与自然混合遗产,31 项遗产由两个或两个以上国家共有,缅甸首次登陆《世界遗产名录》。入登《世界遗产名录》的世界遗产的魅力,不是简单的导游词,不是纯粹的风光片,更不是巧合和趣味叙述的枯燥历史。中国长城、童话世界九寨沟、新疆维吾尔木卡姆，不仅在中国只有这么一座城墙、一片森林、一段乐章，而是全世界就只有一个长城、一个九寨沟、一个古罗马竞技场，是世界唯一的不可复制的"唯一"。不管是山、是水，还是文化，它们都诠释了其独具特色的价值和特征。宏大的帝王宫殿、奇丽的名山胜景、雄伟的古代建筑、神秘的宗教文化、曲径通幽的古代园林、神奇的自然景观，这是亿年的时光雕琢，谜一般的前世今生，是一段传奇的故事，是一卷完美的山水人文长卷。每一处入选《世界遗产名录》的世界遗产都有其独一无二的惊叹，但是在无与伦比中它们又有相同之处，即具有高价值、不可再生性、真实完整性、高知名度、公共性等共同特征。从其价值与地位来看，世界遗产的特性主要体现在以下五个方面：

1. 高价值性

人类漫长的社会产生各种遗产，并非所有的遗产都称得上世界遗产，真正能够进入《世界遗产名录》的遗产都是经过几十亿年的历史汰洗、自然地质的作用而留存到现在并被传诸未来的一种独特杰作，不同于一般的物品或文化。许多文化遗产代表的是一个民族、一个地区、一个历史发展阶段、重要人物事件的符号和象征，是其发展的见证者和传承者，具有独一无二的观赏、科学、历史价值。而自然遗产由于其独特的地质构造，一般对于研究大自然的地质运动具有很高的科考价值。

2. 不可再生性

世界遗产，无论是世界自然遗产还是世界文化遗产，都是依托于一定的环境背景而发展生成的，是历史留给后人的宝贵资源。环境具有不可重复和不可再生性，历史不可复制也不可重演。不同的民族和地域孕育出风格迥异的民间文化，这些特色鲜明的风俗、文化和情感表达方式标榜出一方水土一方人的独特个性，映衬出文化遗产的民族性和地域性。长城，作为一道军事防御工程，几乎见证了中国封建社会发展的全过程，就像一本厚重的书，记录了中国两千多年的封建社会最后的辉煌和没落。长城的孕育与封建社会的朝代更替与冲突有着不可轻视的关系。尤其是各种令人惊讶的自然资源更是经过大自然数以百万年的慢雕细凿，伴随着各族各代人民的生产而发展形成的，一旦被损毁破坏，就将永远受损和消失，是唯一而不可替代的，是不可再生的。

3. 真实完整性

世界各族人民的发展都留下了大量的宝贵财富，然而真正列入《世界遗产名录》的无论是文化遗产还是自然遗产，其本质特征就是遗产的真实完整性。真实性是指无论是自然的还是人工的，都必须是自然发展形成的，是遗产本身的自然特性，不包括人工造假景、造假文物。完整性是指遗产不可能独立地存在，必须与周边的环境形成一个和谐共生的整体性关系。敦煌莫高窟幽秘的禁地被洞口的流沙掩埋所有的秘密。敦煌作为丝绸之路的中转站，其佛经、佛像、佛教故事壁画，曾经难以磨灭的印记，是一场没有间歇的、完整的、真实的接力，流传至今。武陵源风景区，如果没有赏心悦目的色彩和景致，没有亚热带充沛的雨水和舒适的温度带来的繁茂植被，也没有嶙峋挺拔的山峰和深邃清幽的峡谷，没有这一切真实完整的资源的结合，就不会有如此高的价值评价。正是这一切都恰到好处的真实性和完整性使得武陵源风景区荣登《世界遗产名录》。真实性和完整性还包括遗产原始的真实性和完整性，不能随意地修建人工设施，包括宾馆、电梯、缆车等破坏遗产风貌的人工痕迹。这也就是1999年张家界投资数亿元搬迁出景区居民和宾馆以恢复和保护景区自然生态环境的原因。

4. 高知名度

世界遗产的真实完整性、不可再生性、不可替代性决定了其具有极高的价值地位，这种巨大的社会和经济价值是经过百万年的历史抵挡、世世代代的各族人民的斟酌筛选而产生的。每一处世界遗产都是一个独特的代表和象征，都蕴含着各族人民的杰出智慧，是一个奇迹和无人知晓的谜。泰山，这座为历朝历代帝王视为"通天"的深山，无论有着哪种信仰的人们，都虔诚地相信这里是仙境的入口，是生命灵魂的轮回，也更是平民百姓对自己美好生活的期盼与托付。它具有世界人们认同的独特性和神秘。壮丽的山河、奇特的景观、灿烂的文化遗产风貌使得每一处世界遗产都为人类所关注、惊叹和探索，具有极高的知名度。

5. 公共性

每一处列入《世界遗产名录》的世界遗产都是国际社会给予一个国家或地区民族文化、历史遗迹或自然资源景观的一种极高荣誉，是全人类共有的财富。世界遗产从纵向来看，是承古递今的，是为各代人民所共享的；从横向来看，世界遗产又是超越时空和地域，是没有国境的，为世界全人类共同拥有和共同负责保护的。"澳门历史城区"，这座东西文明最早在东亚地区邂逅的地方，作为海上丝绸之路，是穿越了朝代、穿越了国界、穿越了文化的各种不同民族、不同宗教、不同肤色的人共享、交流、对话的场所，也是东西方在东亚和谐生活历史最悠久的地方，其公共性是世界的、历史的和未来的。因此，世界遗产的公共性在于它属于全人类，是全人类的共同遗产。

2.3.2 世界遗产标志

1. 世界遗产标志诞生

1972年《保护世界文化和自然遗产公约》并未提及世界遗产标志。1976年11月，世界遗产委员会成立之后，为了更好地促进世界遗产保护工作的宣传和推广,开始酝酿推出世界遗产标志。1978年在第二届世界遗产委员会会议上采纳了米歇尔·奥利夫(Michel Olyff,比利时著名图像设计师)设计的世界遗产标志。1996年2月进行了修改,遂成为世界文化遗产和自然遗产的正式标志,开始在各国的世界遗产地悬挂。随着遗产类型的不断扩展,这一标志也代表着自然与文化混合遗产以及文化景观遗产。世界遗产委员会负责决定世界遗产标志的使用,同时负责制定如何使用标志的政策规定。为了保证世界遗产标志尽可能地引人注目和避免误用,委员会一直推广采用用以标示受《公约》保护并列入《世界遗产名录》的遗产标志。在第22届大会(日本京都,1998年)上通过了《世界遗产标志使用指南和原则》,并且将世界遗产标志、"世界遗产"名字本身,以及它所有的派生词根据《保护工业产权巴黎公约》进行注册。

世界遗产委员会在2008年6月第二次非物质文化遗产委员会大会上,采用克罗地亚设计师Dragutin Dado Kovacevic的作品作为《保护非物质文化遗产公约》的标志。

2. 世界遗产标志含义

(1) 世界文化与自然遗产标志含义

世界遗产标志象征着文化遗产和自然遗产之间的相互依存关系(见图2-1)。中央的正方形是人类创造的象征,外部的圆圈代表大自然,两者紧密相连,表明了人类与自然的和谐关系。整个标志呈圆形,既表示全世界,也象征着世界遗产需要全人类给予保护。标志象征《公约》,体现缔约国共同遵守《公约》,同时也表明了列入《世界遗产名录》中的遗产。它与公众对《公约》的了解相互关联,是对《公约》可信度和威望的认可。总之,它是《公约》所代表的世界性价值的集中体现。

图2-1 世界文化与自然遗产标志

(2) 世界非物质文化遗产标志

该标志以三角形、正方形和圆形为基本构图,线条图以一次手的运动开始并结束,中间没有任何的停止或断落,三角形变成一个正方形,正方形变成一个圆形,而圆形则采取了泡状保护罩的形式,以突出《公约》的宗旨和精神,强调的是传统与现代之间的联结——以手的运动表示传统,以类似于英文 at 的符号(@)象征现代,紧扣"一个现代性时代的遗产"的主题。该标志与联合国教科文组织徽标联合使用(见图 2-2、图 2-3)。

图 2-2　世界非物质文化遗产标志　　　图 2-3　中国非物质文化遗产标志

3. 世界遗产标志的使用

(1) 世界遗产标志使用规范

世界遗产委员会决定,由米歇尔·奥利夫设计的该标志可采用任何颜色或任意尺寸,主要取决于具体用途、技术许可和艺术考虑。标志上必须印有"WORLD HERITAGE"(英语"世界遗产")、"PATRIMOINE MONDIAL"(法语"世界遗产")、"PATRIMONIO MUNDIAL"(西班牙语"世界遗产")的字样。但是,各国在使用该标志时,可用自己本国的语言来代替"PATRIMONIO MUNDIAL"(西班牙语"世界遗产")字样,英语、法语保持原样。例如,中国世界遗产标志如图 2-4 所示。

图 2-4　中国世界遗产标志

世界遗产委员会成立之后，开始酝酿推出世界遗产标志。1978年在第二届世界遗产委员会会议上采纳了米歇尔·奥利夫设计的世界遗产标志。1996年2月进行了修改，遂成为世界文化遗产和自然遗产的正式标志，开始在各国的世界遗产地悬挂。随着遗产类型的不断扩展，这一标志也代表着自然与文化混合遗产以及文化景观遗产，同时负责制定如何使用标志的政策规定。为此，委员会一直推广采用用以标示受《公约》保护并列入《世界遗产名录》的遗产标志。在第22届大会（日本京都，1998年）上通过了《世界遗产标志使用指南和原则》，并且将世界遗产标志、"世界遗产"名字本身，以及它所有的派生词根据《保护工业产权巴黎公约》进行注册。

（2）世界遗产标志使用的适用性

为了保证世界遗产标志尽可能地引人注目和避免误用，以更好地促进世界遗产保护工作的宣传和推广，世界遗产委员制定《世界遗产标志使用指南和原则》以指导世界遗产标志的使用。《世界遗产标志使用指南和原则》涵盖标志使用：世界遗产中心；联合国教科文组织出版处和其他联合国教科文机构；各个缔约国负责实施《公约》的机构或国家委员会；世界遗产地；其他签约合作方，尤其是那些主要进行商业运营的机构。

列入《世界遗产名录》的遗产在不造成遗产本身的负面视觉影响下，应标有标志和联合国教科文组织标识，应制作标牌。一方面宣传该遗产的独特价值，同时起到了对世界遗产的介绍作用。委员会就标牌的生产采用以下指导方针：标牌应该挂放在容易被游客看到的地方，同时不损害遗产景观；在标牌上应该显示世界遗产标志；标牌上的内容应该能够体现遗产突出的普遍价值，考虑到这一点，内容中应该对遗产的突出特点加以描述。如果可以，将世界遗产委员会的评价使用多种语言描述，以使外国游客更好地了解和欣赏世纪遗产的文化和魅力。

为了更好地管理世界遗产标牌上的内容，委员会提供了以下内容作为范例："（遗产名称）已经列入《保护世界文化和自然遗产公约》中的《世界遗产名录》。遗产列入《名录》说明该项文化或自然遗产具有突出的普遍价值，对它的保护符合全人类的利益。"作为世界文化遗产的秦始皇陵和兵马俑，其世界遗产标志使用如图2-5所示。

此外，还可以加上世界遗产委员会对该遗产的入选评价或者突出价值的简要介绍：

◆ 世界最大帝陵之一：秦始皇陵是世界上规模最大、结构最奇特、内涵最丰富的帝王陵墓之一，实际上它是一座豪华的地下宫殿。

◆ 世界第八个奇迹：1974年，中国考古工作者把沉睡千年的7 000多件陶俑发掘出土，被认为是古代的奇迹，是20世纪最壮观的考古发现。它可以同埃及金字塔和古希腊雕塑相媲美，公认它是世界人类文化的宝贵财富，是世界第八

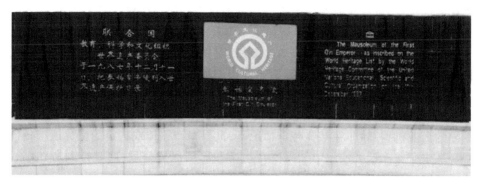

图 2-5 秦始皇陵和兵马俑世界遗产标牌内容

个奇迹。

◆ 古代泥塑艺术的宝库：秦始皇兵马俑是以现实生活为题材而塑造的,艺术手法细腻、明快,手势、脸部表情神态各异,具有鲜明的个性和强烈的时代特征,显示出泥塑艺术的顶峰,为中华民族灿烂的古老文化增添光彩,给世界艺术史补充了光辉的一页。

（3）世界遗产标志的使用原则

《世界遗产标志使用指南和原则》规定有关机构在决定使用标志的过程中,应遵循以下原则：

① 标志应用于所有与《世界遗产公约》工作密切相关的项目(包括在技术和法律许可的最大范围内已得到批准或已通过的项目),推广《世界遗产公约》。

② 世界遗产标志的授权使用以遗产资源本身与世界遗产的原则与价值相关的教育、科学、文化和艺术价值,在推广的同时,注重保护。世界遗产的推广要纠正世界各国对世界遗产所带来的旅游消费和预期回报的误区,世界遗产的价值是无价的,更是全人类的。要加强推广宣传的同时,更要注意审批,以避免世界遗产标志滥用。

③ 每一处列入《世界遗产名录》的遗产地其价值都是独一无二的,每一处使用世界遗产标志的景区都是经过世界遗产委员会评审筛选和反复斟酌、公认的高度评价。每一处世界遗产标志的使用对世界遗产的管理和保护,都与《保护世界文化和自然遗产公约》明确表示和隐含的目标和价值相符。

④ 世界遗产标志是经过商标注册的获得法律保护的标志。避免公众产生混淆,未经授权禁止任何商业机构通过在其产品上直接使用标志来表示对世界遗产的支持。世界遗产委员会是唯一有权授予世界遗产标志使用权的官方机构,它的授权必须遵守上述指南和原则。但是委员会承认,任何个人、组织或公司可以自由出版或生产它们认为对世界遗产有利的产品。

⑤ 只有当标志的使用与世界遗产直接相关时,其他签约合作方才能得到使

用标志的授权,可以在所在国主管当局批准后得到使用授权。

⑥ 世界遗产标志的使用申请如果不涉及具体的世界遗产,或者非该用途的中心环节,例如一般性的学术研讨会和/或有关科学问题或保护技术的讨论会,标志的使用只要根据上述指南和原则取得明确的批准。在使用标志的申请中,要明确说明预计能够促进《公约》实施的标志使用的方式。

⑦ 通常标志的使用权不能授予旅行社、航空公司,或任何其他营利目的为主导的商业机构,除非在某些特殊情况下,世界遗产整体或特定的世界遗产地能明显从中获益。这类使用申请需要与指南和原则保持一致,同时得到所在国权威机构的批准。

⑧ 如果在标志的使用过程中可产生商业效益,世界遗产中心应该确保世界遗产基金从中分得部分收益,并与相关方签订合同或其他协议,以确定项目的性质和资金收益部分回馈基金会的安排。对于所有将标志用于商业目的的情况,世界遗产中心和其他审议者在批准使用标志申请的过程中所消耗的一切高于常规的人力或物力成本都应该由提出申请方支付。

⑨ 如果赞助商需要制造世界遗产中心认为有必要进行广泛销售的产品,那么合作伙伴(或多个合作伙伴)的选择至少应与"有关联合国教科文组织与私人、额外预算资金来源进行合作的方针","调动私人资金和选择潜在合作伙伴的指南"以及委员会规定的其他筹款方式保持一致。对于生产这些商品的必要性,必须做出书面声明,并且得到委员会的批准。

4. 世界遗产标志使用的授权程序

当某国家或国际项目只涉及本国的世界遗产,国家权威机构可授权该实体使用世界遗产标志。缔约国需要向世界遗产中心提供负责管理标志使用的权威机构的名称和地址。国家权威机构的决定应遵守相关指南和原则。

标志使用的任何其他授权申请都需遵循以下步骤:

① 申请应该向世界遗产中心主任说明标志使用的目的、时间及使用地域。

② 世界遗产中心主任有权根据指南和原则批准使用标志。遇到指南和原则尚未涉及或未完全涵盖的情况,主任将申请提交委员会主席,如果遇到很难处理的情况,主席会将该申请提交委员会做最后决定。有关授权使用标志的年度报告都将提交世界遗产委员会。

③ 如授权在不确定的时期内在广泛行销的主要产品上使用标志,生产商必须承诺与相关国协商,就有关其境内遗产的图片和文字取得其同意,同时生产商还应提供获取同意的证明,这一过程中世界遗产中心将不承担任何费用。报批的文书须以委员会任意一种正式语言,或相关国家的语言书写。缔约国用于批准第三方使用标志的草拟范本格式如下:

作为负责批准〈国家名称〉有关其境内世界遗产的图文产品的官方机构,

〈国家主管机构的名称〉在此向〈生产商名称〉确认,提交的〈遗产名称〉图文使用申请已〈通过审批〉/〈如做出以下变更便可通过审批〉/〈未通过审批〉。

自收到申请之日起一个月内,国家主管机构应该做出答复,批准文本内容。如果生产商未接到答复,可视为该内容已得到默许,除非该国家主管机构书面提出延长批准时限。为方便双方,提交给国家主管机构的申请文本使用的语言可为委员会两种官方语言中的一种,或是遗产所在国的官方语言(或官方语言之一)。

④ 在审阅并且认为可批准申请后,世界遗产中心可以与合作伙伴签订协议。

⑤ 如果世界遗产中心主任没有批准标志的使用,世界遗产中心会以书面形式通知申请方。

5. 缔约国政府行使的质量控制权

标志使用的授权与国家主管机构对相关产品实施的质量控制密切相关。

① 《公约》缔约国是唯一有权批准以与其境内世界遗产相关的遗产标志出现的行销产品内容(图文)的机构。

② 合法保护标志的缔约国必须审查标志的使用情况。

③ 其他缔约国也可决定审查使用提议,或者将提议转交世界遗产中心。缔约国政府负责指定相应的权威机构,并通知世界遗产中心它们是否希望审查使用提议,或明确指出不适当的用途。

6. 缔约国的责任

缔约国政府应该采取一切可能的措施,防止未经委员会明确认可的任何组织以任何目的使用标志。鼓励缔约国充分利用国家立法,包括《商标法》。

第3章　世界遗产申报过程和组织管理

世界遗产可以看作一个国家历史文化和自然财富的标志和象征，世界遗产的丰厚度则彰显出国际社会对该国在历史和独特地域文化上所做出的贡献的强烈认同，是一个国家国际魅力的指向标。申遗是世界遗产产生的重要前提和不可或缺的一环。申遗过程本身既是对本国资源梳理、完善、健全、提升形象的过程，也是申请国自觉接受国际规则制约的过程。然而，世界遗产申报是一个漫长而严格的过程，那么它具有怎样的程序以及中国作为一个独立个体在世界遗产申报过程中又涉及哪些组织，本章将为您一一解读。

3.1　世界遗产申报过程

世界遗产申报涉及多个主体之间相互的沟通与协商，是一个有着固定程序和申请审批模式的系统工程，其中既有作为缔约国为世界遗产申报所做的各项工作，又有各个组织的调节与反馈。为便于对审议过程的理解，我们从世界遗产申报过程所涉及的各方主体入手，将申报过程做一定程度的梳理和归纳，将其分为三个阶段，阶段一为申请国对本国的申遗项目进行评定；阶段二为世界遗产申报国家的申请过程；阶段三为各组织的审批过程。[①]

3.1.1　申报国的申请过程

对于任何想申请世界遗产的国家，首先必须签字承认《世界遗产公约》是首先要迈出的一步，成为公约缔约国，并承诺保护本国的自然和文化遗产。这是取得申报资格，也是世界遗产申报的第一步。

申请国一旦签署了《公约》就会受其约束，依照《公约》的相关规定，做出申遗的准备。具体而言，申报国的工作是一个相对固定的程序，需要提前编写各类文件和表格，具体如图3-1所示。

---

① 联合国教科文组织. http://en.unesco.org/about-us/introducing-unesco.

第 3 章 世界遗产申报过程和组织管理

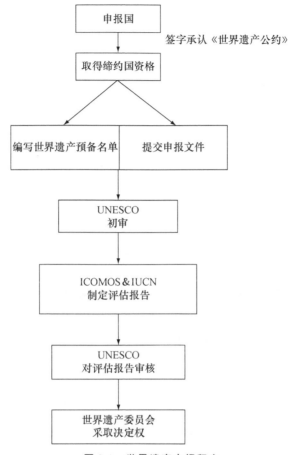

图 3-1 世界遗产申报程序

① 依照本国家的各种资源状况,详细制定出世界遗产申报的预备名单,即将本国具有突出普遍价值的文化和自然遗产制定一个预选名单,并从中筛选出将要申报的遗产类项名称,主要的类项有自然遗产、文化遗产、混合遗产、文化景观、世界记忆遗产、非物质文化遗产和其他形式的世界遗产;

② 提出将遗产列入《世界遗产名录》的建议;

③ 向联合国教科文组织(UNESCO)世界遗产中心递交申报的相关文件。

3.1.2 各组织的审批过程

世界遗产申报不是某一个组织或单位的一言制,而是由多个具有不同层级的组织相互协调的审批活动,总体而言,世界遗产申报需要涉及以下四个组织的四个审批程序。

1. 联合国教科文组织(UNESCO)世界遗产中心(世界遗产委员会秘书处)对申报项目进行审核

联合国教科文组织是联合国教育、科学及文化组织的简称,可以将其职能简化为以下两项：

① 审核申报国的申报文件：检查申报国所提交的文件是否符合相关规定,有无纰漏与不足。

② 将申报文件提交给下列组织：文化遗产——国际古迹遗址理事会(ICOMOS)；自然遗产——国际自然及自然资源保护联盟(IUCN)。

若申报国申报的是双重遗产或者文化景观遗产,则需要同时呈递给以上两个组织。

2. 国际古迹遗址理事会及世界自然与自然资源保护联盟对申报项目进行评估

① 首先向申报单位派遣专家,相关领域专家需要进行以下工作：对申报国申报项目进行评估检测；在实际研讨的基础上准备申请报告。

② 根据《保护世界文化和自然遗产公约》对申报国申报的遗产列别进行审核评定。

③ 将评估报告连同研讨资料递交世界遗产中心。

3. 联合国教科文组织世界遗产中心(世界遗产委员会秘书处)进行下一步的审查工作

① 审查国际古迹遗址理事会(ICOMOS)和国际自然及自然资源保护联盟(IUCN)所递交的申报遗产的评估报告文件；

② 向申报国索要补充文件；

③ 向世界遗产委员会进行推荐并提交推荐名单。

4. 世界遗产委员会进行遗产评定

① 将申报国申报的项目列入《世界遗产名录》之前,向申报国索要补充材料；

② 由21位成员组成的世界遗产委员会根据评估资料反馈决定拒绝还是同意将所申报的遗产列入《世界遗产名录》,被拒绝列入《世界遗产名录》的提名遗产地将不得再次提出申请。

3.1.3 各类遗产具体申报程序

世界遗产申报过程中的一般程序虽然适用于各类遗产,但是对于不同的遗产又具有一定的差异性。

1. 自然遗产申报程序

自然遗产是自然界在历史的演变过程中形成的具有极大美学价值、科学价值、观赏价值等的自然综合体。世界自然遗产是全球社会对一个地区优美自然资源及特色景观的肯定和认可,也是宣传自然景观、扩展自然遗产知名度的最佳途径。自然项目的申遗成功意味着受到国际社会的广泛关注,并可以按照国际世界遗产保护的标准得到永久保护。作为大自然对人类的馈赠,自然遗产具有普遍价值和广泛的内容。根据《保护世界文化和自然遗产公约》规定,其具体的申报程序如下:

① 任何一个国家必须通过签署《世界遗产公约》和保证保护该国的自然遗产而成为缔约国;

② 公约缔约国要把本土具有突出普遍价值的自然遗产列出一个预备名单,然后从预备名单中筛选要提名列入《世界遗产名录》的遗产;

③ 缔约国向世界遗产中心递交申报提名并交世界自然保护联盟(IUCN)进行评估,由 IUCN 进行广泛的咨询活动和实地考察研究,为最终决策积累数据;

④ IUCN 将为申报国已提名地点制定相关评估专家,以评述该地点是否适合列为世界遗产地;

⑤ 由世界保护监测中心提供相关数据集合,详述该地点的自然价值、法律保护和受威胁状况;

⑥ 评估专家(遵照惯例,专家不能来自申报当事国,要求熟悉世界遗产规则,又要尽可能地了解所评估的项目)进行实际考察评估其价值,并与当地利益相关者和政府官员讨论提名事宜,实地评估专家向 IUCN 保护区项目提交报告;

⑦ 该报告由 IUCN 世界遗产专家讨论小组进行审核,小组向世界遗产委员会提交最后建议;

⑧ 向世界遗产中心和委员会提交(IUCN 技术评估报告)。

2. 文化遗产申报程序

文化遗产作为人类创造力的经典之作,是人类智慧的结晶。世界遗产的价值属于全人类,但是它又有一定的地域性,融汇了当地及民族的集体的智慧。文化遗产的申报对遗产本身及其所在地具有重要的意义。文化遗产同自然遗产一样具有自身相应的申报程序,具体如下:

① 任何一个国家必须通过签署《世界遗产公约》和保证保护该国的文化遗产而成为缔约国;

② 公约缔约国要把本土具有突出普遍价值的文化遗产列出一个预备名单,然后从预备名单中筛选要提名列入《世界遗产名录》的遗产;

③ 由拟申请遗产地地方政府或缔约国政府按联合国教科文组织世界遗产委员会既定的申报书格式撰写世界遗产申报书;

④ 缔约国完成世界遗产提名申报书后,向世界遗产中心提交,该中心会检查提名申报书是否按既定格式撰写完成;

⑤ 世界遗产中心审核资料是否完整后，将委托以下两个非政府国际组织进行提名的评审工作，文化遗产由国际古迹遗址理事会评审；

⑥ 关于世界文化遗产提名的评审工作，国际古迹遗址理事会派遣专家到提名遗产地现场评估遗产保护和管理情况，撰写技术报告，按照文化遗产的标准对上交的提名申报书进行评审；

⑦ 国际古迹遗址理事会完成评估报告，对提名遗产地是否具有突出普遍价值及真实性、完整性和保护管理状况作出评估意见，评估报告提交给世界遗产委员会；

⑧ 由七名成员组成的世界遗产委员会主席团负责初步审查提名评估报告，并向委员会作出推荐；

⑨ 由21名世界遗产委员会成员最终作出录入、推迟研究或否决的决定。

3. 世界非物质文化遗产的申报程序

非物质文化遗产是人类民族精神的活记忆，维系着民族的生存和发展，形成了深厚的文化积淀和强大的凝聚力。然而，随着经济全球化、旅游商业化、文化入侵的加剧，非物质文化遗产正面临着前所未有的冲击，有的甚至濒于消失，例如摩梭族的走婚、昆曲、古琴、木卡姆等。鉴于对非物质文化遗产的保护，联合国教科文组织于1998年通过决议设立非物质文化遗产评选，并建立了规范的申报程序，具体如下：

① 每个会员国每两年只能申报一个国家作品。多国共同体的多民族作品可以在每个国家的限额之外申报。参评作品的申报可以通过：会员国或联合会员国政府提出；政府间组织在听取有关国家的教科文组织全委会的意见后提出；与联合国教科文组织有正式关系的非政府组织在听取本国教科文组织全委会的意见之后提出。

② 提交完备的相关评选文件。需附有作品所有者个人或群体认可的文字、录音、录像或其他证明材料，无此等证明者不可申报。

③ 组织评审团进行评审。总干事要在各成员国、非政府组织及秘书处提名的基础上每四年任命一个包括9名成员的评审团。它的工作方式由"联合国教科文组织宣布人类口头及非物质遗产优秀作品国际评审团工作规则"来确定，并根据相关的评选标准进行申报项目的具体评估。

④ 当一个人类口头及非物质遗产优秀作品宣布之后，秘书处根据每个文化空间或文化表达形式的不同性质，与主管机构一起制定出适当的后续工作程序以保证该作品行动计划的实施。

⑤ 对非物质文化遗产进行国际资助：用于支付制定参评表格的费用（预备性资助）；用于鼓励对已公布为人类口头及非物质遗产代表作品的文化空间或文化表达形式的抢救、保护、开发利用等工作的实施（保护资助）。另外，联合国

教科文组织还可以为申报表的制作和项目的行动计划的实施提供智力资源进行鉴定。

4. 文化景观遗产的申报程序

文化景观产遗产是在自然资源的基础上人类活动及创造的结晶,也是"天人合一"思想的体现,新西兰的汤加里罗国家公园,中国的庐山、五台山、杭州西湖就是文化景观遗产的典型代表。文化景观遗产兼有自然与文化双重性质,其评定及申报需要参照文化遗产及自然遗产的程序进行开展,为了确保文化景观遗产评定及申报的准确性、操作性,《实施保护世界文化与自然遗产公约的操作指南》对文化景观的原则进行了规定,文化景观"能够说明为人类社会在其自身制约下、在自然环境提供的条件下以及在内外社会经济文化力量的推动下发生的进化及时间的变迁。在选择时,必须同时以其突出的普遍价值和明确的地理文化区域内具有代表性为基础,使其能反映该区域本色的、独特的文化内涵"。在文化景观遗产申报过程中,国际古迹遗址理事会协同自然保护联盟组织评审和遗产管理工作,并在其中发挥着重要的作用。

3.2 世界遗产申报的相关组织机构

世界遗产的申报过程涉及很多相关组织机构,其申报的每一步骤都需要相关组织的配合和支持。为了能够明晰这些组织,本书对此进行了分类,即国际性组织和国家性组织。

3.2.1 国际性组织

1. 联合国教科文组织

联合国教科文组织是联合国教育、科学及文化组织的简称。联合国在1945年11月举办的英国伦敦会议上通过了教科文组织的组织法,于1946年11月4日正式生效,同年12月成为联合国专门机构,总部设在法国首都巴黎。到目前为止共有195个会员及8个准会员,是联合国在国际教育、科学和文化领域成员最多的专门机构。中国是联合国教科文组织创始国之一,1971年恢复在联合国的合法地位,次年恢复了该组织的活动。[①] 联合国教科文组织标识如图3-2所示。

---

① 联合国教科文组织. http://en.unesco.org/about-us/introducing-unesco.

(1) 联合国教科文组织的宗旨

联合国教科文组织是各成员政府之间就教育、科学和文化问题进行讨论的国际组织,其宗旨是借助于教育、科学及文化来促进各成员之间的合作与交流,以增进对正义、法制及联合国宪章所确认的世界人民不分种族、性别、语言、宗教均享有人权与自由的普遍尊重,对世界和平与安全作出贡献。

为体现此宗旨,教科文组织的主要职能为:前瞻性研究——明天的世界需要什么样的教育、科学、文化和传播;知识的发展、传播与交流——主要依靠研究、培训和教学;制定准则——起草和通过国际文件和法律建议;知识和技术——以技术合作的形式提供给会员国制定发展政策和发展计划;负责管理世界遗产。

图 3-2　联合国教科文组织标志
资料来源:http://image.so.com/i? ie = utf- 8&q = 联合国教科文组织。

(2) 联合国教科文组织的组织机构

联合国教科文组织下设大会、执行局和秘书处三大部门(见表3-1)。

表 3-1　联合国教科文组织主要机构设置

机构	成员	主要职责
大会(最高机构)	会员代表,一般每年举行一次大会	负责决定政策和计划、通过预算、选举执行局委员、任命行政首脑——总干事,向会员国提出有关教育、科学及文化方面的建议
执行局	委员、总干事,委员任期4年,总干事任期6年,可以连任;每年至少举行2次会议	负责监督该组织各项计划的实施
秘书处(日常工作机构)	若干部门,各部门有一名助理总干事领导	各部门分别实施教育、自然科学、社会科学、文化和交流等领域的业务活动,或进行行政和计划工作

(3) 联合国教科文组织的作用

联合国教科文组织的宗旨是促进教育、科学及文化的国际合作,以利于各国人民之间的相互了解,维护世界和平。它在其主管的教育、科学、文化、传播与信息等业务范围内发挥着重要作用。

① 发展教育是教科文组织的工作重心,联合国教科文组织在教育领域的计划旨在实现所有级别持续一生的全民教育目标。

② 世界环境问题日益成为人类关注的焦点,生态保护和自然资源管理是教

科文组织在科学技术领域的优先计划。

③ 重视科学技术的发展。世界教科文组织在科学领域继续开展行动,将信息和传播技术致力于改善科学和文化教育以及建设知识社会,以消除贫困的重要工作。另外,教科文组织(通过对各供资机构做工作)向各国政府提供建议和技术援助,以便使其能够拟定和执行科学和技术领域的有效政策和战略。

④ 水是联合国教科文组织优先关心的重点问题。因此,"国际水文计划"旨在提供在尊重环境的情况下以有效和公平的方式管理这一珍贵资源的必要的科学知识、技术信息和战略建议。

⑤ 在社会科学和人文科学领域,联合国教科文组织的作用是确保知识、标准、智力合作的进步,以促进保障正义、自由和人类宽容等世界性价值标准得到巩固的社会转变。

⑥ 对促进文化多样性的关注可以被看作教科文组织在文化领域开展行动中的一个优先事项。联合国教科文组织创建了全球文化多样性联盟,催生了发展中国家公共部门与私营部门行动者之间为支持当地文化产业而缔结的新型伙伴关系。除此之外,联合国教科文组织是遗产保护方面的国际倡议的牵头人,为保护特殊遗产提供技术援助,如(柬埔寨)吴哥的高棉古都和摩洛哥的非斯城等。

2. 联合国教科文组织世界遗产委员会①

为了更好地保证《世界遗产公约》的实施,在联合国教科文组织内部,于1976年11月建立了世界遗产委员会,即文化遗产和自然遗产的政府间委员会。世界遗产委员会由21名成员组成,每年召开一次会议,主要决定哪些遗产可以录入《世界遗产名录》,对已列入名录的世界遗产的保护工作进行监督指导。委员会成员每届任期6年,每两年改选其中的三分之一。委员会内由7名成员构成世界遗产委员会主席团,主席团每年举行两次会议。世界遗产委员会的工作任务为:

① 负责挑选录入《世界遗产名录》的文化和自然遗产地,并对世界遗产的定义进行解释。在完成这项任务时,该委员会得到国际古迹遗址理事会(ICOMOS)和国际自然资源保护联盟(IUCN)的帮助。这两个组织仔细审查各缔约国对世界遗产的提名,并针对每一项提名写出评估报告。国际文物保护与修复研究中心(ICCROM)也对该委员会提出建议,如文化遗产方面的培训和文物保护技术的建议。

---

① 联合国教科文组织世界遗产委员会. http://whc.unesco.org/en/committee/。

② 审查世界遗产保护状况报告。当遗产得不到恰当的处理和保护时,该委员会让缔约国采取特别性保护措施。

③ 经过与有关缔约国协商,该委员会作出决定把濒危遗产列入《濒危世界遗产名录》。

④ 管理世界遗产基金。对为保护遗产而申请援助的国家给予技术和财力援助。

3. 世界遗产中心

《保护世界文化和自然遗产公约》1975年正式生效,但由于世界遗产逐年增多,世界遗产事务的日常工作日益繁重,1992年联合国教科文组织正式设置了世界遗产中心,即"公约执行秘书处",与教科文组织总部同在巴黎。该中心协助缔约国具体执行《公约》,对世界遗产委员会提出建议,执行世界遗产委员会的决定,中国于1985年加入《公约》,成为缔约方,1999年10月29日,中国当选为世界自然与文化遗产委员会成员。①

4. 国际古迹遗址理事会

国际古迹遗址理事会(International Council on Monuments and Sites, ICOMOS)在1965年成立于波兰华沙,是世界遗产委员会的专业咨询机构。理事会由世界各国文化遗产专业人士组成,是古迹遗址保护和修复领域唯一的国际非政府组织,在审定世界各国提名的世界文化遗产申报名单方面起着重要作用。②

中国于1993年加入ICOMOS,成立了国际古迹遗址理事会中国委员会(ICOMOS China),即中国古迹遗址保护协会。国际古迹遗址理事会第15届大会暨国际科学研讨会,于2005年10月17日至21日在著名古都西安举行,大会通过了《西安宣言》。国际古迹遗址理事会西安国际保护中心,于2006年10月1日在西安成立,为世界各地申报世界文化遗产提供咨询帮助,并积极开展国际文化遗产保护项目的合作和协调工作等,系ICOMOS在世界范围内设立的唯一业务中心。

(1) 国际古迹遗址理事会的组织结构

国际古迹遗址理事会主要由全体大会、执行委员会、咨询委员会、国际秘书处组成。它们的组成及职责如表3-2所示。

---

① 联合国教科文组织世界遗产中心. http://whc.unesco.org/.
② 国际古迹遗址理事会. http://www.icomos.org/fr/a-propos-de-licomos/mission-et-vision/statuts-et-politique.

表 3-2 国际古迹遗址理事会主要机构设置

组织机构	组成	主要职责
全体大会（最高管理机构）	由国际古迹遗址理事会全体成员组成，每三年召开一次	选举执行委员会并制订下一个三年的战略计划和纲领
执行委员会（管理机构）	由主席、5 位副主席、秘书长、司库（构成办公处）及 12 位执行委员组成，他们代表了世界上的主要地区	制定规划和预算，并监督执行情况；批准建立新的国家委员会和国际学术委员会
咨询委员会	由各国家委员会主席及国际学术委员会主席组成	向执行委员会提出建议和指导，并举荐优先项目
国际秘书处	若干部门组成	实施上述各委员会的决议和计划，负责协调和管理 ICOMOS 日常工作，主要包括为各委员会、会员和公众提供信息和服务，组织各种会议和研讨会，并负责与其他组织的联络工作

（2）国际古迹遗址理事会会员

据统计，截至 2013 年国际古迹遗址理事会有 103 个国家委员会、28 个国际科学委员会和 1.1 万余名个人会员。这些会员享有特有的权利：参与到国际专业网络组织中来（专家会议，专业工作组，学术交流，培训计划等）；获取国际研讨会和讲座的信息；接收 ICOMOS 的通讯；进入档案中心；优惠购买某些出版物；在全球众多遗产地和博物馆享受减免门票的优惠。

5. 国际文化财产保护与修复研究中心

国际文化财产保护与修复研究中心（International Centre for the Study of the Preservation and Restoration of Cultural Property,ICCROM），1959 年成立于意大利首都罗马。作为一个政府间国际组织，它被授权推动世界范围内所有类型文化遗产的保护工作。目前，ICCROM 拥有 110 多个成员国，通过教育培训、信息交流、调查研究、技术合作以及舆论宣传等方式致力于文化遗产的保护工作，它已经在世界各地组织开展了培训活动，并已经发布富有新意的教育工具、研究方法和宣传资料。[①]

国际文化财产保护与修复研究中心主要履行下列职责：收集、研究和传播有关保护和修复文化遗产的科技资料；在这一领域协调、鼓励和开展研究尤其是通过委托团体或专家、国际会议、出版物和专业人员的交流来开展上述工作；在有关文化财产保护和修复的普遍或专门问题上提出建议或忠告；在培训研究人员和技术人员及提高修复工作水准方面提供援助。

---

① 张松.城市文化遗产保护国际宪章与国内法规选编[M].上海：同济大学出版社,2007.

6. 国际自然与自然资源保护联盟

1948年10月5日,国际自然及自然资源保护联盟(International Union for Conservation of Nature and Natural Resources, IUCN)在联合国教科文组织和法国政府在法国的枫丹白露联合举行的会议上成立,命名为国际自然保护协会,1956年6月在爱丁堡更名为国际自然及自然资源保护联盟,总部设在瑞士的格朗。①

国际自然及自然资源保护联盟是一个非常特殊的组织,来自180多个国家和地区的1 000多名国际知名的科学家和专家为其下属的六个全球性的委员会工作。它在世界62个国家设有办事处,共有1 000多名员工,服务于500多个项目。

(1) 国际自然及自然资源保护联盟组织机构

国际自然及自然资源保护联盟下属六个委员会,即生态系统委员会、物种生存委员会、世界自然保护地委员会、环境法律委员会、教育与通信委员会、环境经济社会政策委员会,主要负责对有关保护知识的传授及政策和技术咨询工作提供指导,并负责IUCN项目的实施。委员会由众多的专家志愿者组成,选举产生委员会主席,受IUCN委托,负责搭建知识体系、推广经验,并推动其目标的实现。

(2) 国际自然及自然资源保护联盟宗旨

国际自然及自然资源保护联盟的宗旨任务是通过各种途径,保证陆地和海洋的动植物资源免遭损害,维护生态平衡,以适应人类目前和未来的需要;研究监测自然和自然资源保护工作中存在的问题,根据监测所取得的情报资料对自然及其资源采取保护措施;鼓励政府机构和民间组织关心自然及其资源的保护工作;帮助自然保护计划项目实施以及世界野生动植物基金组织的工作项目的开展;在瑞士、德国和英国分别建立自然保护开发中心、环境法中心和自然保护控制中心;注意同有关国际组织的联系和合作。

3.2.2 中国申遗过程中涉及的组织、部门

1. 国家文物局

中华人民共和国国家文物局,是中华人民共和国国务院下设的一个国家局,由中华人民共和国文化部管理,主要负责机关文电、会务、机要、档案和保密、信访、政务公开工作;负责机关财务、基建等工作,指导监督事业单位财务工作;负责文物和博物馆业务统计工作;承担对外和对港澳台的交流与合作工作。国家文物局下设五个内设机构(副司局级):办公室、政策法规司、督查司、文物保护与考古司。其主要职责有:

---

① IUCN, Commissions. International Union for Conservation of Nature. 12 May 2010。

① 规划文博事业,制定管理制度并监督实施。

② 指导、协调文物的管理、保护、研究、宣传,以及其他各种相关工作。

③ 承担全国重点文物保护单位、历史文化名城、世界文化遗产的相关审核、申报工作;审核或审批全国重点文物的发掘、保护、维修项目。

④ 指导大型博物馆建设及馆际交流。

⑤ 研究处理文物保护的重大问题;对涉及文物的大案要案提供专业性意见。

⑥ 研究制定文物流通的管理方法;审批文物出口鉴定机构的设立和撤销。

⑦ 编制预算,审核划拨并监督经费使用情况。

⑧ 统筹规划人才培训;组织指导科研工作。

⑨ 管理相关外事工作。

⑩ 承办上级部门(国务院和文化部)交办的其他事项。

国家文物局在世界文化遗产申报过程中发挥巨大的作用,组织审核世界文化遗产申报,协同住房和城乡建设部等部门审核世界文化和自然双重遗产申报,协同住房和城乡建设部门负责历史文化名城(镇、村)保护和监督管理工作。同时国家文物局积极开展文化遗产的保护工作,2007年1月15日,中菲两国政府有关部门在马尼拉签署了《中华人民共和国政府和菲律宾共和国政府关于防止盗窃、盗掘和非法进出境文物的协定》以及《中华人民共和国国家文物局与菲律宾共和国国家文化艺术委员会关于文化遗产保护的协议》。《中华人民共和国国家文物局与菲律宾共和国国家文化艺术委员会关于文化遗产保护的协议》明确了双方即将开展的一些具体合作项目,包括加强对两国世界文化遗产地的研究和保护,对两国境内的重要文化遗存进行勘查与研究等。2007年11月21日,中印两国签署了《中华人民共和国政府和印度共和国政府关于防止盗窃、盗掘和非法进出境文物的协定》和《中华人民共和国国家文物局和印度共和国考古局关于保护文化遗产谅解备忘录》。

2. 住建部

中华人民共和国住房和城乡建设部简称住建部。第七届全国人民代表大会第七次会议通过《关于国务院机构改革方案的决定》,设置建设部,下设办公厅、法规司、住房改革与发展司、住房保障部、城乡规划司等15个组织机构。2008年3月15日,根据十一届全国人民代表大会第一次会议通过的国务院机构改革方案,建设部改为住房和城乡建设部。住建部是负责建设行政管理的国务院组成部门。其在世界遗产申报过程中主要负责自然遗产申报,会同文物等有关主管部门审核世界自然与文化双重遗产的申报,会同文物主管部门负责历史文化名城(镇、村)的保护和监督管理工作。

3.3 世界遗产的后续管理

一个国家申遗成功,并不代表着在申遗的道路上取得了最终结果,恰恰是世界遗产后续开发保护的起点,申遗成功不仅仅代表了该国该项遗产项目的独特性地位的确立,更在很大程度上意味着该国必须承担起保护该项遗产的更大责任,因此,权利与义务的相承性决定了世界遗产后续管理的重要性。

世界遗产的后续管理是一个享受权利、履行义务的复杂系统,不仅仅需要世界性组织提供的在各相关领域的技术和资金支持,也包括遗产所在国各部门为开发所做的努力,尤其是开发后所做的保护性工作,因此,世界遗产的后续管理不仅仅涉及国际领域,更与国内各地的实际情况密切相关,不仅仅需要强大的科技支持力度和资金扶持密度,更需要转变过去的"先开发、后治理"的观念,实现世界遗产保护的可持续化。

3.3.1 世界遗产的保护性义务和责任

权利与义务的相辅相成,决定了一个申遗成功国不仅仅享有作为文化遗产国的荣誉,更代表着其必须肩负起保护世界遗产的责任。当然,保护世界遗产不是某一个国家单独进行的工作,而需要国际社会共同的努力,世界遗产委员会在遗产保护方面发挥着独特的作用,它不仅在技术、设备方面提供大量的援助,而且提供数量可观的保护资金,用以支持遗产的全方位保护工作。同时,世界遗产委员会还不断加强民众教育,提高民众的保护意识。

世界遗产公约组织在充分尊重文化和自然遗产所在国的主权,并不使国家立法规定的财产权受到损害的同时,承认这类遗产是世界遗产的一部分,并建立一个旨在支持本公约缔约国保存和确定这类遗产的努力的国际合作的援助系统。因此,整个国际社会有责任合作予以保护。缔约国根据《公约》的规定,应有关国家的要求帮助该国确定、保护、保存和展出世界遗产名录中的文化和自然遗产;不得故意采取任何可能直接或间接损害本公约其他缔约国领土内的文化和自然遗产的措施;均承认,本国领土内的文化和自然遗产的确定、保护、保存、展出和遗传后代,主要是有关国家的责任;竭尽全力并最大限度地利用本国资源,必要时利用所能获得的国际援助和合作,特别是财政、艺术、科学及技术方面的援助和合作。

1. 缔约国对世界遗产的保护措施

缔约国在遵守《公约》相关要求的基础上,履行相关责任,对世界遗产的保护采取措施:

① 通过一项旨在使文化和自然遗产在社会生活中起一定作用并把遗产保护纳入全面规划计划的总政策；

② 如本国内尚未建立负责文化和自然遗产的保护、保存和展出的机构，则建立一个或几个此类机构，配备适当的工作人员和为履行其职能所需的手段；

③ 发展科学和技术研究，并制定出能够抵抗威胁本国自然遗产的危险的实际方法；

④ 采取为确定、保护、保存、展出和恢复这类遗产所需的适当的法律、科学、技术、行政和财政措施；

⑤ 促进建立或发展有关保护、保存和展出文化和自然遗产的国家或地区培训中心，并鼓励这方面的科学研究。

2．国际援助

（1）保护世界文化和自然遗产基金

为了保护现存的世界遗产，根据《公约》的要求设立保护世界文化和自然遗产基金，其基金来源为：

① 本公约的缔约国义务捐款和自愿捐款。

② 下列方面可能提供的捐款、赠款或遗赠：其他国家或地区；联合国教科文组织、联合国系统的其他组织（特别是联合国开发计划署）或其他政府间组织；公共或私立机构或个人。

③ 基金款项所得利息。

④ 募捐的资金和为本基金组织的活动的所得收入。

⑤ 世界遗产委员会拟订的基金所认可的所有其他资金。

基金的捐助使用又有特殊的规定，对基金的捐款和向委员会提供的其他形式的援助只能用于委员会限定的目的。委员会可接受仅用于某个计划或项目的捐款，但以委员会业已决定实施该计划或项目为条件。同时，对基金的捐款不得带有政治条件。

（2）国际援助的条件和安排

《公约》对于遗产保护的国际援助有着明确的规定，具体如第19条和第21条。

① 凡公约缔约国均可要求对本国领土内具有突出的普遍价值的文化或自然遗产之财产给予国际援助。它在递交申请时还应按照第21条规定所拥有的有助于委员会作出决定的文件资料。

② 世界遗产委员会应制定对向它提交的国际援助申请的审议程序，并应确定申请应包括的内容，即打算开展的活动、必要的工程、工程的预计费用和紧急程度以及申请国的资源不能满足所有开支的原因所在，这类申请须尽可能附有专家报告；对因遭受灾难或自然灾害而提出的申请，由于可能需要开展紧急工

作,委员会应立即给予优先审议,委员会应掌握一笔应急储备金;委员会在作出决定之前,应进行它认为必要的研究和磋商。

(3) 世界遗产委员会提供援助的形式

① 研究在保护、保存、展出和恢复《世界遗产公约》第11条第2和4段所确定的文化和自然遗产方面所产生的艺术、科学和技术性问题;

② 提供专家、技术人员和熟练工人以保证正确地进行已批准的工作;

③ 在各级培训文化和自然遗产的鉴定、保护、保存、展出和恢复方面的工作人员和专家;

④ 提供有关国家不具备或无法获得的设备;

⑤ 在例外和特殊情况下提供无偿补助金。

(4) 世界遗产项目的监测管理

监测管理是实施《公约》的重要手段。1994年,世界遗产委员会主席团修改章程,将监测工作明确列为世界遗产委员会的职责。监测工作分作系统监测和反应性监测两大类。

3.3.2 中国世界遗产的保护

中国是一个世界遗产大国,截至2014年6月第38届世界遗产委员会大会在卡塔尔首都多哈闭幕,中国拥有的世界遗产总数达到45处,超越西班牙成为第二大世界遗产国,仅次于意大利,这不仅使中国在世界民族之林散发出其独具特色的自然价值,更彰显出中国传承千年的文化魅力。虽然,我国的世界遗产目前还没有一项列入濒危名录,也没有被除名的危险,但这并不能说明我们的世界遗产保护得有多好,在遗产保护方面还存在着一定的不足,世界遗产大会也对某些遗产提出了黄牌警告。

1. 中国在遗产保护方面存在的问题

(1) 遗产开发管理体制混乱,相关法规不健全①

我国的世界遗产依据其资源特点,分别归建设、林业、环保、文化、宗教、文物、地质等部门管理,这在一定程度上造成了资源所属主体的混乱。虽然住建部和国家文物局分别主管世界遗产中属于自然遗产和文化遗产的部分,属于文化与自然双重遗产的归口住建部,但考虑实际情况对具体遗产组成部分分别进行管理,这两个国家机关负责对世界遗产工作实行业务指导和工作监督。然而,实际操作管理的责任被分解到每一个遗产地的政府或政府主管机构,形成强势的地方政府。遗产地的管理,有设立地方政府行使管理权的,如庐山、武陵源;也有

---

① 魏小安等.发展旅游和遗产保护能否"双赢"[N].中国旅游报,2002-12-11.

直接设立专业机构管理的,如故宫、敦煌。并且遗产管理部门具有事业单位行政职能和企业经营的双重性质。这种模式在计划经济体制条件下的管理成效是明显的,但在市场经济条件下,随着市场观念的增强及市场化氛围的浓厚,多头管理导致世界遗产在某种程度上成为一个权力的战场,也形成了责任的真空。比如,庐山800米上下分属不同的组织机构管理,造成了管理上的尴尬局面。

世界遗产的开发与保护需要一套完整有效的法律体系。但是令人遗憾的是,迄今为止还没有一部完整的保护世界遗产的法律法规,相关法律制度的缺失制约着世界遗产的有效管理和保护。《文物保护法》不能涵盖对自然原生态的保存;《自然保护区条例》不会触及历史、考古、建筑;《风景名胜区管理条例》及其《实施办法》由于出发点不同,其"风景名胜"的概念界定与世界遗产有相当距离。虽然《刑法》分则中有少量禁止性条款,文化部、国家文物局等九部门联合下发了《关于加强和改善世界遗产保护管理工作的意见》,但这些都远远跟不上形势的发展。由于缺少足够的法律依据以及法律所赋予的执法权力,使遗产地管理机构在制止威胁世界遗产安全和破坏世界遗产的行为时缺乏效力,使遗产资源遭到难以弥补的损失。于是便出现了"偷一个兵马俑的头可以判死刑,将泰山月观峰的头炸掉三分之一却找不到处罚依据"的现象。至于无形的文化遗产和民俗文化,则更无成文的法律法规保护。

(2) 遗产保护与开发中认识观念错位,过度旅游开发

① 盲目申遗。众所周知,打上"世界遗产"的标签,就等于拿到了"国际通行证",随之而来的是享有国际知名度,迅速跻身于"国际旅游热点"。在巨大经济利益的驱使下,全国各地纷纷掀起了"申遗"热潮。但世界遗产的申报成本也是非常昂贵的,如都江堰为整治文化环境,拆掉了价值大约212亿元的建筑,武夷山在申报中也花了1亿多元,对于经济欠发达地区来说,过高的申报成本势必会成为一种负担。

② 性质错位。世界遗产的主要功能应该是科学研究,因而要以"保护为主,抢救第一"为宗旨。而我国绝大多数世界遗产地却贴上旅游资源的标签,对加入遗产名录后,如何更好地保护、管理世界遗产,并没有做认真详尽的思考和准备,且着力于日常的大量的基础性工作,暴露出一种重政绩,急于甚至盲目开发利用的功利心态。将世界遗产完全等同于一般的经济资源而且是没有任何成本的经济资源,以旅游价值完全取代历史文化和科学价值,把世界遗产当成地方的"金字招牌"和"摇钱树",忽略了世界保护自然文化遗产战略的宗旨是保存和保护遗产的真实性和完整性,世代传承,永续利用。在许多国人眼里,"世界遗产"就是一块金字招牌,看中的是这块金字招牌开发后所带来的巨大的经济效益。开发和利用资源是合情合理的,问题是一些遗产地片面追求眼前的经济效益,导致了过度的旅游开发,主要表现四个方面:

错位开发。违反了"山上游山下住"、"区内游区外住"的一般原则,使遗产地内部出现"人工化、商业化和城市化"三化趋势。

超载开发。接待的游客数量超过了世界遗产地的承载力,其结果是造成了生态环境和历史文物的破坏。

违规开发。不少地方对遗产地实行企业化管理、商业化运作,以市场机制这只看不见的手来管理公益性的遗产事业,对遗产地或出售出租或捆绑上市。

门票经济。针对世界遗产低门票价格的不断上涨,相关学者研究发现,从横向比较来看,中国的大部分世界遗产已经明显"贵族化",远远高出普通民众的消费水平;从纵向比较来看,门票价格的上涨幅度也超出了城乡居民收入的增长幅度。

(3)保护资金匮乏

世界遗产的保护需要雄厚的资金投入。而据有关资料统计,有限的国力使得政府在每个文物单位、自然保护区的年投入经费不到9万元,这与庞大的遗产保护所需经费相距甚远,且上述拨款没有列入国家预算,数量上制度上没有保障。从资金来源上看,目前中国世界遗产的基本收入主要是政府的财政投入、景区门票收入、其他经营性收入和其他收入(如社会捐赠)等几个渠道,其中门票收入占总收入比例极高。在支出方面,各遗产点各不相同,总体来看,由于国家对世界遗产地资源保护的财政拨款明显不足,国际援助和社会捐助十分有限,大多通过门票收入来保障其日常管理和保护需求;而大部分遗产地的地方财政对门票收入的依赖性也极高;其中少数已经包装上市的世界遗产地,门票收入又成为企业的经营收入(例如黄山、峨眉山门票收入的50%被作为上市公司的经营收入)。

2. 中国的世界遗产管理与保护

一个国家拥有世界遗产的多寡,反映了这个国家、这个国家的人民在人类文明的长河中,曾经贡献出的智慧。从这个意义上讲,让散落在中国每一处的世界遗产都能"延年益寿",是政府和每一个公民为人类所承担的使命。为更好地促进文化遗产的保护、可持续利用及后代人对遗产享用的权利,2006年11月14日文化部部务会议审议通过并予以施行了《世界文化遗产保护管理办法》(见附录)对世界遗产进行保护利用。

(1)以政府管理为主导,引领世界遗产的保护

遗产保护的首要责任在国家。可借鉴国际上100多年来的国家公园制度,它在100多个国家实行,并选择中央政府而不是社群或公司充当遗产地的管理者,反映了公益事业要由非营利组织机构用非经济手段负责的原则。针对我国目前地方利益为重、管理体制混乱的现状,有必要尽快实施由国家统一管理的政策。主要包括:改革现有的世界遗产管理体制,建立国家遗产管理局,统一负责

全国的遗产资源管理；尽快出台《遗产法》，以法律的高度保护遗产；建立遗产专家委员会，参与相关政策、法规的制定与监督；国家加大资金投入；加强世界遗产保护的国民教育。

（2）遗产保护为基，永续利用

遗产保护是遗产地开展旅游活动的前提。而对于遗产资源的保护，根本在于保护其"真实性"和"完整性"。真实性和完整性是世界遗产非常重要的原则，真实性反映遗产在设计、材料、工艺及技术方面须符合真实的原则。而完整性则强调尽可能保持自身关键要素、面积、生态系统、生态环境条件、物种、保护制度的完整以及文化遗产与其所在环境的完整一体。任何在自然遗产内大兴土木、破坏地形地貌和景观生态，以及在文化遗产点周围私搭乱建、大搞娱乐工程、设立各类开发区的做法都与遗产真实性和完整性的要求背道而驰。大自然和我们的祖先经历漫长岁月留给人类丰富伟大的遗产资源，我们有责任把它们完好地交给我们的后代永续利用而不是急功近利地毁了它们。

（3）公众参与，和谐共生

世界遗产是在自然界演变与人类社会活动中形成的经典佳作，也是全社会共同的财富。社会作为世界遗产的最大受益者，有责任更有义务去保护世界遗产。随着经济开发和建设的深入，世界遗产资源的保护和研究费用将会越来越大，仅仅依靠政府财政投入肯定行不通，公众携手参与到世界遗产保护中显得尤为重要，主要表现在三个方面：首先，加强世界遗产的宣传普及工作，增强全社会的保护意识。通过系统、循序渐进地开展世界遗产的普及宣传工作，提高公众对世界遗产保护工作的认识，使人们能主动承担保护的责任与义务，参与到保护的行列中来。其次，必须制定一系列可行的政策法规，来保障人人参与保护环境的积极性、创造性，切实做到"遗产保护、人人有责"。最后，建立政府与社会、企业之间最广泛的遗产保护统一战线，多样化地进行遗产保护的公众宣传，创建公众参与可信赖的平台，实现人类活动与世界遗产和谐共生。

3.3.3　空间技术在世界遗产中的运用

空间技术属于高科技，顾名思义就是探索、开发和利用宇宙空间的技术，又称太空技术和航天技术，主要包括喷气技术、电子技术、自动化技术、遥感技术、材料科学、计算科学、数学、物理、化学等。相当长的一段时间内，人类主要开展以地球为中心的空间活动，随着科技进步、技术革新使得空间技术有了较大的进步。

1. 空间技术的突出特点

空间技术的突出特点主要表现为：

① 空间技术是高度综合的现代科学技术，是许多科技最新成就的集成。

② 空间技术是对国家现代化、社会进步具有宏观作用的科学技术。由于航天器飞行速度快,运行高度高,因此可快速地大范围覆盖地球表面。例如,通过卫星使电视网络覆盖全国乃至全球;气象卫星可以进行全球天气预报,包括长期天气预报;侦察卫星可以及时发现世界各个地区的军事活动等。这些都是常规手段无法做到的。

③ 空间活动是高投入、高效益、高风险的事业。尽管风险很大,但是空间技术的发展对人类的贡献是巨大的,因此它必将持续发展。

2. 世界遗产是罕见的无法替代的,为人类公认的具有突出意义和普遍价值的文化和自然财富

就目前的世界遗产现状来看,过度地进行商业旅游、气候条件的改变及人类的破坏使得世界遗产保护令人担忧。然而,随着科技进步,遥感等空间观测技术的应用已成为世界遗产监测和管理的有效手段。2009年批准成立的国际自然与文化遗产空间技术中心旨在利用中科院对地观测与数字地球优势资源,为联合国教科文组织及其成员国在世界遗产地的监测、保护和管理方面提供技术支持,更在保护世界遗产中发挥了重要作用。

(1) 空间技术,可以更精准地对文化遗产、自然遗产进行保护

空间技术包含的内容很多,不仅包括遥感技术,也包括以地理信息系统、GPS为代表的导航技术、激光雷达、虚拟现实以及网络高性能计算等信息技术。例如,以遥感技术为代表的空间技术可以获得多时相、多种空间分辨率的大量影像资料,从而成为从名录遗产数据获取到信息提取乃至智能评估的重要手段,通过空间技术,可以更精准地对文化遗产、自然遗产进行保护。

当前,空间对地观测技术已在地球大范围地表覆盖层变化情况的监测和评价工作中发挥重要作用,为世界遗产地的监测和保护提供了新的应用手段。然而,并非所有UNESCO成员都有使用和解读卫星数据,并用于遗产地监测的能力。这就需要空间对地观测技术,需要提高自己对卫星和航空图像的解读和分析能力。同时,空间技术发挥作用,需要多学科间的配合。我国首先提出的遥感考古学,就是空间技术在考古发掘保护方面的典型应用。空间技术在名录遗产可持续发展方面发挥作用,主要分为三个方面:首先是探测发现——通过卫星、航空、探地雷达等方式,发现存在的遗产并获得空间尺度、几何结构等相关数据。接着是监测和评估——通过长时间的监测,掌握各方面的数据变化,评估外界条件对遗产会产生的影响。以颐和园为例,通过空间技术长时间的监测,就能发现颐和园自然风化、游客参观、城市建设等因素对建筑的影响,从而制定保护措施。最后是存档——将获得的数据存储分析,进行三维重建。

(2) 空间技术,能在环境变迁与人类活动关系的研究中发挥更大作用

相对传统技术而言,空间技术具有成本优势,能节省人力物力,并且能在环

境变迁与人类活动关系的研究中发挥更大作用。传统的现场数据采集与保护方式主要依靠人力,通过专家到现场去走访、观察、发现,人力成本高,作业效率低,甚至具有危险性。空间技术则有效地解决了这个问题,作业范围更广,信息收集更快、更全面、更准确,同时可以定期观测,成本大大降低。

特别是以遥感技术为代表的空间技术,为考古及遗产保护提供了很好的"靶区"。在进行考古勘测时,遥感技术确定疑似遗址地点后,再经过考古学家、历史学家以及地理学家到现场去验证,这样就增加了世界遗产保护的真实性和可行性。

案 例

黄 山 宣 言

目前全球范围内被列入联合国教科文组织世界遗产地、世界生物圈保护区以及世界地质公园的地区已超过 1 700 处。为了关注旅游带来的挑战和发展机会,加强部门间与利益相关方协调,平衡旅游和环境的关系,促进世界遗产地旅游管理和可持续发展,2014 年 5 月,联合国教科文组织世界遗产中心、人与生物圈计划、世界地质公园、国际自然与文化遗产空间技术中心,与出席联合国教科文组织达成共识,通过了《黄山宣言》,其主要内容表现在:

名录遗产地在支持可持续发展方面具有巨大潜能,将成为联合国"可持续发展目标"发展合作的主要推动力。为推动世界遗产地实现可持续发展,不仅要处理好遗产地本身人与环境变化的关系,还必须在更大的生态系统和区域内协调好两者的关系。充分肯定了以国际化的视野系统地促进"生物多样性的重视与保育、文明多样性的尊重与交流、游客满意度提升与教育、社区幸福度增强与公平"。

空间技术在世界遗产保护及世界遗产地可持续发展中发挥着重要作用。以名录遗产地为主要对象,天—空—地遥感技术、相关地理信息系统及其他应用技术定期和及时地获取地理空间数据和信息;对世界遗产资源进行清单整理、识别、监控和管理;帮助联合国教科文组织和成员国实时地掌控世界遗产保护的动态。在促进世界遗产保护及世界遗产地可持续发展中,空间技术发挥着重要的作用,有必要对其进行更大范围的推广。

搭建多样化的交流合作平台,推动世界遗产保护。联合国教科文组织要发挥其领导核心作用,推动各级机构、各成员国、各区域等之间的多样化合作,联手应对遗产地过度开发带来的挑战,着力加强世界遗产地的保护,高标准建设遗产地展示中心。同时,鼓励社区和公众参与世界遗产地的管理,提高全社会对遗产资源突出价值的认识,确保遗产地保护与可持续发展二者间的平衡。

《黄山宣言》从全方位、多角度凸显了推动世界遗产可持续发展的重要性及切实可行的相关措施，必将成为世界遗产保护、世界遗产地及全球旅游业可持续发展的基石。

安徽网．http://www.ahwang.cn/zbah/20140529/1371102.shtml。

附录：《世界文化遗产保护管理办法》

我国是一个历史悠久，文化底蕴深厚的文明古国，中华民族在漫长的历史长河中，创造了弥足珍贵的文化遗产，这些遗产蕴含着中华民族特有的精神价值、思维方式、想象力，体现着中华民族的生命力和创造力，是各民族智慧的结晶，也是全人类文明的瑰宝。随着经济社会发展及旅游业商业化的冲击，文化遗产面临着巨大的冲击。为了保护中华民族的文化浓缩——文化遗产，更为了使中国变遗产大国为遗产强国，2006年我国文化部部务会议审议通过了《世界文化遗产保护管理办法》这一部门规章，并予以施行，旨在对世界文化遗产有效地进行保护。其主要内容表现在：

履行《保护世界文化与自然遗产公约》的责任和义务[①]

本规章切实履行对《保护世界文化与自然遗产公约》的责任和义务，贯彻保护为主、抢救第一、合理利用、加强管理的方针，确保世界文化遗产的真实性和完整性。

各部门各司其职，加强世界遗产的保护

本办法对国家文物局、各级人民政府及其文物主管部门的职责进行了详细的规定。

1. 国家文物局对世界文化遗产保护的职责

第四条　国家文物局主管全国世界文化遗产工作，协调、解决世界文化遗产保护和管理中的重大问题，监督、检查世界文化遗产所在地的世界文化遗产工作。

第六条　国家对世界文化遗产保护的重大事项实行专家咨询制度，由国家文物局建立专家咨询机制开展相关工作。世界文化遗产保护专家咨询工作制度由国家文物局制定并公布。

第十二条　省级人民政府应当为世界文化遗产建立保护记录档案，并由其文物主管部门报国家文物局备案。国家文物局应当建立全国的世界文化遗产保护记录档案库，并利用高新技术建立世界文化遗产管理动态信息系统和预警

---

① 世界文化遗产保护管理办法．2006．

系统。

第十八条 国家对世界文化遗产保护实行监测巡视制度,由国家文物局建立监测巡视机制开展相关工作。世界文化遗产保护监测巡视工作制度由国家文物局制定并公布。

第十九条 因保护和管理不善,致使真实性和完整性受到损害的世界文化遗产,由国家文物局列入《中国世界文化遗产警示名单》予以公布。

2. 各级人民政府对世界文化遗产保护的职责

第五条 县级以上地方人民政府应当将世界文化遗产保护和管理所需的经费纳入本级财政预算。

第八条 世界文化遗产保护规划由省级人民政府组织编制。承担世界文化遗产保护规划编制任务的机构,应当取得国家文物局颁发的资格证书。世界文化遗产保护规划应当明确世界文化遗产保护的标准和重点,分类确定保护措施,符合联合国教科文组织有关世界文化遗产的保护要求。

第十一条 省级人民政府应当为世界文化遗产作出标识说明。标识说明的设立不得对世界文化遗产造成损害。世界文化遗产标识说明应当包括世界文化遗产的名称、核心区、缓冲区和保护机构等内容,并包含联合国教科文组织公布的世界遗产标识图案。

第十二条 省级人民政府应当为世界文化遗产建立保护记录档案,并由其文物主管部门报国家文物局备案。

第十三条 省级人民政府应当为世界文化遗产确定保护机构。保护机构应当对世界文化遗产进行日常维护和监测,并建立日志。发现世界文化遗产存在安全隐患的,保护机构应当采取控制措施,并及时向县级以上地方人民政府和省级文物主管部门报告。

3. 各级文物部门对世界遗产保护的职责

第九条 世界文化遗产中的不可移动文物,应当根据其历史、艺术和科学价值依法核定公布为文物保护单位。尚未核定公布为文物保护单位的不可移动文物,由县级文物主管部门予以登记并公布。

第十六条 各级文物主管部门和世界文化遗产保护机构应当组织开展文化旅游的调查和研究工作,发掘并展示世界文化遗产的历史和文化价值,保护并利用世界文化遗产工作中积累的知识产权。

第十七条 发生或可能发生危及世界文化遗产安全的突发事件时,保护机构应当立即采取必要的控制措施,并同时向县级以上地方人民政府和省级文物主管部门报告。省级文物主管部门应当在接到报告2小时内,向省级人民政府和国家文物局报告。

第4章 世界遗产与旅游

前三章主要介绍了世界遗产的历史发展、内涵与申报管理等基本概况。而在本章,笔者将把论述重点转向"旅游",研究世界遗产与旅游的关系、内涵和管理模式。根据前三章的论述,我们可以得出结论,无论是世界自然遗产、世界文化遗产还是文化景观遗产,都有着极高的审美价值、教育价值和科研价值。它们与众不同的魅力吸引着全世界人民的目光,逐渐成为旅游爱好者热力追捧的目标。同时,作为一种新型的、极具发展潜力的旅游类型,世界遗产旅游也引起了学术界的广泛关注。

基于此,本章首先从世界遗产与旅游的关系研究着手,辩证地论述两者之间的紧密联系。随后,对世界遗产旅游的内涵进行深入剖析,介绍其概念、类型与特征。最后,本章将理论结合实际,从四个典型的世界遗产旅游管理案例着手,分析世界遗产旅游管理的国际经验,为世界遗产旅游管理发展实践提供指导意义。

4.1 世界遗产与旅游的关系

世界遗产是一项由联合国教科文组织世界遗产委员会负责评定的具有杰出普遍性价值的自然或文化处所。它不仅仅是一种最高品位价值的荣誉肯定,更是重要的旅游招牌和对遗产保护的郑重承诺。作为世界知名的"旅游招牌",世界遗产是重要的旅游吸引物,是推动旅游发展的源泉与动力,对旅游发展具有重要意义。同时,旅游活动在世界遗产利用与保护的过程中,犹如一把"双刃剑",对世界遗产产生双重影响。因此,世界遗产与旅游两者关系密切,不可分割。

4.1.1 世界遗产是重要的旅游吸引物

随着旅游的深入发展,人们不再仅仅满足于旅游活动的"异地性"。人们对历史的怀旧倾向逐渐增强,开始追寻能够带来"穿越时空"体验的旅游方式。世界遗产作为历史遗留的产物,很好地契合了人们的这一需求,成为遗产地发展旅游的重要"拉力"。

另一方面,从世界遗产的评定标准来看,世界遗产其本身也具有极高的审美价值、科学价值、教育价值和社会价值,更加契合各种游客不同层面的旅游需求。

自然遗产保留着大自然鬼斧神工最完整和最原始的面貌,将自然生态的魅力展现得淋漓尽致。在它们面前,人类开始变得如此渺小。就像漫步阿尔卑斯山脉脚下,雪峰、白云、清雾交相呼应。如图4-1、图4-2所示,"少女峰"(钮佛罗峰)婀娜多姿,让人为之倾倒;"奶酪峰"(艾格峰)险峻陡峭,冰雪都无处停留;"僧侣峰"横贯其中,蔚然姿态不可冒犯,俨然一副三峰鼎力、各领风骚数百年的姿态。全年冰雪覆盖的山峰,像丝绸一般飘落人间,雪白而纯净。立身其中,人的心也变得简单而纯粹。

图 4-1　阿尔卑斯山脉——钮佛罗峰
资料来源：http://www.myswitzerland.com/zh-cn/interests/top-attractions/jungfraujoch-top-of-europe1.html。

图 4-2　阿尔卑斯山脉——艾格峰
资料来源：http://www.myswitzerland.com/zo/interests/top-attractions/the-matterhorn-in-your-sights.html。

文化遗产记载着历史长河最丰富和最传奇的故事,将不同年代、不同社会背景的特色文化展示得栩栩如生。各具特色的文化遗产压缩了时空距离,让人们真正有机会走进历史,如同流光溢彩的故宫(如图4-3、图4-4、图4-5所示),保存着世界上最大、最完整的木质结构古建筑群。在其九千九百九十九间半的殿宇里记载的不仅仅是24位明清皇帝的荣辱一生,更展示着中国传统宗教礼制、阴阳五行学说、帝王权威至高无上等的文化特色。

图 4-3　故宫——乾清宫
资料来源：http://www.dpm.org.cn/shtml/116/@/17744.html。

图 4-4　故宫——中和殿

资料来源：http://www.dpm.org.cn/shtml/116/@/17787.html。

图 4-5　故宫——护城河

资料来源：http://www.dpm.org.cn/shtml/116/@/17728.html。

陶伟曾指出"世界遗产的价值绝对不是任何文献资料和文字写成的历史书所能替代的"[1]。可以说，世界遗产是一个个"活的自然或历史博物馆"，是一本直观、生动、全面的历史教科书。它们展示着一个地区或国家的文明与自然风光，将大自然的风云变幻凝结成最美丽的画卷，将历史的岁月变迁缩影为最壮丽的史歌。人们置身在世界遗产之中，感受遗世独立之美，身心也会变得开阔、明朗。可以说，世界遗产在各国旅游资源中都是独领风骚最为引人注目的。

4.1.2　世界遗产是发展旅游的源泉和动力

世界遗产的申报是由联合国教科文组织进行受理审批的，在国际范围内都具有极高的知名度与美誉度。获评为世界遗产的旅游资源，通常是世界罕见的、不可替代的，具有高品位的资源禀赋及重要的旅游价值，也因此受到全世界旅游

---

[1]　陶伟.中国"世界遗产"的可持续旅游发展研究[M].北京：中国旅游出版社，2001.

爱好者的热烈追捧。即使是没有申报成功的世界遗产,也在其申报过程中获得了世界旅游者瞩目。这样强势的旅游宣传效果比任何营销手段都来得快、准、狠,极大地带动了遗产地的旅游发展。

2000年,中国国家旅游局全面推出"世界遗产世纪游"活动。"世界遗产世纪游"把当年中国的27处世界遗产地作为高级别的垄断性旅游资源招牌,向海内外游客推出,取得了良好效果,获得了巨大的经济效益。有人甚至把此举视为中国旅游业进入21世纪高速发展时期的标志。由此可见,世界遗产对旅游的推动作用不容小觑。

4.1.3 旅游对世界遗产的双重影响

在世界遗产的利用与保护过程中,旅游的作用举足轻重。收益与损失并存是发展世界遗产旅游的明显特征。旅游对世界遗产的影响,究竟是利大于弊还是弊大于利,关于这个问题学术界各持己见、莫衷一是。王京传等总结各位学者的观点,将旅游对世界遗产的影响论述分为三大流派,即冲突论、调和论和协同论。①

1. 冲突论

冲突论是一种较为传统的世界遗产与旅游发展关系论。传统的观点认为,世界遗产自诞生起,关注的重中之重就是保护,实现绝对性的保护。② 然而,旅游活动不可避免的外部性与世界遗产的绝对性保护目标显然是相互冲突的。其具体表现为:

(1) 世界遗产地自然与生态环境破坏

长期以来,旅游都被称为"无污染"产业。但从世界遗产旅游发展的现状来看,旅游活动仍然不可避免地会给世界遗产地带来自然与生态环境破坏。旅游建筑施工扬尘、汽车尾气、旅游区燃煤废气、寺庙香烛废气等常常使世界遗产旅游区烟雾缭绕、空气质量明显下降;旅游区生活、生产污水的不合理排放也加速了世界遗产旅游区的水体环境污染;过量游客带来的噪音和固体垃圾更是破坏了世界遗产地旅游区原有的清洁、清净氛围。

不合理的旅游开发活动,更是容易给世界遗产带来毁灭性打击。秘鲁阿雷基帕旧城以其白色火山熔岩建材闻名(见图4-6、图4-7),但日益严重的工业污染和汽车排放的废气让白色建筑逐渐变色。火山熔岩建材的特色在大气环境的污染下日益失去光彩,其旅游吸引力也大打折扣。

---

① 王京传,李天元.世界遗产与旅游发展:冲突、调和、协同[J].旅游学刊,2012,27(6).
② 王京传,刘以慧.世界遗产与旅游发展关系的嬗变:冲突、调和、协同[N].中国文物报,2012-4-20.

图4-6　阿雷基帕旧城

资料来源：http://tupian.baike.com/a0_08_96_01300000242422122687962748780_jpg.html。

图4-7　阿雷基帕旧城——圣凯瑟琳修道院

资料来源：http://maya.go2c.info/photos/index.php?tag=pePeru&srch=Arequipa&curr_pg=2。

库斯科古城（见图4-8）因举办"太阳祭"的萨克萨曼圆形古堡闻名于世，但过多的商业、旅游开发使这座古城受到严重污染和破坏。发展旅游导致世界遗产地自然与生态环境遭到破坏的案例屡见不鲜，这让人们不得不反思旅游开发过程中的诸多问题。

图4-8　库斯科古城——大教堂

资料来源：http://maya.go2c.info/photos/index.php?tag=pePeru&srch=%E5%BA%AB%E6%96%AF%E7%A7%91古城。

(2) 世界遗产的原真性遭到破坏

徐嵩龄(2005)认为"遗产地命名、遗产地旅游设施建设、遗产地旅游展示、基于经济利益的遗产产品复制、遗产地的社会性复制这五大破坏性行为会损害遗产的原真性"。根据他的观点,世界遗产是前人留下的,无论是自然遗产还是文化遗产都是客观存在的。旅游尤其是旅游经销商的介入,人为地变更了世界遗产本来的面貌。许多为了迎合旅游市场对世界遗产做的变更,更是破坏了世界遗产自身的文化内涵,是对世界遗产的一种破坏性扭曲。

2010年1月25日,中国著名世界自然遗产武陵源风景名胜区内的"南天一柱"(又名"乾坤柱")正式更名为《阿凡达》中的"哈利路亚山"。这一世界自然遗产更名事件轰动一时,引来争议一片。诚然,电影《阿凡达》引发了武陵源的旅游热,极大地推动了武陵源当地旅游业的发展。但"南天一柱"是武陵源"三千奇峰"中的一座,将这一座山峰更名为"哈利路亚山",破坏了整个旅游区名称的协调性和完整性。同时,电影《阿凡达》宣扬的是美国精神,与武陵源当地的文化传统格格不入。由此可见,将"南天一柱"更名为"哈利路亚山"这一旅游营销行为显然是有失偏颇的,如图4-9、图4-10所示。

图4-9 南天一柱
资料来源:http://www.zhangjiajie.gov.cn/attachments/2014/03/2_20140324205308129yv.jpg。

图4-10 电影《阿凡达》宣传图
资料来源:www.tuijiazu.orq.cn。

(3) 世界遗产地本土文化受到冲击

传统的民间习俗和庆典活动都是在传统特定的时间、地点,按照规定的内容和方式举行的。① 世界遗产地传统的习俗和庆典活动更是具有独创性和不可复制性。然而,为了适应旅游市场的需求,许多世界遗产地在旅游开发的过程中常

---

① 安应民.旅游学概论[M].北京:中国旅游出版社,2007.

常篡改甚至摒弃珍贵的本土特色文化。例如传统民间歌舞、祭祀仪式就常常被压缩、改造成旅游商品,随时随地搬上"舞台"供游客欣赏。商品化的特色文化开始变得媚俗、大众,逐渐失去了其本身特有的魅力。

外来文化和现代时尚伴随着旅游而来,很容易在世界遗产地形成不良的"示范效应"。在经济和文化上占据优势的较发达地区旅游者大量涌入相对落后的发展中地区,他们的价值观、道德标准、行为模式、生活方式等对当地居民尤其是年轻人有着极强的诱惑力。世界遗产地当地居民竞相模仿、追求旅游者的生活方式和行为模式,"拜金主义"盛行,传统的道德观念和价值观念逐渐淡化甚至扭曲、裂变。除此之外,大量世界遗产旅游者的涌入也加剧犯罪、卖淫、毒品交易等社会问题的出现频率,使世界遗产地原有的和谐平衡状态被打破。

综上所述,冲突论学者认为发展旅游是对世界遗产的破坏与亵渎,他们以坚决的态度反对世界遗产旅游活动的开展。以阿什沃斯和图恩布里奇为代表的学者把世界遗产认为是"当代社会对历史的利用"[①]。休伊森(1987)和乌泽尔(1996)更是将遗产产业和遗产旅游描述为邪恶势力,指责"它们使历史庸俗化并以不正确的肤浅的观点误导人们对历史的认识"。他们将旅游开发等同于利用历史和出于商业目的的恶意篡改,认为发展旅游对世界遗产的影响是消极的、负面的,与世界遗产保护的目标是相互冲突的。

在世界遗产旅游发展的现实中,确实有许多经济利益导向型的旅游开发行为。这种牺牲自然生态环境、放弃真实文化背景的短期逐利行为会对世界遗产造成不可磨灭的破坏。世界遗产失真,世界遗产地大气环境、水体环境、声环境质量与日俱下,世界遗产地文脉遭到破坏等都是旅游活动带来的负面影响。因此,冲突论学者对世界遗产旅游活动的强烈批判具有合理性也具有必然性。但冲突论一边倒地将世界遗产保护与利用完全对立,只看到旅游活动的负面影响,只强调世界遗产的绝对性保护,这一观点具有一定的片面性。

2. 调和论

随着世界遗产旅游实践活动的深入发展,旅游盈利"反哺"世界遗产保护的案例越来越多。开展旅游活动对世界遗产的积极作用也开始逐渐得到业界认可,学界开始反思冲突论的片面性。有学者开始提出,世界遗产与旅游发展也存在着正向互动性的关系,两者是部分相容的。与冲突论学者对世界遗产的消极定义不同,麦里曼肯定了遗产一词的积极含义。他提出遗产旅游对保护与传承地区文化风貌具有重大意义。

在世界遗产与旅游关系的调和论中,除了世界遗产对推动旅游发展的作用

[①] G. J. Ashworth, J. E. Tunbridge. The Tourist Historic City, Retrospect and Prospect of Managing the Heritage City[J]. Elosevier Science Ltd, UK, 2000.

得到认可,发展旅游对世界遗产保护的推动作用开始被发现并肯定。其具体表现为:

(1) 旅游收入为世界遗产保护提供资金保障

旅游,作为世界经济领域发展最快的行业之一,其创汇能力不容忽视。发展世界遗产旅游能为世界遗产旅游地注入外来经济力量,增加当地货币收入,增加政府税收,吸引外来投资,带动关联行业联动发展。在世界遗产旅游深入发展的今天,旅游收入的再分配结构日趋合理,其中用于世界遗产资源保护的比重逐年增加。旅游收入很好地弥补了世界遗产保护经费的空缺,已经成为世界遗产保护资金的重要来源。同时,在旅游活动的经济杠杆作用下,资金、设备、人才涌入世界遗产地,能有效提高世界遗产的自我保护能力。

(2) 旅游促进世界遗产地本土文化保护与发展

与传统的冲突论不同,调和论学者开始认同发展旅游对世界遗产地本土文化保护发展的积极作用。他们认为,世界遗产的特色传统文化是重要的旅游吸引物。为了更好地发展旅游,遗产地会想方设法挖掘出本土文化的特色精髓,例如恢复传统节会、民族风俗;重视传承特色音乐、舞蹈、手工艺品;修葺和保护历史古迹等。同时,在旅游活动的推动下,世界遗产地居民和旅游者能够真正感受和领悟世界遗产的历史文化内涵,越来越认识到世界遗产地本土传统文化的珍贵性,从而对本土的特色文化形成一种强烈的敬畏感、自豪感和依恋情节。这种敬畏感、自豪感和依恋情节会唤醒和强化公众保护意识,促使居民游客自觉规范自身行为,尊重、传承和保护世界遗产地本土文化。

(3) 旅游推动世界遗产地环境保护

在调和论学者眼中,旅游对世界遗产地的环境保护作用主要表现在:

第一,提高人们的环境保护意识。一方面,优美的自然生态环境是世界遗产地旅游发展的重要基础。随着旅游的发展,遗产地居民在脱贫致富的过程中,逐渐充分认识到保持优美自然环境的重要性,其生态环境保护意识必然提高。另一方面,旅游者在世界遗产地(尤其是自然遗产地)优越的自然生态环境中获得娱乐体验,无形中也会自觉规范自身行为,珍惜遗产地的生态环境。

第二,调整优化产业结构。虽然发展旅游业不可避免地会对生态环境造成污染破坏,但与其他资源消耗大、污染程度重的产业相比,旅游业仍然属于清洁型的第三产业。在世界遗产地发展旅游,取代污染严重的第一、第二产业,能有效调整优化遗产地产业结构,最终实现退耕还林、退牧还草、退田还湖,保护生态环境的目标。

第三,改善生态保护设施。世界遗产并不是终身制的。一旦世界遗产保护不当就会被世界遗产这个大家庭扫地出门。为避免这一窘境的出现,同时保持世界遗产地的持续吸引力,绝大多数世界遗产开发经营商都会自觉遵守"保护性开发"原则。在旅游开发经营过程中,根据世界遗产委员会的要求和标准严格开展世界遗产保护工作,引进空气除尘器、污水处理设施等生态保护设施,提高并维持世界遗产地自然生态环境质量。

第四,促进世界遗产地生活环境的优化。发展旅游业能带动世界遗产地当地就业,提高居民收入和生活水平,提高世界遗产地居民素质。同时,促进交通、通信和基础设施的建设,提高世界遗产地周边的生活环境质量。

除此之外,发展旅游对塑造世界遗产品牌形象、实现世界遗产的综合价值具有重要作用。

综上所述,一改以往一味批判的态度,调和论学者开始辩证地看待世界遗产与旅游的关系。旅游收入对世界遗产保护的资金保障作用,旅游活动对环境保护、文脉传承的积极影响都开始得到调和论学者的认同。开展世界遗产旅游活动具有必要性和合理性也逐渐成为业界共识。可以说,调和论不仅是一种理论的深入发展,更是世界遗产旅游观念的成功突破。

但从调和论的核心特征来看,世界遗产与旅游的调和是手段(工具)层面的调和,而并没有从根本上解决世界遗产与旅游两者的冲突。因此,如何寻找世界遗产与旅游的平衡点,真正实现两者的"共赢"是未来世界遗产旅游需要重点关注的所在。

3. 协同论

协同论是在世界遗产与旅游调和关系的基础上,对两者"双赢"关系的设想,也是未来世界遗产旅游的目标。王京传与刘以慧提出"世界遗产是全人类的共同财富,其保护与利用的目的应该是实现公共福利增加,进而推动人类社会全面发展"[①]。根据马斯洛需求层次理论,人的需求分为生理需求、安全需求、社交需求、尊重需求和自我实现需求。开展旅游活动能满足人类的社交需求、尊重需求和自我实现需求,也是社会公共利益满足的一种体现。因此,协同论认为世界遗产与旅游发展不仅在手段上可以相互调和,其发展目的也是相互协同的。只有世界遗产保护为旅游提供更优质的资源和更广阔的发展潜力,旅游开发为世界遗产保护提供经济支持、人员支持、舆论支持、技术支持等层面的综合自我保护能力,才能实现世界遗产旅游的健康、稳定、可持续发展。

4.2 世界遗产旅游的内涵

1972年11月,联合国教科文组织第17次会议通过了《保护世界文化与自然遗产公约》。1978年,第一批《世界遗产名录》被公布出来。至此,世界遗产旅

---

① 王惊传,刘以慧.世界遗产与旅游发展关系的嬗变:冲突、调和、协同[N].中国文物报,2012-4-20.

游正式拉开帷幕。凭借高品位的旅游资源,世界遗产旅游越演越热,成为推动世界旅游发展的重要助力。如何认识世界遗产旅游的概念及特征?如何了解世界遗产旅游的内涵?这些是本节要说明和解决的问题。

4.2.1 遗产旅游的定义

关于遗产旅游的概念界定,长期以来,国内外学者和国际组织曾做过许多探讨和研究,但学术界尚未形成统一定论。各位学者从不同侧重点着手,表达了各自对"遗产旅游"定义的观点。其中具有代表性的几种观点包括:

1. 国外学者对遗产旅游的定义

(1) 最早的定义——耶尔对遗产旅游的定义

1991年,耶尔最早提出了对遗产旅游的定义,即"遗产旅游是关注我们所继承的一切能够反映这种继承的物质与现象,从历史建筑到艺术工艺、优美风景等的一种旅游活动"[①]。在耶尔的定义中,将遗产旅游界定为遗产旅游的对象包括了自然风景、历史建筑、艺术工艺等。这一定义既涵盖了物质遗产又包括非物质遗产,较为准确全面地总结出了遗产旅游的内容。同时,揭示出遗产旅游者动机在遗产旅游活动中的重要作用。因此,这一定义在早期受到业界的普遍认可。

(2) 目的概念的定义——戴卫对遗产旅游的定义

2001年,戴卫等同样从遗产旅游者的动机着手,将遗产旅游定义为"旅游的一种。这种旅游的主要动机是基于对目的地的个人遗产归属感的感知"(Yaniv Richard David,2001)。这一观点强调了遗产旅游活动中"个人遗产归属感的感知"作用,认为这一旅游动机是产生遗产旅游的根源。他的观点有助于了解游客特征,准确定位客源市场,对遗产旅游实现定价管理具有重大作用。

(3) 交互概念的定义——Mosardo对遗产旅游的定义

同年,Mosardo指出"遗产旅游是旅游者与资源之间的交互作用而产生的一种经历"。这一观点的提出打破传统,强调"旅游者"与"遗产资源"之间的相互关系和交互作用,突出了遗产旅游的综合性特点。

(4) 体验概念的定义——霍尔和扎普尔对遗产旅游的定义

霍尔和扎普尔认为"遗产旅游——无论是游览自然景观、历史古迹还是建筑或文物——也是一种体验式旅游,因为旅游者寻求接触大自然或者是感受旅游目的地的历史"。霍尔将遗产旅游归入体验式旅游一类,认为旅游者在遗产旅游的过程中不仅追寻大自然的奇妙景观,也在探求遗产地的文化底蕴。他的观点是现代遗产旅游理论的代表,更加贴近当代人们对遗产旅游的认知。

---

① Yale, P. From Tourism Attractions to Heritage Tourism[M]. Huntingdom: ELM Publication, 1991.

(5) 经济概念的定义——蒂莫西和博伊德对遗产旅游的定义

2007年,戴伦对遗产旅游作了进一步研究,指出"并不是所有的遗产都可以成为遗产旅游的资源,只有人们希望保存的历史部分才能构成"①。从他的观点可以看出,世界遗产旅游是世界遗产商品化的过程。通过经济筛选,能够满足旅游者需求的世界遗产被赋予经济功能,从而形成世界遗产旅游这一新型旅游形式。

2. 国内学者对遗产旅游的定义

国内关于"遗产旅游"的理论研究起于1985年加入世界遗产组织之后。1999年王大悟首次使用"遗产旅游"的概念。2003年,谢朝武指出"遗产旅游是以文物、古迹等人类精神文明和物质文明的物质遗存作为主体旅游吸引物的旅游形式"。这一定义将文物、古迹作为遗产旅游对象,未将非物质文化遗产涵盖其中,具有一定片面性。2004年,邓明艳提出"遗产旅游是以世界遗产为吸引物,到遗产地去欣赏世界遗产的景色、体验或学习世界遗产文化的旅游活动"②。邓明艳的定义中遗产旅游对象涵盖物质遗产与非物质遗产,是较为全面的分类方式。同时,这一观点肯定了世界遗产的审美价值、体验价值和教育价值,较为准确地揭示出遗产旅游的内涵。2007年,张朝枝发表观点"人类选择保存的历史与自然遗存地进行的旅游活动就是遗产旅游"。

综上所述,虽然各种看法都有各自的侧重点,但各位学者的观点还是存在着许多共同之处。综合国内外学者关于"遗产旅游"定义的论述,可以得出结论,遗产旅游是体验式旅游的一种,是以物质文化遗产(包括自然景观、历史古迹等)与非物质文化遗产(包括艺术工艺、传统文化等)为主体旅游吸引物的旅游形式。

4.2.2 世界遗产旅游的概念

虽然"世界遗产旅游"与"遗产旅游"有部分重合,但绝不能简单把两者画上等号。③

首先,"遗产旅游"的概念出现得更早。传统意义上的遗产旅游从古埃及时代就已经开始。人们从世界各地前往吉萨高原,观摩古埃及人创造的不朽建筑杰作——金字塔,这一旅游活动被视为遗产旅游的开端。而世界遗产旅游是在《世界遗产名录》公布之后才逐渐兴起,出现的时间始于20世纪70年代。

其次,"遗产旅游"涵盖的范围更广。并不是所有的遗产都能被评为世界遗

---

① 戴伦·J.蒂莫西,斯蒂芬·W.博伊德.遗产旅游[M].程尽能(译).北京:旅游教育出版社,2007(1).
② 邓明艳.世界遗产旅游与社区协调发展研究[J].社会科学家,2004(4).
③ 彭顺生.世界遗产概论[M].北京:中国旅游出版社,2008.

产。只有具有突出历史、科学、艺术或文化价值的文化遗产和从美学或科学角度看具有突出、普遍价值的自然遗产,具有世界级价值的遗产才能被称为世界遗产。虽然一般的遗产资源价值比不上世界遗产,但同样能成为旅游吸引物。因此,遗产旅游涵盖的范围更广。

最后,"遗产旅游"中所指的"遗产",通常其归属权属于遗产地;而"世界遗产旅游"中所指的"遗产"则是全人类共有的财富。根据蒂莫西和博伊德的观点,"遗产可以分为世界遗产、国家遗产、本地遗产和个人遗产"[1]。

因此,本书将"世界遗产旅游"定义为"遗产旅游"的一种,是以列入《世界遗产名录》的世界遗产作为旅游吸引物的特殊遗产旅游形式。

4.2.3 世界遗产旅游的类型

一般学者普遍接受的世界遗产旅游划分方法将世界遗产旅游分为五大类:世界自然遗产旅游、世界文化遗产旅游、世界文化与自然双重遗产旅游、世界文化景观旅游和世界非物质文化遗产旅游。

1. 世界自然遗产旅游

世界自然遗产旅游是以世界自然遗产作为旅游吸引物的旅游活动,也是一种与生态旅游紧密相连的人类活动,包括自然面貌游、动植物生境游和天然名胜游。

2. 世界文化遗产旅游

世界文化遗产旅游是以世界文化遗产为旅游吸引物的旅游活动。根据世界遗产的使用性质,世界文化遗产旅游大体分类如表4-1所示。[2]

表4-1 世界文化遗产旅游类型

类型	经典案例
历史文化名城游	耶路撒冷旧城、古罗马历史中心、威尼斯等
城堡与要塞游	英国哈德良长城、中国长城、欧洲古堡等
宫殿与园林游	法国凡尔赛宫、莫斯科克里姆林宫、中国故宫等
宗教建筑游	英国坎特伯雷大教堂、意大利比萨主教堂、中国敦煌莫高窟等
陵墓与墓地游	埃及金字塔、印度泰姬陵等
遗址与岩画游	意大利庞贝城、美国印第安人遗址等
特殊建筑、工矿交通与巨型雕塑游	中国乐山大佛、美国自由女神像等
乡村田园与环境游	美国印第安人村落等

---

[1] 戴伦·J.蒂莫西,斯蒂芬·W.博伊德.遗产旅游[M].程尽能(译).北京:旅游教育出版社,2007.
[2] 彭顺生.世界遗产旅游概论[M].北京:中国旅游出版社,2008.

3. 世界文化与自然双重遗产旅游

世界文化与自然遗产旅游是以世界文化与自然遗产作为旅游吸引物的旅游活动,简称为双重遗产旅游。双重遗产旅游兼具世界文化遗产旅游和世界自然遗产旅游的各种类型,形式多样且旅游价值更高。

4. 世界文化景观遗产旅游

文化景观遗产旅游是指以"自然与人类的共同作品"作为旅游吸引物的旅游活动。1992年,联合国教科文组织世界遗产委员会将"文化景观"纳入《世界遗产名录》。至此,世界文化景观遗产旅游成为世界遗产旅游的重要组成部分。

5. 世界非物质文化遗产旅游

2000年,联合国教科文组织颁布《非物质文化遗产代表作名录》,确认了世界上第一批非物质遗产(见图4-11)。至此,非物质文化遗产旅游也加入到世界遗产旅游大家族。

图4-11 非物质文化遗产旅游类型①

4.2.4 世界遗产旅游体验的真实性

20世纪60年代初,马康纳将"真实性"概念引入遗产保护领域。随着世界遗产旅游的深入发展,"真实性"的内涵、外延也被赋予了新的意义。追求"旅游体验的真实性"成为世界遗产旅游的显著特征,也成为西方学界的热门话题。②

1. 客观主义真实性

在满世界都是旅游复制品,特色旅游项目越来越少的背景下,独特真实的世界遗产资源更加具有吸引力。旅游爱好者期望能在世界遗产旅游活动中获得真实性体验,但Deepak Chhabra提出质疑,他认为"游客在世界遗产旅游过程中所追寻的真实性并不是真实的,大多是对原有遗产进行的现代演绎"。Boorstin将这一现象归因于游客的娱乐性偏好。他指出"游客在旅游活动中,更关注娱乐性,很容易被旅游行业制造的伪事件满足"。然而,Mac Cannell对Boorstin的观点提出了相反的意见。他认为游客一方面的确注重旅游的娱乐性,但另一方面也渴望获得原真性的旅游体验。游客无法辨别"伪事件",只能被动接受"舞台

---

① 彭顺生.世界遗产旅游概论[M].北京:中国旅游出版社,2008.
② Wang Ning. Rethinking Authenticty in Tourism Experence[J]. Annals of Tourism Research,1999,26(2).

化的真实"。

这三位学者都是根据专业客观标准来判断遗产旅游活动的真实性。虽然三人观点略有差异,但基本都认定"在遗产旅游活动中,尤其是文化遗产旅游活动中,绝对真实的旅游客体是无法获得的"[1]。因此,Mac Cannell 提出,游客在世界遗产旅游过程中所追求的是"舞台化的真实"。

2. 建构主义真实性

客观主义真实性是一种静态的评价模式,重点关注旅游客体的真实性。随着世界遗产旅游理论与实践的共同发展,部分学者开始将关注焦点转向旅游者主观体验的真实性研究,形成建构主义真实性学派。

Cohen 首先提出"舞台猜疑"理论,即"游客的主观感受是衡量旅游真实性的标准"[2]。娱乐型、消遣型、经验型、实验型等不同类型的旅游者拥有不同的旅游动机,因而在判断旅游体验真实性时会有不同评价标准。McIntosh 和 Prentice 通过分析旅游者在文化遗产旅游中的三个思想过程,说明旅游体验是旅游者个人的体验,会受到个人经历、知识背景和旅游动机等诸多因素的影响。[3]

两位建构主义真实性学说的代表学者都强调旅游者的个人因素会影响真实性体验的主观判断。因此,在建构主义真实性理论体系中,世界遗产旅游体验真实与否是由旅游者的主观感受决定的。

3. 存在主义真实性

存在主义真实性是对建构主义真实性的发展,是一种只关注主体体验的真实性研究。存在主义者认为即使旅游客体是完全虚假的,旅游者仍然能够追求一种真实性,一种替换了的、自由活动激发的存在本真性、游客体验本真性。[4]

存在主义认同的真实性是寻找游客自身的自我本真,即在旅游活动中寻找一个完整、真实的自我。就像遗产旅游者在古巴欣赏伦巴舞,在表演者的带动下积极主动参与舞蹈,在舞蹈中发掘身体潜能,适应舞步节奏,在一种近乎狂欢的状态下,与整个舞蹈融为一体。[5] 虽然伦巴舞不是原汁原味的伦巴舞,但旅游者在享受这个狂欢的过程中感受到释放,寻找到了最真实的自我本真,这种旅游体验仍然是具有真实性的。

综上所述,客观主义、建构主义和存在主义真实性这三种观点各有侧重,各有千秋,我们难以判断孰是孰非。无论是追求绝对的真实性体验,还是追求"舞

---

[1] Buck, R. C. Boundary maintenance revised: tourist experience in an Old Order Amish Community[J]. American Journal of Sociology, 1973(79):589—602。

[2] Cohen E. Rethinking the sociology of tourism[J]. Annals of Tourism Research, 1979(1):18—35。

[3] McIntosh, A. J. &Prentice, R. C. Affirming autheaticity: Consuming cultural heritage[J]. Annals of Tourism Research。

[4] 刘春艳. 旅游开发在文化遗产真实性保护中的影响力[D]. 东南大学硕士学位论文, 2010.

[5] 金丽. 物与像:从旅游者视角看旅游中的真实性[J]. 合作经济与科技, 2007(1):60—61.

台化的真实性"体验,或是追求自我的真实性体验,我们可以肯定的是旅游者在世界遗产旅游活动中始终追求的都是一种真实性旅游体验。但在现实中,受到自然和社会环境不断变迁的影响,要求世界遗产永远维持其原来面貌是不可能的。因此,"舞台化的真实体验"和"自我本真体验"也是可以被旅游者接受的。

4.3 世界遗产旅游管理的国际经验

为了实现世界遗产旅游的可持续发展,必须坚持"保护性开发原则",正确处理世界遗产与旅游的关系。如何协调两者关系,世界各地的世界遗产地都做出了各种创新的尝试,其中不乏成功案例值得我们学习借鉴。例如,早在法国大革命时期,法国就颁布"共和二年法令",将法国境内所有艺术品都保护起来;意大利通过发行文物彩票、上市文物股票来推动世界遗产保护工作;阿根廷则直接将卫星监测技术投入到世界遗产旅游管理的实践中。本节精心筛选美国黄石国家公园、澳大利亚大堡礁、英国哈德良长城和埃及吉萨金字塔这四个世界遗产旅游管理的经典案例,通过分析这些成功案例,总结出世界遗产旅游管理应遵循的基本规律,从而为世界遗产旅游管理提供指导性的借鉴。

4.3.1 美国黄石国家公园旅游管理经验

美国黄石国家公园地处落基山脉,美国中西部怀俄明州的西北角,是世界上第一座国家公园。公园占地面积 8 956 平方公里,85% 都覆盖着森林,同时也存有山谷、瀑布、湖泊、温泉和喷泉等自然景观。经过 6 000 万年的地质运动,黄石国家公园内山峰起伏崎岖,瀑布直泻而下,湖泊如翡翠夺目,飞禽走兽得到天然庇护,如图 4-12、图 4-13、图 4-14 所示。

图 4-12 美国黄石公园——大棱镜温泉

资料来源:http://yellowstone.net/wp-content/uploads/2012/10/grand-prismatic-spring.jpg。

图 4-13　美国黄石公园——麦迪逊河

资料来源：http://yellowstone.net/wp-content/uploads/2012/10/madison-river.jpg。

图 4-14　美国黄石公园——瀑布

资料来源：http://yellowstone.net/wp-content/uploads/2012/10/firehole-fall.jpg。

因此，美国人称黄石国家公园为"地球上独一无二的神奇乐园"。世界遗产委员会评价黄石国家公园"拥有已知地球地热资源种类的一半，合计一万多处。世界上间歇泉最多的地方，约占地球总数的三分之二"。1978 年，黄石国家公园正式列入《世界遗产名录》。

自 1872 年建园以来，美国黄石国家公园始终以保持自然风光而闻名于世。黄石国家公园的经验管理方式也被称为世界国家公园管理的典范。探究其成功秘诀，我们发现体制创新和理念创新是决定性因素。其具体表现如图 4-15 所示。

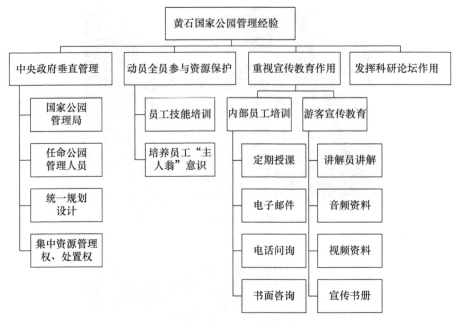

图 4-15　美国黄石国家公园旅游管理经验

1. 中央政府垂直管理体制

不同于其他世界遗产独立经营管理的模式，美国黄石国家公园系统是由联邦政府内政部下属的国家公园管理局直接管理的。[①] 国家公园管理局直接任命黄石国家公园的管理人员，对其进行统一调配。同时，黄石国家公园的规划设计也统一由国家公园管理局下设的丹佛规划设计中心全权负责。在这种中央政府垂直管理的体制中，黄石国家公园的资源管理权、处置权都集中到国家公园管理局手中，法律监管强度空前增强。

2. 动员全员参与资源保护

黄石国家公园的资源环境保护胜在细节，而"动员全员参与资源保护"就是黄石国家公园管理的一大特色。美国黄石国家公园将"资源保护"设定为公园管理的首要使命，并始终坚持让公园的所有工作人员都参与公园资源保护工作。为落实这一目标，黄石国家公园会对员工进行定期培训，向员工普及生态环境保护、野生动植物保护的知识，不断提高员工素养。同时，所有雇员都被鼓励参与到游客教育的活动中。在黄石国家公园，我们经常看到，有野生动物缓缓走过的地方就有工作人员在向围观的游客讲解野生动物的生活习性、种群状况、相处方

---

① 张朝枝,保继刚.美国与日本世界遗产地管理案例比较与启示[J].世界地理研究,2005(4).

式等。有游客垂钓的地方,就有工作人员上前与之闲聊,顺便检查他们是否遵守了公园的规章制度。

数据显示①,早在1998年,黄石国家公园内的工作人员就发现并处理了园内222起非法野营事件、110起非法垂钓事件、27起擅自闯入公园事件和51起公园内非法使用枪械事件。可见,动员全员参与园内资源保护效果显著。

美国黄石国家公园的这一管理方式,是激发全员主人翁意识之举。鼓励全员参与,每一位工作人员都是黄石国家公园的主人,这一做法极大地提高了工作人员的积极性、主动性和创造性。员工的主观能动性得到最大程度的发挥,保护黄石国家公园的工作也得到最大程度的落实。

3. 重视宣传教育作用

宣传教育工作是开展世界遗产旅游的重要环节,是每一个世界遗产旅游地需要攻克的重要环节。美国黄石国家公园在宣传教育上可谓是下足工夫,值得全世界遗产旅游地学习借鉴。

美国黄石国家公园的宣传教育工作包括内部员工培训和游客宣传教育两个部分。在内部员工培训方面,除了定期的讲解授课,黄石国家公园每年都会向全体员工发送数以万计的电子邮件,进行不定期电话问询,开展书面咨询等。丰富多样的培训形式不断强化着全体员工的职业素质,为全员参与公园资源保护奠定良好基础。在游客宣传教育方面,除了安排正式和临时性的讲解员为游客进行生态环境保护教育讲解,黄石国家公园每年都会针对来访游客和其他大众出版60多种读物②,其中包括报纸、自助游出版物、旅游宣传册、期刊等。当游客走进黄石国家公园,音频、视频、书册开始刺激游客的各个感官,"生态环境保护"的理念也在潜移默化中植根在了游客的脑海中。

4. 发挥科研论坛作用

自1871年起,美国黄石国家公园就开始开展正规的科学研究。1898年,黄石国家公园将首个科研许可证颁给了W. A. Setchel教授。自此,越来越多不同学科的科学家汇聚在黄石国家公园,开展科学研究活动。

1991年,黄石国家公园举办首届科研论坛活动。该论坛保持每两年召开一次的频率,深入探讨"森林大火的生态学意义""黄石国家公园的掠夺者""人类在黄石国家公园的经历""外来生物对原始生物多样性带来的威胁"等主题。截至今日,黄石国家公园的科研论坛已经举办了22届。来自世界各地不同领域的学者在黄石国家公园进行思想碰撞,最前沿的理论和最创新的管理模式在这里

---

① 邹统钎,朱天松. 美国黄石公园管理模式[N]. 中国旅游报,2003-11-19.
② 同上.

萌芽。"近水楼台先得月",黄石国家公园掌握着第一手的科研成果,这对提高黄石国家公园旅游管理能力有着莫大的帮助。

综上所述,美国黄石国家公园采取中央政府垂直管理体制,大大增强了世界遗产旅游管理的强度和力度,是一种实时有效的"硬手段"。从宣传教育着手,树立员工和游客的世界遗产保护意识,为黄石国家公园旅游管理成功奠定重要基础,是一种行之有效的"软手段"。同时,鼓动全员参与公园保护,增强专家科研力量,让黄石国家公园旅游管理的参与面更广。"软硬结合、广泛参与"的旅游管理模式是美国黄石国家公园取得成功的关键所在,也是值得全世界世界遗产旅游管理主体学习借鉴的宝贵经验。

4.3.2 澳大利亚大堡礁旅游管理经验

大堡礁位于澳大利亚东北岸,沿澳大利亚东北海岸绵延 2 000 多公里,总面积达 34.78 万平方公里,是世界上最知名的海洋保护区、最集中的珊瑚礁、动植物多样性最丰富的地区之一(见图 4-16、图 4-17)。

图 4-16　澳大利亚大堡礁

资料来源:http://www.australia.cn/explore/great-barrier-reef。

图 4-17　澳大利亚大堡礁——心形礁

资料来源:http://www.australia.cn/explore/great-barrier-reef。

在这里,绚丽多彩的珊瑚和珍稀罕见的动植物共同构成一幅精美绝伦的海底景观图(见图 4-18);航标灯塔经过风雨的洗礼成为海上历史最好的见证。因此,澳大利亚大堡礁凭借其突出意义和普遍价值的自然景观顺利被列入《世界遗产名录》。

图 4-18　澳大利亚大堡礁——海底世界

资料来源:http://www.australia.cn/explore/great-barrier-reef。

作为澳大利亚最著名、最重要的旅游吸引物之一,大堡礁每年都吸引大量旅游者前来观光,极大地推动了澳大利亚旅游业的发展。尽管每年慕名而来的世界遗产旅游者人数庞大,澳大利亚大堡礁却并没有像其他珊瑚礁系统一样快速退化,这与澳大利亚当局对大堡礁的合理保护(见图 4-19)是密不可分的。

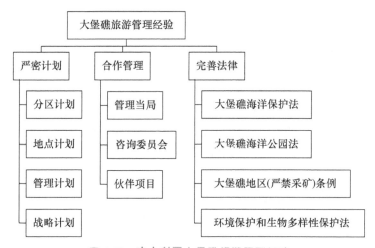

图 4-19　澳大利亚大堡礁旅游管理经验

从图 4-19 可以看出,澳大利亚大堡礁旅游管理之所以能取得成功,除了有完善的法律系统保驾护航,更重要的是其在旅游计划和合作管理方式上的创新。

1. 制订全面严密的计划

澳大利亚大堡礁的旅游管理计划是一个全面严密的计划,包括分区计划、地点计划、管理计划和战略计划。分区计划根据《大堡礁海洋公园法》建立,详细规定了大堡礁旅游区内各个功能分区旅游活动的具体权限;地点计划作为分区计划的补充,对关键敏感地带采取着重保护措施,使旅游计划更加具有落地性;管理计划着重关注解决实质性细节问题;战略计划则是从统筹的角度出发,为大堡礁的长期发展制定指向性安排。大堡礁旅游计划的四个层面的计划各有侧重,从空间上覆盖整个大堡礁遗产区,从时间上长远期结合,具有可持续性的指导意义。

2. 实施合作管理制度

除了严密周全的计划,创新的利益相关者参与管理制度也是澳大利亚大堡礁取得成功的重要法宝。在大堡礁管理体制中,政府不再是唯一的管理领导者。由旅游业从业人员、当地土著居民和渔业从业人员共同组成的"大堡礁旅游休闲咨询委员会"成为大堡礁旅游管理中的亮点。大堡礁旅游休闲咨询委员会成员通过这个平台,共同评估大堡礁环保现状,提出对大堡礁资源使用的要求,向管理当局提出政策建议,真正实现了利益相关者对政策实施的有效监管。与此同时,大堡礁的旅游经营者自发加入到类似 BleachWatch(变白监测)、CostWatch(荆冠类海星监测)的伙伴项目中,参与大堡礁环境保护。[①] 澳大利亚大堡礁"共同管理,合作伙伴型"的旅游管理体制将旅游活动的各种利益相关者联合起来,有利于发挥集体的智慧与力量,变利益之争为有效合作。同时,不同利益相关者的意见要求在这一新型管理体制下都得到充分表达,更有利于管理当局做出符合实际、行之有效的旅游管理决策。

综上所述,澳大利亚大堡礁管理胜在完善的管理制度。首先,全面严密的旅游管理计划让大堡礁的旅游管理活动有据可依、有条不紊,大大降低了盲目逐利的风险性。其次,合作管理机制让政府、企业、社区等多方力量强强联合,形成强有力的旅游管理网。最后,与时俱进的法律法规政策,为大堡礁的旅游发展保驾护航,为旅游开发提供准则,让旅游管理活动更具合理合规性。

4.3.3 英国哈德良长城旅游管理经验

公元43年,罗马皇帝克劳狄带兵攻占不列颠岛(今英国的一部分),开始了罗马帝国对不列颠岛的长达400余年的统治。

公元122年,罗马皇帝哈德良在巡视不列颠岛时,做出修建北部长城,抵御北部皮克特人南下,保护已控制的不列颠岛人民安全的决定。耗时六年,哈德良

---

① 邓艳明.国外遗产保护与旅游管理方法的启示——以澳大利亚大堡礁为例[J].生态经济,2005,12.

长城建设完毕。整个哈德良长城全长117公里,从泰恩河畔沃尔森德向西延伸至索尔威湾(见图4-20)。哈德良长城的建立,标志着罗马帝国扩张的最北界。虽然哈德良长城并没能阻挡铁蹄踏上不列颠岛,但罗马帝国的富庶与强大却在这座长城上表现得淋漓尽致。因此,哈德良长城更多地代表着罗马帝国统治英国时期的技术水平、战略思想、地质学发展情况,完整地代表着罗马帝国时代的戍边系统。1987年,联合国教科文组织把这一具有世界意义的历史文化遗产正式列入《世界遗产名录》。

图4-20 英国哈德良长城

资料来源:http://go.huanqiu.com/europe/2013-05/3930197.html。

截至今日,哈德良长城已有接近两千年的历史。虽然哈德良长城已不再具有抗敌防御功能,但作为一个时代的标志,英国人对哈德良长城视若珍宝,精心保护。英国哈德良长城旅游管理经验如图4-21所示。

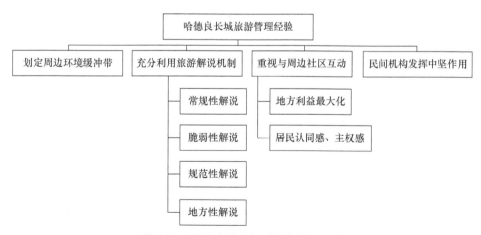

图4-21 英国哈德良长城旅游管理经验

1. 划定周边环境缓冲带

哈德良长城全长117公里,横穿英格兰北部的多个行政区和自然生态圈,有着复杂的社会环境和自然环境,保护和管理工作操作难度较大。为了实现对哈德良长城的综合管理,管理当局做出了各种管理方式的创新,其中最具特色的便是为哈德良长城划定"周边环境缓冲带"。为减少周边环境变化对哈德良长城的破坏,英国权威部门特别规定,为哈德良长城划定1—6公里的周边环境缓冲带。在这个缓冲带上,不允许擅自变更原有自然生态面貌,不允许未经批准开展社会生产活动,不允许居民擅自进入居住。这一规定为哈德良长城量身定制出一个隐形保护膜,大大减轻了周边环境的破坏力。

2. 充分利用旅游解说机制

旅游解说是一种促进交流、激起思考和获取新知的重要工具,对提高游客娱乐体验、约束游客不文明行为、推动旅游目的地管理具有重大意义。1996年,哈德良长城制定旅游解说战略,开始了关于旅游解说管理的各种尝试。

一方面,哈德良长城向游客进行常规性解说,即向游客介绍哈德良长城的地理位置、景观特征、周边环境特点、历史文化内涵。通过这些常规性介绍提高游客对哈德良长城的历史认知感、价值认同感。

另一方面,哈德良长城的解说系统还向游客着重传递关于世界遗产地脆弱性的信息。通过向游客介绍哈德良长城自身的脆弱性激发游客主动参与长城保护的责任感。

同时,哈德良长城也通过解说系统对游客进行文明行为培训,提高游客素质,鼓励游客从自身做起,保护哈德良长城。

最后,哈德良长城还会根据各个地方的不同特色,为游客进行地方性解说。例如,向游客解说不同行政区(或自然环境区)内游客可以游览的范围,告知游客周边村庄位置,在哪里可以购物、就餐等。这样一种因地制宜的解说模式,大大提高了旅游解说的实用性和便利性,在方便游客的同时也大大降低了游客不文明行为的发生。

良好的旅游解说体制成为游客与哈德良长城的沟通桥梁。游客通过解说体制更加了解哈德良长城,更加明确旅游行为规范,也会更加约束自身行为做到文明旅游。

3. 重视与周边社区互动

哈德良长城周边大部分地区都是乡村,因此处理好长城与周边社区的关系成为哈德良长城旅游管理的重中之重。经过各种尝试,哈德良长城与周边社区的互动关系处理大获成功,真正实现了乡村发展与遗产保护开发的紧密结合。

首先,哈德良长城在发展旅游时,始终坚持"地方利益最大化原则"[1],将促

---

[1] 邓明艳,罗佳明.英国世界遗产保护利用与社区发展互动的启示——以哈德良长城为例[J].旅游经济,2007(12).

进地域经济发展作为哈德良长城旅游发展的目标之一。例如,哈德良长城主动与地方服务业联合,积极向游客推荐周边地区的旅游路线,制订哈德良长城"繁荣与企业"计划,优先雇用周边地区居民,带动周边地区就业等。

其次,哈德良长城管理者也非常注重培养周边居民对长城的认同感和主权感。在哈德良长城旅游发展的过程中,管理者非常注重与周边居民的双向沟通。一方面,他们积极了解居民的需求;另一方面,也主动向居民解释管理者意图,向居民介绍哈德良长城的历史文化内涵。通过社会、经济和文化多维度的双向沟通,社区居民对哈德良长城的了解更加深入,油然而生一种认同感和责任感。

有效的双向互动,让哈德良长城周边的社区居民意识到自己也是世界遗产地的主人,哈德良长城的保护与自身利益紧密相关。因此,周边社区居民更加积极主动地参与哈德良长城的保护工作,成为哈德良长城旅游持久发展的重要推动力。

4. 民间机构发挥中坚作用

在英国世界遗产旅游管理体系中,民间机构扮演着至关重要的角色。哈德良长城旅游发展取得成功,民间机构的作用也是功不可没。类似于国家信托基金、英格兰遗产基金等民间机构由英国富裕人士和中产阶层共同组成。这些具有社会责任感的基金会员每年都会向民间机构缴纳固定会费,捐赠巨额遗产保护款项。民间机构则负责运营管理这些资金,将来自社会的遗产保护资金投入到遗产维护中去。哈德良长城作为英国最具代表性的世界遗产之一,每年都会收到来自民间机构的捐款。这些捐款成为长城的维护资金,为哈德良长城保护性开发提供强有力的经济保障。

4.3.4 埃及吉萨金字塔旅游管理经验

吉萨金字塔(见图 4-22、图 4-23、图 4-24)位于埃及开罗附近的吉萨高原,是唯一现存在世上的七大奇迹,也是古埃及最高的建筑成就。

图 4-22 吉萨金字塔全景

资料来源:http://zh.egypt.travel/attraction/index/giza-plateau#gallery。

图 4-23 吉萨金字塔——卡夫拉金字塔和斯芬克斯像

资料来源：http://zh.egypt.travel/multimedia/image/82。

图 4-24 吉萨金字塔——基奥普斯金字塔、太阳船和博物馆

资料来源：http://zh.egypt.travel/multimedia/image/81/。

在古埃及，每位法老从登基之日开始，便着手准备为自己修筑陵墓（即金字塔），以求死后超度为神。由于埃及人信奉太阳神，太阳东升西落，就像每天于东方出生、西方死亡，金字塔是作为法老的陵墓而修建，故全都建于尼罗河西边。其中最具知名度的三座分别是胡夫金字塔、哈夫拉金字塔和门卡乌拉金字塔。经过科学家验证，金字塔的四条坑道是分别指向当时的小熊星座的"帝星"，大犬星座的"天狼星"、"北极星"和天龙座的"右极星"。这样的天地相互对应并非偶然，而是古埃及人智慧的结晶。因此，1979年，吉萨金字塔正式成为世界文化遗产的一员。

经历四千五百多年的风吹日晒，吉萨金字塔仍然矗立在尼罗河畔的沙丘之中，吸引来自世界各地的遗产旅游爱好者前往探秘，成为带动埃及旅游的重要助力。金字塔旅游的长盛不衰除了因为它自身的神秘感，还要归功于现代的旅游管理手段，其中最具代表性的莫过于 GIS 技术在金字塔旅游管理中的应用。

GIS 即地理信息科学（Geographic Information System）。吉萨金字塔引进 GIS 技术，一方面，对金字塔建筑现状进行实时监控调查，将金字塔的地理位置、建筑年代、建筑层数、布局形式等相关属性资料纳入空间数据库，以便管理人员实现快速可视化查询；另一方面，通过 GIS 系统对金字塔进行保护与维修级别的评定，监视金字塔建筑现状，制订金字塔修复和维护计划；最后，GIS 系统作为公众信息交流平台，能快速有效地将金字塔的相关信息、保护策略传递给相关政府、管理组织等，实现快速有效管理。

GIS 技术兼具速度快、测量精准、操作便利等优势。吉萨金字塔引进这一技术后，真正实现了对金字塔的全方位实时监控。管理当局利用 GIS 技术，能快速获取数据，准确地分析金字塔旅游发展中出现的问题，并以此为基础做出正确旅游管理决策,这对提高金字塔旅游管理水平、实现金字塔保护性开发具有不可替代的重大意义。引进 GIS 技术,实现科技化管理将是未来世界遗产旅游管理的趋势和必然选择,值得所有世界遗产旅游管理机构吸收借鉴。

4.3.5 国际经验总结

虽然每个世界遗产地的旅游管理方式都各具特色,但分析研究这些成功的世界遗产旅游管理案例,我们不难发现一些共性的、值得推广的经验。

1. 建立有效管理体系

一个完整有效的管理体系是世界遗产旅游有序发展的前提基础。从国外先进的世界遗产旅游管理经验来看,一个行之有效的管理体系必须包括中央政府专门机构、地方政府专门机构、民间组织、专家咨询机构、相关科研组织这五个部分,①如图 4-25 所示。

在这个管理体系中,五大管理部门(机构)需要相互配合、共同作用。

(1) 中央政府专门机构

中央政府专门机构拥有全国世界

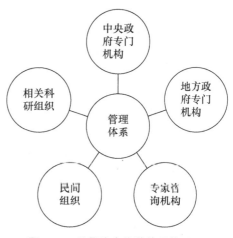

图 4-25 世界遗产旅游管理体系

遗产的所有权,世界遗产旅游的管理权和监督权。在世界遗产旅游管理中发挥主导作用,负责制定世界遗产旅游发展的战略性计划。设立中央政府层面的专门机构,垄断世界遗产的所有权是世界遗产资源非经济性的要求,也只有如此才能实现对世界遗产的有效保护。

(2) 地方政府专门机构

地方政府专门机构接受中央专门机构的委托,配合并监督各个地区的世界遗产旅游管理工作。地方的管理机构管理人员由中央专门机构直接任命,行使管理权和监督权,并对中央专门机构负责。

(3) 专家咨询机构

设立专家咨询机构是落实专家决策机制的体现。世界遗产旅游管理的专家咨询机构由各领域的专家共同组成,负责为政府制定政策提供技术性建议支持。

---

① 潘秋玲,曹三强.中外世界遗产管理的比较与启示[J].西南民族大学学报,2008(2):198.

(4) 民间组织

民间组织参与管理则是对世界遗产政府管理的一个支持补充,是发挥社会作用、倡导"全员参与保护世界遗产"的体现。

(5) 相关科研组织

最后,相关科研组织通过"头脑风暴"将最前沿的理论和最创新的管理模式传递给世界遗产旅游管理部门,为世界遗产旅游发展献计献策。

2. 完善法律法规系统

完善的法律法规是世界遗产旅游发展的重要保障。从国外先进的世界遗产旅游管理经验来看,一个完善的法律法规体系必须包括完整的法律法规体系、法律传达体系、法律监督体系。

一个完整的法律法规体系是世界遗产旅游管理"有法可依"的基础,必须做到横向、纵向的双向完整。从纵向来看,必须包括国家法律法规体系和地方法律法规体系。国家法律法规是由中央政府层的专门机构指定的法律文件;地方性法律法规则是由地方政府层的管理机构制定。国家法律法规是地方法律法规的指导和基础,地方法律法规则是对国家法律法规的细化和补充,地方法律法规必须符合国家法律法规的要求。从横向来看,完整的法律法规体系必须包含世界遗产保护专项法规、刑事保护相关法律、治安管理相关法律、行政保护相关法律、民事保护相关法律等方方面面。①

但制定完整的法律体系并不是建立法律法规系统的全部内容,要让这些法律法规真正发挥作用,还需要做好法律法规的传达工作。因此,世界遗产管理当局需要及时传达法律法规文书、开展法律法规学习培训、做好法律法规日常宣传,提高世界遗产相关法律法规的实施程度。

最后,世界遗产旅游管理部门还必须对法律法规的执行情况进行实时监督,真正做到有法可依、有法必依、违法必究、执法必严。

3. 拓宽保护资金来源

世界遗产保护资金是维持世界遗产活力、保障世界遗产旅游可持续发展的关键所在。因此,成功的世界遗产旅游管理都致力于积极拓宽世界遗产保护基金来源,建立有效的文化遗产保护资金保障机制。②

随着世界遗产旅游的深入发展,世界遗产修缮费用的不断提高,单纯的门票收入难以填补世界遗产保护资金缺口。于是,更多的世界遗产地将目光投向了政府、社会团体、慈善机构、个人志愿者和全球性的世界遗产保护基金。美国、英国世界遗产保护资金的构成分别如表4-2、表4-3所示。

---

① 法律法规在环境管理体系建立和实施中的作用[EB/OL].湖北安全生产信息网,2006.
② 任思蕴.建立有效的文化遗产保护资金保障机制[J].文物世界,2007(3).

表 4-2　美国世界遗产保护资金构成①

基本来源	美国国会批准下拨的资金
特殊项目酬金	世界遗产被授权对特殊活动收取的酬金
项目拨款资金	经法律认可的特别项目资金收入
展示项目酬金	门票收入
建设项目资金	美国国会批准的单一建设项目获得的建设资金
特许经营收入	餐饮等特许经营收入
私人捐赠	慈善机构和个人志愿者捐赠
国际组织援助	例如世界遗产基金会(CHF)的援助

表 4-3　英国世界遗产保护资金构成

基本来源	门票收入
专项拨款	由国家政府和地方政府提供的世界遗产保护财政专项拨款
专项贷款	由国家政府和地方政府提供的世界遗产保护专项贷款
非政府组织捐赠	主要来自英国民间组织捐赠
私人捐赠	富裕人士及中上层收入人士私人捐款、捐物
国际组织援助	例如世界遗产基金会(CHF)的援助

由表 4-2、表 4-3 可知,无论是美国还是英国,都在逐步扩大政府财政投资和社会资金在世界遗产保护资金中的比重;民间组织、私人捐赠在世界遗产保护资金中所扮演的角色也越来越重要。

除此之外,斯里兰卡康提通过发行"遗产保护彩票"增加世界遗产保护资金;中国丽江古城则是向留宿游客征收古城保护费。这种多元化的资金构成模式不但能很好地解决世界遗产保护资金缺口,更能形成一种全民参与世界遗产保护的良好氛围,刺激全民"主人翁"意识。因此,积极拓宽世界遗产保护资金来源是值得推广学习的世界遗产管理经验。

4. 重视游客管理工作

旅游者作为世界遗产旅游活动的直接参与者,他们的需求直接关乎世界遗产旅游的发展前景,他们的一言一行直接关系到世界遗产旅游的可持续发展问题。因此,绝大多数世界遗产地都将游客管理作为遗产旅游管理的重点。总结世界遗产旅游管理的国际经验,有效的游客管理制度必须做到:

(1) 控制游客数量

世界遗产是历史留给我们的瑰宝,具有不可再生性、不可复制性和脆弱性。因此,在开展世界遗产旅游时必须高度重视世界遗产保护工作,保证旅游活动不

---

① 邹统轩,朱天松.美国黄石公园管理模式[N].中国旅游报,2003-11-19.

超过其环境承载量。而确保旅游活动不超过世界遗产环境承载量的关键就在于控制游客数量,对游客实行分时分流、分地分流。

为实现控制游客数量目标,首先,世界遗产地需要在动态的背景下衡量景区的资源承载量、生态环境承载量、经济发展承载量、社会地域承载量、感应氛围承载量,并在此基础上,核定每日、每周、每季、每年的游客数量限额,严格按照世界遗产地环境承载量接待游客。

其次,要将游客流量控制的"预防"工作做在前面。结合世界遗产旅游地的淡旺季特点,通过媒体宣传、中介推荐等手段,旺季推行"游客预约制度"、"浮动门票制度",淡季推行"旅游促销活动",实现游客分时分流。同时,要完善导游图标体系、分散重点旅游设施,增强游客游览过程的连贯性,避免游客扎堆,实现分地分流。

(2) 推行游客教育

在世界遗产旅游发展的过程中,游客不文明行为时有发生。这不仅仅会对世界遗产造成直接破坏,更降低了世界遗产旅游的质量,增加了世界遗产旅游的安全隐患,并将严重阻碍世界遗产旅游的可持续发展。为减少游客不文明行为,提高游客在世界遗产旅游过程中的环保意识,绝大多数世界遗产地采取了推行游客教育策略。

一方面,世界遗产地需要制定详细明确的游客行为规范,对游客行为进行硬性约束管理;另一方面,世界遗产地还需要向游客介绍世界遗产的历史、内涵、特点、价值、保护要求等基本情况,刺激游客的"责任心、公德心、羞耻心"。通过这种软性管理方式,让游客真正意识到世界遗产的脆弱性和文明旅游的重要性从而自觉规范自身旅游行为。

(3) 落实奖惩制度

软硬结合的游客教育手段是防止游客不文明行为发生的"预防性"工作。而一旦游客不文明行为发生,则必须落实奖惩制度,赏罚分明地处理游客行为,提高游客管理效率。这就需要世界遗产地建立奖惩系统,发现并奖励世界遗产地旅游活动中具有影响力的文明旅游行为,为世界遗产旅游树立起正面榜样。同时,要严肃处理世界遗产旅游活动中的不文明行为,通过通报批评、经济罚款、追究责任等方式"杀一儆百"。

5. 采取社区参与机制

社区参与机制是指目的地在旅游业发展中,将社区居民作为旅游业发展主体,通过旅游规划、开发、运营、管理和监督等决策与执行体系的广泛参与,在保证区域旅游业可持续发展的同时,实现社区全面发展的新模式。[①] 这种社区参与机制有利于维护和传播文化遗产,有利于调整旅游利益分配机制,实现旅游地

---

① 丁焕峰.农村贫困社区参与旅游发展与旅游扶贫[J].农村经济,2006(9).

合理有序开发,有利于缓解社会居民与旅游者矛盾,保证旅游地周边社区安全,提高周边社区生活环境质量。因此,社会参与机制被广泛应用到了世界遗产旅游管理的实践中。其具体做法表现为:

(1) 决策参与机制

社区参与机制是要将社区居民作为世界遗产旅游发展的主体。要发挥社会居民的"主人翁"作用,就必须采取决策参与机制,让社区居民参与到世界遗产旅游发展规划、战略计划制订、目标制定中去。本着"本地社区利益最大化原则",将社区居民的利益要求和意愿纳入到世界遗产旅游发展决策中去。

(2) 经济参与机制

经济参与机制是社区参与机制的核心所在,也是保障世界遗产地周边社区居民根本利益的关键所在。推行经济参与机制就必须将带动世界遗产地周边社区就业作为旅游发展目标,让周边社区居民参与旅游产品规划、参与旅游营销、参与旅游活动、参与旅游利益分配。通过多层次、高强度的经济参与,让社区居民真正从世界遗产旅游中获利,避免"飞地现象"产生。

(3) 管理参与机制

作为世界遗产的"主人翁",社区居民必须行使对世界遗产的管理权和监督权。带着对世界遗产的认同感和责任感,社区居民必须从自身做起,从点滴做起,拒绝损害世界遗产,尽自己的力量保护世界遗产。同时,社区居民还需要实时监管世界遗产旅游者的旅游活动,及时发现、制止、举报游客不文明行为。

(4) 保护参与机制

世界遗产旅游发展的重点是保护世界遗产。因此,成功的社区参与机制也必须将社区保护参与机制落到实处。一方面,社区居民必须提高对自己民族文化的认同感和自豪感,坚持传承特色的民族文化,保护世界遗产地的特色文化旅游资源;另一方面,社区居民必须自觉严格遵守世界遗产保护的规章制度,尤其是保护自然生态环境的要求,保护世界遗产地的优越自然生态环境。

(5) 培训参与机制

成功的社区参与机制必须有对社区居民的教育培训。通过服务意识培训、环境保护意识培训、生产技能培训来提高社区居民的世界遗产旅游管理参与能力;通过世界遗产概况、历史文化培训来提高社区居民的认同感和责任感。

6. 世界遗产分区管理

世界遗产分区管理是指对世界遗产地内开展旅游活动的各种土地分区制定特定目标,并进行使用和管理的过程。1973 年,景观规划设计师 Richard Forster 提出同心圆式的功能分区管理模式,这是一种得到世界自然保护联盟认可的旅游管理模式,也是国外世界遗产旅游管理普遍采用的管理模式,如图 4-26 所示。

以加拿大为例,著名世界遗产沃特顿冰川国际和平公园的功能分区就包括特别保护区、户外游憩区、公园服务区、荒野区和自然环境区这五大区。其中特

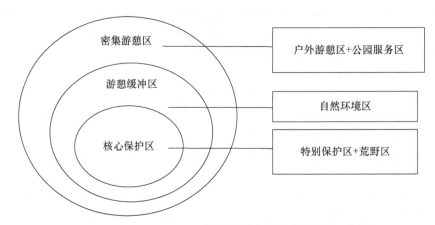

图 4-26 Richard Forster 的同心圆式景区功能分区示意图

别保护区作为保护重点,严禁任何公众进入,不允许汽车通行,不许搞建设。荒野区代表该区域的自然特征需要被始终保持,不得随意进入,不得建设大量旅游设施。特别保护区和荒野区对应"核心保护区"功能,受到严格的保护。自然环境区对应"游憩缓冲区"功能。在保护自然环境的前提下,允许建设适量娱乐设施,控制机动车辆通行,起到过渡区作用。户外游憩区和公园服务区则对应"密集游憩区",是旅游活动集中开展的区域。详细周密的功能分区规划,让加拿大沃特顿冰川国际和平公园始终维持着卓越的自然面貌和充满活力的生态系统,成为世界遗产旅游管理的典范。

然而,在我国世界遗产功能分区的落实情况却不容乐观。以故宫为例,1987年,故宫成功列入《世界遗产名录》。本应在申遗时就具备的故宫外围缓冲区规划方案却迟迟没有推出。直到2005年南非德班第29届世界遗产大会,故宫缓冲区方案才"姗姗来迟"。在缓冲区方案缺失的这18年,故宫外围没有受到应有的保护,周边环境遭到极大破坏。这不仅有损故宫的整体形象,更给故宫旅游的可持续发展埋下重大隐患。

加拿大沃特顿冰川国际和平公园采取的功能分区的管理模式使其世界遗产保护工作更具针对性,大大提高了世界遗产保护水平。同时,功能分区管理模式对游客的游览范围进行了明确划定,对游客游览行为也做出了指导性规定,为成功的游客管理奠定基础。两相对比,世界遗产功能分区管理的优越性不言而喻。因此,推行世界遗产功能分区管理是提高我国乃至全世界世界遗产旅游管理水平的必然选择。

综上所述,成功的世界遗产旅游管理是科学的管理方法和创新的管理体制共同作用的结果。只有采用符合世界遗产地当地地方特色的管理机制,调动各个利益相关者的智慧与力量,为世界遗产旅游创造良好的发展环境,制定明确的发展目标和标准并严格执行,才能实现世界遗产旅游稳健、持续发展。

第5章 城市遗产与旅游

作为世界遗产的一个重要组成部分，城市遗产以其深远的文化内涵、悠久的历史积淀和丰富的科学艺术价值传承着历史留给后世的精神食粮，向世人彰显着被岁月洗礼后愈加具有特色的文化、科学和艺术内涵。本章将城市遗产分为独具特色的历史中心、历史悠久的古城和具有特殊内涵的特殊城市三个部分，采用区域划分的方式从亚洲及太平洋地区、阿拉伯国家、非洲、欧洲和北美洲、拉丁美洲和加勒比海地区来展现城市遗产所蕴藏的历史、文化和科学价值，并详细地分析了所选取的每一个城市遗产旅游发展的基本情况。最后，本章结合前述城市遗产旅游的特点，总结出了城市遗产旅游保护与开发、城市遗产旅游管理等方面的创新点。

5.1 历史中心遗产旅游发展

5.1.1 概述

《世界遗产公约》诞生35年来始终成功运行，世界遗产已成为一个庞大的队伍。其中文化遗产大类占据数量最大，而城市则是文化遗产大类中数量最为丰富的部分之一。刘红婴指出："由于城市的复杂多样，世界遗产城市本身又可以分出大小若干类别，诸如整体城市、历史中心、古城、考古城市、博物馆城市、大学城等。"[①]

"历史中心"是指古代城市所覆盖的区域，同时这些区域被现代城市建筑所包围，共同构成一个既古老又年轻的大城市。历史中心必须依照历史学的尺度，最大限度地并严格地划出所应保护的遗产范围，而且要确保其相邻环境的有计划有目的的管理。

---

① 刘红婴.从大视角审视世界遗产城市[N].中国旅游报,2007(9).

5.1.2　亚洲及太平洋地区历史中心旅游发展

案 例

中国澳门历史城区

澳门历史城区(旧称澳门历史建筑群),是由 22 座位于澳门半岛的建筑物和相邻的 8 块前地所组成,以旧城区为核心的历史街区。澳门历史城区在第 29 届联合国教科文组织的 2005 年 7 月 15 日世界遗产委员会会议上,获得 21 个成员国全体一致通过,正式列入《世界文化遗产名录》,为中国第 31 处世界遗产。

1. 澳门历史城区概况

16 世纪中叶,中外贸易出现新的形式,以葡萄牙人为主的外国商人开始在澳门半岛西南部的一片区域上进行贸易往来。此时,澳门的各种贸易活动层出不穷,发展十分迅速,吸引着欧洲、亚洲、非洲、美洲四洲人民前来进行贸易活动,澳门也由此成为 19 世纪中国乃至亚洲地区的对外港口,被称为"华洋杂居"的国际城市。葡萄牙人将澳门称为"天主圣名之城",而它的核心部分就是如今的澳门历史城区。①

四百多年间,在这块城区内,来自葡萄牙、西班牙、荷兰、英国、法国、意大利、美国、日本、瑞典、印度、马来西亚、菲律宾、朝鲜甚至非洲地区等不同地方的人,带着不同的文化思想、不同的职业技艺、不同的风俗习惯,在澳门历史城区内盖房子、建教堂、修马路、筑炮台,展开多姿多彩的生活。在这种机遇下,澳门得风气之先,成为中国境内接触近代西方器物与文化最早、最多、最重要的地方,是当时中国接触西方文化的桥头堡。与此同时,居住在澳门的外国人,也以各种方式向世界各国介绍在澳门见到的一切中国文化思想与生活习俗。澳门,也是一道外国认识中国的门户。②

同时,澳门历史城区内融合了中国和葡萄牙两国的生活气息,在中西方异彩纷呈建筑风格的渲染下,澳门历史城区的文化习俗、宗教信仰、生活习惯等方面都体现出了中西融合的特色,这也是澳门历史城区独具特色、价值极高的地方(见图 5-1)。

---

① 中华人民共和国国家文物局."澳门历史城区"成为中国第 31 处世界遗产. http://test.cchonline.com.cn/art/2005/7/25/art_1666_131764.html。

② 同上。

图 5-1　澳门历史城区

资料来源：http://www.meiliwang.com.cn/a/mljr/2013/0715/14454.html；http://www.ce.cn/newtravel/mjxj/mjtp/200510/19/t20051019_4964812_2.shtml。

2. 澳门历史城区文化遗产

澳门历史城区是一片以澳门旧城区为核心的历史街区，其间以相邻的广场和街道连接而成，包括妈阁庙前地、亚婆井前地、岗顶前地、议事亭前地、大堂前地、板樟堂前地、耶稣会纪念广场、白鸽巢前地等多个广场空间，以及妈阁庙、港务局大楼、郑家大屋、圣老楞佐教堂、圣若瑟修院及圣堂、岗顶剧院、何东图书馆、圣奥斯定教堂、民政总署大楼、三街会馆(关帝庙)、仁慈堂大楼、大堂(主教座堂)、卢家大屋、玫瑰堂、大三巴牌坊、哪吒庙、旧城墙遗址、大炮台、圣安多尼教堂、东方基金会会址、基督教坟场、东望洋炮台(含东望洋灯塔及圣母雪地殿圣堂)等 20 多处历史建筑[①](见表 5-1)。

表 5-1　中国澳门历史城区世界遗产

遗产名称	遗产特征
妈阁庙	建于 1488 年，距今已有 500 多年历史，是澳门最古老的庙宇
港务局大楼	建于 1874 年，原称摩尔兵营，现为港务局的办公大楼
亚婆井前地	亚婆井的葡文意思是山泉，这里是葡萄牙人在澳门最早的聚居点之一
郑家大屋	是院落式大宅，约建于 1881 年，是中国近代著名思想家郑观应的故居
圣老楞佐教堂	建于 16 世纪中叶，是澳门三大古教堂之一，整个建筑显得美轮美奂
圣若瑟修院及圣堂	圣若瑟修院于 1728 年由耶稣会士创办，圣堂于 1758 年落成，巴洛克式建筑风格
岗顶前地	街区著名的建筑物有圣奥斯定教堂、岗顶剧院、圣若瑟修院、何东图书馆等

---

① 孙克勤. 发展世界遗产旅游——以澳门历史中心为例[J]. 资源与产业，2009，11(2).

（续表）

遗产名称	遗产特征
岗顶剧院	建于1860年,是中国第一座西式剧院,也是当年葡萄牙人社群举行重要活动的场所
何东图书馆	建于1894年,原主人为官也夫人,香港富商何东于1918年购入该大楼,现为图书馆
圣奥斯定教堂	该教堂是由西班牙奥斯定会修士于1591年创建
民政总署大楼	建于1784年,前身为市政厅
议事亭前地	一直是澳门的市中心,两侧建筑建于19世纪末和20世纪初
三街会馆(关帝庙)	会馆初设时只是商人议事的场所,后因馆中设有关帝神殿,庙宇成为会馆的主要功能
仁慈堂大楼	于1569年由澳门首任主教贾尼路创立,负责慈善救济工作,故名仁慈堂
大堂(主教座堂)	约建于1622年,主祭坛空间深远,设计简明,饰以彩色玻璃窗
卢家大屋	位于大堂巷7号住宅,约于1889年落成,是澳门著名商人卢九家族的旧居
玫瑰堂	由道明会士创建于1587年,是该会在中国的第一所教堂
大三巴牌坊	是天主之母教堂(即圣保禄教堂)正面前壁的遗址,圣保禄教堂创建于1580年
哪吒庙	位于大三巴牌坊后右侧,创建于1888年,改建于1901年,庙内供奉哪吒
旧城墙遗址	城墙建于1569年
大炮台	始建于1617年,1626年建成,名为圣保禄炮台,澳门居民多称为大炮台
圣安多尼教堂	约建于1558年至1560年,是澳门三大古老教堂之一
东方基金会会址	建于18世纪70年代,原址是葡国皇室贵族俾利喇的别墅,现为东方基金会会址
基督教坟场	建于1821年,是澳门第一座基督新教坟场
东望洋炮台	包括东望洋灯塔及圣母雪地殿圣堂,东望洋炮台建造于1637年,位于东望洋山之巅

澳门历史城区是中国境内现存最古老、规模最大、保存最完整和最集中的东西方风格共存建筑群,当中包括"中国最古老的教堂遗址和修道院、最古老的基督教坟场、最古老的西式炮台建筑群、第一座西式剧院、第一座现代化灯塔和第一所西式大学等"[①]。作为欧洲国家在东亚建立的第一个领地,城区见证了澳门四百多年来中华文化与西方文化互相交流、多元共存的历史(见图5-2)。

---

① 孙克勤.发展世界遗产旅游——以澳门历史中心为例[J].资源与产业,2009,11(2).

图 5-2　澳门——圣老楞佐教堂

资料来源：http://gb.macautourism.gov.mo/sightseeing/sightseeing_detail.php?c=10&id=143#.VCdWN9JEUeI。

世界遗产委员会对澳门历史城区的评价："见证了西方宗教文化在中国以至远东地区的发展，也见证了向西方传播中国民间宗教的历史渊源""是中国现存最古老的西式建筑遗产，是东西方建筑艺术的综合体现"①。由此可见，澳门历史城区是中国境内接触近代西方器物与文化最早、最多、最重要的地方，同时是近代西方建筑传入中国的第一站。

早在澳葡政府时期，将澳门历史城区申报为世界文化遗产遇到了很多技术问题；但自从澳门回归祖国，申报工作便得到中央政府的支持。2001 年年初，中国国家文物局派出三名专家到澳门协助文化局制定世界文化遗产名录申请书的初步文本，并就相关申请程序和配套工作提出了意见和建议。澳门行政长官代表、社会文化司司长崔世安于同年 7 月 23 日，主持了澳门申报世界文化遗产的启动仪式，宣布中国将于 2003 年向联合国教科文组织提出的其中一项世界文化遗产申报为"澳门历史建筑"。正如崔世安所表述："申报名单中具有历史文化背景的澳门纪念物，是中西文化交流与融汇在中国最具代表性的明证，是一本内容丰富的历史教科书、一部形象生动的中西艺术史。"②

其后，澳门文化局推出《全澳文化遗产推广计划》、《澳门文物建筑展》、澳门文物大使、文物小记者和文物旅游路线设计比赛等一连串活动，提高市民对文物认识、保护意识和归属感。③除此之外，各地的专家都曾到澳门访问，当中有联合国教科文组织特别顾问 Bernd von Droste 教授，前国家文物局局长张文彬、单

---

① 联合国教科文组织世界遗产中心.澳门历史城区.http://whc.unesco.org/zh/list/1110#top。
② 澳门申遗见证中西交汇史,文化遗产鲜活.中国新闻网.http://www.chinanews.com/ga/2011/01-10/2777184.shtml。
③ 澳门申遗,8 年筹备,9 分钟敲定.新华网.http://www.gd.xinhuanet.com/newscenter/ztbd/2007-06/25/content_10390315.htm。

霁翔等。到2004年第28届世界遗产委员会举行会议时,"澳门历史建筑群"已被确定为"2005年中国唯一申报世界文化遗产项目",并在第29届世界遗产会议上被审议。

在第29届联合国教科文组织世界遗产委员会2005年7月15日的会议上,澳门历史城区获得一致的决定,正式列入《世界文化遗产名录》。① 中国常驻联合国教科文组织代表张学忠说:"澳门项目没有任何争议地顺利通过,这在世界遗产委员会会议的历史上很少见,不仅说明澳门历史城区本身具备突出的文化价值,更是与中央政府的大力支持以及澳门特区政府和广大澳门市民的努力工作分不开。"②

澳门历史城区依据《保护世界文化和自然遗产公约》对文化遗产的具体世界遗产评定准则,符合标准C ii、iii、iv、vi③:

ii. 在一定时期内或世界某一文化领域内,对建筑艺术、纪念物艺术、城镇规划或景观设计方面的发展产生过重大影响;

iii. 能为一种已消逝的文明或文化传统提供一种独特的至少是特殊的见证;

iv. 可作为一种类型的建筑物、建筑群或景观的杰出范例,展示人类历史上一个或多个重要阶段的作品;

vi. 与某些事物、现行传统、思想、信仰或文学艺术作品有直接和实质的联系。

3. 澳门历史城区遗产旅游发展

澳门历史城区是中国现存最古老的西式建筑遗产,是东西方建筑艺术的综合体现;它见证了西方宗教文化在中国以至远东地区的发展,也见证了向西方传播中国民间宗教的历史渊源;它是中西文化多元共存的独特反映,是中国历史城市中极具特色的组合。中西文化、宗教、艺术、生活习惯的融合,使得澳门历史城区焕发出盎然的生命力。

近年来,澳门政府加快调整产业结构,着重发展旅游业和服务业。为了进一步促进澳门旅游业的发展,澳门兴建了新的旅游景点和文化设施,还推出了澳门国际音乐节、澳门艺术节、国际烟花汇演、龙舟赛、车赛等文化活动。同时在澳门举行各类大型的国际及地区性会议,以增加因参加会议来澳的旅客人数。为了吸引更多的游客,澳门还经常举办"澳门旅游"等宣传活动,介绍澳门的历史、文化和风土人情,使澳门的旅游业向多元化方向发展。

① 十分钟"澳门历史城区"创申遗最快纪录.北京青年报.2005-7-17.
② 澳门历史城区申遗成功.北京日报.2005-7-19.
③ 联合国教科文组织世界遗产中心.澳门历史城区.http://whc.unesco.org/zh/list/1110#top.

澳门的旅游资源十分丰富,特别是人文旅游资源,古老的妈阁庙带你体验庙宇建筑的精髓,郑家大屋带你领略中西融合的建筑风格,圣若瑟修院及圣堂带你感受天主教堂的光辉,大三巴牌坊带你品味独特的澳门文化,还有玫瑰堂、旧城墙遗址、大炮台、圣安多尼教堂、基督教坟场、东望洋炮台、东方基金会会址等20多处景观让人流连忘返(见图5-3)。

图5-3 澳门——大三巴牌坊

资料来源:http://gb.macautourism.gov.mo/sightseeing/sightseeing_detail.php?c=10&id=15#.VCdW39JEUeI。

"舞醉龙"是澳门的传统节日活动,舞龙者一边喝着清甜的米酒,一边举着木质的龙头和龙尾潇洒地舞动,借着酒兴不断舞动龙头龙尾,趣味横生,别有一番滋味。这在当地被称为"澳门鱼行醉龙节",这个节日已列入澳门非物质文化遗产名录。[①] 除此之外,澳门人也十分注重各种节庆和祭祀活动,每个节日都有其独特的庆祝方式和传统活动,例如二月二日的"土地诞"、三月二十三日的"天后诞"、五月十三日的"关公诞"、六月十九日的"观音诞"[②]等,都是澳门十分重要的祭祀节日。

国庆节是澳门最为隆重的节日,10月1日是中华人民共和国国庆节,也是澳门特别行政区的盛大节日,在这一天,澳门城市里会举办各种多姿多彩的活动,趣味繁多。6月10日是驻澳门葡萄牙人的大型节日,曾经是葡萄牙的国庆节,为庆祝葡萄牙摆脱西班牙的殖民统治而设,对于澳门人而言,这一天也是特殊的,各种庆祝的活动也层出不穷。

受到西方文化的影响,澳门还拥有独具特色的西方习俗文化活动,而这些活动大多与宗教相关。在澳门,天主教徒们每年都要举行两次大型的游行活动,一次是"花地玛圣母"游行活动:"圣母像由一身素白的妇女们抬着走在队伍的前列,而队伍中三名儿童的衣着打扮就像当年在花地玛看见圣母显灵的孩子一样。上百名的信徒沿途唱圣诗、念祷文跟随;巡游每年从圣母玫瑰堂出发到主教山上

---

① 澳门传统节日"舞醉龙".中国非物质文化保护与研究网.http://www.cich.org.cn/bhdt/20121015/n65361842.html。

② 澳门节日习俗.中国旅游网.http://www.51yala.com/html/2007711222537-1.html。

的圣母小教堂,并在此举行露天弥撒。"①另一次"苦难耶稣圣像"游行,巡游历时两天:"第一天,背负十字架的苦难耶稣圣像庄严地从岗顶的圣奥斯定教堂出发,被迎到主教座堂,圣像留在主教座堂接受祝祷;第二天,由教士们抬着苦难耶稣圣像出游,然后送回圣奥斯定教堂巡游按耶稣基督的苦路公拜,行程设七个站,在每一站都有纪念苦路的仪式进行,队伍中除了信徒外,还有许多好奇者。"②在圣诞节的时候,更可以看到天主教徒和基督教徒共庆盛大节日的场面,午夜里,虔诚的天主教徒做着弥撒,基督教徒们报着平安,欢乐的节日气氛充斥着整个城市。

5.1.3 欧洲和北美洲历史中心旅游发展

1. 意大利罗马历史中心

罗马历史中心区位于意大利梵蒂冈,罗马奥勒利安城墙内,是当今一国首都内完美保存古城建筑及布局结构的典范。城内教廷管辖区和圣保罗大教堂作为文化遗产,于1980年列入《世界遗产名录》,面积占现在罗马市的40%。

(1) 罗马历史中心概况

拥有2 500年历史的"永恒之城"罗马,自古以来一直是历代王朝的国都,公元4世纪,罗马成为基督教世界的首都,绽放着傲人的光芒。没有去过罗马,就无法真正感受全盛时期欧洲的壮观景色。这里有丰富的文化艺术,神话色彩浓厚的喷泉与广场,神圣的宗教建筑以及壮观的各式建筑,是一座充满着浪漫与典雅的艺术之城。

罗马是意大利首都和最大的城市,也是文化和交通中心,约在公元前510年成为罗马共和国首都。公元前1世纪废除共和之后仍为罗马帝国首都。这时城市文化和建筑大为发展,兴建了许多神庙、教堂、廊柱、凯旋门、纪功柱和竞技场。4世纪时它又是西罗马帝国都城。756—1870年是教皇国首都。14—15世纪是欧洲文艺复兴的中心,艺术、建筑、文化和经济再次得到发展。1870年意大利王国统一后成为王国首都。③

罗马历史中心区面积占现在罗马市的40%,是该市12个行政区之一。从高空俯瞰该中心,罗马古城犹如一个巨型的露天历史博物馆,七座山丘上,珍贵的古迹和古建筑比比皆是。在奥勒利安城墙内还有一道塞尔维乌斯·图利乌斯

---

① 节日盛世——花地玛圣像巡游. http://gb.macautourism.gov.mo/events/calendar.php.
② 节日盛世——苦难耶稣圣像巡游. http://gb.macautourism.gov.mo/events/calendar.php.
③ 王三义,黄民兴. 世界古都——罗马[M]. 三秦出版社,2006.

城墙,保存着17座雄伟的城门。帕拉蒂尼和卡皮托利尼山之间曾是古罗马宗教、政治和商业活动中心,卡皮托利尼山上还有米开朗基罗设计的市政厅广场和罗马城大部分著名的艺术陈列馆,在埃斯奎利尼山坡上有著名的罗马斗兽场,无论从建筑技术还是从建筑材料的使用上都是古罗马建筑最杰出的成就之一。[①]

罗马历史中心是一座艺术宝库、文化名城、一座巨型的露天历史博物馆,无与伦比的建筑艺术衬托出它的伟大、它的神秘,如此古老而又繁荣至今的都邑,在世界上是屈指可数的(见图5-4)。

图5-4 意大利罗马历史中心

资料来源:http://www.alxw.com/italy/zhinan/7517.html。

(2) 申遗评价及标准

罗马历史中心是由罗马古城(1980)及梵蒂冈(1990)共同列入的世界遗产地,罗马历史中心的古文明代表主要有古罗马大竞技场(世界新七大奇景)、君士坦丁凯旋门、万神殿及古罗马市集等,罗马的象征"万神庙"是罗马最古老、保存最完好、最受欢迎的历史古迹之一。它位于古城中心,已于1980年列入联合国教科文组织《世界遗产名录》。

世界遗产委员会把罗马历史中心区列入《世界遗产名录》的理由是:"从传说的公元前753年建成之日起,罗马就同人类的历史紧密相连。它曾是统治地中海世界五个世纪之久的帝国的首都,后来又成为基督教世界的首都,今天仍然履行着这些重要的宗教和政治功能。"[②]

评定标准为C i、ii、iv、vi,主要以古罗马文明为诉求点:

i. 代表一种独特的艺术成就,一种创造性的天才杰作;

ii. 在一定时期内或世界某一个文化领域内,对建筑艺术、纪念物艺术、城镇规划或景观设计方面的发展产生过重大影响;

---

① 冯霄.罗马的历史文化遗产[N].中国旅游报,2013-10-11.

② http://whc.unesco.org/zh/list/91#top。

ⅳ. 可作为一种类型的建筑物、建筑群或景观的杰出范例,展示人类历史上一个或多个重要阶段的作品;

ⅵ. 与某些事物、现行传统、思想、信仰或文学艺术作品有着直接和实质的联系(只有在某些特殊的情况下,或条款标准与其他标准仪器使用时,此款才能成为列入《世界遗产名录》的理由。一般情况下,此条款不能单独成立)。

(3) 罗马历史中心旅游发展

罗马历史中心风景独好,可以说是全世界最美的地点之一,四周尽是奇异的景点、建筑物与古韵,帝国时代的罗马、文艺复兴时期的罗马、教皇的罗马和意大利复兴运动的罗马在此相遇相交。在这里,美几乎无处不在,它是不动声色的、平静的、隐秘的。在罗马,过去不仅是记忆,四个世纪以前的喷泉仍然存在,为行人提供饮用水,清闲气氛,带来愉悦。同17世纪一样,教堂仍然对大众开放,这里有一天至少举行两次弥撒的基督教堂,有社会活动中心和救济中心,人们把手插在兜里,骑着单车或脚踏车来往于这迷人的市区,时而停下来坐在大理石长椅上,这些巴洛克时期的石椅骄傲地负载着它们400年的历史。

罗马在任何时代对异乡客来说都是一座充满感官刺激的城市。经过两千多年的历史舞台留下的各种各样的遗迹,足以让旅游者大饱眼福。古罗马大圆形竞技场、万神殿、恺撒庙、君士坦丁凯旋门等是其中的佼佼者。其他如遍布城内的各种雕塑、喷泉,随处可见的教堂、修道院,都令人流连忘返。

古罗马大竞技场位于意大利首都罗马市中心的威尼斯广场南面,古罗马市场附近,其地基原是古罗马帝国有名的暴君尼禄皇帝的金宫中的一个小湖,公元72年,维斯帕西安皇帝开始兴建,至公元80年由蒂托皇帝完成,历时八年之久;它是迄今遗留下来的古罗马建筑中最卓越的代表,也是古罗马帝国永恒的象征[①](见图5-5)。

图5-5 古罗马大竞技场

资料来源:http://shoucang.hexun.com/2013-06-04/154828680.html? fromtool = roll。

---

① 世界遗产. 中国航空旅游网. http://yichan.cnair.com/494/。

万神殿被称为继圆形剧场之后的"罗马的另一象征",它是至今完整保存的唯一的罗马帝国时期建筑,被米开朗基罗赞叹为"天使的设计",已于 1980 年列入教科文组织《世界遗产名录》。恺撒庙是克利奥帕特拉女王为纪念恺撒而创建的,由奥古斯都最后完成。

君士坦丁凯旋门建于公元 315 年,是罗马城现存的三座凯旋门中年代最晚的一座,它是为庆祝君士坦丁大帝于公元 312 年彻底战胜他的强敌马克森提并统一帝国而建的(见图 5-6)。

图 5-6　罗马　君士坦丁凯旋门

资料来源:http://cms.smejs.com/siteRoot/zgycw/ssyc/zhouyoulg/6789163111.htm。

位于罗马市中心的几座广场也很著名:始建于公元前 5 世纪的罗马努姆广场是早期最主要的广场;恺撒广场建于公元前 422 年,它的一端矗立着高大的战神殿;图拉真广场是古罗马最大而又最壮丽的广场,它建于公元 111—114 年,由一系列建筑和空场组成。还有市中心的威尼基亚广场,它长 130 米、宽 75 米,是几条主要大街的汇集点,十分繁华;它的左侧是文艺复兴时期的维尼基亚宫,现已成为文艺复兴艺术陈列馆和国家考古艺术史研究所图书馆。广场上还有一座 1885—1991 年为纪念意大利独立和统一而建的无名英雄纪念碑,在碑中央的高台上,是意大利开国国王伊曼纽尔二世的贴金铜像。[①]

这些古老而又神圣的建筑和风景无疑是历史留给罗马这个古老城市的瑰宝,悠久的历史沉淀、丰富的文化遗产、独特的建筑风格吸引了全世界各地的游客前去参观,人们置身于古罗马特色建筑之中,想象几个世纪前斗兽场中的战斗角逐,感受气势磅礴的凯旋门带来的心灵的震撼,体会圣彼得大教堂庄严肃穆的气氛和浓郁的宗教文化,品味街边巷口令人齿颊留香的甘草冰淇淋,把玩特色商店中的艺术珍品和趣味工艺品。可以说,罗马历史中心具有极大的审美价值、教育价值及观光价值。

---

① 冯霄.罗马的历史文化遗产[N].中国旅游报,2013-10-11.

2. 比利时布鲁日历史中心

布鲁日历史中心是典型的中世纪古城,保存着大量数世纪前的建筑。早期哥特式建筑已经成为城市特色的一个部分,后来融合了巴洛克式、拜占庭式、罗马式、弗拉芒式等多种建筑风格。2000年被列入《世界遗产名录》。

(1) 布鲁日历史中心概况

布鲁日,旅游胜地,西佛兰德省省会,是位于比利时西北部的文化名城。"布鲁日"在佛兰德语中有"桥"的意思,由流经市内的莱伊河上的一座古罗马桥梁而得名。14世纪为欧洲最大的商港之一。19世纪末叶,开始了大规模的港口疏浚和修建工程。20世纪初,连接外港泽布腊赫的运河通航,工商业发展兴起。素有"北方威尼斯""比利时艺术圣地""佛兰德珍珠"等美称。市内河渠如网,风光旖旎,古式房屋鳞次栉比,市容仍保留有浑厚的中世纪风貌。城区河道环绕,水巷纵横,并有运河通往北海岸外港。每当旅游季节到来,游人络绎不绝,他们乘坐小艇观赏水城全貌(见图5-7)。

图 5-7 比利时布鲁日历史中心

资料来源:http://www.71.cn/2014/0724/775552.shtml。

(2) 申遗评价及标准

世界遗产委员会评价:"布鲁日是中世纪人类聚落的杰出典范,虽历经数世纪沧桑,仍保留着大量历史建筑。在那里,早期哥特式建筑已经成为城市特征的一部分。作为欧洲商业与文化首都之一,布鲁日不断发展与世界各地的文化交流,同时,与佛兰芒原始绘画流派(Flemish Primitive Painting)有着密切关系。"①

评定标准为 C ⅱ、ⅳ、ⅵ:

ⅱ. 在一定时期内或在世界某一个文化领域内,对建筑艺术、纪念物艺术、

---

① 布鲁日历史中心.联合国教科文组织世界遗产中心.http://whc.unesco.org/zh/list/996#top。

城镇规划或景观设计方面的发展产生过重大影响;

ⅳ. 可作为一种类型的建筑物、建筑群或景观的杰出范例,展示人类历史上一个或多个重要阶段的作品;

ⅵ. 与某些事物、现行传统、思想、信仰或文学艺术作品有着直接和实质的联系(只有在某些特殊的情况下,或条款标准与其他标准仪器使用时,此款才能成为列入《世界遗产名录》的理由。一般情况下,此条款不能单独成立)。

(3) 布鲁日历史中心旅游发展

这座始建于中世纪的城市是比利时最受欢迎的旅游目的地,保留着浓厚的中世纪风貌,是其他欧洲古城无法媲美的。表 5-2 是布鲁日历史中心的主要风景建筑,吸引着各国的游客前去观光。

表 5-2 布鲁日主要建筑风景

建筑风景	主要建筑风景	特色
教堂	圣救世主教堂	教堂是法国哥特式风格,建于 988 年,13 世纪重建,1834 年成为布鲁日的主教堂
	圣母教堂	1089 年,圣母教堂属于教区教堂,以 120 米的尖塔高度号称全欧洲最高的钟楼,教堂里珍藏着 1468 年金羊毛骑士团的徽章系列
	圣安妮教堂 圣瓦布鲁教堂	17 世纪巴洛克风格
	圣马德莲教堂	新哥特式建筑
	耶路撒冷礼拜堂	建于 1471—1472 年,具有圣墓教堂的风格
	圣巴西勒双礼拜堂	建于 12 世纪中叶,19 世纪重建教堂上部,而下部仍是罗马式的风格
修道院	原邓恩修道院	这座著名的修道院是 18 世纪的古典式教堂,建于 1682—1642 年
	原耶稣会修道院	有两条建于 17 世纪的走廊,从耶稣会被镇压时期起用作学校
	葡萄园皇家修女院	建于 13 世纪,以典型的中世纪风格为主基调,又加入了 17 世纪晚期的哥特式风格
	上帝之家	最早的上帝之家建于 14 世纪,是专为老年人而建的修道院,既有带中央庭院的类型,也有直面大街的风格
	圣让医院	建于 12 世纪中叶,其中三个中世纪时建造的部分被保存下来,于 19 世纪中叶改为博物馆
世俗建筑	布鲁日法兰克宫	早在 11 世纪,布鲁日法兰克宫是伯爵的住宅;14 世纪以来,这里被改建成了带有政治色彩的法院和市政部门,经历 16 世纪的改建和 18 世纪的扩建后,1795—1984 年作为法院使用,而后则成为市政部门

布鲁日拥有与威尼斯十分相似的水上城市特色,但却是一个平静、灵秀、浪漫、富有生活气息的小城,唯美浪漫的爱情故事流传至今,是欧洲最知名的爱情地标之一(见图5-8)。

图5-8 布鲁日历史中心夜景

资料来源:http://www.71.cn/2014/0724/775552.shtml。

布鲁日历史中心旅游业蓬勃发展,12世纪的圣约翰医院、13世纪的圣母院、15世纪的皇宫旧址和1887年的新哥特式邮政大楼让游客们重温中世纪古城的辉煌;市内教堂、公共建筑物和博物馆内珍藏着布鲁日画派大师的绘画,让游客们领略到布鲁日的艺术瑰宝;市政大厅的墙面装饰着新戈特式风格的壁画,描述了布鲁日历史上发生的重大历史事件;而珍藏在圣母院的《圣母像》,更是出自15世纪意大利文艺复兴时期的大雕塑家和画家米开朗基罗之手。

拥有"北方的威尼斯"之美誉的布鲁日如今以旅游业为支柱产业,但它绝对不是只沉醉在过去,千年不变地留在世人的印象中,相反,它积极地拥抱未来,与城墙内的老房子共存的当代建筑就是很好的证明。布鲁日不是一面,而是多面。

3. 奥地利萨尔茨堡城历史中心

萨尔茨堡城历史中心位于奥地利西北部,老城建于公元798年,坐落在山岗上的霍亨萨尔茨堡城堡,建于1077年,是萨尔茨堡城的标志性建筑。建于17世纪末的圣彼得修道院大教堂是第一座意大利式建筑。

(1)萨尔茨堡历史中心概况

萨尔茨堡,是奥地利共和国萨尔茨堡州的首府,人口约15万(2007年),距首都维也纳320公里,靠近德国边境,是继维也纳、格拉茨和林茨之后的奥地利第四大城市。

萨尔茨堡是一座中世纪城市,以艺术和文化胜地而闻名于世,萨尔斯河将新城和旧城分离开来,形态各异的喷泉,历史悠久的教堂建筑,古老的深巷,将萨尔茨堡打造成游客们口中"最美丽的城市"。这个有"北方罗马"之城的古老城市,向人们展现着中世纪艺术的瑰宝和文化的传承,带给人们心灵的震撼(见图5-9)。

图 5-9　萨尔茨堡老城区

资料来源:http://www.chinadaily.com.cn/hqgj/jryw/2012-08-03/content_6623857.html。

音乐天才莫扎特就出生在这座充满着艺术气息的城市里,在他不到36年的人生岁月中,萨尔茨堡就像一座心灵的港湾,激发着他创作的灵感与热情。美妙的城市景观、川流不息的清流河水、高雅的音乐艺术,吸引了电影《音乐之声》前来取景拍摄,也吸引了成千上万的游客前来观赏。1996年,萨尔茨堡老城被联合国教科文组织列入《世界文化遗产名录》。

(2) 申遗评价及标准

世界遗产委员会评价:"萨尔兹堡一直在尽力保存那些建于中世纪到十九世纪的非常珍贵的建筑物。当时,它是由一个大主教统治的城邦。在意大利建筑师斯卡莫齐和索拉里还没有完成他们的工作,使这个城堡闻名之前,它那引人注目的哥特式艺术就吸引了大批的工匠和艺术家。萨尔兹堡中心还有很多巴洛克式建筑。也许南北欧的这种艺术交融激发了本城最著名的儿子莫扎特的天才才能,从那时起他那享誉全球的声望照耀着整个城市。"①

1996年根据文化遗产遴选标准 C ⅱ、ⅳ、ⅵ 被列入《世界遗产名录》:

ⅱ. 在一定时期内或在世界某一个文化领域内,对建筑艺术、纪念物艺术、城镇规划或景观设计方面的发展产生过重大影响;

ⅳ. 可作为一种类型的建筑物、建筑群或景观的杰出范例,展示人类历史上一个或多个重要阶段的作品;

ⅵ. 与某些事物、现行传统、思想、信仰或文学艺术作品有着直接和实质的联系。

---

① 萨尔茨堡市历史中心. http://whc.unesco.org/zh/list/784#top。

(3) 萨尔茨堡历史中心旅游发展

萨尔茨堡是奥地利西部著名的旅游城市和音乐城市,游客人数成千上万。作为阿尔卑斯山的门户,冬季的萨尔茨堡称得上是滑雪胜地,每年会接待无数从欧洲各地飞来的滑雪者。从德奥边境的翁特峰的山顶上向下俯瞰,可以看见萨尔茨堡全景,也可以欣赏到阿尔卑斯山脉的美丽景色。萨尔茨堡以南的贝希特斯加登则是希特勒曾经避暑的秘密基地"鹰巢"①。

萨尔茨堡城内巴洛克式的建筑风格具有独特的魅力,主要代表是萨尔茨堡天主教堂和米哈贝尔花园。整个萨尔茨堡老城在1996年12月5日入选联合国教科文组织的《世界遗产名录》。萨尔茨堡有着众多城堡和宫殿,萨尔茨堡要塞坐落在城市内的山丘上,是萨尔茨堡的地标,长250米,最宽处150米,建造于1077年,是中欧现存最大的要塞。

城市中央有一座总主教沃尔夫·迪特里希为他的情人所建造的宫殿和花园,当时以这位情人的名字命名为"阿尔滕奥宫",沃尔夫·迪特里希的继任者马尔库斯·西蒂库斯为了抹去这段不光彩的故事,将其改名为"米拉贝尔宫","米拉贝尔"是个意大利女名,意思是"惊人的美丽"②(见图5-10)。米拉贝尔宫和它的宫殿花园、喷泉也吸引着成千上万的游客。

图 5-10　萨尔茨堡——米拉贝尔花园

资料来源:http://travel.cntv.cn/20120806/106459_1.shtml。

萨尔茨堡主教座堂重建于1614—1628年,是阿尔卑斯山北侧的第一座巴洛克式教堂,圣伯多禄修道院是德语区内的第一座修道院。本笃会的诺恩贝尔格修女院是全世界现存历史最悠久的女修道院。

---

① 世界最美的城市——萨尔茨堡. http://www.cctv.com/world/outlook/2002-12-23/887.shtml。
② 人文天下:欧洲风情.奥地利萨尔茨堡. http://news.xinhuanet.com/video/2010-12/17/c_12892629.htm。

粮食胡同是萨尔茨堡老城最著名的步行街,它之所以出名,是因为莫扎特1756年1月27日就出生在这条街的9号,莫扎特的父亲雷欧波得·莫扎特在1747年租下了这栋楼的第三层,莫扎特一家在这里一直生活到1773年离开萨尔茨堡去了维也纳,现在莫扎特出生的楼房是莫扎特博物馆,游客络绎不绝。

4. 波兰华沙历史中心

华沙是一座命运多舛的城市,曾在1655—1657年的异族战争和第二次世界大战的战火中两次重创,华沙城几乎被夷为平地。有人曾预言,华沙将在人间消失,至少在百年之内不会重建。而今的华沙,却在战争中涅槃。

(1)华沙历史中心概况

华沙是波兰的首都,也是一座著名的历史名城,有着"世界绿都"的美称。这个位于维斯瓦河东西两岸的古城,是波兰最大的城市,也是贸易交流、工业发展、文化交流的中心。1945年,战争结束后,华沙开始重建,在保证其中世纪古城风貌不变的前提下,加入了新的城市元素,使得这座美丽的古城韵味更深,魅力更大,古老建筑的风格与现代化元素的充分融合,让这座古城显得更加独树一帜,林立的宫殿、巍峨的城堡、庄严的教堂,彰显着这座城市悠久的历史,称得上是一个国际化的大都市。1980年,华沙历史中心作为文化遗产列入《世界遗产名录》(见图5-11)。

图 5-11 波兰华沙历史中心
资料来源:http://www.71.cn/2014/0623/766269.shtml。

(2)申遗评价及标准

世界遗产委员会评价:"1944年8月华沙起义期间,华沙历史中心85%以上的建筑遭到纳粹部队的摧毁。二战之后,华沙人民用长达5年的时间重建古城,他们修建了教堂、宫殿和贸易场所。华沙的重生是13世纪至20世纪建筑史上不可磨灭的一笔。"[①]

---

① 联合国教科文组织世界遗产中心.华沙历史中心.http://whc.unesco.org/zh/list/30#top。

1980年根据文化遗产遴选标准Cⅱ、ⅵ被列入《世界遗产名录》：

ⅱ．在一定时期内或在世界某一个文化领域内，对建筑艺术、纪念物艺术、城镇规划或景观设计方面的发展产生过重大影响；

ⅵ．与某些事物、现行传统、思想、信仰或文学艺术作品有着直接和实质的联系。

（3）华沙历史中心旅游发展

重建后的华沙历史中心，保留和修复了很多历史悠久的建筑和园林景观，是华沙的主要旅游目的地，很多都是不容错过的观光胜地（见图5-12）。

图5-12 华沙王宫

资料来源：http://www.71.cn/2014/0623/766269.shtml。

华沙瓦津基，又称"肖邦公园"，是波兰最美丽的公园之一，是来波兰旅游不得不去的景点之一，这座具有英国园林风格的公园，原是波兰末代国王斯·奥·波尼亚托夫斯基（1766—1795）的别墅。① 园内不仅有巍峨的宫殿建筑、美丽的楼阁风光、广阔的绿色草地、柔情的池沼景观，还有充满着生机的玫瑰园和柑橘园。瓦津基宫是久负盛名的水上宫殿，可以说是久经风雨，1944年遭到了纳粹分子的疯狂洗劫和恶意破坏，直至1960年，才开始重建修复。历史没有将它打倒，反而给予它深远的意义，如今我们所看到的瓦津基宫富丽堂皇、壮美多姿。

华沙古城是华沙最古老的地方，它以其古老的文化的特色吸引着全世界各地的游客。这座哥特式建筑风格的古城，建于13、14世纪之交，15世纪的时候开始扩建，17世纪开展改建工作。在华沙起义的初期，1944年这座古城得到了解放；然而，伴随着起义的失败，在德国法西斯嚣张的气焰下，华沙古城沦为一片废墟；战争结束后，勤劳的华沙人民开始重建华沙古城；1949年，这座古城开始

---

① 世界文化遗产——华沙历史中心．http://www.71.cn/2014/0623/766269.shtml。

迎来新的生机;1953年7月22日,隆重的移交仪式顺利举办;1963年,整个重建工作正式竣工,华沙又恢复了往日的面貌。①

华沙美人鱼是华沙的守护神,这座象征着波兰首都的建筑物,在希特勒侵占期间竟然悄然失去了踪影,原来,华沙人民早已将这座神圣的美人鱼铜像精心地保护起来,使其免遭德国法西斯的破坏,直到波兰人民共和国成立,这座美人鱼铜像才重新展现在人们面前,为维斯瓦河畔增添耀眼的光芒(见图5-13)。

图5-13 华沙美人鱼

资料来源:http://news.xinhuanet.com/world/2011-11/28/c_122345847.htm。

圣约翰教堂是华沙最古老的教堂,是波兰政治和宗教活动的重要中心,曾经是国王的加冕之地,《五三宪法》也在此处颁布。13世纪至14世纪教堂得以建立,改建工作于1836年至1842年开展。这座位于古城广场外的教堂,在第二次世界大战中也遭受了无情的破坏,直至1966年,这座重建后的教堂才恢复了昔日的光辉。②

世界遗产一般是拒绝接受重建,但华沙人民自发地起来保护自己的民族文化和历史传统,为世界所有的古城做出了榜样,也对欧洲的古城保护产生了重要影响。这座重建起来的历史古城,见证了战争过后一个民族和国家的涅槃,以其独具特色的建筑风格、发人深省的历史传奇吸引着全世界各地的游客前去瞻仰留念,其丰富的人文底蕴和深厚的文化内涵使其成为一座久负盛名的旅游胜地。

5.1.4 拉丁美洲和加勒比地区历史中心旅游发展

1. 秘鲁利马历史中心

(1) 利马历史中心概况

利马是秘鲁的首都,是西班牙在拉丁美洲建立的早期重要殖民地,城市民用

---

① 世界文化遗产——华沙历史中心. http://www.71.cn/2014/0623/766269.shtml.
② 同上.

建筑和宗教建筑风格都充满了浓郁的巴洛克气息,这些 17 世纪至 18 世纪建立起来的古老建筑,体现了西班牙与拉丁美洲建筑艺术的有机融合与统一(见图 5-14)。精雕细琢的大门、优美独特的木雕阳台,渲染了低调却华丽的城市氛围。而殖民地时期留存下来的历史遗迹,又给利马历史中心画上了一个圆满的句号,其中最负盛名的则是佛罗里达庆典中心。

图 5-14　利马历史中心

资料来源:http://whc.unesco.org/zh/list/500#top。

利马古城区是联合国世界遗产之一,这个古城区包括了巨大的圣法兰西斯修道院地下墓穴和装饰得五颜六色的中央广场、圣马路丁广场和大教堂。

(2) 申遗评价及标准

世界遗产委员会评价:"虽然该市先后经历了多次地震的严重破坏,直到 18 世纪中叶,这个帝王之城一直是西班牙在南美洲占领区的首都和重要城市。这里的许多建筑,如南美洲最大的建筑圣弗兰西斯科女修道院,都是当地的能工巧匠和来自旧大陆的建筑师共同建造的。"[1]

1988 年根据文化遗产遴选标准 ⅽⅳ 被列入《世界遗产名录》,1991 扩增:

ⅳ. 可作为一种类型的建筑物、建筑群或景观的杰出范例,展示人类历史上一个或多个重要阶段的作品。

(3) 利马历史中心旅游发展

利马历史中心的街道命名方式比较特殊,一般是以秘鲁的省和城市命名,这里的房屋大多是殖民时期建造的,楼层比较低矮。利马旧城区有许多著名的广场,其中"武装广场"位于城区中心,是十分出名的旅游景观。武装广场的周围

---

[1] 联合国教科文组织世界遗产中心. 利马历史中心. http://whc.unesco.org/zh/list/500#top。

林立着许多政府建筑和商业大楼,例如可以看到1938年建立的政府大厦和1945年建立的市政大厦。而广场的东部则是庄严肃穆的天主教堂,这座教堂始建于17世纪,其建筑风格洋溢着浓郁的西班牙风情;教堂内的景观也十分具有特色,西班牙殖民军首领皮萨罗的玻璃棺材就停放在教堂内部,而银饰的祭坛也极具韵味。

除此之外,在利马旧城区,游客们还可以漫步于风景优美的阿拉梅达公园,感受大树绿草带来的盎然生机,可以在商业中心乌尼昂大街、宽阔的尼科拉斯德皮埃罗拉大街感受繁华的都市气息,欣赏琳琅满目的商品,可以在圣马丁广场、博洛洛内西广场感受利马旧城的古老气息和现代化建筑的特色,可以在圣马科斯大学触摸到南美洲最古老大学的人文情怀和书卷气息(见图5-15)。

图 5-15　利马古城
资料来源:http://go.huanqiu.com/peru/lima。

而在利马新城区内,可以看到与旧城区截然不同的风光。在宽阔的街道两旁,林立着高楼大厦,玻利瓦尔广场四周汇集了众多让人流连忘返的博物馆。在共和国博物馆里,游客们可以看到珍贵的绘画和手稿,感受19世纪初殖民统治前后的艺术气息;在人种学和考古学博物馆里,游客们可以亲眼目睹殖民统治前后文化的精髓和历史文化的光辉;在宗教法庭陈列馆里,游客们又可以领略到1570—1820年的西班牙殖民者所使用的宗教法庭的魅力。

2. 巴西萨尔瓦多历史中心

(1)萨尔瓦多历史中心概况

萨尔瓦多是巴西历史上第一个首都,位于巴西东北部,是一座滨海城市,由葡萄牙殖民者建立。这里有独特的黑人文化,在新大陆发现之后,萨尔瓦多成为第一个奴隶市场,大量的黑奴被贩卖到此,在甘蔗种植园里夜以继日地辛苦劳作,因此这里也是巴西黑人文化的中心。早在文艺复兴时期,欧洲的殖民者们就在萨尔瓦多建立了许多典型的建筑,异彩纷呈的各色房屋伫立在街道两盘,布满小石块的街道展现着独特的魅力。1823年7月2日,萨尔瓦多获得解放。如今,萨尔瓦多拥有着与里约狂欢节大相径庭的狂欢节游行活动,在这个狂欢节游行中,随处可见原汁原味的舞蹈,聆听震撼心灵的音乐,萨尔瓦多狂欢节也是全球最大的狂欢节游行之一。1985年,萨尔瓦多历史中心被联合国教科文组织列入《世界文化遗产名录》①(见图5-16)。

图 5-16　萨尔瓦多街道建筑

资料来源:http://whc.unesco.org/zh/list/309#top。

萨尔瓦多拥有着浓厚的巴伊亚文化,矗立着具有葡萄牙风格的教堂和建筑,留存着黑奴文化和土著色彩。萨尔瓦多这座古老的城市四处洋溢着历史的气息,始建于16世纪、17世纪的建筑是最具代表性的一批建筑群,久负盛名的葡萄牙天主教堂尤其令人叹为观止。迷人的海滩风光、妙趣横生的椰林景色,使得这里成为令人流连忘返的度假胜地。

(2)申遗评价及标准

世界遗产委员会评价:"萨尔瓦多是巴西第一个首都,在1549—1763年期间见证了欧洲文化、非洲文化和美洲文化在这里的融合。从1558年开始,殖民者将非洲奴隶贩卖到这里的甘蔗园地劳动,使得萨尔瓦多成为新大陆第一个奴隶市场。城市保留了很多著名的文艺复兴时期典型建筑。老城的一个独特之处就是色彩鲜亮的房屋,通常都采用了上好的涂墙泥灰来装饰。"②

1985年根据文化遗产遴选标准 C ⅳ、ⅵ 被列入《世界遗产名录》:

ⅳ.可作为一种类型的建筑物、建筑群或景观的杰出范例,展示人类历史上一个或多个重要阶段的作品;

---

①　巴伊亚州的萨尔瓦多历史中心.2007年中国沈阳"世界文化与自然遗产博览会"官方网站.http://www.ln.xinhuanet.com/sysyh/2007-04/09/content_9730228.htm。

②　联合国教科文组织世界遗产中心.萨尔瓦多历史中心.http://whc.unesco.org/zh/list/309#top。

ⅵ.与某些事物、现行传统、思想、信仰或文学艺术作品有着直接和实质的联系。

(3)萨尔瓦多历史中心旅游发展

萨尔瓦多市里教堂多达七十间,是拉美地区教堂最多的城市。有线条明快、造型挺秀的哥特式教堂;有线条起伏而有动感、豪华富丽的巴洛克式教堂;最大的教堂是瓦西利亚教堂;最古老的是马特里斯·圣母康塞桑教堂;建于1549年,最华丽的圣弗朗西斯科·德阿西斯教堂,装饰共使用了300千克黄金和80千克白银,此教堂现被辟为宗教美术馆,向游客们展示着许多历史文物,其中天主教艺术品居多。

萨尔瓦多拥有巴西最美丽、动人的沙滩,比起里约热内卢的沙滩更加宁静优美。游客可到沙滩畅泳一番,享受一下大西洋的海水,或漫步椰林树影下,还可以欣赏海龟生蛋,体验巴伊亚萨尔瓦多的迷人海岸区(见图5-17)。

图5-17 萨尔瓦多

资料来源:http://www.visitbrasil.com/visitbrasil/opencms/portalembratur/en/carnaval-em-salvador.html。

萨尔瓦多是巴西的文化发源地,也是欣赏葡萄牙教堂及建筑的胜地和西非文化中心。可以让慕名前来的游客感受到巴伊亚文化及巴西历史,令人大开眼界。

5.2 历史古城遗产旅游发展

5.2.1 概述

历史古城是特定历史阶段的文化产物,能够完整地被保护起来,其遗存未被后来的历史发展所影响和破坏。整个城市以及那里同样需要保护的周边环境,都作为保护对象列入了《世界遗产名录》。同时,这些古城是沿着一个典型特点不断发展并得到保护的,某些时段可能会出现自然环境方面的特殊情况,但其后的阶段依然延续着历史的一贯风格。①

针对世界遗产城市的旅游活动要体现其作为世界遗产的不同凡响之处,展示或欣赏其特别的风姿与韵味,就应该提炼其世界遗产的内涵、特征及精神价值。无论是城市自身的推广,还是旅游者的亲临感受,均需要世界遗产理念的滋养,才可能提升城市的形象和旅游的质量。

5.2.2 亚洲及太平洋地区古城旅游发展

1. 中国丽江古城

(1) 丽江古城概况

丽江古城位于中国西南部云南省的丽江市,与同为第二批国家历史文化名城的四川阆中、山西平遥、安徽歙县并称为"保存最为完好的四大古城"。丽江古城是一座没有城墙的古城,城中有光滑洁净的青石板路、完全手工建造的土木结构的房屋、无处不在的小桥流水。丽江古城是一座具有浓烈人文气息的小城,明亮的阳光下,总会有步履缓慢的上了年纪的纳西老人在悠闲地踱步,他们身着载满历史的靛蓝色衣服、头戴红军时期的八角帽,对眼前身后猎奇的目光视而不见、不屑一顾。

丽江古城内的街道依山傍水修建,铺的大多是红色角砾岩,雨季不会泥泞、旱季也不会飞灰,石上花纹图案自然雅致,与整个古城环境相得益彰。位于古城中心的四方街是丽江古城的中心,位于古城与新城交界处的大水车是丽江古城的标志,古城大水车旁有一块大屏幕,每日播放的歌曲即是古城最受欢迎最有特色的歌曲,其中《纳西净地》是较为出名的歌曲之一。

(2) 申遗评价及标准

世界遗产委员会评价:"古城丽江把经济和战略重地与崎岖的地势巧妙地融合在一起,真实、完美地保存和再现了古朴的风貌。古城的建筑历经无数朝代的洗礼,饱经沧桑,它融汇了各个民族的文化特色而声名远扬。丽江还拥有古老的供水系统,这一系统纵横交错、精巧独特,至今仍有效地发挥着作用。"②它的存在为人类城市建设史的研究、人类民族发展史的研究提供了宝贵资料,是珍贵的文化遗产,是中国乃至世界的瑰宝,符合加入《世界遗产名录》理由(见图5-18)。

---

① 刘红婴.从大视角审视世界遗产城市[N].中国旅游报,2007-9-28.
② 联合国教科文组织世界遗产中心.丽江古城. http://whc.unesco.org/zh/list/811#top。

图 5-18　丽江古城

资料来源：http://www.myljgc.com/detail_other.aspx? shopid=172。

1997 年根据文化遗产遴选标准 C ⅱ、ⅳ 被列入《世界遗产名录》：

ⅱ．在一定时期内或在世界某一个文化领域内，对建筑艺术、纪念物艺术、城镇规划或景观设计方面的发展产生过重大影响；

ⅳ．可作为一种类型的建筑物、建筑群或景观的杰出范例，展示人类历史上一个或多个重要阶段的作品。

（3）丽江古城旅游发展

丽江这座古城不仅拥有着悠久的历史文化底蕴，还沉淀出了独具特色的民俗民风，随处可见的特色民居洋溢着古城独有的气息，载歌载舞的百姓们传承着丽江这座城池留存下来的艺术瑰宝，可以称得上是中国最美的古镇之一。在这里，游客们可以漫步于古街之中，遥望古桥的水中倒影，感受丽江古老的文化。

丽江古城的建筑风格充分地体现了人与自然的和谐，潺潺的玉泉河水穿流于古城之中，古色古香的民俗建筑伫立在河水的两岸，龙潭、泉水将流水的柔情展现到极致，依山而建、依水而居的民居将人与自然和谐地融合在一起。这里山水纵横、民风淳朴、古韵十足；漫步于古街深处，依稀可见涓涓细流写下的美妙篇章，河边垂柳迎风舞动，彰显着自然的活动与生机。小桥流水、碧波荡漾，船只穿行在小河之中，游客行走在河水之畔，伴随着嬉闹的孩童声和朴素的丽江古语，这座古城俨然就是一幅绝妙至极的画卷（见图 5-19）。

图 5-19　丽江古城——玉龙雪山

资料来源：http://www.myljgc.com/detail_other.aspx？shopid=150。

　　深刻久远的纳西文化在历史的潮流中沉淀下来，给丽江古城增添了一抹动人的色彩。在这里，耳畔不断传来悠扬动听的纳西古乐，在"东巴唱腔"中领略古老纳西族的东巴教法事和道场仪式，感受古代音乐文化的精髓；在《白沙细乐》中体会纳西族民间的丧葬歌舞文化，在这个被称为"活的音乐化石"的古乐中聆听 700 多年历史留给我们的故事；在"丽江洞经音乐"中回味明清时期纳西族的音乐盛会。

　　东巴文化也是丽江古城独具特色的文化瑰宝，它不仅体现了一种深刻的宗教文化，也展现出了民俗文化的内涵。例如，东巴画中有木牌画、神鬼牌、纸牌画、卷轴神像、神路图和画谱；东巴书法则具有极大的视觉审美价值；东巴雕塑包括木雕、画偶和泥塑；东巴舞蹈则是一种献祭的舞蹈。①

　　1997 年 12 月古城申报世界文化遗产成功，1999 年昆明世博会圆满举办，对丽江旅游业发展都具有里程碑的意义。2006 年 2 月省政府召开了滇西北旅游现场办公大会，提出实施"做精大理，做大丽江，做优迪庆，开发怒江"的发展思路，极大地促进了丽江旅游业的迅猛发展，旅游产业创造的各种收入已经超过其 GDP 的一半，并成为丽江经济稳定快速发展的支撑。自从 1997 年丽江古城被列入《世界遗产名录》以来，丽江先后创造了民族文化开发与市场经济对接，世界遗产保护与旅游业协调发展的丽江模式，创造了被央视等新闻媒体誉为 "2004 年中国经验"的束河古镇保护开发模式。2005 年，欧中旅游论坛上，丽江被评为"欧洲人最喜爱的旅游城市"。②

　　2. 耶路撒冷古城及其城墙

　　(1) 耶路撒冷古城概况

　　耶路撒冷吸引着来自世界各地的犹太教、基督教和穆斯林朝圣者，享有世间

---

① 丽江古城官方旅游宣传平台. http://www.ljgc.gov.cn/dbwh/index.htm。
② 李丽蓉. 浅析丽江古城旅游业发展与环境保护[J]. 当代经济,2012(2).

唯一的殊荣,犹太教徒、基督教徒和穆斯林均视其为圣城。

一年四季都有成千上万属于这三大神教之一的虔诚的朝圣者,潮水般涌向耶路撒冷,把这座圣城变成一幅色彩斑斓、汇聚了各色人等的油画作品。实际上,主要圣地都集中在旧城一个由四公里城墙围起来的相对狭小的区域内。旧城(东耶路撒冷)有四个区(犹太人区、穆斯林区、基督教徒区和亚美尼亚人区),在以色列国建立并发生第一次阿以战争的1948年到1967年六日战争被以色列占领的这段时间里,由约旦人统治。自1967年以降,则由以色列人统管朝圣过程(见图5-20)。

图5-20　耶路撒冷

资料来源:http://www.71.cn/2014/0804/776503.shtml。

(2) 申遗评价及标准

世界遗产委员会评价:"耶路撒冷作为犹太教、基督教和伊斯兰教三种宗教的圣地,具有极高的象征意义。在它的220个历史建筑物中,有著名的岩石圆顶寺,建于7世纪,外墙装饰有许多美丽的几何图案和植物图案。三大宗教都认为耶路撒冷是亚伯拉罕的殉难地。哭墙分隔出代表三种不同宗教的部分,圣墓大堂庇护着耶稣的墓地。"[①]

1981年根据文化遗产评选标准C ⅰ、ⅲ、ⅵ被列入《世界遗产名录》:

ⅰ. 代表一种独特的艺术成就,一种创造性的天才杰作;

ⅲ. 能为一种现存的或为一种已消逝的文明或文化传统提供一种独特的或至少是特殊的见证;

ⅵ. 与某些事物、现行传统、思想、信仰或文学艺术作品有着直接和实质的联系。

---

① 联合国教科文组织世界遗产中心.耶路撒冷.http://whc.unesco.org/zh/list/148#top。

（3）耶路撒冷古城旅游发展

耶路撒冷在阿拉伯语和希伯来语中都是"和平之城"的意思，但是这座古城却始终无法走向真正的和平，持续多年的巴以冲突使得耶路撒冷这座城池无时无刻不充满着紧张的气氛。耶路撒冷是一座拥有着五千年历史的古城，在大约五千年前，"耶布斯"部落从阿拉伯半岛迁徙至此，将此处命名为"耶布斯"；然而，公元前1000年左右，随着犹太国王大卫征服"耶布斯"，又将其定为犹太王国的都城，硝烟和冲突开始在这座古城的上空弥漫开来（见图5-21）。

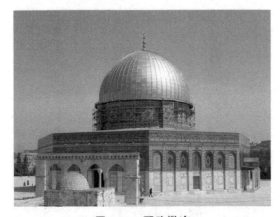

图 5-21 耶路撒冷

资料来源：http://whc.unesco.org/zh/list/148#top。

巴勒斯坦人和以色列人都居住在耶路撒冷这座古城中，持续不断的巴以冲突始终未能在历史的潮流中平静下来。第二次世界大战以后，联合国大会决议由联合国管理耶路撒冷，以制止三教的争夺战。然而，1948年—1949年，以色列占领耶路撒冷西部，建立新市区；东部的老城则由约旦占领；东西两块领域之间布满了砖墙、铁丝网和地雷。1967年，随着第三次中东战争的爆发，以色列在占领全部的耶路撒冷之后，强行拆除了东西界墙，并将阿拉伯居民驱逐出去，宣布耶路撒冷为其首都。硝烟和战争非但没有停下，反而越烧越旺，1988年11月，巴勒斯坦全国委员会第19次特别会议通过《独立宣言》，宣布耶路撒冷为新成立的巴勒斯坦国首都。[1]

国土的争端使得耶路撒冷成为一片争抢之地，而基督教、犹太教和伊斯兰教都将耶路撒冷奉为宗教圣地，也为耶路撒冷蒙上了一层更加神秘的面纱，这座五千年历史的古城，这座名为"和平之城"的圣城，终究要在国土争端和宗教争夺中走向不平凡。

耶路撒冷的哭墙是具有标志性的建筑之一，这座长约50米，高约18米的城

---

[1] 世界文化遗产——耶路撒冷古城及其城墙．http://www.71.cn/2014/0804/776503.shtml。

墙遗址,书写了精神流离的犹太民族的悲伤故事,被犹太教奉为"第一圣地",虔诚的犹太教徒们在城墙前哀哭,以表示对古神庙的哀悼,千百年来始终如此。这座城墙聆听过无数流离失所的犹太人的哭诉和祷告,见识到无数的流亡之苦。

圣城的光辉笼罩在耶路撒冷古城的天空中,络绎不绝的朝圣者也成为这里一道道亮丽的风景线,这种精神层次的追求与对宗教文化的忠诚吸引着越来越多的游客前去欣赏。宗教旅游、文化旅游、观光休闲旅游等各种专项旅游,相得益彰、日益繁荣。

3. 老挝琅勃拉邦城

(1) 琅勃拉邦城概况

古都琅勃拉邦是一个精致的古色古香的小山城,位于湄公河畔群山环抱的谷地,距离首都万象大约有 500 多公里,是老挝现存的最古老的一个城镇,距今已有一千多年的历史。经联合国专家组考察,琅勃拉邦全市有 679 座有保存价值的古老建筑物。1995 年 12 月,琅勃拉邦被联合国教科文组织列入《世界历史遗产名录》。民风纯朴,自然生态保护完好,没有过分商业化的人际关系,被公认为东南亚传统与殖民风格保存最为完好的城市,成为西方游客追求的"世外桃源"。[①]

(2) 申遗评价及标准

世界遗产委员会评价:"琅勃拉邦与众不同之处在于其城镇中传统的老挝建筑容纳于 19 世纪到 20 世纪欧洲殖民者留下的欧洲城市结构中。琅勃拉邦彻底保留其独特的城镇风貌,是两种截然不同的文化传统间相互融合的突出体现。"[②]

1995 年根据文化遗产遴选标准 C ⅱ、ⅳ、ⅴ 被列入《世界遗产名录》:

ⅱ. 在一定时期内或在世界某一个文化领域内,对建筑艺术、纪念物艺术、城镇规划或景观设计方面的发展产生过重大影响;

ⅳ. 可作为一种类型的建筑物、建筑群或景观的杰出范例,展示人类历史上一个或多个重要阶段的作品;

ⅴ. 可作为传统的人类居住地或使用地的杰出范例,代表一种或几种文化,尤其在不可逆转的变化下易损毁的地点。

(3) 琅勃拉邦旅游发展

琅勃拉邦是老挝最为赫赫有名的旅游景点,这里民风纯朴自然,有着游客喜爱的便利服务设施,却没有过度商业化,是公认的东南亚传统与殖民风格保存最

---

① 魅力之城——琅勃拉邦. 中国—东盟博览会官方网站. http://www.caexpo.org/gb/news/special/Luang_Prabang/。

② 联合国教科文组织世界遗产中心. 琅勃拉邦的古城. http://whc.unesco.org/zh/list/479#top。

为完好的城市。

这里是文明古都,也是千年佛都。琅勃拉邦是老挝佛教中心,寺庙、佛塔林立,其中被列为东南亚名寺的有香通寺、迈佛寺和维春寺等。普拉巴斯努阿佛寺有一个三米长的"佛的足迹",使得这座佛寺闻名于世。这些佛的足迹有着清晰的轮廓,装饰着各色饰品,展现着佛曾经来此讲经的传说故事。普寺山南部有一个老寺庙的复制品,1513年老寺庙建成,而此时的这座寺庙则是建于1898年,充满着中世纪寺庙的气息,珍藏着无数的艺术瑰宝。而建于1804年的瓦宗寺则位于山顶上,游客们必须要爬过328级阶梯才能在山顶上感受寺庙的威严和庄重。① 居民笃信佛教,是名副其实的佛都,是佛教旅游的好去处。

老挝国家博物馆也是琅勃拉邦十分著名的建筑物,这座博物馆始建于1904年,具有独特的艺术风格(见图5-22)。在这座博物馆中,游客们可以见到澜沧王国的遗迹,可以感受金碧辉煌的皇宫建筑,体会光彩夺目的艺术气息,品味古雅华贵的装饰品,欣赏老挝最后一代国王行宫的绮丽。②

图 5-22 琅勃拉邦——王宫博物馆

资料来源:http://whc.unesco.org/zh/list/479#top。

1995年联合国将琅勃拉邦列为世界文化遗产,从此琅勃拉邦这座古城的命运发生转折,它不再轻易地宁静和残旧下去,如今这里已经成为老挝的旅游胜地,据统计,每个月进入琅勃拉邦的入境游客就高达20万—30万人次。

---

① 琅勃拉邦古城[J].风景名胜,2004(9).
② 魅力之城——琅勃拉邦.中国—东盟博览会官方网站.http://www.caexpo.org/gb/news/special/Luang_Prabang/。

5.2.3 阿拉伯国家古城旅游发展

1. 叙利亚大马士革古城

（1）大马士革古城概况

大马士革古城建于公元前 3000 年,是中东地区最古老的城市之一。中世纪时期,大马士革是繁荣的手工业中心,专门于刀剑和饰带的制作。在它源于不同历史时期的 125 个纪念性建筑物中,以公元 8 世纪即倭马亚王朝哈里发时期的大清真寺最为壮观(见图 5-23)。

图 5-23　大马士革古城

资料来源:http://whc.unesco.org/zh/list/20#top。

大马士革位于叙利亚西南部,黎巴嫩山东麓,雄伟的卡辛山下,又处在巴拉达河和阿瓦什河的汇流处。1946 年,叙利亚独立,大马士革被定为叙利亚首都。大马士革素有"古迹之城"之称,是阿拉伯世界古文物的荟萃之地。这里的名胜古迹集中在市内的老城区,主要古迹都在直街及其附近一带。这些建筑富丽堂皇,庄严壮丽,都可堪称为建筑史上的奇葩。

（2）申遗评价及标准

世界遗产委员会评价:"建于公元前 3 世纪,是中东地区最古老的城市之一。中世纪时期,大马士革是繁荣的手工业区(刀剑和饰带)。在它源于不同历史时期的 125 个纪念性建筑物中,以 8 世纪的大清真寺最为壮观。"[①]

1979 年根据文化遗产遴选标准 c ⅰ、ⅱ、ⅲ、ⅳ、ⅵ被列入《世界遗产名录》:

ⅰ. 代表一种独特的艺术成就,一种创造性的天才杰作;

---

① 联合国教科文组织世界遗产中心. 大马士革古城. http://whc.unesco.org/zh/list/20#top。

ⅱ. 在一定时期内或在世界某一个文化领域内，对建筑艺术、纪念物艺术、城镇规划或景观设计方面的发展产生过重大影响；

ⅲ. 能为一种现存的或为一种已消逝的文明或文化传统提供一种独特的或至少是特殊的见证；

ⅳ. 可作为一种类型的建筑物、建筑群或景观的杰出范例，展示人类历史上一个或多个重要阶段的作品；

ⅵ. 与某些事物、现行传统、思想、信仰或文学艺术作品有着直接和实质的联系。

（3）大马士革古城旅游发展

大马士革曾获得许多赞誉之辞，如"园林之城""诗歌之城""清真寺之城"等，古往今来一直是人们所向往的地方（见图5-24）。

图5-24　大马士革——清真寺

资料来源：http://www.71.cn/2014/0609/762962.shtml。

旧城区至今还保存着古罗马和阿拉伯帝国时期的许多名胜古迹，堪称"古迹之城"。纵贯古城东西的直街在古罗马时代就是全城的主街，现存的主要古迹都在这条大街上及其附近。其中有始建于公元705年著名的倭马亚大清真寺，这是伊斯兰最为神圣的地方，也是世界上最古老而又富丽堂皇的清真寺之一；在这座清真寺的附近，则有一个久负盛名的陵墓和遗迹，这是一座罗马神话中主神朱庇特的神庙遗迹，另外还有阿拉伯民族英雄萨拉丁的陵墓。[①]

除此之外，大马士革还有众多引人入胜的景点。中世纪时代的凯桑门；公元

---

① 世界文化遗产——大马士革古城. http://www.71.cn/2014/0609/762962.shtml。

11世纪建成的古城堡,是这座历史名城的骄傲;古城的阿兹姆宫,是18世纪初阿拔斯王朝建筑的华丽宫殿;古城的哈马迪市场旁边,有一座四合院式木石结构的房屋,是古代"丝绸驿站"的遗迹。在大马士革城还有历史上各个时期建成的许多清真寺,这些清真寺都体现了伊斯兰的传统,代表了伊斯兰各个时期的艺术风貌。

漫步在大马士革宽阔笔直的大街上,游客们可以看到各色雅致的别墅,现代化的体育城、大学城、博物馆、政府大楼、医院、银行、影戏院等景观,在挺拔青葱的树木之下,感受城市的现代化气息,在舒适的街心公园里享受生活的乐趣。这座古老城市里加入的现代化元素,让这座城市更加淡雅迷人。仿佛是置身于《一千零一夜》的故事里,听着首饰作坊店里传来的阵阵敲打声,穿梭在熙熙攘攘的人群中,感受街边巷口的热闹氛围,吃一口街边小摊上的特色小吃。当夕阳西下的时候,整座城市在夕阳余晖的映照下唱出了祈祷的歌声,呈现出一片欣欣向荣、醉人心魄的景象(见图5-25)。

图5-25　大马士革——街道

资料来源:http://www.71.cn/2014/0609/762962.shtml。

2. 也门萨那古城

(1) 萨那概况

萨那古城,位于也门首都萨那的东部,坐落在也门共和国西部海拔为2 350米的高原盆地中。同时又地处穿越也门山脉的主要交通线上,与非洲之角遥相呼应。红海与印度洋在此处汇聚在一起,这一区域是古代阿拉伯人生活的心脏地区。这里气候宜人、四季如春,素有"阿拉伯明珠"、"春城"的美称。萨那古城是伊斯兰阿拉伯建筑风格的典型代表,且整个古城内的建筑都保存得完好无损,整座古城看上去宛如雕塑和绘画作品一样美丽,风韵无限。萨那城位于阿拉伯半岛西南端,遗址公元2世纪就已存在,历史上的萨那古城是宗教和贸易中心,现为也门的首都(见图 5-26)。

图 5-26　萨那古城

资料来源:http://www.71.cn/2014/0804/776547.shtml。

(2) 申遗评价及标准

世界遗产委员会评价:"萨那位于海拔 2 200 米的山谷里,当地居民已居住了 2 500 余年。在 7 世纪和 8 世纪期间,此城变成了伊斯兰教的重要传播中心。其中的政治和文化遗产包括 106 座清真寺、12 座哈玛姆寺和 6 500 间会所,全部建于 11 世纪前。萨那城的多层塔和庙增添了景点的美丽。"[①]

1986 年根据世界文化遗产遴选标准 C ⅳ、ⅴ、ⅵ被列入《世界遗产名录》:

ⅳ. 可作为一种类型的建筑物、建筑群或景观的杰出范例,展示人类历史上一个或多个重要阶段的作品;

ⅴ. 可作为传统的人类居住地或使用地的杰出范例,代表一种或几种文化,尤其在不可逆转的变化下易损毁的地点;

ⅵ. 与某些事物、现行传统、思想、信仰或文学艺术作品有着直接和实质的联系。

(3) 萨那旅游发展

据联合国教科文组织统计,古城内风格独特的建筑瑰宝众多,有 106 座清真寺、12 座土耳其浴室和 6 500 座古代民居,所有建筑均建于 11 世纪之前。

古代诗人曾把萨那比喻为"阿拉伯的明珠",由于这里气候宜人,终年鲜花怒放,绿草如茵,又被人们称为"春城",每年来自世界各地的观光游客不计其数。在阿拉伯人中素有"途程虽远,必到萨那"之说,现在许多人称萨那为"也门

---

① 联合国教科文组织世界遗产中心. 萨那古城. http://whc.unesco.org/zh/list/385#top。

之门"。

萨那古城中有号称世界第一座摩天大楼的加姆达尼宫,这座宫殿始建于两千多年前,共20层,高约100米,呈正方形,白、黄、红、黑是这座宫殿的主要颜色基调,宫顶则是一块透明的云母片①,游客们置身其中,可以仰望到天空中的繁星和明月,欣赏彩云变幻。

萨那古城有着独特的风土人情和传统文化,是也门古代文明的发源地。萨那人至今还保持着古老的传统装束,男人用方头巾包头或戴着伊斯兰小花帽,上身着西服,下穿围裙。男孩一般到了15岁开始佩带腰刀。而自由集市上琳琅满目的商品体现着阿拉伯特有的风格(见图5-27)。

图 5-27　萨那古城——自由市场
资料来源:http://www.71.cn/2014/0804/776547.shtml。

拥有着六百多年历史的萨那歌曲是独特的传统文化,表演者要在乌得琴伴奏下独唱,联合国教科文组织与也门音乐遗产中心合作发起了收录也门古老民乐的行动,目前,遗产中心已经收录了近300首歌曲。

5.2.4　北美洲和欧洲古城旅游发展

1. 加拿大魁北克古城区

(1) 魁北克概况

魁北克市是魁北克省的首府,也是加拿大内法兰西文化的发祥地。位于圣劳伦斯河沿岸,城市建在狭长的高地上,扼守进入北美大陆的门户,固有"北美直布罗陀"之誉。

魁北克历史遗迹区差不多有一半的建筑是建于1850年之前的。魁北克市

---

① 世界文化遗产——萨那古城. http://www.71.cn/2014/0804/776547.shtml。

原为印第安人居留地,1680年法国人建立永久居留地,1832年建市。魁北克市是一个加拿大的历史名城,市区风景如画,处处保留着浓厚的法国色彩。尽管今天这座城市已经发展为一个有60万人口的大都市,但这块面积135公顷(占城市面积的百分之五)的历史遗迹区却幸运地被完整地保存了下来(见图5-28)。

图 5-28 魁北克古城

资料来源:http://www.71.cn/2014/0508/745344.shtml。

(2) 申遗评价及标准

世界遗产委员会评价:"魁北克城是由法国探险家尚普伦(Champlain)在17世纪早期修建的,是北美唯一保存有城墙以及大量的堡垒、城门、防御工事的城市,这些工程至今仍环绕着魁北克古城。上城区建立在悬崖上,至今仍然是宗教和行政中心。城区内有教堂、女修道院和一些建筑物,如王妃城堡、要塞和弗隆特纳克堡(Dauphine Redoubt)。上城区、下城区和老城区一起构成了城市的整体,这是具有最完备防御系统的殖民城市之一。"①

1985年根据世界文化遗产遴选标准 C ⅳ、ⅵ被列入《世界遗产名录》:

ⅳ. 可作为一种类型的建筑物、建筑群或景观的杰出范例,展示人类历史上一个或多个重要阶段的作品;

ⅵ. 与某些事物、现行传统、思想、信仰或文学艺术作品有着直接和实质的联系。

(3) 魁北克旅游发展

魁北克要塞是北美大陆上最著名的要塞,历来被认为是加拿大的战略要地。19世纪20年代,当时魁北克是加拿大主要港口,英国军队在海角的山上建立起坚固的军营并且在上城周围建起了城墙。19世纪70年代,地方长官杜弗林爵士在一项关于保持城市传统的提案中建议市政府,尽管城墙和要塞已经丧失防

---

① 联合国教科文组织世界遗产中心. 魁北克古城区. http://whc.unesco.org/zh/list/300#top。

御价值也不要拆毁它们,从而确立了历史遗迹区的地位,并且为旧魁北克创造了开发旅游业潜力①(见图 5-29)。

图 5-29　魁北克古城俯瞰图

资料来源:http://www.71.cn/2014/0508/745344.shtml。

　　魁北克古城是在 17 世纪初由法国探险家桑普兰所成立的。魁北克为目前北美地区唯一留有城墙堡垒的城市,古城周围仍可见到旧时的棱堡、闸门与防御工事。建于悬崖上的上城区始终是魁北克宗教与行政的中心,拥有许多教堂、修道院及著名的历史建筑,包括芳提娜城堡、星形城堡要塞等。上城区与下城区偕同其他古老区域,散发出殖民时期特有的法式风情,也是殖民地堡垒城市的绝佳代表。

　　魁北克这座具有浓郁的法兰西风味的文化名城,有着悠久的历史和丰富的旅游资源。用鹅卵石铺成的魁北克街道别有一番风味,街道旁始建于 17 世纪的古老教堂和城堡,仿佛将游客带回中世纪的古堡之中,国家战场公园、兵器广场、天主教堂主堂、小香兰区等旅游胜地的游客络绎不绝。

　　每年 10 月,魁北克仿佛被染红一般地焕发出绚烂的光彩,山川大地层林尽染,赤红、紫红、粉红、橙红……果园里挂满了红灿灿的苹果,为魁北克的秋天抹上了浓厚的一笔炽烈的红。秋色正浓的 10 月,也正是加拿大的感恩节,居民们坐在家中吃完火鸡大餐后,便可置身红色的大自然之中,感受人与自然的和谐;游客们也可在野外赏枫,在果园中采摘苹果,感受田园生活的美好。

2. 德国汉萨同盟城市吕贝克

(1) 吕贝克概况

　　吕贝克,汉萨同盟(the Hanseatic League)的前首都和皇后城,建于公元 12 世纪,作为北欧的重要商业中心曾一度繁荣,直到 16 世纪。今天,这里仍是海上商贸中心(尤其是与北欧国家的海上贸易)。尽管在第二次世界大战中受到

---

① 世界文化遗产——魁北克古城区. http://www.71.cn/2014/0508/745344.shtml。

了一定的损毁,这座老城的基本城市结构还是保留了下来,这点从 15—16 世纪建造的贵族居所、历史古迹(如著名的豪斯顿砖门)、教堂和盐场等都能够看出来(见图 5-30)。

图 5-30　吕贝克——豪斯顿砖门

资料来源:http://whc.unesco.org/zh/list/272#top。

(2) 申遗评价及标准

世界遗产委员会评价:"建立于 12 世纪,作为汉萨同盟的前首都,直到 16 世纪才成为北欧的重要商业中心。到今天它仍是海上商贸中心,尤其在北欧国家之间。除去第二次世界大战中所受的损毁,这座老城结构的大部分是由 15—16 世纪的贵族居所、一些古迹、教堂和盐场组成,它们至今仍保持完好无缺。"[①]

1987 年根据世界文化遗产遴选标准 C iv 被列入《世界遗产名录》:

ⅳ. 可作为一种类型的建筑物、建筑群或景观的杰出范例,展示人类历史上一个或多个重要阶段的作品。

(3) 吕贝克旅游发展

1987 年,"汉萨同盟城市吕贝克"被联合国教科文组织列为世界文化遗产,是欧洲北部第一个被列入世界文化遗产的城市。历史上,这个古城是"汉萨同盟"的倡导者之一。古城内至今仍保存着大量中世纪的古迹,对于研究吕贝克的历史有极高的价值。

上百年来,吕贝克这座城市一直就是自由、公正和富裕的象征。直到今天,我们依然能够从具有哥特、文艺复兴、巴洛克和古典主义等丰富元素的文物古迹、小巷和街道、教堂和修道院、市民住宅以及手工作坊和防御工事中一窥吕贝克辉煌的过去。老城区四面环水,其中的五座主教堂及其七座塔楼见证了吕贝

---

① 联合国教科文组织世界遗产中心. 吕贝克的汉西迪克城. http://whc.unesco.org/zh/list/272#top。

克一千多年的风云岁月,并且作为砖砌哥特式建筑风格的杰出范例被联合国教科文组织列入《世界遗产名录》。砖砌哥特式建筑还包括市政厅周围的建筑群、城堡修道院、圣彼得教堂和大教堂之间的贵族宅邸、特拉沃河左岸的盐行,当然还有城市的标志荷尔斯滕门,它同时也是一座供游人亲身体验和感受的博物馆。[①]

海港巡游是吕贝克不容错过的游览项目,而纪念三位伟大的吕贝克之子,即诺贝尔奖获得者托马斯曼、维利勃兰特和君特格拉斯的市民住宅同样值得一游。城门前一年一度的特拉沃明德周,是一流的帆船运动盛会,同时也是一个极受欢迎的民间节日。

在吕贝克的夜里,泡吧当然是必不可少的节目:夜幕降临后,众多酒馆、餐厅、酒吧、俱乐部和迪厅灯火通明,夜生活丰富多彩。

5.2.5 拉丁美洲和加勒比地区古城旅游发展

1. 厄瓜多尔基多城

(1) 基多城概况

基多古城是厄瓜多尔的首都。早在三千多年前,古代部族就在此聚居。在1978年,基多古城就被联合国列为人类世界文化遗产。今天,基多古城的面积只有二十八万三千多平方公里,但它却是南美文明的摇篮。

今天的基多古城是西班牙人入侵后,在一片废墟上建立起来的,全城拥有建造于不同时期的特色教堂87座之多,18世纪初,基多古城已成为西班牙在南美洲传播宗教的中心和基地(见图5-31)。

图 5-31 基多古城

资料来源:http://whc.unesco.org/zh/list/2#top。

---

① 汉萨同盟城市吕贝克.德国国家旅游局官方网站. http://www.germany.travel/cn/towns-cities-culture/unesco-world-heritage/hanseatic-town-of-luebeck.html。

基多古城中最古老的一座教堂是圣弗朗西斯科教堂,它建于1534年,是基多古城最大的殖民建筑,各种艺术珍品珍藏在教堂中。在基多古城中,历史在二三百年以上的建筑比比皆是,这些保存完好的城市建筑,使基多古城成为一座活生生的历史化石。

(2) 申遗评价

世界遗产中心评价:"厄瓜多尔的首都基多城海拔2 850米,是在16世纪一个印加城市的废墟上建立起来的。尽管历经了1917年的地震,基多仍然是拉丁美洲保存最好、变化最小的历史中心。圣弗朗西斯修道院和圣多明各修道院,拉孔帕尼亚的教堂和耶稣会学院,连同这些建筑华丽的内部装饰都成为'基多巴洛克风格'的纯正典范,完美地融合了西班牙、意大利、摩尔人式、佛兰德和当地艺术。"①

1979年,基多古城被联合国教科文组织列入《世界文化与自然遗产保护名录》。

(3) 基多城旅游发展

基多是西半球最美丽的城市之一,也是厄瓜多尔的一座历史名城。基多城附近有印加帝国金字塔遗址,还有圣罗克和圣弗朗西斯科教堂、孔帕尼亚耶稣大教堂、皇家会客楼、施恩会、圣母堂等,都是基多第一类文物保护建筑。这些建筑集中反映了基多古代和16世纪至17世纪的艺术成就。圣弗朗西斯科教堂被视为巴洛克式建筑风格的杰作,是西班牙美洲宗教建筑的典范之一,它由一座大教堂、几座小教堂和众多的回廊组成。教堂内珍藏着印第安人、西班牙人的绘画和雕塑名作。孔帕尼亚耶稣大教堂建于1722—1765年,教堂正面拱形大门上、四周墙壁以及天花板上镶嵌有精美的金叶图案,富有珍贵的历史文化价值(见图5-32)。

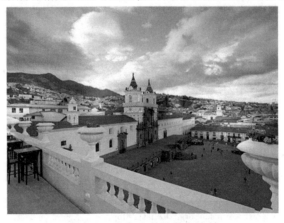

图 5-32　古色古香的基多古镇

资料来源:http://www.71.cn/2014/0609/763964.shtml。

---

① 联合国教科文组织世界遗产中心. 基多旧城. http://whc.unesco.org/zh/list/2#top。

因为城里遗留着许多著名的历史建筑,而被誉为"安第斯大博物馆"。这里的教堂、修道院、赤道纪念碑不管是在建筑上,还是在美学史上都具有较高价值。在厄瓜多尔首都基多以北27公里的赤道线上,矗立着1982年8月9日建成的赤道纪念碑,联合国教科文组织确认这里是世界上位置最准确的赤道标记。

2. 秘鲁科斯科城

(1) 科斯科城概况

科斯科城位于秘鲁东南部的库斯科省,是古印加文化的摇篮,因保存有大量的印加古迹和许多巴洛克式建筑而闻名于世。位于秘鲁南部比尔加诺塔河上游、安第斯山高原盆地,海拔3 410米。公元1200年前后,印加部落首领曼科·卡帕克将部落从的喀喀湖迁至库斯科,建成雄伟华丽的那斯科城,并以此为中心,建立了庞大的印加帝国,创造了印加文化,使之达到南美大陆印第安文明的最高峰。1532年西班牙殖民者入侵,库斯科城成为西班牙殖民地,遭到严重破坏,但城内还有一些印加帝国时代的街道、宫殿、庙宇和房屋保留至今。几世纪以来,西班牙人又在这里兴建了大批建筑,把两种建筑风格融合起来,形成西班牙—印加的独特建筑风格。

(2) 申遗评价及标准

世界遗产中心描述:"科斯科古城位于秘鲁的安第斯山脉,在印加统治者帕查库蒂之下发展成为一个复杂的城市中心,具有独特的宗教和行政职能。古城的四周是清晰可见的农业、手工业和工业区。当16世纪西班牙人占领这块土地时,入侵者保留了原有建筑,但同时又在这衰落的印第安城内建造了巴洛克风格的教堂和宫殿。"[①]

1983年,科斯科城已被联合国列为世界文化和自然遗产:

ⅲ. 呈现有关现存或者已经消失的文化传统、文明的独特或稀有的证据;

ⅳ. 可作为一种类型的建筑物、建筑群或景观的杰出范例,展示人类历史上一个或多个重要阶段的作品。

(3) 科斯科城旅游发展

秘鲁南部著名古城,古印加帝国首都,现为科斯科省省会。城中精美的石砌墙垣和太阳庙遗址等古印加文明的痕迹比比皆是。科斯科位于海拔3 410米的安第斯山高原盆地,秘鲁人称其为"安第斯山王冠上的明珠"和"古印加文化的摇篮"。科斯科城已被联合国列为世界文化和自然遗产。科斯科城气候凉爽,年平均气温12.8 ℃,年均降水量813毫米。降雨量较少的6至8月是旅游的旺季。

---

① 联合国教科文组织世界遗产中心.科斯科古城. http://whc.unesco.org/zh/list/273#top。

印加帝国统治下的科斯科城,其建筑风格仍然留存着殖民者的气息,这座历史悠久的古城,用一座巨大的石头装饰着外部与广场的接壤处。游客置身其中,可以感受到狭窄的石板街道带来的古老气息,欣赏到泥瓦建筑和新建筑结构融合的特色房屋。游走在巴洛克和混血人种的教堂,看圆屋顶上环绕的蓝天白云、聆听城市广场上孩童妇女的欢声笑语,抑或是眺望远方白色外墙的低矮民居。

距离科斯科城1.5公里处的古堡举世闻名,这座举行"太阳祭"的萨科萨曼圆形古堡,是古代印第安人最伟大的工程之一。相传这座小山坡上的圆形古堡始建于15世纪70年代,历时50多年,巨石造就了这座巨大的建筑群,古堡下层还有着长达800米的石板,塔楼内的温泉为其增添了一抹柔和的气息。这座宏伟壮观的建筑群是印加帝国强大的象征,是建筑艺术的历史瑰宝,是美洲印第安人最伟大的古建筑之一。

5.3　特殊城市和城区遗产旅游发展

5.3.1　概述

特殊城市和城区遗产主要是城市里的一些部分或孤立的单元,尽管是残存物,但足以证明历史城市的整体特色,能够诠释历史城市曾经的辉煌。这一类城市遗产以佛教圣地斯里兰卡康提圣城、非斯旧城伊斯兰区和德国维尔茨堡宫为例。对于这一类城市遗产而言,要坚定地保持自身的文化特质,又要将普世的价值充分呈现出来。

5.3.2　亚洲及太平洋地区特殊城市旅游发展

1. 斯里兰卡康提圣城

圣城康提位于斯里兰卡中央省,距首都科伦坡东北120公里。1988年联合国教科文组织将圣城康提作为文化遗产,列入《世界遗产名录》。

(1) 康提圣城概况

康提位于斯里兰卡中部山区,在首都科伦坡东北方115公里处。由于圣城中大部分建筑具有重要的历史意义,因此已被宣布为考古遗址加以保护。整个圣城由于是在斯里兰卡历史上有重要地位而被确定为圣地。

康提圣城原称"桑卡达加拉普拉",是国王维克拉玛巴胡于1357—1374年建造的。16世纪,当葡萄牙人占领锡兰南部大片国土后,当时康提王朝的统治者便撤退到中部地区。1592年康提被定为王国首都,这一直延续到19世纪的辛哈莱斯王国。19世纪初,动工将宫殿南面山下的一片稻田挖成巨大的人工湖——康提湖,湖边种上热带树木花草,并修筑一条平坦的环湖大道。直到1815 年,英国占领了锡兰全部国土,结束了康提王朝的统治,康提才结束了作为首都的历史。该城保存了大批的建筑文化遗迹,并展示了长达两千年的斯里兰卡建筑艺术发展的历史。①

(2)申遗评价及标准

世界遗产委员会评价:"康提古城是一个闻名遐迩的佛教圣地,这里曾是孕育了长达两千五百多年文化的辛哈拉王朝末期时的首府,1815 年时,由于英国人的入侵,辛哈拉王朝灭亡。康提古城的佛牙寺里收藏有佛祖的圣牙,是著名的佛教朝圣圣地。"②

1988 年根据文化遗产遴选标准 Cⅳ、ⅵ被列入《世界遗产名录》:

ⅳ.可作为一种类型的建筑物、建筑群或景观的杰出范例,展示人类历史上一个或多个重要阶段的作品;

ⅵ.与某些事物、现行传统、思想、信仰或文学艺术作品有着直接和实质的联系。

(3)康提圣城旅游发展

圣城康提曾是斯里兰卡的首都,大部分建筑在斯里兰卡历史上具有重要意义,佛寺建筑尤为重要,其中的佛牙寺珍藏着佛舍利,是朝拜佛牙的著名圣地(见图 5-33)。

图 5-33 康提圣城

资料来源:http://whc.unesco.org/zh/list/450#top。

康提圣城建筑群中最重要的是存放佛祖释迦牟尼牙骨的佛殿。佛牙寺紧邻王宫,建在长方形花岗石基上;寺为二层,奶白色的墙体,红瓦大檐顶,庄严肃穆。

---

① 世界自然和文化遗产.中国网.http://www.china.com.cn/zhuanti2005/txt/2003-09/18/content_5407012.htm。

② 联合国教科文组织世界遗产中心.康提圣城.http://whc.unesco.org/zh/list/450#top。

佛教徒们认为,佛牙帮助释迦牟尼传教,因此其他庙宇保存的舍利都无法与之相比,佛牙寺是佛教世界最神圣的殿堂。在康提圣城还有另一处称为阿斯吉阿的精舍群,也具有很高的艺术价值。遗址中的玛尔瓦特精舍群是斯里兰卡最大的经学院,被称为普什帕拉玛,是佛教徒修行、研经和居住之所。因此这里也称得上是宗教旅游的圣地。

每年一度的佛牙节,是世界上最丰富多彩的活动之一。当佛牙节来临时,大约100头大象身着华丽的服装,和1000多名舞蹈演员、鼓手和绅士们一起,在身穿古老的康提宫廷服饰佛牙寺首席监护人、寺庙主持以及其他参加巡游的重要官员带领下沿街巡游;手持矛、盾的武士们簇拥着前行,游客们还可以见到寺庙的高僧,可以向大象首领待的神殿里的小盒致意。佛牙节的游行进行7天,一直到8月的满月为止。

风景如画的康提湖是康提具有特色的景点之一,其象征意义就好比西湖之于杭州。鸟儿站在湖中的树杈上歌唱,为平静的湖面平添了一抹生机和活力;湖中的喷泉又为其增添了一丝活泼与趣味。清澈的湖水波澜不惊,湖畔的佛牙寺庄严肃穆,两岸的花草争奇斗艳,是康提圣城旅游不得不去的景点。

康提建筑具有自己的鲜明特色,形式单纯简朴,但装饰极为丰富华丽,地方风格浓郁。康提圣城自14世纪创建,至1815年英国人入侵,前后延续了5个世纪之久,积淀了人类在城市规划、建筑、雕刻、绘画,以及音乐、舞蹈诸方面的才智,因而被视作重要的文化遗产,可以让全世界的游客们感受到历史留给这座特殊城市的艺术和文化瑰宝。

2. 尼泊尔加德满都谷地

加德满都谷地位于亚洲腹地的尼泊尔。这里自古就是尼泊尔的政治文化中心,也是古代文明交流要冲。有超过130处文化遗址,包括多处印度教和佛教圣地。谷地中主要有三座曾经的王城:加德满都、帕坦和巴克塔普尔,代表了尼泊尔文化艺术的最高成就。

(1) 加德满都谷地概况

印度教、佛教、喇嘛教三教汇聚于此,城内修建有大量的寺庙和佛塔。寺庙有2 700多座,形成了寺庙多于住宅、佛像多于居民的独特景观,有"寺庙之城"的称号。加德满都城内的斯瓦扬布佛塔(位于加德满都城西)有两千五百年的历史,是典型的佛塔建筑代表。塔的基座有5层,每一层形状不同,象征着"地、风、水、火"和"生命精华"。基座之上是13层镏金尖塔,象征知识的13个层次。金色宝顶高耸入云,塔顶伞盖象征着"涅槃"的境界。佛塔周围建有方形坛和众多的小祭台,加德满都城因众多的寺庙和佛像而闻名于世(见图5-34)。

1979年这里被列为世界遗产;在被登录为世界遗产24年后,2003年加德满都谷地被列入濒危世界遗产名录。加德满都谷地文化遗产有七组历史遗址和建筑群,全面反映了加德满都谷地闻名于世的历史和艺术成就。七组历史遗址包括加德满都、帕坦、巴德冈王宫广场、斯瓦亚姆布、博德纳特佛教圣庙、伯舒伯蒂和钱古·纳拉扬印度神庙。

（2）申遗评价及标准

世界遗产委员会评价："在伟大的亚洲文化的交汇点,在加德满都、帕坦和巴德冈建有七座印度教和佛教的纪念馆,还有三处王室的宫殿和住宅区,这些足以证明尼泊尔人的艺术水平很高。在130座纪念馆中包括朝圣中心、寺庙、圣祠、洗浴场所和公园——所有这些朝圣之地都由宗教团体建成。"①

1979年根据文化遗产遴选标准Cⅲ、ⅳ、ⅵ被列入《世界遗产名录》：

ⅲ．能为一种已消逝的文明或文化传统提供一种独特的至少是特殊的见证；

图5-34　加德满谷地——斯瓦扬布佛塔

资料来源：http://whc.unesco.org/zh/list/121#top。

ⅳ．可作为一种类型的建筑物、建筑群或景观的杰出范例,展示人类历史上一个或多个重要阶段的作品；

ⅵ．与某些事物、现行传统、思想、信仰或文学艺术作品有着直接和实质的联系。

（3）加德满都谷地旅游发展

1973年由中国援建的普里斯维公路的通车使得这个河谷地区日渐繁荣,这里已成为尼泊尔著名的旅游区。

加德满都市内名胜古迹众多,如故宫哈努曼多卡宫、新宫纳拉扬希蒂宫、中央政府大厦、狮宫、比姆森塔、烈士纪念碑等。城内印度教、佛教寺院更是比比皆是,形成庙宇多如住宅、佛像多如居民的景象,如古赫什瓦里庙、贾格纳特寺、太后庙、湿婆神庙、塔莱珠女神庙、三界魔力寺、湿婆帕尔瓦蒂庙、文艺女神庙、黑天神庙、斯瓦扬布佛塔等,有的雕梁画栋、金碧辉煌,有的造型典雅、布局严谨,有的以庙前镏金铜狮驰名,有的以庙内精美的木刻神像著称。加德满都城内的庙宇、佛堂、经塔、神像等富有珍贵的历史文化价值,文物种类繁多,难以准确数计,1980年被联合国教科文组织列入亚洲重点保护的18座古城之列。

---

① 联合国教科文组织世界遗产中心.加德满都谷地. http://whc.unesco.org/zh/list/121#top。

巴山塔布广场上陈列着各色的尼泊尔手工艺品,和附近的建筑景观共同构成了具有地方特色的风光。城镇中小巧的红瓦砖房让加德满都看起来好似一座遗世独立的城市,而城镇边缘却又弥漫了一股浓厚的乡野气息。位于巴克塔布的杜儿巴广场,是15世纪以后的城市核心,广场上部分建筑古迹于1934年毁于大地震,如今看到的建筑部分是重修后恢复的;杜儿巴广场上的皇宫寺庙,是1991年联合国教科文组织拨款整修的传统建筑,展现了高超的泥瓦技艺,堪称中古世纪的建筑橱窗;游客们可以欣赏到精彩的木雕和富有阳刚之美的石刻,还可以感受到独具特色的风俗民情。

在这里,你完全可以把自己抛入到古老的历史中间去,去感受宗教文化的魅力,去品味印度教、佛教、喇叭教三教协调并存的韵味。

5.3.3 非洲特殊城市旅游发展

案 例

非斯旧城伊斯兰区

摩洛哥非斯旧城伊斯兰聚居区文化遗产,1981年列入《世界遗产名录》。非斯旧城伊斯兰聚居区位于摩洛哥北部城市非斯的市中心,是古代地中海一带伊斯兰中心城市之一。

(1) 非斯旧城伊斯兰区概况

非斯旧城伊斯兰聚居区位于摩洛哥北部城市非斯的市中心,为穆斯林宗教文化中心城市之一。它始建于790年伊得里斯一世在位时,808年续建。非斯旧城以精湛的伊斯兰建筑艺术闻名于世,城中居民至今还保持着中世纪的传统风俗和生活方式。

非斯旧城是伊斯兰教圣城之一,它以精湛的伊斯兰建筑艺术闻名于世,城中居民至今还保持着中世纪的传统风俗和生活方式。自高处俯览,但见非斯的麦地那(即北非城市中常见的阿拉伯人聚居区)茫茫一大片白色小屋,鳞次栉比,绵延不绝,其中有许多幢建筑蔚为壮观。游览麦地那就好像去探险迷宫,一个有着熙来攘往、热闹繁忙的街巷的迷宫,这里是步行人、小摊贩、手艺人和毛驴子的天下(见图5-35)。

(2) 申遗评价及标准

非斯城建于9世纪,那里有世界上最早建立的大学。在13世纪至14世纪时,非斯代替马拉柯什成为马里尼德王国的首都,从而达到了它的鼎盛时期。聚居区中的城市建筑和主要遗迹都可以追溯到那个时期,其中包括伊斯兰学校、集市、宫殿、民居、清真寺、喷泉等。尽管国家的政治首都于1912年迁到了拉巴特,

图 5-35 非斯的阿拉伯人聚居区

资料来源:http://whc.unesco.org/zh/list/170#top。

但非斯仍然是最主要的文化中心和宗教中心。①

1981年根据文化遗产遴选标准 Cⅱ、ⅴ被列入《世界遗产名录》:

ⅱ. 在一定时期内或在世界某一个文化领域内,对建筑艺术、纪念物艺术、城镇规划或景观设计方面的发展产生过重大影响;

ⅴ. 可作为传统的人类居住地或使用地的杰出范例,代表一种或几种文化,尤其在不可逆转的变化下易损毁的地点。

（3）非斯旧城伊斯兰区旅游发展

在经历了岁月的沧桑之后,非斯的各种建筑还是遭到了不同程度的毁坏。在被列入《世界遗产名录》后,摩洛哥和教科文组织最终拟订了全面修复古城的计划。该工程实际起步于1989年。在进行了总体可行性研究之后,摩洛哥政府组建了负责实施和协调这项援救计划的机构,整修的项目包括大约50处最古老和最有意义的纪念性建筑。

这里的主要遗迹丰富多样,对于游客具有极大的吸引力。这里有城墙、城堡、门楼、要塞、桥梁等军事防御工程,有清真寺、礼拜堂、伊斯兰高等学府、装饰性雕刻群等宗教建筑、宫殿,有大理石、陶瓷装饰的住宅等宽大的府邸,还有伊斯兰思想及科学传播中心以及最古老制作技术的手工艺作坊。这都为其旅游业的发展起到了极大的促进作用,但是与此同时,随之而来的对人文资源、历史遗迹的破坏也制约着非斯旧城旅游业的可持续发展。为了解决非斯旧城的这一危机,摩洛哥政府与联合国教科文组织为修复古城做出了巨大的努力,这也为其旅

---

① 联合国教科文组织世界遗产中心. 非斯的阿拉伯人聚居区. http://whc.unesco.org/zh/list/170#top。

游业的进一步发展奠定了基础。

5.3.4 欧洲和北美洲特殊城市旅游发展

案例

德国维尔茨堡宫、宫廷花园和广场

维尔茨堡宫建于18世纪,周围有绚丽多彩的花园。这所华丽的巴洛克式宫殿,当时是维尔茨堡主教兼大公的府邸,是德国境内最大、最美丽的宫殿之一。

(1) 维尔茨堡宫、宫廷花园概况

维尔茨堡宫、宫廷花园和广场位于法兰克福和纽伦堡之间的河谷盆地里,四周山峦起伏。维尔茨堡城是座千年古城,最初的宗教中心,随着时间的流逝,逐渐发展成为繁荣的手工业城市。自1803年以来一直处在巴伐利亚州的管辖之下,它以和谐的对称之美而著称,是德国南部巴洛克时期最为宏伟精美的建筑。凡到过这里的人,无不为它气势恢宏的设计所深深地感染和震撼。主教宫殿前面饰以浅黄色的沙石;站在排列整齐的、豪华的房间里,美丽的花园、宽大的楼梯以及富丽堂皇的中央大厅尽收眼底、一览无余;巴洛克式的建筑风格、丰富的雕饰,整体巍巍壮观,而每一部分又是及其精美纤细。

(2) 申遗评价与标准

世界遗产委员会评价:"这座金碧辉煌的巴洛克式宫殿是德国最大和最漂亮的宫殿之一,是由两位大主教卢塔·弗朗茨(Lothar Franz)和弗里德里希·卡尔·冯·肖恩伯(Friedrich Carl von Schönborn)出资修建的,周围有美丽的花园环绕。18世纪,巴尔塔扎·诺伊曼(Balthasar Neumann)领导的一个由建筑师、画家(包括提耶波罗)、雕刻家和泥水匠组成的国际团队修造并装饰了这一著名的宫殿。"①

1981年根据文化遗产遴选标准 C i 、iv 被列入《世界遗产名录》:

i. 代表一种独特的艺术成就,一种创造性的天才杰作;

iv. 可作为一种类型的建筑物、建筑群或景观的杰出范例,展示人类历史上一个或多个重要阶段的作品。

(3) 维尔茨堡宫、宫廷花园旅游发展

维尔茨堡宫、宫廷花园和广场呈现出典型的欧洲风情,找来了一大批维也纳、意大利、哈普斯堡低地(比利时)的艺术家进行规划(见图5-36)。

---

① 联合国教科文组织世界遗产中心. 维尔茨堡宫和宫庭花园. http://whc.unesco.org/zh/list/169。

图 5-36　维尔茨堡宫、宫廷花园和广场

资料来源：http://whc.unesco.org/zh/list/169#top。

南侧楼的宫廷礼拜堂是公元18世纪时欧洲最美的教堂之一。阶梯室穹顶600平方米的壁画是世界上最大的穹顶壁画。这座宫廷教堂是巴洛克风格的代表作，配以富丽堂皇的立柱、栩栩如生的人物雕塑、惟妙惟肖且呼之欲出的壁画，无不令人赞叹，使得这座教堂成了艺术殿堂。

在宫殿的东侧是一片宫廷花园，花园里大大小小的雕塑引人入胜。19世纪时，花园被重新修缮，改变了布局，在东侧增建了一座堡垒式的建筑，使得花园与古堡相映成趣，这在当时的花园建筑设计中不多见。由许多巴洛克式建筑围成的正方形广场至今仍保留原来的石造路面，是今日德国屈指可数的几座保存完好的宫廷广场之一。

主教宫最终的设计者是天才的巴洛克建筑家，德国最负盛名的建设家巴尔塔萨尔·诺依曼。主教宫恢宏的建筑内，最为著名的是阶梯之厅，从这里走向二层的巨大屋顶壁画也十分引人入胜。二楼的皇帝之厅是主教宫最为豪华的房间。金色的装饰、大理石风格的柱子、优雅的壁画，造就出洛可可式的室内空间。

维尔茨堡历史老城活跃的购物中心有着多彩纷呈的商品分散在从小专卖商到购物走廊再到百货大楼的各式商店中。所有地方都可步行到达。在皇帝大街，尤利乌斯林荫道，在市场广场周围，教堂大街及老城中的众多小巷都有引人入胜的购物场所，而这里具有特色的弗兰肯葡萄酒更是德国葡萄酒中最体现男子汉性格的烈酒，是游客来此不可错过的一道酒酿佳肴。

5.4 城市遗产旅游创新

5.4.1 城市遗产旅游保护与开发的创新

1. 确保完整性,体现真实性

城市不仅是建筑群的排列,城市中的人及生活也是遗产的一部分。保持"活"的城市样貌,才是城市文化的真正完满体现。

同济大学建筑与城市规划学院教授,国家历史文化名城研究中心主任阮仪三指出世界城市遗产的保护与开发要体现原真性和整体性。他说:"原真性就是要保护历史文化遗存原先的、本来的、真实的历史原物,要保护它所遗存的全部历史信息,整治要坚持'整旧如故,以存其真'的原则,维修是使其'延年益寿'而不是'返老还童'。修补要用原材料、原工艺、原式原样以求达到还其历史本来面目。整体性是指一个历史文化遗存是连同其环境一同存在的,保护不仅是保护其本身,还要保护其周围的环境,特别是对于城市、街区、地段、景区、景点,要保护其整体的环境。这样才能体现出历史的风貌,整体性还包含其文化内涵、形成的要素,如街区就应包括居民的生活活动及与此相关的所有环境对象。"①

2. 严格规划,有序开发

在旅游业飞速发展的今天,世界遗产有一种更直接的现实诱惑:一旦被列为世界遗产,这个风景区就会得到海内外游客的青睐,旅游业的各种投资就会接踵而来,然后整座城市的知名度就会提高,这又会吸引更多的游客。许多人因此将旅游开发视为世界遗产不可承受之重,甚至将其间的矛盾视为不可调和。但也有专家认为,其间并不是本质矛盾的。清华大学建筑专家罗哲文教授认为:"文物古迹与旅游的发展互为表里,密不可分,旅游离不开文物古迹,文物古迹借旅游发挥其作用,流传其历史。如由联合国教科文组织世界遗产委员会以公布世界遗产的办法把各个国家著名的文物古迹与自然景观列入《世界遗产名录》,为旅游者提供了最值得选取的旅游参观对象。"②

旅游是发挥文物古迹作用的一个非常重要、非常关键的途径和一个非常好的形式。两者如果处理得好可以达到相辅相成、相得益彰的双赢目的,如果处理不好,也可能两败俱伤。关键是要做到互通情报、科学规划、合理安排。

目前许多地方存在着盲目过度地开发文物古迹的情况,以牺牲文物古迹内

---

① 阮仪三.城市发展与城市遗产保护[N].新华日报,2006-10-1.
② 世界遗产:保护与开发能否兼得.中国网.http://www.china.com.cn/chinese/TR-c/601911.htm.

在价值为代价,一味追求所谓的经济效益和旅游发展,无异于杀鸡取卵。将世界遗产和文物保护单位作为旅游项目捆绑上市或租赁使用,进行商业性开发;无处不在的索道严重地破坏了自然景观;一窝蜂地修建新造景点,却忽视了对文物本身的保护和利用;弃真求假,随意修造假古董和臆造景观等不一而足。值得一提的是中国丽江古城,过度的商业化和不合理的开发给古城造成了巨大的压力,每年数百万游客前去古城参观,给古城的环境造成一定程度的污染,生态环境也遭受破坏。丽江这座拥有着小桥流水、特色民俗、纳西文化等众多瑰宝的古镇此刻正面临着巨大的挑战。幸运的是,国家政策、地方政策、各种保护与开发规划及时地对丽江古城旅游开发与发展作出了合理调整,为其可持续发展奠定了坚实的基础。《世界文化遗产丽江古城传统商业文化保护管理专项规划》的诞生,从内容上、格局上以及商业行为上对丽江的旅游发展进行了规定与限制,在遵循保护丽江的基础上缓解了丽江古城的旅游压力。同时,对丽江的传统商业文化提供了政策支持,"对于具有地方特色的民族文化资源进行合理的开发和利用,建立起全球性的文化市场互益互动关系,加强与世界遗产利益相关者的合作"[①]。

耿留同说:"我们对世界遗产要加以保护与利用,但这些遗产的价值绝不仅仅是旅游价值,基于历史功能所产生的现实功能,将在更广阔的空间显示它们的历史文化价值和在现实生活中的活力,这就是历史文化遗产持续发展、永续利用的主题。"[②]

3. 融入旅游审美,开展遗产保护教育

世界遗产是一种物质的和精神的资源,是历史发展的自述,对现代生活有着重要的意义,应该让大众能够在物质上和精神思想上更多地接近和了解这些遗产,以满足大众的旅游审美需求。但是由于遗产旅游和其他旅游的不同,保护和开发遗产旅游要尽可能地强化游客对遗产地的意义和特征的了解以及对遗产保护的理解,使游客能以恰当的方式享受在当地的旅游体验。[③] 为了能让游客在愉悦中提高遗产保护意识,旅游开发时,必须认真考虑在旅游区中设计一些能启迪游客遗产意识的设施和旅游项目。世界遗产地都是人类宝贵的物质和精神遗存,它们或以雄奇美妙的自然风光取胜或因极高的美学、科学和文化价值留名,是大自然和我们的祖先留给我们的财富,作为遗产旅游者要想领略其中的美妙趣味,就要首先胸怀热爱和敬仰之情,即使有些遗产和自身的文化背景有差异,也是世界承认的伟大创造。博大精深的世界遗产是对遗产旅游者的最大馈赠。

同时,要开展遗产保护教育,培养世界遗产城市市民自觉的保护意识和行为

---

① 丽江古城官方旅游宣传平台. http://www.ljgc.gov.cn/。
② 世界遗产:保护与开发能否兼得. 中国网. http://www.china.com.cn/chinese/TR-c/601911.htm。
③ 颜丽丽. 我国世界遗产旅游开发研究[D]. 上海师范大学硕士学位论文,2005。

习惯。这需要在法治、教育及媒介的良好环境中,通过公众对世界遗产认知度、认同感与自豪感的逐渐提高,自然而然地将自觉意识融进日常行为中去。澳门可以说就是这方面的范例。澳门特区政府重视世界遗产事务,从申报到成功后的推广宣传,一以贯之地将澳门优雅而平和的文化品位烘托出来。通过政府战略的实施,使得澳门的市民对于作为世界遗产的澳门极其自豪,发自内心的爱护也就处处得以体现。① 2001年,澳门文化局着手草拟《澳门历史建筑群》申报文本》,相关的教育和宣传工作也由此展开,各种研讨会、展览会、学界比赛层出不穷,其中重要的活动包括"近代亚洲建筑网络研讨会"、"城市文化遗产的保护——澳门视野"国际学术研讨会、"镜海瑰宝——澳门历史风物书画、摄影、海报展"、"中华瑰宝——申报世界遗产艺术作品展"、策划《文化杂志》专题文章、资助出版澳门研究的书籍等。② 除此之外,澳门文化局也推出了针对青少年的推广工作,通过专业的培训课程招募澳门文化遗产的青少年推广者,并通过"博物馆学生研究院培训计划"培训青少年参与博物馆的研究活动,使其更深层地了解澳门历史中心。

5.4.2 城市遗产旅游管理的创新

1. 优化管理体制,协调多方利益

世界遗产地的管理始终是世界遗产事务的重要组成部分,而城市作为世界遗产中的一个大项,当然也应当有一套优秀的管理理念及方法。每一座世界遗产城市要针对自身不可复制的文化价值,在实际应用中创制出最适合自己的方法。大多数国家的世界遗产中都包含有城市,因为城市是人类文明最集中的记录。保存与延续文明的见证物,优秀的理念不在于城市不断扩张或叠床架屋,而是根据世界遗产城市自身的特点设计综合的维护手段。

北京大学世界遗产研究中心主任谢凝高教授(2002)认为我国的世界遗产之所以会出现多头管理等种种问题,关键在于管理体制不善,呼吁建立"国家遗产管理局直接管理国家级自然遗产、文化遗产及自然文化遗产,以克服目前政出多门、条块分割的局面,实现真正有效的保护"③。魏小安(2003)认为,遗产都由管理局直接管理"这种模式对于世界遗产地的地方政府利益会有明显的冲击",在中国的现有国情下,可能实际运行中的困难会很多。"今后需要在坚持法规和世界遗产资源保护准则的前提下,逐步扩大地方的自主权,完善地方管理为主

---

① 刘红婴.从大视角审视世界遗产城市.中国旅游报,2007-9-28.
② 澳门世界遗产的保护与利用.新闻网.http://www.china.com.cn/news/zhuanti/amhg/2009-12/06/content_19017168.htm.
③ 却咏梅.世界遗产从我们手中传承——访北京大学世界遗产研究中心主任谢凝高教授.中国教育报.http://www.jyb.cn/gb/2004/06/04/zy/8-zb/1.htm.

的遗产资源管理体制,这是符合中国大国国情和经济转型时期社会经济发展要求的现实选择。延续和完善地方管理为主的体制,在国家法律允许的范围内,给予地方、给予企业更多的自主权,减少中央部门对各个地方的行政性干预。"①

笔者认为,单一的政府管理体制,无法全面地对城市遗产进行管理;优化管理体制,就要在政府宏观调控的前提下,鼓励各遗产地操作、社会和企业参与,按照文化遗产的价值等级实行分级管理。对于高级别城市遗产,应向上集权管理;对于低级别遗产,则可以向下放权。

2. 建立合作机制,提高管理水平

建立合作机构。各遗产地在相关部门或机构的统一协调组织有序领导下,采取组建世界遗产地保护协会等多种合作形式。

定期举办交流活动。增强各遗产地相互间的联系,或进行开发、保护及管理方面的经验交流,或互遣管理人员考察和学习,实现遗产地信息互享,共同提高对资源的管理水平和利用效益。例如,各国都有专门的机构来进行遗产管理,涉及的权力机构包括私人机构、非营利协会、宗教团体等。在西欧,当地权力机构进行遗产管理的遗产地有85%,而地区权力机构介入的则占65%,国家权力机构干预的则有62%。各遗产地相关部门建立合作机制,通过交流和互动来实现高水平的遗产地管理。②

注意在开展各种交流和研讨活动时,聘请相关专家,充分听取专家的意见。在此基础上,借助社会的力量,尤其是通过学术界、舆论界与企业界,开展对遗产资源的基础研究,有针对性地采取行之有效的保护措施,制止过度开发利用行为。

3. 落实法律法规,营造良好环境

把对世界遗产的保护和发展纳入法制轨道是保护世界遗产的基础,也是历史的必然。世界遗产的保护建立在较为完善的法律体系之上才能使保护更有效,许多国家在这方面也都有完善的法律体系。我国的世界遗产地应逐渐形成上有国家大法,中有地方性法规,每个遗产地根据自身的特点有专门保护条例的完善法律保护体系。

首先,要有效保护遗产地环境,就必须有切实可行的法规作保障,做到"以法兴游"、"以法治游",遵照国家有关的保护性法律法规文件,加强对遗产地环境的管理,避免旅游活动与保护目标的冲突;其次,运用高科技和技术手段,加强对遗产环境影响评价、环境监测的制度化管理,杜绝一切破坏遗产的现象;最后,要提高游客、导游和管理者的保护意识,以适当的方式对其进行培训和教育,这是由遗产旅游开发本身性质所决定的。

---

① 壹度创意. 中国遗产旅游管理体制. http://www.onedoing.com/a/news/2013/0502/414.html.
② 王晓梅,邹统钎,金川. 国外遗产旅游资源管理研究进展[J]. 资源科学,2013(12).

第 6 章　建筑景观与旅游

通俗地说,设计和建造房屋或场所的艺术和科学称为"建筑"。人类对建筑的原始要求是得到一个安全的睡觉的地方。随着社会的进步和生产力的发展以及社会、经济、政治、军事等发展的需要,扮演其他功能的建筑也逐渐兴起,主要包括宗教建筑、王室建筑、军事建筑以及后来的商业建筑、工业建筑等。这些建筑景观的功能大都因其存在的历史条件的变化而发生了或多或少的变化,并随着人们对其认识水平和欣赏水平的提高而成为旅游吸引物,即旅游资源,从而使得最初并非为发展旅游而兴建的建筑景观因客观形势的需要逐渐增添了为旅游服务的功能。

本章主要介绍世界建筑遗产中比较具有代表性的建筑景观,阐述这些建筑遗产的价值,并就遗产建筑旅游的开发特别是其保护工作做出说明。

6.1　宗　教　建　筑

6.1.1　中西宗教建筑的渊源

宗教是人类发展到一定阶段的文化产物,并时时影响着人们生产、生活的方方面面。宗教建筑其中的一个作用就是满足人们的精神需求,是人们心灵的慰藉和寄托,所以宗教建筑尤其能体现当时人们的生活方式和价值观念。

自人类产生之后,古人类就对神灵产生了崇拜。随着历史的演变、地域环境的不同,中西方对神的崇拜产生了差异。源于从血缘氏族制度演变为宗法制度的中国,自古注重宗族血缘关系,这使得人们对神灵的崇拜转为对人的崇拜,祖先、君王、族长的位置远胜于天神,这体现了中国的人本思想。中国的儒家思想经久不衰成为主流意识,虽然先后入中国本土的宗教有佛教、伊斯兰教、基督教等,但是佛教的宁静静谧、和谐安静的境界与中国的儒家思想不谋而合,中国化的佛教深深扎根于中国本土,所以佛教建筑在中国应运而生,佛教建筑以佛寺、佛塔和石窟为主。佛教建筑在初期受到印度佛教建筑文化影响的同时,很快就中国化,具有较强的世俗气息。中国的人本主义思想反映在建筑上,为皇帝服务的建筑才是最好的。所以除了敕建的寺庙,一般宗教建筑在规模、用材、造型上都要比宫殿低。

而西方，只要谈到西方的建筑史，就是一部宗教建筑史。因为一直以来宗教领袖就是国家的统治者，宗教势力较强，因此，神庙、教堂或者清真寺往往是一座城市或一个国家的象征，是级别最高的建筑，体现了当时建筑技术和艺术的最高水准。

西方自古是"神本主义"思想占统治地位，一直以来是政教合一的统治形式。西方宗教建筑按历史时期大致可分成三个阶段：最早是古典时期的多神教神庙，接着是进入封建社会后的基督教教堂和伊斯兰教清真寺，最后是文艺复兴运动后带有较多人文意味的教堂。因为在古希腊时期，人们认为自然界中的一切物体都有灵魂，并具有超人类的力量，各个国家都有城邦的保护神，于是就有宙斯、阿波罗、雅典娜，所以古典时期以多神教神庙为主；罗马帝国晚期，皇帝承认了基督教的合法地位，多神的信仰逐步被信奉上帝一人的新型宗教所代替，于是又掀起了兴建基督教教堂的热潮；到了中世纪，随着宗教狂热越演越烈，各地教堂不断兴建；最后到了文艺复兴时期兴建了许多带有人文意味的教堂。综上所述，西方的宗教主要以神庙、教堂或者清真寺为主。这些西方的宗教建筑大都是为神建造的，具有浓厚的、超凡脱俗的气息。

6.1.2 宗教建筑遗产的价值

1. 历史文化价值

宗教古建筑作为一种特殊的文物资源，具有不可再生性和不可替代性。它从不同的侧面反映了其所在地域当时的政治、经济、科学技术、文化艺术、宗教信仰、风情习俗等，具有重要的史证价值。中西宗教建筑经过数百年的沿袭，在建筑造型上逐渐形成了自己的独特风格，通过这些建筑可以了解各教教徒的修持方式、生活态度以及他们的人生观和价值观。

如西方基督教教堂作为历史文物遗存，可以从侧面反映欧洲当时的"政教合一"的统治形式。此外，以宗教建筑为载体所形成和传播的基督教文化，是一种以基督教为其存在基础和凝聚精神的文化形态，包括其崇拜上帝和耶稣基督的宗教信仰体系，以及相关的精神价值和道德伦理观念。在约两千年的发展中，这一义化形态已形成自己独特的神学理论建构、哲学思辨方法、语言表达形式和文学艺术风格。通过研究基督教建筑的造型、空间格局、建筑内文物及仪式器具等，可以更为准确、深刻地理解基督教文化。

而通过伊斯兰教建筑，可以窥见伊斯兰教是个全面和平的宗教。从伊斯兰教崇尚绿色就可以看出，穆斯林是希望和平的。穆斯林要从实现个人和平、家庭和平到全社会、全人类和平，在和平的气氛中达到全世界融洽相处，以此接近真主。此外，伊斯兰教希望团结、崇尚科学的文化也能从其宗教建筑的造型外观、内部设计中深入挖掘出来。

清真寺作为与伊斯兰教紧密联系的宗教建筑，在建筑的各个方面都很自然地体现了伊斯兰教的教义和精神,这也反映在清真寺建筑的选址和朝向上。在选址上,它体现出与佛教截然相反的取向:清真寺往往建于最热闹、人口最稠密的地方,这体现了伊斯兰教的入世精神以及伊斯兰教教义中对社会活动积极参与的态度。佛教的庙宇则恰好相反,往往建在深山老林、清净安逸的地方,体现的是佛教的遁世观点——远离尘世,追求个人的超脱和圆满。由此可见,同为宗教建筑的清真寺和佛教寺庙,在选址上可谓泾渭分明。在清真寺的建筑朝向上,我们也可以发现其独特之处,这是世界上其他宗教建筑所不具有的,世界上所有的清真寺都有一个不依地理和历律,只遵宗教观念而形成的共同的建筑朝向,即面向伊斯兰教的圣地——麦加。在伊斯兰文化中,麦加既是地理上的中心,又是精神上的中心,因此各地的清真寺,像矗立在一个圆圈线上的星座,环绕麦加,朝向麦加。

佛教建筑主要用于表现佛教信仰和宗教生活。古印度佛教文化随着佛教的发展取得了较高的艺术成就,随着佛教的传播而传向世界各地,并与当地文化相结合,成为它们民族文化的组成部分。在建筑的空间布局、寺庙佛堂的形制规格、佛像器具颜色的选用等在佛教中均有所讲究,佛教建筑作为佛教文化有形的载体,建筑中集佛教文学、美术、音乐等文化形式为一体,系统而较为全面地为世人展示了博大精深的佛学文化。

2. 艺术价值

宗教文化和哲学思想博大精深、源远流长。宗教建筑充分利用建筑造型、雕塑、绘画、音乐、书法以及宗教场所所创作的活动等艺术形式,把宗教文化和宗教哲学思想表现得淋漓尽致。在建筑上,宗教建筑十分讲究宗教美学,它们力求将宗教哲学思想既通过经文、宗教活动表现,又在建筑形式的艺术表达上与之遥相呼应、相得益彰。

首先从建筑的造型来看,西方宗教建筑较注重体量感和厚重感,如圣索菲亚大教堂、科隆教堂等具有厚实的墙体、粗大的拱券和梁柱等。所以需要更多地考虑建筑的力学结构。在外形轮廓处理中,建筑师很擅长强调纯几何形的造型元素,如矩形、三角形或圆形,强调凸曲线或凸曲面的外张力。带有夸张意味的向上升腾的垂直空间,营造了宗教空间的静谧和神秘的空间氛围,体现了对天国的向往,朝向上帝的信念。装饰不管是石雕、壁画、镶嵌画还是贵金属、宝石、马赛克、彩色玻璃等通过物质上的直观感受引导信徒接受神的启示,将彼岸世界搬到可以直接感知的现实中来。而我国的宗教建筑,无论是佛寺、道观,还是祠堂、石窟等,基本上还是表现了传统建筑注重群体组合,强调建筑与庭院的虚实对比的艺术特点。

在其他方面,砖雕是伊斯兰教建筑艺术的代表,而宗教壁画和神像彩塑则是佛教和道教共同的装饰形式,然而各自的雕饰在表达上又凸显了共同的宿愿和不同信仰的艺术风格。其中,信仰伊斯兰教的回族人善于把生活中的现实美、理想美、感悟美通过本民族特有的雕刻工艺表现在建筑物上。在佛殿的廊柱上大多盘旋浮雕巨龙,有木制雕刻、砖石雕刻。佛教文化认为"佛无处不在",所以每一处佛殿都有佛像,佛殿的佛像塑形基本无大的差异,因"佛心向善"的诚念,造像时微笑的佛面总是配以灿灿的金装,寓意安详、静雅、雍容华贵,是佛光普照、慈悲为怀的艺术表达。而作为中国本土的道教,受"无为"思潮的影响,其建筑思想融入了对自然的审美趋向,建筑艺术造型注重写实,创造了许多富有生活气息的塑造对象。神仙雕像是道教建筑里的主要雕饰。道教的神仙谱系复杂,宫观供奉的神仙各不相仿,姿态各异,塑像既有人性的血脉、灵动,又有神仙的冷峻、飘逸,但总是端庄而清雅,眉宇间流露着神威。总之,神像是将尘世人物进行了理想化的翻版塑造,并夸张了人物的内心表达,塑像不拘一格,道教宫观供奉的是有形的神仙形象,并在宫殿、回廊、院落墙壁等雕刻或描绘有教理教义、阆苑仙境、善行成仙的神话故事等壁画,用于劝教和感染道众。

宗教建筑的艺术价值极为深厚,其艺术形式涉及方方面面。通过对遗产类建筑旅游的开发,有助于我们了解、认同和挖掘建筑中所包含的艺术价值和美学价值。

3. 科学价值

中西宗教建筑,特别是遗产类宗教建筑在其所形成的历史时期具有重大的社会意义并构成深远的政治影响和文化影响。因此,宗教建筑成为研究同一历史时期各地域民风、民俗及建筑艺术和建筑特色乃至政治、经济背景不可或缺的重要资料。因为它不但反映了一个时代的科技水准、精神追求和审美观念,而且忠实地记录了当时人们的生活方式与价值观念。现存的宗教建筑,对于研究本地建筑发展的历史,更是直观、生动、可靠的实物见证;可以为研究各宗教思想的传播、发展及其流派、分支,建筑的格局及特色提供较为翔实的物证;对于研究宗教发展历史同样具有重要的科学价值。

更深层次地,宗教建筑是一国传统文化的重要组成部分,它对于我们深入研究世界古代的宗教哲学思想,解剖民族传统文化的深层次结构,建设有民族特色的新文化,都有重要的科学价值。

4. 社会价值

宗教建筑遗产除了具有历史价值、艺术价值、科学价值之外,因其对当今社会产生着巨大的影响,它的社会价值(即情感价值)也占据一席之地故而不能忽视。宗教建筑遗产作为宗教精神的载体无形中对当今社会和人群的生产生活、行为方式、情感信仰、风俗习惯起着潜移默化的影响。宗教建筑的第一功能都是一个膜拜的场所,是人们通过行使宗教礼仪表达宗教信仰的地方。清真寺作为伊斯兰教的宗教建筑,当然也不例外,它是穆斯林在日常生活中聚集礼拜、听取教义知识、联络人际关系的场所,这是它最基本的宗教职能;它也是伊斯兰教徒处理婚丧嫁娶等世俗事务的地方。此外,基督教徒依惯例周末去教堂做礼拜、做祈祷。如今依然有着众多信仰佛教的善男信女们前往佛教建筑顶礼膜拜、诵经拜佛以寻求内心的安宁或为家人朋友做祷告。这些宗教文化都深深地融入到信教群体的日常生活中，不可分离。即使在一般性的宗教建筑中，居住、游憩、集会、祭祀、膜拜等社会活动仍在进行。可以说，宗教文化受到人们心理上或者行为上的膜拜，宗教信仰甚至成为部分人的精神支柱，而宗教建筑就是他们精神的现实寄托之所，这也是宗教建筑的社会情感价值之所在。

6.1.3 中外重要的宗教建筑遗产

1. 伊斯兰开罗

（1）伊斯兰开罗概况

伊斯兰开罗，是指今开罗市老城区部分，1979年被联合国教科文组织批准为世界文化遗产。埃及开罗古城在今埃及开罗市区的东部，除了少数古埃及、希腊、罗马文化外，主要体现的是伊斯兰文化。伊斯兰开罗位于埃及尼罗河三角洲顶点以南14公里，开罗的形成可以上溯到公元969年。至今规模宏大、风格朴素的伊本·图伦清真寺依然保持着旧时的风貌。中世纪时的开罗达到发展的顶峰，14世纪时开罗已拥有50万人。中世纪的开罗建筑汇集了数量相当可观的伊斯兰古迹，它们像一部完整的编年史，展示了伊斯兰从兴起直到19世纪的历史进程。

从公元641年阿拉伯人征服埃及后（相当中国唐太宗贞观年间），先后经历了伊斯兰文化的法蒂玛王朝、阿尤布王朝、乌木鲁克王朝、穆罕默德·阿里王朝，以及奥斯曼帝国统治时期，已有一千余年的历史。各王朝都信奉伊斯兰教，先后修建了众多清真寺，至今老城内仍有古清真寺500多座。尽管清真寺规模大小有别，但每座寺院都必须建1—4座宣礼塔，宣礼塔的主要作用是在高处宣扬《古兰经》的教义。加上19世纪开罗新城区的建立与发展，清真寺到处林立，古老的清真寺合起来已近千座，故有"千塔之城"的美誉。

图 6-1 伊斯兰开罗

资料来源：http://baike.baidu.com/view/428116.htm? fr=aladdin。

图 6-2 伊本·图伦清真寺(约 876—879)

注:清真寺为内院回廊式,院子的一端是宽而浅的正殿,另外三面是回廊。全部以转墩承重,面积为 140 米×122 米。内院正中有供穆斯林礼拜前净身用的泉亭,造型是立方体上建穹窿,这是西亚的传统样式。回廊之外有一座底部为方形的螺旋光塔。

资料来源:http://wenku.baidu.com/。

图 6-3 为其平面布局:

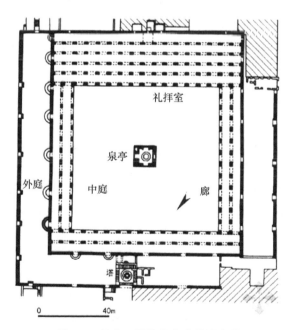

图 6-3 伊本·图伦清真寺平面布局

资料来源:http://wenku.baidu.com/。

(2)伊斯兰开罗宗教建筑及其宗教文化

伊斯兰开罗城市内伊斯兰教建筑的基本建筑类型有清真寺、墓穴、宫殿和要塞。除了这四种类型,还包括一些重要性相对较低的建筑如公共浴场、喷泉和一些室内建筑。

伊斯兰教是阿拉伯语 isiam 的音译,意为"顺从"。其教义主要有:信仰安拉是唯一的神,信使者,信天使,信《古兰经》是安拉"启示"的经典,信世间一切事物都是安拉的"前定",并信仰"死后复活"、"末日审判"等。伊斯兰教的经典为《古兰经》和《圣训》,《古兰经》是伊斯兰教最基本的经典。"古兰"为阿拉伯语的译音,意为"诵读"、"读本"。《圣训》是穆罕默德的言行录,是《古兰经》的补充和注释。凡归信伊斯兰教的人被称为"穆斯林"(Muslim),意为"顺从者",由"伊斯兰"一词转化而来。穆斯林遵循的礼仪分为宗教礼仪和日常礼仪。宗教礼仪主要包括念、礼、斋、课、朝五功,日常礼仪除了一般性的公关礼仪外,还与各地区、各民族习俗相结合,呈现出多姿多彩的形式。伊斯兰教信奉最主要的对象是安拉(即真主),认为安拉是伊斯兰教信奉的独一无二的主宰,唯一的创造宇宙万物、主宰一切、无所不在、永恒唯一的真主。伊斯兰教不设偶像。伊斯兰教的标志为新月。在穆斯林聚居的国家或地区,新月就被象征为新生、上升、幸福、吉祥、初生之光、新的时光,就是指新月象征伊斯兰教开创了人类文明的新时光。

此外,穆斯林十分注重洁净。礼拜者不仅灵魂纯洁,也要求外表清洁。礼拜前,清洗全身称"大净",清洗身体的一些部位称"小净"。礼拜时,男子戴白帽,妇女使用白、绿或黑色盖头。伊斯兰教饮食禁忌:禁吃自死之物、动物血液、猪肉,以及用非真主之名而宰杀的动物。允许的牛羊肉和鸡鸭等家禽,必须按照教法规定开宰,并标以"清真"方可食用。

伊斯兰开罗城市内伊斯兰建筑中清真寺占据绝大多数,它属于阿拉伯式清真寺。首先,它有个大的封闭院子,没有明显的中轴线,大多有圆形拱顶的正殿和尖塔式的宣礼楼,另有望月楼、经堂、浴堂等建筑。正殿也必须背向麦加。其次,清真寺的屋顶正中,一般都有一个或几个外形很像洋葱头的尖形顶,门和廊由各种形式的拱券组成。清真寺内墙上有丰富的装饰,花纹大都是几何形的图案,没有人像、动物。其设计风格、体量、结构、文字及装饰图案无不渗透着伊斯兰教文化,反映同一时期伊斯兰教徒坚定的信仰,体现伊斯兰教徒对真主安拉的绝对信仰和顺从。具体来说:

变化丰富的外观:世界建筑中外观最富变化、设计手法最奇巧的当是伊斯兰建筑。欧洲古典式建筑虽端庄方正但缺少变化的妙趣;哥特式建筑虽峻峭雄健,但雅味不足。印度建筑只是表现了宗教的气息。然而,伊斯兰建筑则奇想纵横,庄重而富变化,雄健而不失雅致。说其横贯东西、纵贯古今在世界建筑中而独放异彩并不为过。这体现了伊斯兰文化兼容并蓄的包容精神。

穹隆:伊斯兰建筑尽管散布在世界各地,几乎都必以穹隆而夸示。这和欧洲的穹隆相比,风貌、情趣完全不同。欧洲建筑的穹隆如同机器制品一样,虽精致但乏雅味。伊斯兰建筑中的穹隆往往看似粗漫但却韵味十足。

开孔：所谓开孔即门和窗的形式，一般是尖拱、马蹄拱或者多叶拱，也有正半圆拱、圆弧拱，仅在不重要的部分罕用。

纹样：伊斯兰的纹样堪称世界之冠。建筑及其他工艺中供欣赏用的纹样，题材、构图、描线、敷彩皆有匠心独运之处。伊斯兰教规范禁止对偶像崇拜，禁止在宗教性建筑物或世俗性建筑物内描绘人物、动物形象，这促使艺术家们创造了与教规相适应的图案形式。伊斯兰的装饰发展大体可分两个时期。8世纪中叶以前较多地受拜占庭影响，题材比较自由多样，在王宫、浴室等世俗建筑物中仍有大量动植物的写实形象，仅在清真寺禁止描绘生物。此后，逐渐严格化，装饰开始严格服从伊斯兰教规，几何纹样取代了写实形象，仅有少量象征性的植物点缀其间。阿拉伯文的《古兰经》的经文书法也常被组织到图案装饰中，形成独特的"阿拉伯装饰样式"。

说到几何纹样，那是断然独创的东西，由于无始无终的折线组合，转瞬间即现出了无限变化，与几何纹和花纹结合更构成了特殊的形态，并且以一个纹样为单位，反复连续使用即构成了著名的阿拉伯式花样。几何形有重要的含义，如方形象征尘世，圆形象征天。方形的四角是四季，两个或者更多的方形交叉重叠象征复杂的环境等，装饰中以几何形千变万化的分割和组合，反映了伊斯兰的基本特点和价值，并获得愉悦的视觉感受。伊斯兰教建筑装饰的母题总是围绕着重复、辐射、节律和韵律的花纹，对穆斯林而言，几何纹样图案放在一起组成了无限的空间并超越肉眼见到的物质世界（见图6-4）。

图6-4　几何纹样图片

资料来源：http://wenku.baidu.com/。

也有少量的一些以曲线为基础的图案（植物图案），它以波浪形、涡卷形曲线为特征。此形式也具有深奥的意义。如涡卷象征葡萄藤,也象征美酒和永恒的幸福。伊斯兰艺术家对植物形象进行程式化的处理,从而获得超越自然的新的艺术形象(见图6-5)。

图 6-5 曲线纹样图片

资料来源:http://wenku.baidu.com/。

另外还有文字纹样,即由阿拉伯文字图案化而构成的装饰性的纹样,用在建筑的某一部分上,多是《古兰经》上的句节。这是最具伊斯兰特点的图案艺术,以阿拉伯字母为基础进行的变化。伊斯兰建筑很多都表现对知识和信仰的热忱(见图6-6)。

图 6-6 文字纹样图片

资料来源:http://wenku.baidu.com/。

穆斯林通过每日五次礼拜来净化心灵,坚定对安拉的信仰,恢复对真理追求的信念。洁净和卫生是最基本的,也是保持身体健康的最关键的前提。礼拜之前必须沐浴净身,清真寺都建造有供洗涤的水房,历来用汤瓶壶,用水7斤,供在礼拜前冲淋洗涤身体和手脸,以表达对真主安拉的虔诚和尊重。

建筑可以抽象地表达力量。无数壮观的清真寺宣礼塔，与其说它们是用以召唤人们礼拜，不如说是信仰力量的最好表达。清真寺宣礼塔往往很高，有一两个突出的阳台，那是宣礼员所站的地方，以召唤穆斯林去做礼拜。塔最初时是矮墙，方形的石塔。后来，一种通用的塔被设计出来，起初它的底层是方形的，第二层变成多边形，后又成为圆柱体的塔身。在形式上，它冠以浮圆顶或锥形顶。奥斯曼帝国时期的宣礼塔的高度就已超过70米。

伊斯兰开罗的建筑不可避免地发展出地区性的差异，它们融和了叙利亚、波斯和撒马尔罕的韵味，也融和了麦加和麦地那的风格。但其中没有任何一个地方的建筑可单独说明伊斯兰建筑的特色。伊斯兰建筑的发展，如同其宗教仪式一样，是直接从信徒的日常生活而来，学习和借鉴其他地区优秀的伊斯兰文化，使得伊斯兰文化更加鲜活且富有生命力，从而推动这里的伊斯兰建筑文化不断创新和向前发展。相反，伊斯兰开罗建筑的几千年灿烂的发展也昭示着伊斯兰教热爱学习、崇尚科学和豁达开放的宗教个性。

（3）建筑遗产景观与旅游

伊斯兰开罗各具特色的清真寺，除了每周星期五穆斯林的聚礼时间外，平时都对游人开放。按建筑年代排列著名清真寺还有阿慕尔清真寺（非洲建的第一座清真寺，建于642年）、图伦清真寺、侯赛因清真寺、萨拉丁清真寺、苏丹哈桑清真寺等。其中，萨拉丁清真寺是阿拉伯当年抗击十字军东征的民族英雄萨拉丁·阿尤布所建。萨拉丁一生战功赫赫，并废黜法蒂玛王朝最后一位君主，建立阿尤布王朝。该清真寺建立在萨拉丁城堡地区，两座高耸的宣礼塔直刺蓝天，清真寺的多个圆顶建筑大小拱卫，独特壮观，色调悦目，和谐自然。

伊斯兰开罗的每一座清真寺，都述说着当时一段段辉煌的历史和岁月，是当地人追寻历史、缅怀先烈及寄托情感的重要凭借。它们也是中东地区乃至西亚地区穆斯林的朝圣之所，无数的宣礼塔凝聚着成千上万伊斯兰教徒坚定的信仰，指示着他们精神的方向，净化他们的灵魂，伊斯兰教的信仰早已融入穆斯林信徒的生活中，不可分割。他们每年大都会前往各清真寺朝拜、交流和学习或者传教、讲道等，不仅促进了伊斯兰宗教文化的传播和发展，也为开拓宗教旅游市场作出巨大贡献。此外，作为世界三大宗教之一的伊斯兰教，其独特的宗教文化对世人构成了较大吸引力。伊斯兰教崇尚科学、热爱和平的文化基调以及积极入世、包容开放的人文精神在伊斯兰开罗建筑的选址、设计和发展中体现得淋漓尽致，宏伟壮观、庄严肃穆的宗教建筑及其内部开展的宗教仪式吸引着全世界众多游客前往参观和体验。

2．科隆大教堂

（1）科隆大教堂概况

科隆大教堂（Kölner Dom，全名"Hohe Domkirche St. Peter und Maria"）是位

于德国科隆的一座天主教主教座堂,是科隆市的标志性建筑物。在所有教堂中,它的高度居德国第二(仅次于乌尔姆市的乌尔姆大教堂)、世界第三。论规模,它是欧洲北部最大的教堂。集宏伟与细腻于一身,它被誉为哥特式教堂建筑中最完美的典范。它始建于1248年,工程时断时续,至1880年才由德皇威廉一世宣告完工,耗时超过600年,至今仍修缮工程不断。作为信仰象征和欧洲文化传统见证的科隆大教堂(见图6-7)最终得以保存。[1] 1996年,在世界遗产委员会第20届会议报告上,根据文化遗产标准Ⅽⅰ、ⅱ、ⅳ,科隆大教堂被列入《世界遗产名录》。

图6-7 科隆大教堂

资料来源:http://image.baidu.com/。

(2)科隆大教堂及其宗教文化

科隆大教堂是欧洲基督教权威的象征,其建筑无不体现着基督教的意识形态和文化。为了更好地理解科隆大教堂的建筑文化内涵,我们首先简要地介绍基督教文化。基督教经典是《圣经》,其标志是十字架。基督教基本教义有三个:上帝创世说、原罪救赎说、天堂地狱说。其中上帝创世说是基督教的核心。上帝创世说认为,世界和宇宙中存在一种超自然和超社会的力量,这种力量就是上帝。他是独一无二、无所不能、创造有形和无形万物的神。因为上帝创造一切,他才被说成是至高无上、全能全知、无所不在的唯一真神,是宇宙的最高主宰。原罪救赎说认为,人生来就有罪,这种原罪,人类无法自救,只有忏悔,基督

---

[1] 科隆大教堂.http://baike.baidu.com/view/。

可为之赎罪。天堂地狱说认为,天堂是个极乐世界,信仰上帝而灵魂得救,都能升入天堂。不信仰上帝不思悔改的罪人,死后灵魂受惩罚下地狱。总之,基督教认为人们必须无条件地敬奉和顺从上帝,否则就要受到上帝惩罚。

科隆大教堂的设计及建筑规模、建筑风格都体现着基督教文化及对上帝的信仰。具体来说:首先,地基采用的是罗马式十字架型(见图6-8)。大教堂内分为5个礼拜堂(有资料说是10座),中央大礼拜堂穹顶高43米,中厅部跨度为15.5米,是目前尚存的最高的中厅。

科隆大教堂是哥特式宗教建筑艺术的典范。它广泛运用线条轻快的尖拱券、造型挺拔的尖塔(见图6-9),轻盈剔透的飞扶壁以及彩色玻璃镶嵌的修长花窗(见图6-10)。它为罕见的五进建筑,外观巍峨挺拔,内部空间挑高又加宽,造成一种向上升华、天国崇高的感觉;高塔直向苍穹,象征人与上帝沟通的渴望。除两座高塔外,教堂外部还有多座小尖塔烘托。教堂四壁窗户总面积达1万多平方米,全装有描绘圣经人物的彩色玻璃,被称为法兰西火焰式,使教堂显得更为庄严。堂内还有好几幅石刻浮雕和壁画,描绘出圣母玛丽亚和耶稣的故事。

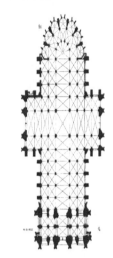

图6-8　科隆大教堂地基图
资料来源:http://zh.wikipedia.org/wiki/。

图6-9　科隆大教堂尖塔
资料来源:http://zh.wikipedia.org/wiki/。

图 6-10　修长花窗和彩色玻璃

资料来源：http://zh.wikipedia.org/wiki/。

此外，科隆大教堂里收藏着许多珍贵的艺术品和文物。有从东方去朝拜初生耶稣的"东方三圣王"的尸骨，被放在一个很大的金雕匣里，安放在圣坛上，这就时刻向基督教徒昭示着耶稣的宗教地位。这里还有最古的巨型圣经、比真人还大的耶稣受难十字架以及教堂内外无数的精美石雕，凸显了基督教的经典耶稣救世主的地位（见图 6-11）。

图 6-11　壁画

资料来源：http://zh.wikipedia.org/wiki/。

教堂顶上一共安置了 12 口钟，而教堂内目前最大的钟是圣彼得钟，重达 24 吨，直径 3.22 米，安装于 1924 年，被誉为"欧洲中世纪建筑艺术的精粹"。每逢祈祷时，钟声洪亮，传播得很远。第二次世界大战期间，教堂部分遭到破坏，近 20 年来一直在进行修复，作为信仰象征和欧洲文化传统见证的科隆大教堂最终得以保存。

（3）遗产价值

大教堂是欧洲基督教权威的象征。教堂四壁装有描绘《圣经》人物的彩色玻璃;科隆大教堂内有很多珍藏品,是世人了解基督教文化的实物凭借,也是人们窥见当时德国政教合一的政治局面的一面镜子。它的全名是"查格特·彼得·玛丽亚大教堂",它以轻盈、雅致著称于世,是中世纪欧洲哥特式建筑艺术的代表作,也可以说是世界上最完美的哥特式教堂建筑。它与巴黎圣母院大教堂和罗马圣彼得大教堂并称为欧洲三大宗教建筑。它除了有重要的历史文化价值和艺术价值外,还具有不可忽视的科学价值和美学价值。

科隆大教堂至今也依然是世界上最高的教堂之一,并且每个构件都十分精确,时至今日,专家学者们也没有找到当时的建筑计算公式。科隆大教堂为研究当时的建筑工艺提供了科学的实证资料。

夜色中的科隆大教堂最为壮观:在灯光的辉映下,教堂显得荧光闪烁,灿烂夺目,美不胜收。装在四周各建筑物上的聚光灯向教堂射出一道道青蓝色的冷光,照在宏伟的建筑上,蓝莹莹的璀璨晶亮,仿佛嵌上了蓝色的宝石,染上了绮丽的神秘色彩。教堂中央的双尖顶直穿云霄,一连串的尖拱窗驮着陡峭的屋顶,整座教堂显得清奇冷峻,充满力量。

(4) 建筑遗产景观与旅游

自从科隆大教堂被列入《世界遗产名录》,这里更成为著名的游览胜地,游客们来到著名的科隆大教堂旁,由衷的赞叹不绝于耳。只见这座用磨光大理石砌成的大教堂,其内外雕刻物皆似鬼斧神工之作;教堂里森然罗列的高大石柱,鲜艳缤纷的彩色玻璃,精致的拱廊式屋顶以及凌空升腾的双塔皆气势傲然。登至150多米的塔顶,俯瞰市区,科隆美景一览无遗。科隆大教堂的巍峨壮观令所有瞻仰的人叹为观止。

科隆大教堂作为一个宗教性质的建筑遗产,对于基督教徒而言是极为重要的圣地。首先,作为宗教文化的载体,基督教本身就吸引着无数的信徒前往这里参与做礼拜等宗教活动。其次,作为世界上最完美的哥特式教堂建筑,其卓越的建筑艺术和美学艺术就足以吸引大量旅游者前往观赏,尤其对宗教建筑研究学者而言,更是能激发起其宗教建筑考察旅游的动机。

3. 拉萨布达拉宫历史建筑群

(1) 布达拉宫历史建筑群概况

拉萨布达拉宫历史建筑群是指中国西藏自治区首府拉萨市的布达拉宫及其周边建筑物的总称,被联合国教科文组织列入世界文化遗产。此建筑群在1994年被列为世界遗产,并在2000年、2001年扩充。作为布达拉宫扩展项目,大昭寺于2000年被批准列入《世界遗产名录》,列为世界文化遗产。作为布达拉宫扩展项目,罗布林卡于2001年被批准列入《世界遗产名录》,列为世界文化遗产(见图6-12)。

图 6-12 布达拉宫

资料来源：http://zh.wikipedia.org/wiki/。

布达拉宫于中国西藏自治区首府拉萨市西北的玛布日山上,是我国最著名的喇嘛建筑,形制属于宫堡式建筑群,是藏族古建筑艺术的精华。[①] 其特点是佛殿高、经堂大、建筑物多因山势而筑。布达拉宫始建于公元 7 世纪,是藏王松赞干布为远嫁西藏的唐朝文成公主而建。现占地 41 公顷,宫体主楼 13 层,高 115 米,全部为石木结构。整个建筑依山垒砌,形式多变,5 座宫顶覆盖镏金铜瓦,金光灿烂,气势雄伟。布达拉宫分为两大部分:红宫和白宫。居中央的是红宫,主要用于宗教事务;两侧刷白粉的是白宫,是达赖喇嘛生活起居和政治活动的场所。在漫长的历史中,布达拉宫几经重建,曾经是西藏政教合一的统治中心,布达拉宫中也因有无数的珍宝收藏,堪称是一座艺术的殿堂。1994 年,布达拉宫被列为世界文化遗产。

大昭寺位于拉萨市区的东南部,始建于唐贞观二十一年(601)。它是西藏地区最古老的一座仿唐式汉藏结合木结构建筑。在五世达赖(1642—1682)至第巴桑结嘉措执政的 40 余年中,曾进行了大规模的修葺与扩建。后经历代扩建而形成今天的规模。大昭寺的主要建筑为经堂大殿。大殿高 4 层,建筑构件为汉式风格,柱头和屋檐的装饰则为典型的藏式风格。大殿的一层供奉有唐代(618—904)文成公主带入西藏的释迦牟尼金像。二层供奉松赞干布、文成公主和赤尊公主的塑像。三层为一天井,是一层殿堂的屋顶和天窗。四层正中为 4 座金顶。佛殿内外和四周的回廊满绘壁画,面积达 2 600 余平方米,题材包括佛教、历史人物和故事。此外,寺内还保存了大量珍贵文物,寺前矗立的"唐蕃会

---

① 王冠星主编.旅游美学[M].北京:北京大学出版社,2005.

盟碑",更是汉藏两族人民友好交往的历史见证(见图 6-13)。

图 6-13　大昭寺
资料来源：http://zh.wikipedia.org/wiki/。

罗布林卡位于布达拉宫西侧约 2 公里的拉萨河畔。"罗布林卡"藏语意为"宝贝园"。

18 世纪中叶七世达赖在此建正式宫殿格桑颇章,名为罗布林卡,成为历世达赖处理政务和进行宗教活动的夏宫。七世达赖以后的历世达赖均曾增修罗布林卡,而以八世和十三世达赖为著。八世达赖扩建后,罗布林卡明显具备了园林特点。十三世达赖则主要是辟建金色林,在园林西部修建了金色颇章和格桑德吉等建筑。1954 年,中央人民政府为十四世达赖修建的达旦明久颇章(俗称"新宫"),形成了今天罗布林卡的规模。罗布林卡由格桑颇章、金色颇章、达旦明久颇章等几组宫殿建筑组成,每组建筑又分为宫区、宫前区和林区三个主要部分。以格桑颇章为主体的建筑群,位于第二重围墙内南院的东南部。以措吉颇章(湖心亭)为主体的建筑群,位于格桑颇章西北约 120 米处,是罗布林卡中最美丽的景区。以金色颇章为主体的建筑群,位于罗布林卡西部。各组建筑均以木、石为主要材料建成,规划整齐,具有明显的藏式建筑风格。主要殿堂内的墙壁上均绘有精美的壁画。此外,罗布林卡内还珍藏有大量的文物和典籍(见图 6-14)。

图 6-14　罗布林卡

资料来源：http：//baike.baidu.com/view/。

(2) 布达拉宫及其宗教文化

布达拉宫位于西藏拉萨地区,其建筑文化深受藏传佛教文化的影响。藏传佛教也称藏语系佛教,形成于 7—10 世纪①,与汉语系佛教、巴利语系佛教并称为世界佛教三大体系。藏传佛教和汉传佛教同属于大乘佛教,都有大乘佛教的共同特点,如以利益众生为目的的菩提心,而非小乘佛教以解脱自我为目的。作为佛教,它在基本教义方面与其他语系佛教有许多共同点,所不同的是藏传佛教是大乘显密宗佛教,是显宗菩萨乘和密宗金刚乘合二为一的教派,并在漫长的发展过程中融入了浓厚的藏文化。密宗是秘传,显宗是公开的。藏传佛教和汉传佛教最大的区别在于密宗、显宗之别。密宗以结印持咒为主,因口传,所以重上师；显宗持戒外多选定适合的经典以禅定、诵经、念佛等方式修行。显宗相信,如果人的修为到了一定的地步,就可以脱离红尘进入极乐世界；密宗相信人死后会转世,在不停转世中永存,修为高的人可以自由地选择自己的转世并且保持自己前世的东西。藏传佛教和其他一般佛教的教义基本相同,都讲究众生平等,佛法平等,认为一切众生皆有佛性。佛教有一个重要的因果理论,它认为有前生,也有后世,未解脱的众生都在六道轮回里面轮回。就是人们常说的"善有善报,恶有恶报"。提倡人们多做善事,行善可以使人得到心灵的宁静,最终功德圆满。

源于天竺的佛教传入西藏后,不断融合其他文化元素,形成了历史悠久、特征鲜明的藏传佛教。其主要特点为②：文化上,藏传佛教与本土原始宗教本教互相吸收、不断融合,这使得藏传佛教的文化内涵更为丰富,更具有西藏地方特色

---

① 王尧,陈庆英主编.西藏历史文化辞典[M].拉萨：西藏人民出版社,杭州：浙江人民出版社,1998：315.

② 同上.

和民族特色。信仰上,藏传佛教是大乘显密宗佛教,较侧重密宗修习。除了显宗、密宗的学习外,藏传佛教中还有专门的医学、时轮(天文历法)的学习。其区别于中原汉地佛教的显著特点是:传承各异、仪轨复杂、像设繁多。传承上,藏传佛教强调师徒相传,尊师如佛。尤其对"喇嘛"的崇拜达到了视若神灵的地步,所以也被称为"喇嘛教"。此外,藏传佛教的多数教派历史上都与一定的政治势力结合,形成一种相互依存、相互扶持的政教结合体。活佛转世制度是藏传佛教不同于其他体系的一大特点,这种制度一定程度上解决了活佛的政教地位、个人财产的继承问题。

藏传佛教寺院及其内部陈设是藏传佛教教义思想和宗教艺术的集中体现。艺术的形象与其功能有直接的关系,弘扬佛法是藏传佛教寺院建筑功能的基本功能,从其建筑的实体即物质功能而言,寺院建筑是奉佛像、朝拜、诵经、学习集会的场所,从精神功能要求创造一种具有震慑力和神秘的宗教气氛。从建筑布局到建筑功能,从建筑结构到建筑装饰,都渗透和反映着宗教思想和理念。佛教在藏地发展和传播的过程中,虔诚的信徒和艺术家们凭借各种艺术的手段传播和发扬佛教的教义,使寺院成为藏传佛教艺术的宝库。佛寺院建筑的选址、布局、开工、竣工都按佛教规定的教义和历法进行,建筑布局方向的随意性反映出佛陀无处不在。建筑屋顶的屋脊二兽听法、宝瓶、胜幢、经幡等装饰和佛殿建筑的内部陈设,具有深厚的佛教象征含义,寺院建筑墙壁上以宗教故事为主题的壁画,更明确表达着人们对神灵的崇敬。藏传佛寺建筑用建筑的语言表达着宗教思想,创造出了形式和风格独特的藏传佛教氛围。具体来说:

从建筑整体布局上看,在藏传佛教的宇宙结构论中,把世俗世界划分为"欲界"、"色界"、"无色界"。一般依山而建的寺院,最底下的一层有村寨居民,其建筑高度低而简陋,代表着芸芸众生的欲界;第二层指寺院的经院及僧舍建筑层,其建筑形式比底下的建筑高耸,色彩也不同,代表色界层;第三层就是指寺院主体建筑及顶层部分,凌驾于寺院建筑之上的佛殿,金碧辉煌,代表彼岸世界和佛国净土,是无色界的象征。藏传佛教寺院建筑中依山而建的寺院,基本体现了三界的空间观。基于"三界"思想,布达拉宫自下而上分三个层次布局,也就是依拉萨城河谷的红山山腰而建并修筑到山顶,由上而下纵向排列的红宫、白宫和"雪",象征着藏传佛教的"三界"。"雪"老城是山前的方城,这里主要充满着世俗的场所,是欲界的象征。白宫是历代达赖喇嘛起居和举行政教活动的地方,是色界的象征。红宫内是聚集着各类佛教殿堂,还有一位已故达赖喇嘛的灵塔,是布达拉宫建筑群的中心和顶点,是须弥佛土的境界,象征无色空灵的境界。

从功能上看,除了和汉传佛寺有相近的宫室式佛寺外,西藏的藏传佛寺不仅是礼佛所在,还具备多种功能:政治、经济、文化、教育都集中于此。因此其建筑通常不是单一的个体,而是由许多具有不同功能的建筑构成的建筑群体,包括措钦(寺庙的最高管理机构,也是全寺集会的场所)、教育的扎仓、僧人宿舍的康村、供奉佛像的拉康、活佛的住所,以及喇嘛或活佛升级辩论考试的辩经场所。除此之外,还有灵塔、佛塔等。

  从色彩上看,布达拉宫建筑色彩主要受两个方面的因素影响,自然环境和宗教教义。由于独特的高原地理环境影响着人们对颜色的审美,自古崇敬白色、红色和黑色。佛教文化的传入丰富了藏人对色彩的观念。布达拉宫外墙的色彩以红色、白色、黄色三种为基调,颜色十分鲜艳。寺院建筑正立面的色彩依次为金黄色、红色、白色和黑色,分别代表鎏金屋瓦顶、红色边玛墙、白色的墙壁、黑色的窗条框,在高原透明的空气中极为鲜艳,构成了措钦大殿的外部色彩。西藏的寺庙凡重要的佛殿和灵塔都要修建四坡形顶盖,上辅鎏金铜瓦的金顶,在太阳的照射下发出耀眼的光芒,伴随着和风送去阵阵的金顶铃声,承接着人们吉祥的愿望。金顶以及屋顶的一套铜饰是藏传佛教寺院建筑的标志,红色边玛墙是藏族寺院建筑重要的装饰,只有寺院建筑和宫殿上可以加边玛墙,是建筑等级的标志,也是藏式寺院建筑的特点之一。灌木柽柳做成的边玛墙(见图 6-15)和墙上镶嵌的铜制鎏金图案,红、白、金,色彩极其醒目。既装饰了寺庙建筑的外墙平面,又突出了布达拉宫神秘和威严的宗教特色。

图 6-15 边玛墙

资料来源:http://image.baidu.com/。

  从内部装饰上看,藏传佛教比汉式的寺庙更注重内部的装饰,占据寺庙内部最大装饰空间的是壁画,其次是触目可见的柱幡法幢。建筑内部墙壁和佛堂内彩色雕梁画栋,壁画和唐卡画琳琅满目,色彩鲜艳,是藏族传统艺术的窗口。柱式结构是室内装饰的重要部分,护斗、托木、柱身常装饰着各种花饰雕镂或彩画,构成布达拉宫殿堂内部装饰的神秘空间。在布达拉宫内部,几乎每一个空间位置都可以发现工匠的劳动智慧,而设计中正是利用这种"密不透风"的创意,营造了一个辉煌的佛的世界。

白宫横贯两翼,为历代达赖喇嘛生活起居地,有各种殿堂长廊,摆设精美,布置华丽,墙上绘有与佛教有关的绘画,多出自名家之手。红宫居中,供奉佛像、松赞干布像、文成公主和尼泊尔尺尊公主像数千尊,以及历代达赖喇嘛灵塔,黄金珍宝嵌间,配以彩色壁画,金碧辉煌。这些尊像和喇嘛灵塔见证着藏传佛教的传播和发展,也昭示着民族团结、友好往来的优良传统。

(3) 遗产价值

布达拉宫历史建筑群主题建筑布达拉宫具有重要的历史文化价值和艺术美学价值。

布达拉宫完整地保持了历史原状,其现存的设计、材料、工艺、布局等均保存自公元 7 世纪始建以来,历次重大增扩建和重建的原状,真实性很高。此外,布达拉宫过去曾是政教合一的统治中心,与西藏历史上的重要人物松赞干布、文成公主、尺尊公主和历代达赖喇嘛等有着十分重要的关系,反映了不同时代西藏地区与其他地区友好往来、和谐相处的民族关系,因而有着重大的历史意义和宗教意义。

布达拉宫依山建造,由白宫、红宫两大部分和与之相配合的各种建筑组成。众多的建筑虽属历代不同时期建造,但都十分巧妙地利用了山形地势修建,使整座宫寺建筑显得非常雄伟壮观,而又十分协调完整,在建筑艺术的美学成就上达到了无与伦比的高度,构成了一项建筑创造的天才杰作。布达拉宫的建筑艺术,是数以千计的藏传佛教寺庙与宫殿相结合的建筑类型中最杰出的代表,在中国乃至世界上都是绝无仅有的例证。布达拉宫不仅在整体建筑上有着创造性的高度成就,而且它的各部分的设计、艺术装饰(雕刻、彩画等)都达到了很高的成就。它的宫殿布局、土木工程、金属冶炼、绘画、雕刻等方面均闻名于世,体现了以藏族为主,汉、蒙、满各族能工巧匠高超技艺和藏族建筑艺术的伟大成就。

(4) 建筑遗产景观与旅游

从 17 世纪中叶到 1959 年以前,布达拉宫一直是历代达赖喇嘛生活起居和从事政教活动的重要场所,是西藏地方政教合一的统治中心。布达拉宫气势雄伟、规模宏大的建筑中,蕴藏了藏、汉、蒙等民族在文化、艺术、宗教等方面的卓越成就。今天,布达拉宫以其辉煌的雄姿和藏传佛教圣地的地位,成为世所公认的藏民族象征。

它以独特的地域风情、宗教文化和皇家气宇吸引了大量的国内外游客。布达拉宫和大昭寺坐落在拉萨河谷中心海拔 3 700 米的红色山峰之上,是集行政、宗教、政治事务于一体的综合性建筑。布达拉宫自公元 7 世纪起就成为达赖喇嘛的冬宫,象征着西藏佛教和历代行政统治的中心。优美而又独具匠心的建筑、华美绚丽的装饰、与天然美景间的和谐融洽,使布达拉宫在历史和宗教特色之外平添几分风采。大昭寺是一组极具特色的佛教建筑群。建造于公元 18 世纪的罗布林卡,是达赖喇嘛的夏宫,也是西藏艺术的杰作。这三处地点风景优美,建筑创意新颖。加之它们在历史和宗教上的重要性,构成一幅和谐融入了装饰艺术之美的惊人胜景。

在我国,有着数量可观的佛教信徒。佛教徒们出于对佛教的虔诚,经常到寺庙去烧香拜佛、祈祷还愿,或到佛教圣地求法朝圣,从而形成庞大的朝觐人流。另外,佛教活动对广大的非信教游客亦有很强的吸引力。这些游客之所以来到佛教寺庙参观游览,并不是出于对佛教的虔诚,而是因为对佛教活动有着强烈的新奇感和神秘感。可见,佛教本身就是一种旅游资源。加之,藏传佛教在极具异域风情的西藏地区扎根,布达拉宫、大昭寺和罗布林卡作为藏传佛教文化的有形载体,对市场具有较大的吸引力。该建筑遗产开发旅游产品时可以与渗透有藏传佛教文化的自然观光旅游、休闲度假旅游、体育旅游、医疗保健旅游、生态旅游、民俗旅游等各种旅游形式交叉,形成该地区或景区的集合竞争力。

4. 武当山古建筑群

(1) 武当山古建筑群概况

武当山古建筑群[①]位于中国湖北省西北部的武当山,均为道教建筑,始建于唐,明永乐年间大修武当山,历时14年,建成9宫8观等33座建筑群,嘉靖年间又增修扩建。由于兴建丹江口水库,部分建筑被淹没,现存古建筑200余栋,这些建筑先后被列为第一批至第六批全国重点文物保护单位,1994年12月整体被列为世界文化遗产(见图6-16)。

图6-16 武当山古建筑群(局部)

资料来源:http://image.baidu.com/。

自唐贞观年间始,各朝代不断修建。特别是明永乐年间,明成祖朱棣力倡武

---

① 王冠星主编.旅游美学[M].第5章中国古建筑与观赏119页。

当道教,曾役使30余万军民工匠,按照道教中"玄天上帝"真武修炼的故事,用十余年时间建起了净乐、迎恩、遇真、玉虚、紫霄、五龙、南岩、太和8宫及元和、复真等观,共33个大型建筑群落。建筑线自古均州城至天柱峰金顶,绵延140华里,面积达160万平方米,宫观庵堂寮舍台院2万多间。在设计上充分利用了地形特点,布局巧妙,座宫观都建筑在峰、峦、坡、岩、涧之间,使它们与周围的林木、岩石、溪流融和一体,相互辉映,宛如一幅天然图画。建筑精美,各具特点又相互联系,整个建筑群体疏密相宜,集中体现了我国古代卓越的建筑艺术。武当山古建筑群历经沧桑,现存4座道教宫殿、2座宫殿遗址、2座道观及大量神祠、岩庙,在布局、规制、风格、材料和工艺等方面都保存了原状。

(2)武当山古建筑群及其宗教文化

武当山古建筑群与明皇室家庙①。根据道教经典和民间传说可知,玄天上帝(真武)具有三大神性特征:第一,它是水神,北方之神;第二,它是福神,司命之神;第三,它是战神,武曲之神。玄天上帝不仅神通广大、法力无边,而且威灵显著、有求必应,这使它很快赢得了社会各阶层的广泛信仰,拥有了庞大而稳固的信众群体。

明初由于朱棣从藩王经武力而承大统,封建纲伦中"以臣弑君"、"同宗相戮"的政治舆论对其十分不利,朱棣决定兴建武当山,宣扬自己是北方真武神显圣而坐镇天下,以此大造"天人合一"、"皇权神授"的舆论,从而庞大而稳固的真武信众群体为其承大统奠定了良好的群众基础。

朱棣在武当山整个建筑工程修建中,侧重把握四个关键环节:一是在总体规划的指导思想上,将武当山真武修道升仙的"福地"改为真武神坐镇天下的"圣地",并将原三个道教活动中心(紫霄宫、南岩宫、五龙宫)延伸到天柱峰,形成了以金殿为中心,全山建筑与之相吻合的建筑格局。同时在群山之巅海拔1 612米的天柱峰顶修建金殿,形成君临天下之势。二是金殿在建筑形式和等级上采用封建帝王专用的建筑形制和颜色,金殿为重檐庑殿顶,九踩斗拱,铜铸鎏金。这一形制为武当山古建筑群中所独有,体现了"一殿镇群山"的景观效果。三是主抓天柱峰的营建。为仿天上"玉京"胜景,金殿台基为"五色石"雕砌,四周装修白石花栏杆,前置月台。金殿在天柱峰落位后,朱棣又决定修建紫禁城,紫禁城由重达千斤的条石依岩砌筑,四面置石雕天门以象征天阙,从而最后形成"白玉黄金世界"的人间仙国。四是督造金殿内供奉的神祇。为确保皇家庙观万世一宗,朱棣按照自己的形象塑造真武,送往武当山金殿供奉。为了使这一形象更有历史依据和互相衔接,朱棣又下令,在真武修仙最重要的两处住所太子坡和太子岩,也要塑造自己的形象。为了使"皇家庙观"基业传之远久,朱棣下令法司

---

① 祝笋.世界文化遗产武当山古建筑群的形成与特点[M].信息与交流,2010(4).

拨徙流犯人550户3 123人编成五里,送往武当山,每户拨荒闲田五十亩,每年交七石斋粮及茶盐、棉花供养宫观。同时免去均州千户所军余杂泛、征差、屯田子粒,专一派军巡视山场,着役洒扫宫观、烧造砖瓦、维修宫观。着令湖广布政司定时巡视,负责保养。并敕道教四十四代天师张宇清,从全国征调德高望重的道士分派武当山宫观任提点,封正六品官阶,以官管道。为了提高武当山管理级别,专门派遣皇宫内臣提调武当山事务,"设官铸印"以守,封为"大岳太和山"。武当山自此成为明皇家庙观。

朱棣还提倡全国民众来朝山,"许那各处好善肯做福的人都来修理"武当山。武当山道教也纷纷派遣道士往各地传道,真武信仰迅速扩散。大建玄帝庙的风气席卷全国。据明沈榜《宛署杂记》记载,明代北京城内即有真武庙20余处,而湖北则有100余处。全国各地真武庙总数约有1 000余处。各地以武当、金顶命名的建筑也数不胜数,其总体布局、建筑形制大都模仿武当山。武当山古建筑群因此而具有突出的普遍价值。明代后期,历代皇帝除了继续执行祖辈们给武当山的优惠条件外,其治安、维修逐渐由地方直接管理,而提督一职仍然由太监充任,这些人在心理上比正常人对宗教更热心,每逢大事,则代表皇帝到武当山巡视一番,武当山的古建筑群得到有效的护理,并成为全国的道教中心。

武当山古建筑群与道教文化[①]。朱棣修建武当山建筑群的目标最初可能只是建造一个模拟真武修仙的神国空间,影射皇帝"天地与我并在,神仙与我为一"的思想,从而构造出了人间、仙山、天国"天人合一"的规划布局。从古均州到天柱峰全长120华里。规划均州至玄岳门60华里为"人间";玄岳门至南岩40华里为"仙山";南岩至天柱峰20华里为"天国"。形成人间:仙山:天国=60里:40里:20里=3:2:1。这种以"道"、"数"为指导的规划,巧妙利用数字和谐安排建筑中比例、适度与秩序。同时,在空间布局、建筑结构安排上也十分注重传统的风水规律。传统风水实际上是有关人与建筑、环境的艺术文化,它将建筑与环境、民俗相结合,力求人与建筑、环境的最大和谐,尽量避免外部条件对人的不良影响。传统风水文化分阴宅文化和阳宅文化两部分。与建筑相关的主要是阳宅文化,它又分为形法派理论和理气派理论。形法派重视观形察势、实地考察,讲究山川的来龙去脉和房屋的坐向。理气派重视哲理、伦理,依据书本,糅合了星命、奇门遁甲、易经等方术知识,用气说、阴阳说、五行说、八卦说、干支说、节气说、神煞说、飞星说等学说解释风水吉凶。风水术特别强调系统原则,即综合考虑地处中心、交通便利、周围环境、地域、资源、空间等问题;因地制宜原则,即人应主动地适应环境的客观性,从而达到节省开支、保护生态环境、"天人合一"、"地我不二"的境界;居中适中原则,即讲究中轴线,突出中心,两边有序地

---

① 张全晓.武当山玄岳门与道教神仙信仰[J].2009(2).

排列建筑,并做到不偏不倚、不大不小、不高不低、疏密适当、恰到好处;以及依山傍水原则和负阴抱阳原则等。武当山道教建筑群特别注重系统、因地制宜、依山傍水、居中适中等风水术的一般规律。

此外,武当山建筑均强调"玄武"信仰主题。武当道教建筑的每一个名称几乎都与玄帝相关,其意在于用道教符号来宣传玄帝在武当山修真得道的神话。武当山道教建筑群是根据玄武在武当修真得道的神话传说来规划的。如元代兴建的南岩天—真庆宫是"玄帝炼真之地",玄帝圣号又有一"紫皇天—天君"。《启圣录》称玄帝奉御旨退居天—真庆宫,故特以天上宫网之名新建南岩宫;大顶太和宫是"玄帝冲举之"也,又因为玄帝在此修炼成仙,"当契太和",故以太和名之;太子岩、玉虚岩等岩庙是"玄帝往来修真之所"而得名;元和迁校府是玄帝官署名,与清微之法有关。明代敕建的五大宫中,五龙、紫霄、南岩为前代旧宫,它们为玄帝修炼之地;新建的净乐、玉虚二宫亦与玄帝有关。玄帝是净乐国的王子,出生时紫云弥漫,故在均州城建净乐宫;玄帝曾为太玄元帅判元和迁校府事,故建太玄观、元和观;玄帝来武当修炼曾隐居太子坡,故在此修复真观;大顶天柱峰为玄帝飞升之处,故在此建金殿等。它们使得朝山香客从进入均州城开始,就沉浸在道教的神话气氛中,在不知不觉中加深了对玄帝的信仰和虔诚。这些都充分体现了"玄帝"信仰的思想。

神仙思想是道教的中心思想。道教信仰的神仙有三清尊神,四御即四位天帝(真武大帝、地狱之主、财神、八仙)。其中,三清尊神(玉清元始天尊、上清灵宝天尊、太清道德天尊)是道教的最高神灵。道教通过修炼,追求长生不老,肉身成仙。武当山建筑群是满载着象征的建筑,是道教神仙信仰思想的集中体现。下面仅以作为武当山建筑群部分的玄岳门对此加以说明。玄岳门作为典型的道教门洞式建筑,古朴雄浑,秀丽飘逸,是道教神仙信仰思想的生动写照。道教主张道法自然,宣扬仙道贵生,因此特别重视人与自然的和谐,特别追求生命的永恒与逍遥。武当山既是玄帝祖庭,又是皇室家庙,兼有神山和官山的双重属性,一草一木都神圣不可亵渎。玄岳门选用碧色石料鼎建,既与武当山的生态环境相得益彰,又与道教的神仙信仰巧妙结合。碧色,是水的颜色,也是树的颜色,象征着生命的葱茏和大道的流行!很多道教经典和神话传说中,凡是有神仙的地方,总有碧色相伴,神仙们或高居碧霄,或长住碧海,或手执碧莲花,或头戴苍碧冠,或乘碧辇琅舆,或食碧藕仙枣。碧色成为一种约定俗成的色彩暗示,激发起人们对神仙世界的无限向往。玄岳门最能体现道教神仙信仰思想的还是它的建筑装饰。玄岳门的建筑装饰极富中国特色,它不仅综合运用了中国传统建筑常用的浮雕、镂雕、圆雕等雕刻手法,而且非常注重雕刻题材的选择,无论祥云瑞气,还是花鸟人物,都反复渲染了道教的神仙信仰思想。"治世玄岳"额坊四周,是镂雕的祥云、游龙和仙鹤等,这些既是中国古代建筑装饰的常用题材,也是道教神仙信仰的典型标志。祥云是吉祥的预兆,寓意美好未来,游龙和仙鹤则是神仙友朋,彰显尊贵典雅,它们组合在一起,云蒸霞蔚,龙飞鹤舞,营造出浓郁的道教氛围,给人以强烈的心理暗示。玄岳门的正面和背面还刻有很多栩栩如生的人物造型,其中又以道教八仙和福、禄、寿、禧四星神最为引人注目。道教八仙是深受民众喜爱的神仙群体,他们出身殊异,个性鲜明,分别代表男女老少、富贵贫贱等社会各个阶层,与民众生活十分接近!明代的八仙信仰非常兴盛,玄岳门以其为建筑装饰,正是希望通过八仙得道的故事向世人宣扬神仙可求的思想,只要诚心向道,人人皆可以成仙。福、禄、寿、禧四星神都是道教传说中的吉神,他们的职司与现实人生息息相关,常用作幸福、荣禄、长寿和喜庆的象征,寄托着世人渴望生活顺遂如意的人生理想。这些人物造型既丰富了玄岳门的道教文化内涵,也反映了道教神仙信仰与世俗生活的密切联系。

(3) 遗产价值

历史、文化价值。武当山建筑群的兴建,是明代皇帝朱棣在扩展外交的同时,对内大力推崇道教,灌输"皇权神授"的思想,以巩固其内部统治,具有重大的历史和思想信仰等意义。因此,武当山建筑群成为世人研究明初政治的实证资料,其建筑积淀了优秀而意义深远的道教文化,对我们了解中国的宗教历史及感悟道教的哲学思想有着重要意义。

艺术、美学价值。武当山古建筑群类型多样,用材广泛,各项设计、构造、装饰、陈设,不论木构宫观、铜铸殿堂、石作岩庙,还是铜铸、木雕、石雕、泥塑等各类神像都达到了高度的技术与艺术成就。

武当山古建筑群分布在以天柱峰为中心的群山之中,总体规划严密,主次分明,大小有序,布局合理。建筑位置选择注重环境,讲究山形水脉布局,疏密有致。建筑设计的规划或宏伟壮观,或小巧精致,或深藏山坳,或濒临险崖,达到了建筑与自然的高度和谐,具有浓郁的建筑韵律和天才的创造力。

科学价值。武当山金殿及殿内神像、供桌等全为铜铸镏金,铸件体量巨大,采用失蜡法(蜡模)翻铸,代表了中国明代初年(15世纪)科学技术和铸造工业的重大发展。其中的道教建筑可以追溯到公元7世纪,这些建筑代表了近千年的中国艺术和建筑的最高水平。

综上所述,武当山古建筑在建筑艺术、建筑美学上达到了极为完美的境界,有着丰富的中国古代文化和科技内涵,是研究明初政治和中国道教历史以及古建筑的实物见证。

(4) 建筑遗产景观与旅游

古建筑群坐落在沟壑纵横、风景如画的湖北省武当山麓,建筑主体以宫观为核心,主要宫观建筑在内聚型盆地或山助台地之上,庵堂神祠分布于宫观附近地带,自成体系,岩庙则占峰踞险,形成"五里一庵十里宫,丹墙翠瓦望玲珑"的巨大景观。因其建筑所处的幽美的自然环境,吸引着无数的游览观光者前往。此外,武当山古建筑中的宫阙庙宇集中体现了中国元、明、清三代世俗和宗教建筑的建筑学和艺术成就,也是明朝时期社会政治局面的一个缩影,这对历史研究者构成了极大的吸引力。最重要的是,道教神仙思想和道教风水文化则是对当今快节奏生活的社会的人们具有极大吸引力,道教养生修炼的方法包括内养、外养和房中术仍具有潜在的市场价值。武当山为中国最大的道教中心,也同样吸引着对中国本土宗教好奇的世人前来旅游,体验这里原生的道教文化。

6.2 王室建筑

6.2.1 中西王室建筑差异比较

古代世界建筑笼统地可分为七个体系,分别为欧洲建筑、中国建筑、古埃及建筑、伊斯兰建筑、古代西亚建筑、古代印度建筑、古代美洲建筑。其中有的早已中断,或流传不广,成就和影响也就相对有限,如古埃及、古代西亚、古代印度、古代美洲建筑等。而其余的三个体系,数中国建筑和欧洲建筑相对影响较大。从建筑文化的角度上说,西方包括从古罗马分离出来的英、法、德、意大利,它们是西方建筑的开创者和传承者。还有东欧、北欧包括非洲北部沿岸(主要是埃及),它们也是西方建筑历史上的组成部分和不同风格的延续地。西欧虽然由多个国家组成,却同是古希腊和古罗马文化的一脉相承,具有共同的元素。而中国作为世界上唯一存在的一个拥有连续文明的国家,同样在文明上保持了一贯的传统。因此,"中西建筑"之间的对比是两个相对独立的建筑文化的对比。

而王室建筑代表了同一时期一国的建筑文化和建筑艺术的最高水平,因此,中西建筑的差异,实际上也指中西王室建筑的差异。下面将从五个方面对其差异作比较:

(1) 建筑材料

从根本上说,中西方建筑艺术的差异首先来自材料的不同:传统的西方建筑长期以石头为主体;而传统的东方建筑则一直是以木头为构架的。这种建筑材料的不同,为其各自的建筑艺术提供了不同的可能性。

不同的材料造就不同的建筑,展现不同的信念。西方的石制建筑一般是垂直发展,建得又高又大。同时别出心裁的屋顶建筑也是西方古典建筑的一大亮点。但是怎样将高密度的石制屋顶擎如苍穹则是它的建筑艺术所在,于是出现了那些垂直向上的石柱,如较早出现的塔斯干柱式(见图6-17左)、后来的人像柱式(见图6-17右)等,可以说石柱是西方建筑基础中的基础。石柱及屋顶的发展伴随着西方建筑的发展,如果说石柱是西方建筑的"基本词汇",那么屋顶则是西方建筑的"基本句式"。屋顶的不同,导致了其风格类型上的差异,如希腊式、罗马式、拜占庭式、哥特式、巴洛克式等。

图 6-17　塔斯干柱式(左)和人橡柱式(右)

资料来源:http://image.baidu.com/。

与西方的石制建筑不同,中国古典建筑的"基本词汇"应该是斗拱(见图 6-18 左)。所谓斗拱,是介于屋顶与立柱之间过渡的物体,斗拱是由若干个带有弧形的拱件相互垂直垒叠并与斗形木块组拼而成。它是将屋檐托起的交叠的曲木,可以将纵向的力量向横向拓展,从而构造出多种多样的飞檐(见图 6-18 右)。可以说飞檐的设计是我国古典建筑中的璀璨明珠。不同的飞檐形式往往会有不同的艺术效果,或轻灵,或朴实,或威严。"廊腰缦回,檐牙高啄;各抱地势,钩心斗角"就是飞檐的真实再现。我国古典建筑的四大家——亭、台、楼、阁都用飞檐来标明自己的身份,表达自己的情感,而且飞檐的高低、长短往往会成为建筑设计的难点和要点。

图 6-18　斗拱(左)和飞檐(右)

资料来源:http://image.baidu.com/。

（2）建筑色彩

从中西建筑的装饰色彩上来看，中国以一种色彩为主，其他几种颜色并用；西方则是极其丰富，不同时代以不同的色彩为装饰的主色调，但没有一个单一的色调贯穿始终，对比也不是非常强烈。在中国的传统文化中，色彩的生成具有丰富的文化内涵，一方面，在五行学说的影响下，色彩成为天意的象征，人们用色彩表示对自然的尊重；另一方面，中国建筑的色彩被赋予了浓厚的伦理观念，以颜色作为区分社会等级、确定社会地位的手段，所以在很长一段时间，中国建筑的色彩缺乏变化，虽然丰富，但是又显得单一，并形成了一定模式。西方建筑的色彩，因为处于多元变化的社会文化中，所以变化多端，异彩纷呈，时而华丽浮艳，时而灿烂夺目，时而又光怪陆离。同时受西方"个人本位"观念的影响，色彩非常张扬、热烈、激情，甚至富于非理性的迷狂。

（3）建筑空间布局

从建筑的空间布局来看，中国建筑是封闭群体的空间格局，将各种不同使用功能的单体建筑组成波澜壮阔、气势恢宏的建筑群体。它们一般不向高空发展，而是围绕轴线形成一系列院落，平面铺展异常庞大。几乎无论何种建筑，从住宅到宫殿，都是一种类似于"院子"（见图6-19左）的格局。这种空间与平面布局的有序性，象征严肃而宁和的伦理秩序，体现了中国传统社会结构形态的内向性特征，以及严格的宗法思想和礼教制度。与中国相反，西方建筑往往以开放的单体的空间格局向高空发展，采用"体量"不断向上叠加，以巨大且富于变化的形体，形成巍峨壮观的整体，以宣扬神的崇高、表现对神的崇拜与爱戴为中心（见图6-19右），体现了西方人对神灵狂热的崇拜，更多的是利用了先进的科学技术成就给人一种奋发向上的精神力量。

图6-19 中西建筑空间布局——庭院式（左）和拜占庭式（右）
资料来源：http://image.baidu.com/。

(4) 建筑造型

中国传统造型特别强调"线型美",讲究线条的婉转流动,中国的梁、柱、屋檐等都能表现"线"的艺术感染力,例如,在歇顶山的建筑中,屋檐有意做成微微地向两侧升的形高,而屋角部分做成明显的起翘,形成"飞"的意境;而屋顶上部坡度较陡,下部较平缓,这样既便于雨水排泄,又有利于日照与通风。追求意境和重伦理的思想在中国古建筑中体现得非常明显,在建筑造型时,往往把其社会内容和象征意义放在显要突出的位置,同时,还注重实用性,如荀子主张"为之宫室台榭,使足以避燥湿、养德、别轻重而已,不求其外"。

西方传统造型强调"形式美",发源于希腊的古典主义美学思想认为"美在物体的形式",我们从古希腊的建筑中感受到一种对形式美的强烈的追求。在古希腊、古罗马自然科学高度发展的历史条件下,人们对于数与几何图形有特别的认识,极其重视富于逻辑的几何形状之美。美的建筑就是由明确的几何形体与几何比例关系以及确定的数量关系构成的,如图 6-20 中古罗马斗兽场所示。其门廊由典型的几何长方形和半圆拱形构成,整个建筑呈圆形空间。所以它们往往借助数的组合和几何形体来塑造建筑的形式美,而不规则的石块恰恰能满足这一需求。

图 6-20 "线型美"(左)和"几何美"(右)

资料来源:http://image.baidu.com/。

(5) 建筑理念

中国传统(古典)建筑风格具有温和、实用、平缓、轻捷等特征,表现的是入世的生活气息,实践理性精神(或功能性)较突出,故谓之为"人本主义建筑",主要是受儒学的影响。西方传统(古典)建筑风格具有冷硬、敦实、突兀、玄妙等特征,体现的是以神灵为崇拜对象的宗教神灵精神或一种弃绝尘寰的宗教出世观念,故谓之为"神本主义建筑",主要是受基督教神学的影响(见表 6-1)。

表 6-1　中西方建筑差异比较归纳

区域差异	材料	色彩	空间布局	形体审美	文化观念
中国	木材为主	色调单一	封闭、群体、占据地面（君权、封建家长权威）	线条美	儒学影响
西方	石头为主	色彩缤纷	开放、单体、占据高空（民主、独立、自由的象征）	几何美	基督教神学影响

6.2.2　王室建筑遗产的价值

1. 历史文化价值

首先,王室建筑反映着古都、城市生活场景,是城市历史生活的片断,是历代文化的积累和延续。不但为现代人传述着先人们生存的典型信息,而且见证着历史的变迁和更迭,更集中地反映了国家政治文明和建筑之间的紧密关系,具有极高的历史价值。

其次,中西方建筑形式上的差别,是文化差别的表现,它反映了物质和自然环境的差别、社会结构形态的差别、人的思维方法的差别以及审美境界的差别。

西方古典建筑重在表现人与自然的对抗和征服。石头、混凝土等建筑材料的质感生硬、冷峻,理性色彩浓,缺乏人情味。在建筑的形体结构方面,西方古典建筑以夸张的造型和撼人的尺度展示建筑的永恒与崇高,以体现人之伟力。那些精密的几何比例,那些充满张力的穹窿与尖拱,那些傲然屹立的神殿、庙坛,处处皆显示出一种与自然的对立和征服,从而引发人们惊异、亢奋、恐怖等审美情绪。就连以山水自然之美为题材的园林建筑,也一反中国式的"天人合一",而表现天人对立、人定胜天的主题。在西方造园家眼里,自然景物不是模仿对象,而是改造的对象,因而西方古典园林的造景多以体现人工伟力的建筑为主,山水花木不过是建筑的陪衬。这里的山水花木并没有保持自然的生长之态,而被修剪成各式规整的图案。园林的布局,也按人的意志划分为规则的几何形,表现出古代西方人勇于征服自然的抗争精神。西方古建筑的空间序列采用向高空垂直发展、挺拔向上的形势。同时,西方古典建筑突出建筑个体特性的张扬,横空出世的尖塔楼,孤傲独立的纪念柱处处可见。每一座单位建筑,都不遗余力地表现自己的风格魅力,绝少雷同。这反映了西方传统文化中重视主体意识,强调个体观念。

中国传统美学神韵在于重视现实人生,讲究人伦次序,淡化宗教信仰,始终灌注着重生知礼的现世精神,体现着传统儒家重视人的群体生命意识。故而,中国古代都城尤为强调礼制秩序,并在住宅布局上体现儒家上下、男女之礼的基本思想,从而构成了人际关系的建筑空间模式。

在西方，基督教神学是欧洲封建社会的总的理论，是包罗万象的纲领。教会成了社会的中心，从而导致西方的文明对神灵的崇拜、对宗教的敬畏，并深深地影响着他们的建筑艺术，以致突出建筑本体、风格多样变化和直指苍穹的艺术造型等个性特征。因此，欧洲古典建筑具有个体"崇高"的美学特征，在文化上，可以看成是张扬个性、崇尚个体形象的表现。

2. 科学艺术价值

中国古代的木结构建筑，确定了台基、柱身、屋顶三位为一体的立面格局，木柱上架梁枋，梁枋上架屋顶，这种建筑风格，着重在实用、适宜自然环境，巧于内外装饰。中国王室古建筑木结构是以木构架为骨干，柱梁承重，墙壁、门窗仅做围护，并不承担。屋顶的重量、榫卯的出现是中国木结构的一大创建，通过它可以不用一钉一铁就将一木构件连接为整体，它榫卯契合、牢固美观、富于线条流动的节奏感，在世界建筑之林中独树一帜。中国的古建筑木结构的斗拱是立柱和梁桁之间的过渡构件，这种构件充分利用榫卯技术达到很好的抗震效果。在艺术价值方面中国建筑体系是以木结构为特色的独立的建筑艺术，在城市规划、建筑组群、单体建筑以及材料、结构等方面的艺术处理均取得辉煌的成就。传统建筑中的各种屋顶造型、飞檐翼角、斗拱彩画、朱柱金顶、内外装修门及园林景物等，充分体现出中国建筑艺术的纯熟和感染力。而圆雕、浮雕、透雕线刻在中国古建筑构件中井然有序地结集，展现了特有的装饰风格，洋溢着亲切的民俗气氛，形成了中国民族文化的一道风景。其布局之工、结构之巧、装饰之美、营造之精，集中体现了中国传统文化的精粹，蕴含着一定的历史价值、科学价值和艺术价值。

西方王室建筑则在建筑造型上追求"形式美"。美的建筑就是由明确的几何形体与几何比例关系以及确定的数量关系构成的。他们往往借助数的组合和几何形体来塑造建筑的形式美，运用力学原理对建筑进行构造，具有一定的科学价值。西方古典建筑的色彩在古希腊的建筑群中，几乎到处都能看到艳丽的色彩。希腊色彩是他们宗教观的反映，使用色彩已具有象征意义。红象征火，青象征大地，绿象征水，紫象征空气。通过色彩表现着他们的宗教信仰。他们多运用红色为底色，黑色为图案或相反使用。这种对比产生一种华贵感。古罗马为了装饰宏大的公共建筑和华丽的宅邸、别墅等，各种装饰手段都予以运用。室内喜用华丽耀眼的色彩，红、黑、绿、黄、金等，墙上有壁画，色彩运用十分亮丽，还通过色彩在墙面上模仿大理石效果，并在上面以细致的手法绘制窗口及户外风景，常常以假乱真。艳丽奢华的装饰风格影响整个欧洲。当时的建筑经典《建筑十书》介绍，那时建筑色彩非常丰富，有黄土、灰黄、胭脂、淡红、红褐、鲜红、朱红、灰绿、蓝绿、深蓝、白、红白、黑、金等色彩。这无疑使得西方古建筑在色彩美学上的艺术价值和宗教艺术表现上的价值凸显。

6.2.3 中外重要的王室建筑遗产

1. 法国凡尔赛宫及其园林

（1）凡尔赛宫概况①

1979年，联合国教科文组织将法国凡尔赛宫和园林作为文化遗产，列入《世界遗产名录》。凡尔赛宫和园林，位于巴黎西南24公里处，是欧洲最大的王宫。原为国王猎庄，路易十三时建造了一个小城堡，1661年路易十四时动工扩建，路易十五时期完工。在保留小城堡的前提下建筑了规模庞大的包括城堡、宫廷、花园在内的王宫，占地2 473公顷。三条放射形大道在观感上使凡尔赛宫宛如整个巴黎乃至整个法国的

图 6-21　凡尔赛宫（局部）
资料来源：http://image.baidu.com/。

集中点，体现了当时法国的中央集权和绝对君权观（见图6-21）。

宫殿长400米，立面分三段处理，是古典主义风格建筑的典范，对17、18世纪的欧洲建筑产生重大影响。主体建筑构架由卢浮宫首席建筑师勒沃规划，室内的雕塑、家具、壁画由崇尚罗马艺术风格的画家勒布伦任总设计和总监。凡尔赛宫的大规模扩建由芒萨尔负责，著名的"镜廊"和大特里亚农宫是他最杰出的作品。镜廊长76米，宽10米，由578面镜子组成。绘画、雕塑、大理石、水晶、青铜、丝绸饰品均是宫廷装饰的不朽之作，尽显路易王朝的奢华（见图6-22）。

图 6-22　凡尔赛宫（局部）

资料来源：http://image.baidu.com/。

---

① http://zh.wikipedia.org/。

（2）遗产价值

凡尔赛宫始终是法国封建统治历史时期的一座华丽的纪念碑。从内容上讲不仅是法兰西宫廷，而且是国家的行政中心，也是当时法国社会政治观点、生活方式的具体体现。它是欧洲自古罗马帝国以来，第一次表现出能够集中如此巨大的人力、物力、财力的专制政体力量。当时，路易十四为了建造它，共动用了三万余名工人和建筑师、工程师、技师，除了要解决建造大规模建筑群所产生的复杂技术问题外，还要解决引水、道路等各方面的问题。可见，凡尔赛宫的成功，有力地证明了当时法国经济和技术的进步以及劳动人民的智慧，饱含不容忽视的历史文化价值。从艺术上讲，凡尔赛宫宏伟壮丽的外观和严格规则化的园林设计是法国封建专制统治鼎盛时期文化上的古典主义思想所产生的结果。几百年来欧洲皇家园林几乎都遵循了它的设计思想，它把园林建筑的艺术价值体现得淋漓尽致。

（3）建筑遗产景观与旅游

作为与凡尔赛宫捆绑在一起成为世界文化遗产的凡尔赛宫园林，几乎是世界上最大的宫廷园林，其奢华几可与凡尔赛宫相媲美，由勒诺特尔设计。花园占地6.7公顷，纵轴长3公里。园内道路、树木、水池、亭台、花圃、喷泉等均呈几何图形，有统一的主轴、次轴、对景，构筑整齐划一，透溢出浓厚的人工修凿的痕迹，也体现出路易十四对君主政权和秩序的追求和规范。园中道路宽敞，绿树成荫，草坪树木都修剪得整整齐齐；喷泉随处可见，雕塑比比皆是，且多为美丽的神话或传说的描写。长、宽分别为1 650米和62米、1 070米和80米呈十字交叉的大、小运河，为多人文色彩、少自然气息的皇家花园增添了几多天然氛围。凡尔赛宫花园堪称是法国古典园林的杰出代表(见图6-23)。

图 6-23　凡尔赛宫园林

资料来源：http://image.baidu.com/。

凡尔赛宫及其园林旅游资源组合状况良好,是一处集文化体验、科学考察、游览观光、休闲访古为一体的旅游目的地,旅游发展情况较好。

2. 印度泰姬陵

(1) 泰姬陵概况①

泰姬陵,亦称泰姬·玛哈尔陵,是印度的古陵墓,也是世界七大建筑奇迹之一。泰姬陵位于北方邦西南部的阿格拉布市郊区,距离新德里195千米。1983年根据文化遗产评选标准Ci被列入《世界遗产名录》(见图6-24)。

泰姬·玛哈尔陵虽然名为陵墓,但是占地范围很广,包括前庭、正门、蒙兀儿花园、水道、喷水池、陵墓主体和左右两座清真寺。陵墓的四周砌

图 6-24　泰姬陵
资料来源:http://image.baidu.com/。

有长576米、宽293米的红砂石围墙,陵园占地17万平方米,其中间有一个十字形水池,中心为喷泉。从陵园大门到陵墓,有一条用红石铺成的直长甬道,甬道尽头就是全部用白大理石砌成的陵墓。

陵墓建筑在一座7米高、95米长的正方形大理石基座上,寝宫居中,四周各有一座40米高的圆塔。寝宫高74米,上部为一高耸的穹顶,下部为八角形陵壁。宫内墙上,珠宝镶成繁花佳卉,光彩照人。寝宫分五间宫室,中央宫室里置放着泰姬和沙贾汗的大理石石棺。陵墓的东西两侧屹立着两座形式相同的清真寺翼殿,用红砂石筑成,四周围是红砂石墙,进口大门也是红岩砌建(见图6-25)。

图 6-25　泰姬陵清真寺翼殿
资料来源:http://image.baidu.com/。

---

① http://baike.baidu.com/view/288。

泰姬陵是世界闻名的印度伊斯兰建筑的代表作。它位于印度北方邦亚格拉市郊。泰姬陵是莫卧尔王朝第五代皇帝沙贾汗为其爱妻泰姬·玛哈尔修建的陵墓。它始建于1631年,每天动用2万名工匠,历时22年才完成。

(2)遗产价值

泰姬陵建筑体现了重要的文化价值和艺术价值。泰姬·玛哈尔陵的建筑概念来自平衡、对称,并且与数字"4"有关。在伊斯兰教信仰中,"4"是非常神圣的数字,所以四座小圆塔、四支尖塔和四角形庭园,都是平和与神圣的象征。该建筑的设计颇受印度伊斯兰宗教文化的影响,建筑风格符合伊斯兰宗教文化的价值取向。因其建筑时间之久、工程量之大、规模之宏伟,泰姬陵成为研究印度宗教中伊斯兰教文化的有力物证。

泰姬陵建筑的艺术水平很高,集中了印度、中东及波斯的艺术特点。整座建筑体形雄浑高雅,轮廓简洁明丽。由于它坐落在具有一片常绿的树木和草坪的陵园内,在碧空和草坪之间,洁白光亮的陵墓更显得肃穆、端庄、典雅。这是一座全部用白色大理石建成的宫殿式陵园,用玻璃、玛瑙镶嵌,绚丽夺目、美丽无比,它洁白晶莹、玲珑剔透,是一件集伊斯兰和印度建筑艺术于一体的古代经典作品,具有极高的建筑艺术价值(见图6-26)。

图6-26　泰姬陵所用的大理石材料及其雕刻艺术

资料来源:http://image.baidu.com/。

(3)建筑遗产景观与旅游

在世人眼中,泰姬陵就是印度的代名词。这座被誉为世界七大奇迹之一的宏伟陵墓,正如万里长城一样,浓缩着一个伟大民族和文明古国数千年的灿烂文化。它吸引着世界各地的旅游者,是去往印度必看的景点之一。此外,建于1632—1654年的泰姬陵表达了一个国王对他亲爱的妻子无与伦比和刻骨铭心的纪念。此爱绵绵情意长,泰姬陵成为爱情的象征!依托美好的情感象征意义,为该景观开发中青年群体旅游市场奠定了良好的基础。

3. 中国明清故宫

(1) 明清故宫概况

明清故宫即北京及沈阳的明清皇家宫殿,是联合国教科文组织所登录的一项中国的世界文化遗产。登录的范围包括北京故宫博物院(紫禁城)及2004年追加的沈阳故宫两个建筑群。1987年,北京故宫(紫禁城)被登录为世界文化遗产。紫禁城是世界最大的皇宫,为明清两朝24个皇帝居住、办公的宫殿。由明成祖朱棣于1406年下旨修建,至1420年基本完成。2004年,沈阳故宫作为北京故宫的扩展项目被联合国教科文组织列为世界文化遗产。沈阳故宫是后金及清朝初期,努尔哈赤及皇太极两名皇帝的宫殿,同时也是清朝的离宫之一。

北京故宫[1]是明清两朝皇帝的宫廷,也是世界上现存规模最大、最完整的古代木构建筑群。其规模之大、风格之独特、建筑之辉煌、陈设之豪华,是世界上宫殿所少见的。故宫占地面积72万平方米,建筑面积15万平方米,有殿宇9 000多间。故宫周围是数米高的红围墙,周长3 400多米,城外是护城河。从整个建筑的布局来看,故宫可分为前后两个部分:前部分称"外朝",主要建筑有"三大殿",即太和殿、中和殿、保和殿,其中太和殿(又称金銮殿)是皇帝举行即位、诞辰节日庆典和出兵征伐等大典的地方。三大殿两侧是文华殿和武英殿。"外朝"是皇帝举行重大典礼和发布命令的地方。"外朝"后面是"内廷"。这一部分的主要建筑有乾清宫、交泰殿、坤宁宫和御花园。内廷的东西两侧是东六宫和西六宫,是皇帝处理政务和后妃们居住的地方(见图6-27)。

图 6-27 北京故宫

资料来源:http://image.baidu.com/。

沈阳清朝故宫[2]位于辽宁省沈阳市沈河区明清旧城中心。始建于公元1625年,是清朝入关前清太祖努尔哈赤、清太宗皇太极创建的皇宫,共有114座建筑。

---

[1] http://zh.wikipedia.org/wiki/。

[2] http://zh.wikipedia.org/wiki/。

沈阳故宫以崇政殿为中心，从大清门到清宁宫为一条中轴线，将故宫分为东、中、西三路。中路为故宫主体，崇政殿（金銮殿）为主体的核心，是皇太极处理朝政之所，配以飞龙阁、翔凤阁、师善斋、协中斋、日华楼。后面有凤凰楼、清宁宫，还有皇帝妃嫔寝居的东西配宫，以及颐和殿、介祉宫、敬典阁、迪光殿、保极宫等。东路建筑以大政殿为中心，辅以左右翼王亭、八旗亭。这是清王朝入关前，八旗建制的象征，是早期

图 6-28　沈阳故宫
资料来源:http://image.baidu.com。

八旗兵制在宫殿建筑中唯一的历史古迹。大政殿是用来举行大典，如颁布诏书，宣布军队出征，迎接将士凯旋和皇帝即位等的地方。十王亭则是左右翼王和八旗大臣办事的地方（见图 6-28）。

（2）遗产价值

明清故宫具有不可估量的历史文化价值和科学艺术价值。

北京故宫是我国古代宫廷建筑保留最完整的一处。故宫黄瓦红墙，金扉朱楹、白玉雕栏，宫阙重叠，巍峨壮观，是中国古建筑的精华，充分显示了我国宫殿建筑艺术的高超水平。宫内现收藏珍贵历代文物和艺术品约 100 万件。故宫前部宫殿，当时建筑造型要求宏伟壮丽，庭院明朗开阔，象征封建政权至高无上，太和殿坐落在紫禁城对角线的中心，四角上各有十只吉祥瑞兽，生动形象，栩栩如生。故宫的设计者认为这样可以显示皇帝的威严，震慑天下。后部内廷却要求庭院深邃，建筑紧凑，因此东西六宫都自成一体，各有宫门宫墙，相对排列，秩序井然。内廷之后是宫后苑。后苑里有岁寒不凋的苍松翠柏，有秀石迭砌的玲珑假山，楼、阁、亭、榭掩映其间，幽美而恬静。故宫宫殿是沿着一条南北向中轴线排列，三大殿、后三宫、御花园都位于这条中轴线上，并向两旁展开，南北取直，左右对称。这条中轴线不仅贯穿在紫禁城内，而且南达永定门，北到鼓楼、钟楼，贯穿了整个城市，气魄宏伟，规划严整，极为壮观。其历史文化价值和艺术观赏价值可窥见一斑。

沈阳故宫整座皇宫楼阁林立，殿宇巍峨，雕梁画栋，富丽堂皇。按照建筑布局和建造先后，可以分为三个部分：东路为努尔哈赤时期建造的大政殿与十王亭；中路为清太宗时期续建的大中阙，包括大清门、崇政殿、凤凰楼以及清宁宫、关雎宫、衍庆宫、启福宫等；西路则是乾隆时期增建的文溯阁等。它是统治中国的最后一个朝代在将权力扩大到全国中心、迁都北京之前，朝代建立的见证，后

来成为北京故宫的附属皇宫建筑。这座雄伟的建筑为清朝历史以及满族和中国北方其他部族的文化传统提供了重要的历史见证。沈阳故宫博物院不仅是古代宫殿建筑群,还以丰富的珍贵收藏而著称于海内外,宫中建有一个极为珍贵的藏书馆,其内陈列了大量旧皇宫遗留下来的宫廷文物,如努尔哈赤用过的剑等。

(3) 建筑遗产景观与旅游

我国古代各类宫廷建筑的体量和形式大都方整划一、主从分明、轴线贯通、秩序井然,而且从北到南、从东到西千百年保持着统一的风格,基本形式没有大的变化。这种现象深刻地反映了中国封建政治文化的基本特点,即国家统一、皇权至上、等级森严、典章完备,生产与生活方式变化幅度很小,思想意识的传统性很强(大一统观念),突出地刻画出封建社会的伦理秩序观念和人们的生活节奏。中国古代传统政治思想对宫廷古建筑的影响极大,这主要表现在我国宫廷建筑在文化上具有三大特点:第一,以大称威;第二,以中为尊,即建筑群的主要建筑应建在中轴线上;第三,礼制至上,即建筑具有十分森严的等级制度观念,这从屋顶形式、台基高低、面阔间数等可知。可见,王室建筑是世人窥见中国封建政治文化的一个现实窗口,是一个不可多得的文化旅游资源。

作为历史文化遗存,王室建筑与旅游注定有着不可分割的联系。作为一个城市甚至民族历史文化的象征,王室建筑拥有多重价值和功能,如果这些价值不能有效地向公众展示,那么王室古建筑就会出现价值缺失的现象。旅游因其特有的可愉悦大众的功能,无疑成为王室古建筑价值展示的首要途径。以旅游形式展现的古建筑,能够传授知识,启迪智慧,陶冶情操,还能弘扬民族文化,延续历史文脉,唤起人们的爱国热情;同时,旅游使得古建筑的保护观念日益深入人心,从而激发社会公众自发或自觉保护古建筑的行为。

具体来说,故宫是世人了解中国明清历史的现实窗口,是考古学家和历史学界的宠儿。其建筑面积之大、建筑之宏伟、建筑艺术之高超,无不让游客拍手称奇。透过故宫,人们能感受到中国明清政治、宫廷文化的掠影,怀想帝王将相、百官大臣们的文韬武略,仿佛康乾盛世尽在眼前,对先贤的敬畏之情油然而生,从而引发后生奋发向上的豪情斗志。

沈阳故宫经康熙、乾隆皇帝不断地改建、增建,形成了今日共有宫、殿、亭、台、楼、阁、斋、堂等建筑一百余座,屋宇五百余间,占地面积达六万平方米的格局面貌。这是清王朝亲手缔造的第一座大气庄严的帝王宫殿建筑群,具有浓郁多姿的满族民族风格和中国东北地方特色。作为满汉建筑艺术融合得尽善尽美的范例,沈阳故宫既是中国最著名的历史古迹和旅游胜地,也是当之无愧的优秀世界文化遗产。总之,明清故宫旅游的开发既能推动当地经济文化的发展,反过来,又有助于促进其建筑遗产的保护和文化遗产的传承。

4. 明清皇家陵寝

(1) 明清皇家陵寝概况

明清皇家陵寝①是中国的明朝、后金、清朝等朝代的皇帝陵墓群。此陵寝群(明显陵、清东陵、清西陵)在2000年被联合国教科文组织登录为世界文化遗产,并在2003年、2004年扩充。2003年明孝陵和明十三陵被列入《世界遗产名录》,2004年盛京三陵被列入《世界遗产名录》。

明显陵②位于湖北钟祥市城东7.5千米的纯德山,是明世宗嘉靖皇帝的父亲恭睿皇帝和母亲章圣皇太后的合葬墓,始建于明正德十四年(1519),园陵墓面积1.83平方千米,是我国中南地区唯一的一座明代帝王陵墓,是我国明代帝陵中最大的单体陵墓。其"一陵两冢"的陵寝结构,是历代帝王陵墓中绝无仅有的(见图6-29)。

图6-29 明显陵

资料来源:http://image.baidu.com/。

清东陵位于河北省遵化市西北30千米处的马兰峪,是我国现存陵墓建筑中规模最宏大、建筑体系最完整的皇家陵墓(见图6-30)。葬有顺治(孝陵)、康熙(景陵)、乾隆(裕陵)、咸丰(定陵)、同治(惠陵)5位皇帝,再加上孝庄、慈禧和香妃等161人,有大小建筑580座。建筑面积要比北京故宫大几十万平方米。清东陵堪称是清朝遗留的中国文化瑰宝。其中,清东陵地上的建筑以定东陵(慈禧)和裕陵(乾隆)最为考究。定东陵和裕陵地宫全用汉白玉建造,龙凤呈祥,彩云飞舞。地宫室内墙壁除石雕之外,全都贴金,建筑精美壮观,靡费空前。③

---

① http://zh.wikipedia.org/wiki/。
② 王冠星主编的《旅游美学》第五章"中国古建筑与观赏——陵寝建筑"。
③ 同上。

图 6-30　清东陵

资料来源：http://image.baidu.com/。

清西陵位于河北省易县永宁山下，始建于雍正八年(1730)，历经 18 世纪中叶至 19 世纪初，余绪延至民国年间(见图 6-31)。这里埋葬着雍正、嘉庆、道光、光绪 4 位皇帝及其后、妃等。陵区占地约 800 平方千米，建筑面积 50 万平方米。其风景秀丽、环境优雅、规模宏大、体系完整，是一处典型的清代古建筑群，同时也是中国清朝前期、中期、晚期陵寝建筑艺术的代表作品。①

图 6-31　清西陵

资料来源：http://image.baidu.com/。

(2) 遗产价值

明清皇家陵寝具有无与伦比的历史价值、文化价值、艺术价值及科学价值。下面分别就明显陵、清东陵、清西陵的遗产价值加以说明。

---

① 同上.

中国历代封建王朝提倡"厚葬以明孝",每临皇帝死去,不惜用大量的财力、人力为其建造巨大的陵墓。明显陵是中国封建时代对灵魂信仰的集中体现,凝聚着一个时期的政治思想、道德观念和审美趣味;同时,这种动用国家力量建造的陵墓,也反映了当时的经济状况、科学技术水平和营造工艺水平,是中国丧葬艺术的最高表现形式和建筑典范。

清东陵是中国现存规模最为宏大、体系最为完整、保存最为完好的帝王陵墓建筑群。中华民族具有"敬祀祖先,慎终追远"的传统美德,历来十分重视对死者的安葬和祭祀,这不仅是为了缅怀和纪念,也借此祈求祖先对后世的庇护。作为封建统治者则将其作为关乎国祚盛衰、帝运长短的要工重典来对待。到了清代,更把这种理念推向了高峰。在陵寝的选址和规划设计中,充分运用了中国传统的风水理论,着力体现"天人合一"的宇宙观,将人的精神熔铸于大自然之中,造成一种崇高、伟大、永恒不朽的意象。在建筑规模和建筑质量上,则力求做到恢宏、壮观、精美,以体现皇权至上的思想,炫耀皇家的气派和威严,从而成为皇权物化的表征。作为清代皇家陵园之一的清东陵正是这一传统文化的不朽载体。

清东陵的经营跨越了两个半世纪的时空,几乎与清王朝相始终,葬有许多对清代历史有着重要影响的、声名显赫的人物,蕴含着丰富的历史信息,不仅是研究清代陵寝规制、丧葬制度、祭祀礼仪、建筑技术与工艺的不可多得的实物资料,而且也是研究清代政治、经济、军事、文化、科学、艺术的典型例证。清东陵具有重要的历史价值、艺术价值和科学价值,是中华民族和全人类的文化遗产。

清西陵有4座皇帝陵,3座皇后陵,3座纪园寝,4座王爷、公主、阿哥园寝共14座陵寝和2座附属建筑(永福寺、行宫),是中国陵寝建筑艺术的重要组成部分,也是中国两千年来陵寝建筑艺术上辉煌壮丽的一页。4座帝陵建筑规模宏大、布局合理、宫殿辉煌、石雕精美、形式多样、内涵丰富、保存完整。后纪园寝严格按照封建等级制度的规格建造,虽久经大自然的风雨剥蚀,其规模与原貌仍存。亲王、公主、阿哥园寝大部分保存得相当完好,行宫、永福寺虽历经沧桑,但也比较完整地保存下来,从而使清西陵成为保存最为完整的清代陵寝之一。清西陵以大量的实物形象和文字史料,从不同侧面展示了18世纪30年代至20世纪初期中国陵寝建筑艺术风格及皇家宗教信仰的重大发展、变化,对中国古代陵寝建筑艺术的创新与发展有重要贡献,具有不菲的文化价值、艺术价值和鉴赏价值。

此外,明清时代(1368—1911)是陵寝建设史上的一个辉煌时期,明朝的开国皇帝朱元璋对陵寝制度作了重大改革。他将地上的封土堆由以前的覆斗式方形改为圆形或长圆形,又取消寝宫,并扩大了祭殿建筑。清代沿袭明代制度,更加注重陵园与周围山川形势的结合,注重按所葬人辈分排列顺序,还形成了帝后妃陵寝的配套序列,在祭祀制度上也更加完善、合理。明清时代的皇室墓葬,与之前有很大的不同。中国的皇室陵寝,在明清以前有多种形式,包括木椁大墓、土墓、深葬,但很少讲究建筑形式。自明太祖起,修订了陵寝制度,例如增设祭奠设施、增加院落及宝盖式屋顶。清代的陵墓则更加考究,注重风水及环境,希望陵寝能与当地的山川、气候达到"天人合一"的境界,并且建筑也更加富丽堂皇,是中国陵寝营建活动的巅峰。明显陵、清东陵、清西陵对研究我国明清时代的陵寝建设文化具有极为重要的科学价值。

综上所述,明清皇家陵寝是我国明、清两朝皇帝悉心规划营建的文物建筑,体现了中国封建社会的最高丧葬制度和千百年来封建社会的宇宙观、生死观、道德观和习俗,也体现了当时中国最高水平的规划思想和建筑艺术,具有清代以前各代陵寝建筑不可替代的历史、艺术、科学和鉴赏价值。

(3) 建筑遗产景观与旅游

这些陵寝建筑都选在生态环境好的"龙脉"之地,再加之又是"皇陵禁地",因而保持着幽美的自然环境。它是山水风光、建筑和文物的综合体,形成了具有较强吸引力的陵墓旅游资源。陵园内,气氛肃穆、清幽、宁静、庄重,已成为今天寻古探奇的旅游胜地。

6.3 军事建筑

6.3.1 中西古代军事建筑的渊源

古代军事工程技术①主要是指构筑城池、城堡的技术。

城池是以城墙和护城河(或护城壕)为主体,与外围关堡相结合所组成的环形防御工程体系。城池筑城体系的形成和发展,是随着武器、战争形式和战术的发展而不断发展演变的。早在原始社会,当遇到某种威胁时,人们就会躲在壕沟、石垒、树桩的后面,进行被动的防护。随着私有财产的出现,其数量的增多和范围的不断扩大,掠夺斗争开始激烈起来,各个部落为了保障本部落的财物、人口不被掠夺,为了在频繁的掠夺战中"保存自己",提高部落自身的生存能力,已经懂得了利用天然屏障,或以人力在住地周围构筑土围墙,并用防栅和壕沟加以保护。于是具有防护性能的城郭沟池等防御筑城设施应运而生。如古代的埃及、罗马、希腊、中国等都相继构筑城池。中国的城池②起源于原始社会向奴隶

---

① 《世界军事百科》31—36页。
② 《走进中国古建筑》第10章综合类228—235页。

社会的过渡时期,大约是在夏王朝建立(公元前22世纪)的前后,出现的土墉是城池的雏形。早期的城池大多是用夯筑技术构成的,即先挖城墙基础槽,然后再槽内填土,再用河卵石(稍后是4根木棍绑在一起)为夯具夯筑。有些城墙是采用小板堆筑法的技术构筑的,即以版筑墙为内壁,在内壁外侧再筑斜坡夯土堆,与内壁版筑墙同高,从而提高城墙的高度和坡度。虽然夯筑技术还极为原始,但已懂得挖基础槽,这在工程构筑及建筑学上是一次飞跃。在夏、商、周、春秋的1600多年奴隶社会中,筑城开始由原始的土墉沟壕、石墙围寨发展为建造王城和都邑。战国时期的墨家学派在《墨子·备城门》等各篇城市防守专论中,对城池形制的结构和守城设备、守城部署都有了新的创见。商代时期的筑城技术已经广泛运用了版筑技术,并与夯筑法相结合,构成了既高厚陡峻又具有坚固防御能力的城墙。宋朝的陈规在《守城录·守城机要》中,根据积极防御、长期坚守的思想,论述了城防设施的建设,对城池的结构设施、使用材料、建筑技术、类型样式等提出了改进措施。到明代,古代筑城技术发展到了鼎盛时期。在建筑材料方面,东晋时期出现了用砖包砌成墙。唐宋时期,一些较大的城池都用砖包砌成墙。明、清时期,用整齐的条石、块石和大城砖包砌成墙已较普遍。明代的城墙,砌砖用的胶结材料已经使用糯米石灰浆,城门起拱用桐油拌和石灰胶结。

城堡是封建领主或国王等的设防宅邸。中国豪强地主修建的坞壁,与西欧的城堡同义。915年,从中亚到西欧修建了许多封建主的城堡。在筑城技术上,堡墙由初期的土木结构发展为用砖石砌成。墙高在10—15米,塔楼和角塔通常高于城墙并突出墙外23米,以形成制高点。堡内主楼多为圆形和方形。门板的设计多为木制,外包铁皮。闸门一般为铁所制,沿着石槽上下移动,以开关通道。坞壁与西欧的城堡在形制和作用上基本相似,但通常构筑在平坦的地形上,四周构筑高大的城墙,四禺建有角楼,城门上建有望楼,院中建有主楼和粮仓、库房及兵房等。有的坞壁凭险构筑,坐落在险峻的山岭、河湾等地形上。15世纪末,由于火炮威力增强,城堡已经无法抵御强大的火炮攻击,失去了军事价值,所以城堡一度成为权贵们显赫势力的象征。[1] 在建筑设计上日益趋向豪华与居住的舒适,刻意追求城堡的造型艺术,并以华丽的主室、大厅和教堂取代了过去的主楼。

6.3.2 军事建筑遗产的价值

1. 历史价值

军事是人类活动的特殊领域,以战争史为主体的中国军事史是中国历史的重要组成部分。城池在中国历史中扮演着重要的角色,一座城池的失守和攻陷,

---

[1] 胡志峰.中世纪城堡军事作用及其历史影响[D].河北师范大学,2010.

就象征着两股或者多股政治力量的消长;而关键城池的沦陷之际便是朝代更替、历史向前发展之时。放眼中国五千年的历史,大大小小的军事建筑之处所兴起的军事战争无不见证着朝代的兴衰。

城堡是中世纪西欧历史的一种重要的现象,是理解西欧中世纪历史的一把钥匙。中世纪城堡,主要是指9世纪出现的土岗——城郭式城堡及以后的砖石结构城堡。9世纪是城堡建造的大发展时期,也是城堡建筑史上新的历史阶段,其中最重要的标志是土木结构的城堡被石头结构的城堡所代替,城堡的围墙和城堡中核心性建筑——塔楼等重要部分都用石料砌成。从10世纪到13世纪城堡功能就是充当军事机器,但在14世纪和15世纪,城堡的作用几乎完全改变,它们被供火炮使用的堡垒取代。城堡的发展史是西方军事发展史的重要组成部分,更从侧面见证了一国朝代的更替和历史的发展。

2. 文化价值

军事工程施工文化、精细管理工程创始人刘先明给出的定义是:在军事工程施工中客观存在着的并"润物细无声"地发挥着导向、推动、凝聚等作用的价值观念、制度、习惯、作风、形象等的总和。军事工程施工文化是以工程部队为主,以军事工程建设项目为工程部队文化建设的延伸点、载体、阵地,而建设、呈现、沉淀的一种文化;是工程部队的文化延伸、落地到军事工程项目上的具体表现,是工程部队文化的重要支撑和组成部分。其中,军事建筑的发展既显示了各国军事思想的继承性,同时也是一国意识形态在军事领域上的具体反映。

3. 科学价值

军事建筑是因其最初的军事功能而存在的。而功能和形式是一个建筑的两个部分,形式是功能的实现工具。形式本身具有自己的构成规律和法则,具有自觉的独立审美特征,即使功能性很强的建筑也不例外。一定的功能建筑必须要求与之相适应的空间实现形式。然而,能否获得某种形式的空间,还是要有合理的功能、科学的结构、真实的材料和精湛的技术作为保障。如果没有先进的技术手段,我们所需要的空间形式就无法实现。作为攻守和防御功能的军事建筑,因其在一个国家或地区发展中的战略地位和关键作用,人们对其建筑形式的设计、结构的安排、材料的使用、技术的层级有着极高的要求,这就使得军事建筑本身具有不可小觑的科学研究价值。

6.3.3 中外重要的军事建筑遗产

1. 古堡圣胡安历史遗址

(1) 圣胡安历史遗址概况

圣胡安历史遗址位于大西洋中西印度群岛的边缘,地理位置极为重要(见

图6-32)。它建于1511年,建成后不久,西班牙人就决定将波多黎各岛作为保护西南印度和帝国的军事基地。1533年在港口旁边建筑了"福塔莱萨","福塔莱萨"要塞主要用来防止敌人从港口接近圣胡安镇,经过数年的改造,它被用来作为皇家军官的寓所和保存文献的仓库。1539年在这个岛的西部尖角位置和北部的岸边分别建筑了埃尔莫罗要塞和圣克里斯托瓦尔要塞。① 这个防御体系在后来的四个世纪中不断得到加强。

图6-32 圣胡安历史遗址(局部)

资料来源:http://image.baidu.com/。

16世纪末曾被英国人和法国人攻占,1625年被荷兰人付之一炬。1630—1660年要塞得以重建,重建后的要塞外面增加了一道城墙。在1756—1763年的"七年战争"后的军事改革中,西班牙国王查理三世将圣胡安要塞视为"第一梯队的防御阵地",要塞的城墙重修并加固,两个要塞之间的城墙得到了延长,把整个城市包围起来。

圣胡安历史遗址是融合欧洲军事建筑风格,并结合美国大陆港口实际情况而建造的典型军事建筑群。

(2) 遗产价值

圣胡安历史遗址具有较为重要的历史价值和科学价值。其要塞体系使得西班牙人从16世纪到19世纪末期一直保持着对加勒比海的战略控制。埃尔莫罗堡垒用来保护圣胡安湾,它最终演变成为带有矮墙的军事工程学的杰出代表,上面精心设计着为步兵和大炮准备的台阶和坡道。在18世纪末的时候,有400多门大炮守卫这个堡垒,保护它不被攻破。几个世纪以来,这些堡垒发挥了重要的军事作用,它们使西班牙帝国免于加勒比印第安人和海盗的袭扰,免于其他国家的战争威胁。它们是西班牙强权的见证,它们的存在充分显示了波多黎各在

---

① http://zh.wikipedia.org/wiki/。

"新世界"的探险和殖民地化过程中扮演的重要角色。该军事遗址为后世研究西班牙帝国殖民阶段历史提供了实证资料,具有科学研究价值。

(3) 建筑遗产景观与旅游

城内的建筑排列紧凑,笔直的街道连缀着露天广场。圣胡安防御体系宏伟而坚固,这真实地反映了欧洲海上军事建筑的风格和特点,以及对这种热带环境的适应。正面的拱廊和阳台构成了这个城市建筑上的一道靓丽的风景线,具有旅游观赏价值。它既具有昔日独特的军事战略地位,同时又是西班牙殖民政治和文化的一个缩影,应该加强科学考察游的开发力度。因其为军事建筑遗址,且历史较为久远,世人对其文化记忆较为模糊,不足以吸引普通大众旅游群体。因此,该军事遗址应与周边的其他旅游景观进行联合互补性开发,形成区域性旅游综合产品。

2. 长城

(1) 长城概况

举世闻名的中国古建筑万里长城,东起渤海湾山海关,西至甘肃省的嘉峪关。国家文物局2012年6月5日在北京居庸关长城宣布,历经近5年的调查认定,中国历代长城总长度为21 196.18千米,分布于北京、天津、河北、山西、内蒙古、辽宁、吉林、黑龙江、山东、河南、陕西、甘肃、青海等15个省、直辖市、自治区,包括长城墙体、壕堑、单体建筑、关堡和相关设施等长城遗产43 721处。早在春秋战国时期,各国为了御敌,便据险修筑长城。秦统一中国后,把分段的防卫墙连接起来,建成规模宏伟的万里长城,以后各朝又陆续加固增修。到了明代(1368—1644),在旧的基础上逐渐改建成如今的面貌。万里长城气魄雄伟,是世界历史上伟大的工程之一。[1] 1987年被列入《世界文化遗产名录》。

长城是世界古代史上最伟大的军事防御工程,它并非简单孤立的一线城墙,而是由点到线、由线到面,把长城沿线的隘口、军堡、关城和军事重镇连接成一张严密的网,形成一个完整的防御体系。军堡、关城和军事重镇这个体系具有战斗、指挥、观察、通信、隐蔽等多

图 6-33 万里长城(局部)
资料来源:http://image.baidu.com/。

种功能,并配置有长驻军队的点线结合防御工程整体(见图6-33)。

---

[1] http://zh.wikipedia.org/wiki/。

(2) 遗产价值

万里长城具有不可估量的历史价值、文化价值和科学价值。万里长城从春秋战国开始，伴随着中国长达两千多年的封建社会行进。众所周知，一部悠久的古代中国文明史，封建社会是最丰富最辉煌的篇章，举凡封建社会重大的政治、经济、文化方面的历史事件，在长城身上都打下了烙印。金戈铁马、逐鹿强场、改朝换代、民族争和等在长城身上都有所反映。长城作为一座历史的实物丰碑，将永远地伫立在中华大地上。在万里长城身上所蕴藏的中华民族两千多年光辉灿烂的文化艺术的内涵十分丰富，除了城墙、关城、镇城、烽火台等本身的建筑布局、造型、雕饰、绘画等建筑艺术之外，还有诗词歌赋、民间文学、戏曲说唱等。古往今来不知有多少帝王将相、戍边士卒、骚人墨客、诗词名家为长城留下了不朽的篇章。边塞诗词已成了古典文学中的重要流派。古塞雄关存旧迹，九州形胜壮山河，巍巍万里长城将与神州大地长存，将与世界文明永在。

长城东段经过山地或丘陵地，古称"堑山堙古"、"用险制塞"，起伏蜿蜒，形式雄伟；中段、西段都在干燥区域，人烟稀少，景色荒凉。以现代科技来修筑都不容易，而我国竟能建筑于两千多年前的春秋战国时代，实在难得。长城的建材系就地取材，各地颇不相同。汉代以泥和芦苇修筑长城。长城体积也各不相同，以居庸关一带来说，高约8.5公尺，下部宽8.5公尺，上部宽约5公尺。每隔70—100公尺有一堡寨（相当于城楼），高约12.3公尺，多数堡寨是一重的，要害之地则置两三重。因此，其建筑技术的科学研究价值极大。

(3) 建筑遗产景观与旅游

如今长城已失去了它的军事用途，更多地在体现我中华民族精神文明，激励着中华儿女、炎黄子孙保卫中华民族，同时也见证了中国人民在中国这块土地上的团结一致、拼搏进取的民族精神，见证了伟大中华民族抒写奇迹的辉煌历史。这正是长城作为一个文化旅游景观所必须具备的精神和灵魂。长城是中华民族的骄傲，是重要的具有爱国教育功能的旅游建筑遗产。如果登临其间的雁门关、居庸关、古北口或山海关，遥望我国山川的伟大形势，将叹服于先民开疆拓土的艰难，而激起无限的壮志雄心，它使得国内观光者产生民族自豪感、责任感和使命感。

此外，关于长城，古人们赋予它许多美丽的传说，如"孟姜女哭长城"、"冰道运石"、"山羊驮砖"、"击石燕鸣"、"万年灰与燕京城"。更有李白的"长风几万里，吹度玉门关"，王昌龄的"秦时明月汉时关，万里长征人未还"，王维的"劝君更进一杯酒，西出阳关无故人"，岑参的"忽如一夜春风来，千树万树梨花开"等诗词名句，千载传诵不绝。这些传说与歌颂长城的诗词名句、历代题咏一起，使得寂静绵延的长城富有鲜活的生命力。人们踏足长城，听闻这些故事，仿佛昔日修建长城的场景历历在目，便能更好地收获旅游中的移情体验。

目前，北京市延庆县的八达岭长城是明长城中保护得最好的部分，也是最陡峭的部分,还是客流量最多的部分。

6.4 特殊建筑

关于特殊建筑,仅以中国的民居村落、边陲古城和中西文化融合古建筑中的典型建筑遗产加以介绍和说明。

6.4.1 民居村落——皖南古村落(西递、宏村)

1. 皖南古村落概况

皖南古村落位于安徽省长江以南山区地域范围内,具有共同地域文化背景的历史传统村落,具有强烈的徽州文化特色。皖南山区历史悠久,文化积淀深厚,保存了大量形态相近、特色鲜明的传统建筑及其村落。西递、宏村古民居村落位于中国东部安徽省黟县境内的黄山风景区。西递和宏村是皖南古村落中最具有代表性的两座古村落,是皖南地域文化的典型代表,也是中国封建社会后期文化的典型代表——徽州文化的载体,集中体现了工艺精湛的徽派民居特色,村落形态保存完好,风光秀美。

西递村始建于北宋,迄今已有950年的历史,为胡姓人家聚居之地。整个村落呈船形,四面环山,两条溪流串村而过,村中街巷沿溪而设,均用青石铺地,整个村落空间自然流畅,动静相宜。街巷两旁的古建筑淡雅朴素,错落有致。西递村现存明、清古民居124幢,祠堂3幢,包括凌云阁、刺史牌楼、瑞玉庭、桃李园、东园、西园、大夫第、敬爱堂、履福堂、青云轩、膺福堂等,都堪称徽派古民居建筑艺术之典范。西递村头的三间青石牌坊建于明万历六年(1578),四柱五楼,峥嵘巍峨,结构精巧,是胡氏家族地位显赫的象征;村中有座康熙年间建造的"履福堂",陈设典雅,充满书香气息,厅堂题为"书诗经世文章,孝悌传家根本"、"读书好营商好效好便好,创业难守成难知难不难"的对联,显示出"儒商"本色;村中另一古宅为"大夫第",建于清康熙三十年(1691)为临街亭阁式建筑,原用于观景。门额下有"做退一步想"的题字,语意警醒,耐人寻味。西递村中各家各户的宅院都颇为富丽雅致:精巧的花园,黑色大理石制作的门框、漏窗,石雕的奇花异卉、飞禽走兽,砖雕的楼台亭阁、人物戏文,以及精美的木雕,绚丽的彩绘、壁画,都体现了中国古代艺术之精华。其"布局之工,结构之巧,装饰之美,营造之精,文化内涵之深"[①],为国内古民居建筑群所罕见,是徽派民居中的一颗明珠。

宏村始建于南宋绍熙年间(1190—1194),原为汪姓聚居之地,绵延至今已

---

① http://zh.wikipedia.org/wiki/。

有800余年。它背倚黄山余脉羊栈岭、雷岗山等，地势较高，经常云蒸霞蔚，有时如浓墨重彩，有时似泼墨写意，真好似一幅徐徐展开的山水长卷，因此被誉为"中国画里的乡村"。全村现保存完好的明清古民居有140余幢，古朴典雅，意趣横生。"承志堂"富丽堂皇，精雕细刻，可谓皖南古民居之最；南湖书院的亭台楼阁与湖光山色交相辉映，深具传统徽派建筑风格；敬修堂、东贤堂、三立堂、叙仁堂，或气度恢弘，或朴实端庄，再加上村中的参天古木。民居墙头的青藤老树，庭中的百年牡丹，真可谓步步入景、处处堪画①，同时也反映了悠久历史所留下的广博深邃的文化底蕴(见图6-34)。

图6-34　西递(左)和宏村(右)

资料来源：http://image.baidu.com/。

2. 遗产价值

西递、宏村古民居群是徽派建筑的典型代表，现存完好的明清民居440多幢，其布局之工、结构之巧、装饰之美、营造之精为世所罕见。具有宝贵的历史文化价值、艺术价值、美学价值、科学价值、建筑价值等。

(1) 历史文化价值

西递、宏村所在的皖南古村落与其他村落形态最大的不同之处是，皖南古村落建设和发展在相当程度上脱离了对农业的依赖。古村落居民的意识、生活方式及情趣方面，大大超越了农民思想意识和一般市民阶层，而是保留和追求与文人、官宦阶层相一致，因此具有浓郁的文化气息。皖南古村落民居在基本定式的基础上，采用不同的装饰手法，建小庭院，开凿水池，安置漏窗，巧设盆景，雕梁画栋，题名匾额，创造优雅的生活环境，均体现了当地居民极高的文化素质和艺术修养。皖南古村落选址、建设遵循的是有着两千多年历史的周易风水理论，强调"天人合一"的理想境界和对自然环境的充分尊重，注重物质和精神的双重需求，

---

① 卢松,陈思屹,潘蕙.古村落旅游可持续性评估的初步研究——以世界文化遗产地宏村为例[J].旅游学刊,2010(25).

有科学的基础和很高的审美观念。后来徽商逐渐衰败没落,而这种徽派民居的建筑特色却依附在古民居村落里保留下来,因此具有重要的历史价值和建筑价值。

(2) 美学艺术价值

皖南古村落善于与地形、地貌、山水巧妙结合。西递、宏村背倚秀美青山,清流抱村穿户,数百幢明清时期的民居建筑静静伫立。高大奇伟的马头墙有骄傲睥睨的表情,也有跌窍飞扬的韵致;灰白的屋壁被时间涂画出斑驳的线条,更有了凝重、沉静的效果;还有宗族祠堂、书院、牌坊和宗谱。走进民居,美轮美奂的砖雕、石雕、木雕装饰入眼皆是,门罩、天井、花园、漏窗、房梁、屏风、家具,都在无声地展示着精心的设计与精美的手艺。这些无不彰显着它令人孜孜以求的美学价值和艺术价值。

(3) 科学建筑价值

古宏村人规划、建造的牛形村落和人工水系,是当今"建筑史上一大奇观":巍峨苍翠的雷岗为牛首,参天古木是牛角,由东而西错落有致的民居群宛如庞大的牛躯。引清泉为"牛肠",经村流入被称为"牛胃"的月塘后,经过滤流向村外被称作"牛肚"的南湖。人们还在绕村的河溪上先后架起了四座桥梁,作为"牛腿"。这种别出心裁的科学的村落水系设计,不仅为村民解决了消防用水,而且调节了气温,为居民生产、生活用水提供了方便,创造了一种"浣汲未防溪路远,家家门前有清泉"的良好环境。因此,具有极高的科学价值和建筑价值。

3. 建筑遗产景观与旅游

西递、宏村因其独特的建筑背景所形成的极具地域性的民居村落布局和徽派建筑风格,在国内外形成了极具竞争力的古村落旅游资源。具体来说,明清时期徽商的经济实力雄厚,他们对家乡的支持,使得家乡文化教育日益兴旺发达,还乡后以雅、文、清高、超脱的心态构思和营建住宅,使得古村落的文化环境更为丰富,村落景观更为突出。村中自古尊儒术、重教化,文风昌盛,集中体现了明清时期达到鼎盛的徽州文化现象,如程朱理学的封建伦理文化、聚族而居的宗法文化、村落建设中的风水文化、贾而好儒的徽商文化,因此历史文化内涵深厚,是一个活态的建筑遗产景观。游客在此旅游的过程,实际上就是一个时刻体验徽派文化的过程。因此,根据西递、宏村的整体资源条件,包括村落建筑、自然环境和人文环境,可开展观光休闲游、文化体验游、科学考察游、健身疗养游和商务度假游等。

6.4.2 边陲古城——丽江古城

1. 丽江古城(建筑)概况

丽江古城[①]位于云南省丽江纳西族自治县,始建于宋末元初(12世纪末—13

---

① http://zh.wikipedia.org/wiki/。

世纪中叶),至今已有八百多年的历史,面积为1.6平方公里,是纳西族聚居地,有黑龙潭、五凤楼等名胜古迹。古城四周青山环绕,黑龙潭水分三条支流穿越古城而过,途中又分成条条细流入墙绕户,与散点状井泉构成一个完整的水系。闻名遐迩的东巴象形文字、绘画、音乐、舞蹈、东巴经等,内涵丰富,是研究纳西族独特的居住环境、地方历史文化和民族民俗风情的宝贵实物例证,1997年被列入《世界文化遗产名录》。它是以充分体现人与自然和谐统一、多元融合的文化为特点,以平民化、世俗化的百姓古雅民居为主体的"建筑群"类型的世界文化遗产,是一座至今还存活着的文化古城。

古城中大片保持明清建筑特色的民居建筑,多为土木结构的"三坊一照壁,四合五天井,走马转角楼"式的瓦屋楼房,既讲究结构布局,又追求雕绘装饰,外拙内秀,玲珑精巧,被中外建筑专家誉为"民居博物馆"。其中,三坊一照壁是丽江纳西民居中最基本、最常见的民居形式。在结构上,一般正房一坊较高,方向朝南,面对照壁,主要供老年人居住;东西厢房略低,由下辈居住;天井供生活之用,多用砖石铺成,常以花草美化。如有临街的房屋,居民将它作为铺面。此外,纳西民居中最显著的一个特征是,不论城乡,家家户户前都有宽大的厦子(即外廊)。厦子是丽江纳西族最重要的组成之一,这与丽江的宜人气候分不开。因而纳西族人民把一部分房间的功能如吃饭、会客等搬到了厦子里(见图6-35)。

图 6-35 丽江古城

资料来源:http://image.baidu.com/。

各民族文化有一个互相融合、相互影响的过程。这种融合与影响表现于文化的诸多方面,在建筑艺术上也有所体现。纳西民族建筑吸收了汉族、白族、藏族的建筑特色。如在古城居民建筑中,大多以木构架为主,建筑材料以木材为主;以斗拱为结构的关键并作为度量的单位;在外部轮廓中,有高大的台基,屋顶式样繁多,有庑殿、歇山、悬山、固定、攒尖顶、单破、十字脊、丁字脊、拱券顶、盝顶、圆顶等以及由这些屋顶组合而成的各种复杂的形体,并相对有各种脊吻、檐边、转角等各种曲线,柔和而壮丽;院落的组织上,除主要建筑殿堂外,附属建筑多用配厢、夹室、廊庑、前殿、围墙等,并为沿中轴线左右对称的布局;以及建筑色彩的使用……这些都明显借鉴了汉族建筑艺术。白族对纳西族建筑的影响主要是在门窗、墙壁、装饰绘画等方面。丽江一带的蛮楼的建筑风格及式样承袭了藏族传统建筑风格。如古城固有的见尺收寸的筑墙技术与藏族的碉堡建筑有相似之处,居民中的蛮楼式建筑也有藏式建筑的风格,白族的照壁、木雕、墙基,汉族的福禄寿禧、庭院布局、四季博古等,但这些不同民族风格都融入到纳西民居建筑中,与纳西风格和谐统一,相得益彰。

纳西族民居建筑从整体特色上来看,讲究布局的均衡对称,过渡、衔接的自然、变化。首先是从一栋房屋的结构来看,房屋的结构讲究楼上与楼下、前后左右的均衡对称。纳西族民间房屋以单数为主,绝少有双数的,这样以中间为轴、两边为平衡点,显得稳重大方。这种对称结构也体现在村落布局上,以河道、道路或以两家中间墙壁为中轴线,相互对着中轴而居。当然,这种均衡是相对的,如夹河或夹路而对居的民居是随着河道、道路的改空而改变的,随山顺水错落有致而结庐。正房、偏房、墙壁之间也有高矮起落,突出了美观性。虽有"宫室之丽,拟于王者"的木府坐落于古城中,但它是淹没在整个古城的民居建筑中,共享一条街道,一条河流,一个市场,不像传统的官民井然有别的封建等级建筑色彩。同时,古城民居透露出的不炫耀、尚质朴、崇自然风格营造了其特有的一种平民的亲和力,加上市井中的生意往来、邻里往来、城乡往来,构成了一幅生动活泼的古城生活画卷。大户人家有花厅,小户人家也喜欢在庭院内种植花草,人与自然在这方天地中得以和谐共处。一方天井,几棵绿树,数丛鲜花,一尊石笋,一种可亲、可爱而又自然、自在的家居环境浮现于现实之中,不是天堂,胜似天堂。

2. 遗产价值

(1) 历史文化价值

丽江古城的繁荣已有800多年的历史,已逐渐成为滇西北经济文化中心,为文化的发展提供了良好的环境条件。不论是古城的街道、广场牌坊、水系、桥梁还是民居装饰、庭院小品、槛联匾额、碑刻条石,都渗透着地方人的文化修养和审美情趣,充分体现地方宗教、美学、文学等多方面的文化内涵、意境和神韵,展现历史文化的深厚和丰富内容。丽江古城包容着丰富的民族传统文化,是研究人类文化发展的重要史料。

长期以来,纳西族人民形成了崇尚自然、崇尚文化、善于学习和吸取其他民族的先进文化的优良传统。这一传统特别对民居建筑艺术产生了极大影响,表现在民居特色鲜明、构筑因地制宜、造型朴实生动、装饰精美雅致等方面。它体现了特定历史条件下的城镇建筑中所特有的人类创造精神和进步意义。丽江古城是具有重要意义的少数民族传统聚居地,古城的建筑历经无数朝代的洗礼,饱经沧桑,融汇了各个民族的文化特色。在这兼容了多个民族风格的民居里,诗书礼仪、耕读传家、祭拜祖先、生老病死、迎请送往等思想、民俗又以软文化的形势沉淀下来形成了古城民居深厚的历史意蕴。它的存在为人类城市建设史的研究、人类民族发展史的研究提供了宝贵资料,是珍贵的文化遗产。

(2) 艺术美学价值

纳西民居外貌特征:外墙砌不到顶,后墙上部用板枋材隔断,两端山墙用"麻雀台"压顶与山尖隔断,出檐悬桃显得很深邃。山尖悬串一块很长的悬鱼板。墙体从下到上往里微微倾斜,屋面舒展柔和,使房屋构造轻盈飘逸。纳西民居是木构为骨架,以木结构为主的土、石、砖、木混合构造体系。因构造种类众多,房屋造型多样,内容丰富。每种构架式都有其名称,各种构架组成的房屋以构架式命名。构架式主要有七种,即平房类构架、闷楼类构架、两步厦构架、明楼类构架、蛮楼类构架、两面厦类构架、骑厦楼构架,中间是括梁式构架。由各种类构架组成一坊房屋的构架,分中间架和两端山架两种。中间是括梁式构架,使房屋可以在复杂地形地势的地段上建盖,托梁由珍珠等美丽轮廓的构件所成,故称"珍珠架"。两端是相应类型的山架,山架又有两种:一是穿斗式的"立人(童柱称矮人)架",用于硬山房屋;二是叠梁式的"垛山架",用于悬山式房屋。传统的纳西民居中,悬山式房屋最多,具有普遍性与代表性。由此看来,纳西民居具有极高的建筑艺术价值。

丽江古城是古城风貌整体保存完好的典范。依托三山而建的古城,与大自然产生了有机的统一,古城瓦屋,鳞次栉比,四周苍翠的青山,把紧连成片的古城紧紧环抱。城中民居朴实生动的造型、精美雅致的装饰是纳西族文化与技术的结晶。古城所包含的艺术来自纳西人民对生活的深刻理解,体现人民群众的聪明智慧,是地方民族文化技术交流融汇的产物,是中华民族宝贵建筑遗产的重要组成部分。丽江古城是自然美与人工美、艺术与适用经济的有机统一体,具有极高的艺术价值、美学价值和鉴赏价值。

(3) 科学价值

城镇、建筑本身是社会生活的物化形态,民居建筑较之官府衙署、寺庙殿堂等建筑更能反映民族与地区的经济文化、风俗习惯和宗教信仰。丽江古城民居在布局、结构和造型方面按自身的具体条件和传统生活习惯,结合了汉族以及白族、藏族民居的传统,并在房屋抗震、遮阳、防雨、通风、装饰等方面进行了大胆、创新发展,形成了独特的风格,其鲜明之处就在于无一统的构成机体,明显显示出依山傍水、穿中出智、拙中藏巧、自然质朴的创造性。有别于中国任何一座古城,丽江古城未受"方九里,旁三门,国中九经九纬,经途九轨"的中原建城影响。城中无规矩的道路网,无森严的城墙,古城布局中的三山为屏、一川相连;水系利用中的三河穿城、家家流水;街道布局中"经络"设置和"曲、幽、窄、达"的风格;

建筑物的依山就水、错落有致。

丽江古城民居是中国民居中具有鲜明特色和风格的类型之一,在相当长的时间和特定的区域里对本地区的纳西民族的发展也产生了巨大的影响。其民居建筑遗产具有极高的科学研究价值。

3. 建筑遗产景观与旅游

丽江古城建筑风貌具有较高的历史真实性。丽江古城从城镇的整体布局到民居的形式,以及建筑用材料、工艺装饰、施工工艺、环境等方面,均完好地保存了古代风貌,首先是道路和水系维持原状,五花石路面、石拱桥、木板桥、四方街商贸广场一直得到保留。民居仍是采用传统工艺和材料在修复和建造,古城的风貌已得到地方政府最大限度的保护,所有的营造活动均受到严格的控制和指导。丽江古城一直是由民众创造的,并将继续创造下去。作为一个居民的聚居地、古城局部与原来形态和结构相背离的附加物或是"新建筑"正被逐渐拆除或整改,以保证古城本身所具有的艺术或历史价值能得以充分发扬。

其历史真实性就为旅游的开展提供了天然的、不可替代的古城旅游资源,具有得天独厚的市场优势,能够吸引大众进行以寻古探奇为目的的旅游,体验异己的生活方式。其三大建筑遗产价值更是为不同的市场群体所倚重,有助于形成旅游市场结构多元化的良性发展局面。

此外,丽江古城于 1997 年列入《世界文化遗产名录》,成为国内外享有盛誉的建筑经典。与诸多皇宫、古城不同,丽江古城是平民的古城,是淹没在民居中的古城,同时,因地处边疆,具有浓厚的少数民族文化的特点,尤其纳西族作为丽江的主体民族,为丽江古城的生成、发展作出了突出的贡献,由此也使这一古城体现出与众不同的建筑特色与美学特点。这就为地方文化观光体验游和民俗风情游奠定了夯实的资源基础。

6.4.3　中西文化融合古建筑——中国澳门历史城区

1. 中国澳门历史城区概况

澳门历史城区于 2005 年根据文化遗产遴选标准 C ⅱ、ⅲ、ⅳ、ⅵ 被列入《世界文化遗产名录》。澳门历史城区是一片以澳门旧城区为核心的历史街区,其间以相邻的广场和街道连接而成,包括妈阁庙前地、亚婆井前地、岗顶前地、议事亭前地、大堂前地、板樟堂前地、耶稣会纪念广场、白鸽巢前地等多个广场空间,以及妈阁庙、港务局大楼、郑家大屋、圣老楞佐教堂、圣若瑟修院及圣堂、岗顶剧院、何东图书馆、圣奥斯定教堂、民政总署大楼、三街会馆(关帝庙)、仁慈堂大楼、大堂(主教座堂)、卢家大屋、玫瑰堂、大三巴牌坊、哪吒庙、旧城墙遗址、大炮台、圣安多尼教堂、东方基金会会址、基督教坟场、东望洋炮台(含东望洋灯塔及圣母雪地殿圣堂)等20多处历史建筑。历史城区的范围东起东望洋山,西至新马路靠内港码头,南起妈阁山,北至白鸽巢公园,是中国境内现存最古老、规模最大、保存最完整、最集中的中西特色建筑共存的历史城区①,是四百多年来中西文化交流、多元共存的结晶②(见图6-36)。

图6-36　中国澳门历史城区(局部)

资料来源:http://image.baidu.com/。

四百多年间,在这块城区内,来自葡萄牙、西班牙、荷兰、英国、法国、意大利、美国、日本、瑞典、印度、马来西亚、菲律宾、朝鲜甚至非洲地区等不同地方的人,带着不同的文化思想、不同的职业技艺、不同的风俗习惯,在澳门历史城区内盖房子、建教堂、修马路、筑炮台以至辟建坟场,展开多姿多彩的生活,包括各类文化活动。随着外国人的定居,他们把自己的建筑传统越洋带到澳门,使澳门成为近代西洋建筑传入中国的第一站。尤其是葡萄牙人在澳门的建筑物,无不显示出与葡萄牙本土建筑的密切关系。事实上,文艺复兴后的一些主要建筑形式、风格,结合亚洲其他地区不同的建筑元素在澳门产生了新的变体,形成独树一帜的建筑风格。在四百多年来的中西文化积淀中,这里陆续兴建了中国最早的一批

---

① 鲍志成.从宗教建筑看中西文化在澳门的交融合璧和分流共存.浙江省博物馆(310007).
② http://zh.wikipedia.org/wiki/。

天主教堂、西式灯塔、剧院、堡垒和炮台,以及富有中西融合特色的民居建筑,连同澳门传统的中式建筑、廊宇、宅院等,一起构筑成极具中西特色的"澳门历史建筑群"。

由于澳门历史上未经历重大的战乱,因此"澳门历史建筑群"建筑均保留完好。特别在1976年澳葡政府开始立法保护这些中西文化中极具价值的历史建筑群128处,并对于部分濒危的建筑加以修缮和保护,使之成为亚洲地区最具代表性、最集中和保存完好的中西历史建筑群。

2. 遗产价值

澳门历史城区保存了澳门四百多年中西文化交流的历史精髓。它是中国境内现存年代最远、规模最大、保存最完整和最集中,以西式建筑为主、中西式建筑互相辉映的历史城区;是西方宗教文化在中国和远东地区传播历史重要的见证;更是四百多年来中西文化交流互补、多元共存的结晶。①

澳门历史城区是中国境内现存最古老、规模最大、保存最完整和最集中的东西方风格共存建筑群,当中包括中国最古老的教堂遗址和修道院、最古老的基督教坟场、最古老的西式炮台建筑群、第一座西式剧院、第一座现代化灯塔和第一所西式大学等。作为欧洲国家在东亚建立的第一个领地,城区见证了澳门四百多年来中华文化与西方文化互相交流、多元共存的历史。正因为中西文化共融的缘故,城区当中的大部分建筑都具有中西合璧的特色。城区内的建筑大部分至今仍完好地保存或保持着原有的功能。

世界遗产委员会对澳门历史城区的评价是"见证了西方宗教文化在中国以至远东地区的发展,也见证了向西方传播中国民间宗教的历史渊源"、"是中国现存最古老的西式建筑遗产,是东西方建筑艺术的综合体现"。由此可见,澳门历史城区是中国境内接触近代西方器物与文化最早、最多、最重要的地方,同时是近代西方建筑传入中国的第一站。② 综上所述,澳门历史城区建筑具有历史文化价值和美学艺术价值。

3. 建筑遗产景观与旅游

澳门是近代中西文化的交汇站。自16世纪初始,由于明、清两代实施"海禁",澳门便成为中国最主要的海路贸易通道之一;与此同时,许多欧洲的传教士也纷纷来到澳门,并在澳门建立了他们在远东的宗教基地;不少艺术家也以澳门为居住地,带来了西方各种艺术形式和建筑方式。③ 因澳门成为对外贸易外港及其独特的政治发展因素,在建筑上允分反映了中西建筑文化上的共融和历

---

① http://www.gov.cn/test/2006-03/29/。
② http://zh.wikipedia.org/wiki/。
③ http://www.icm.gov.mo/。

史价值。澳门建筑的历史可以粗略分成四个时期,即明朝、清朝前期、清朝后期、近代建筑时期。其建筑功能多样化,包括中式庙宇、西式教堂、居住建筑、公共建筑和商业建筑等,使得城市建筑上形成多元文化的共生,中西混合的建筑更形成了澳门独特的建筑风格。

澳门历史城区的建筑则是澳门中西建筑风格的典型和代表,其建筑多样化的功能,中、西、中西合璧的建筑风格,建筑所承载的历史文化,共同构成了一个综合性的建筑(城市风貌)旅游产品体系。城区内的建筑大部分至今仍完好地保存或保持着原有的功能,人们前往可体验到时空差异较大的生活方式,感受澳门城市历史的变迁和建筑的发展,这对于生活在现代的人们无疑具有强大的吸引力。可见,该城区的旅游业具有可持续开发的潜力。

6.5 建筑旅游与保护

6.5.1 建筑遗产景观与旅游开发

建筑是凝固的历史。遗产类建筑则是某一时代建筑之集大成者,代表了同期建筑艺术的最高水平。其中,遗产建筑除了拥有整体气势非凡的房屋构架之外,建筑内部人们生活的遗存物品可堪称历史文物。这些文物以实物的形态积淀着民族的文化底蕴,是人民群众物化了的精神追求,是历代群众智慧的结晶。这些作为世界文明进程标识的建筑景观,不仅是专业工作者进行科学、历史研究的重要佐证资料和依据,而且也是人们欣赏、审美并从中感受历史文化魅力的艺术品。

总之,遗产类建筑可以较为准确地反映和刻画出当时社会的生活状态、精神追求、审美观念及价值取向,折射出其存在的社会、经济、政治背景,是人们了解历史或解读当地民俗风情的现实教科书。建筑遗产所渗透的文化底蕴及气势恢宏的规模和宜人的游览环境使其成为旅游业中不可忽视的人文旅游资源。那么,针对遗产类建筑景观,在旅游开发的基础上,可以从旅游产品的重新设计和包装、旅游线路的创新组合、旅游地的环境建设、国内外宣传等几个方面来进一步做好旅游开发工作,从而在旅游开发和发展中促进建筑遗产的保护,形成遗产保护和旅游发展和谐共生、互动双赢的良性发展机制。

6.5.2 世界建筑遗产的保护

一个民族的文化凝聚着该民族对世界和生命的历史认知、对现实的感受,积淀着民族最深层的精神追求和行为准则。建筑是物化的文化遗产,是凝固的历史。建筑遗产是不可再生的文化资源,这一点已在世界发达国家达成共识。因此,保护城市建筑遗产已不再是权宜之计,而是城市或者地区可持续发展战略的一个重要组成部分。下面笔者将从技术和文化两个层面上对如何实现建筑遗产的保护和再生问题作出探索性的回答。

1. 技术上的修复和重建

建筑遗产会因其自身材料的性质发生变化、自然气象灾害及旅游过程中人为原因而带来一定程度的损坏,这就要求我们对建筑遗产采取一定的保护措施。建筑遗产不能再生,简单的复制和仿制不能够表达准确、完整的历史信息,应在"不改变原状"的基础上进行修复。第一,加大对建筑遗产修缮的监管,坚决制止修缮过程中对古建筑的任意改动,古建筑的维修材料严格按照时代特点选材,使古建筑维修后保持原有的韵味。严格按照文物保护的要求,尽可能多地保存文物的历史信息。第二,在原建筑遗址上恢复建筑的,应当坚持"与周边环境协调"的原则。

这里所讲的遗产保护包括了对建筑遗产的复原和重建。复原和重建的区分主要在于能否准确可信地再现已经消失的历史建筑。复原是指根据确切的历史图片、文献资料,在原址以传统材料和手法准确再现历史建筑外观和技术手法。它虽然不能反映历史建筑在过去的年代里积累的历史价值,但在外观和技术上可以相当程度(不是完全)地反映其科学价值和艺术价值,而基于社会强烈需要的复原更可以满足社会成员的情感和精神需求,也具有极大的社会价值。根据《关于真实性的奈良文件》(Nara Document Authenticity)确定的真实性的原则,"真实性不应被理解为文化遗产的价值本身,而是我们对文化遗产价值的理解取决于有关信息来源是否确凿有效",也可以说这种复原具有很高的真实性。重建或者说历史风格的新建是指在缺少足够的原状资料的情况下,采用传统的或现代的技术和材料在原址或其他地点新建的历史风格的建筑物,它沿用已消失的历史建筑的名称,并根据少量的、并不充分的图片和文献资料,参照该地区、该时代的法式或通用的形式推测其外观和所采用的技术,并不能反映历史原貌。这种历史风格的重建具备社会和情感价值以及一定的艺术价值,但不具备真实性。

这些复原和重建的建筑物固然没有最基本的历史价值,不能被列入建筑遗产的范畴,甚至不属于严格意义上的建筑遗产保护的范畴,但其对现代社会的巨大作用构成了其存在的合理性。在不损害其他建筑遗产价值、不故意混淆历史的前提下,根据其社会价值的重要程度,可以允许少量的复原和重建。历史地看,现在许多建筑遗产就是对各自更早的历史建筑的复原和重建。而现代高水平的复原和重建,由于其重大的社会价值,在数百年以后,同样会成为建筑遗产的一部分。

作为历史建筑复原工作的一部分,传统工艺和传统材料的保护显得格外重要。研究和保存传统工艺、传统材料不但是保护建筑遗产科学价值的需要,也是大量的科学修复和少数原状复原工程的技术支持。历史发展使得传统的工艺和材料得以延续,但到近代以后,巨大的社会变革以及随之而来的建造方式的突变,使得传统工艺和材料退出了主流的建筑舞台,只在部分偏远乡村得以少量保存。此时,可采用整体保护的方法,将建筑遗产及其文化现象中有形的和无形的建筑遗产作为一个整体来研究。如建筑仪式、营造工艺和空间制度等都是作为文化遗产的整体而存在的,应对其进行地区性分类重点的调查、实录和综合比较研究,提出整体保存和保护的理论和策略;对包括木、砖、石及其装饰元素的营造工艺进行详细的追踪调查,特别是对活着的技艺和地方名匠进行调查实录研究。

2. 文化上的保护和再生

建筑遗产保护在保护其实体形态和建筑技术的同时,更要保护和弘扬其相关思想和文化。首先,每一处建筑遗产应成立专门的文化研究机构和景区开发管理机构,这两个机构相互配合、协同工作、良性沟通,确保该建筑遗产在发展过程中其彰显的历史文化不偏离、不变异,能够更好地体现其历史价值、科学合理地扩展其历史价值。

在实际的工作过程中,应该摸清地域建筑文化的走向。从风俗性和地域性的角度,深入探索地域性建筑文化的渊源、演变和全球化背景下的发展走向,从而促进历史价值的再生。从建筑遗产历史场景的形成及作用的角度重新认识区域建筑遗产的价值,激活和提升其内在的生命力和潜在价值,探索具有地方代表性的历史场景和民俗节庆再生的可行性,赋予建筑遗产以更鲜活的文化生命力。

重视建筑遗产所蓄积的思想、意蕴和社会意义的保存和延续是中国传统建筑遗产保护思想的一个重要特点,所以在当代中国建筑遗产保护的价值体系中,除历史价值、艺术价值和科学价值以外,社会或情感价值应该占有一席之地。其特殊性在于它对当今社会产生的巨大影响,它不但可以被保护,而且可以被展示、引导和提升,有时甚至可以恢复和创造。在建筑遗产的保护过程中,我们应当重视研究和保护其社会或情感价值。通过宣传展示、引导其健康的发展方向,同时注意在不损害建筑遗产其他价值的同时,保留或新增延续社会或情感价值所需的设施和场所,如塑像、壁画、乐器、座椅甚至建筑物,并鼓励开展与建筑遗产性质相符合的有关文化活动,如戏曲、庙会、祭祀、古城节庆、婚礼、拍戏等,有助于建筑遗产的再利用。这些新增部分本身虽不具有历史价值,却有利于更好地保护建筑遗产的社会和情感价值以及与之相关的非物质文化遗产(地方风情习俗、古代宫廷文化、宗教文化等),随着时间的流逝,当代社会和情感成为历史,其价值也随之转变为历史价值的一部分,这本身就是历史价值产生和发展的机制。

此外,可以通过多渠道争取各类建筑遗产的保护费用;加大宣传力度,动员社会力量参与保护;各国在建筑遗产保护领域开展更多更全面的交流与合作;等等,使得建筑遗产得到较好的保护,使之成为一个国家的文化象征,成为人类所共有的非物质文化遗产。

第7章 人类遗址与旅游

7.1 欧洲遗址

7.1.1 古罗马竞技场遗址——血与火的辉煌

1. 历史沿革与概况

（1）历史沿革

古罗马竞技场（罗马斗兽场）的建设于70—72年由韦斯巴芗（Vespasian）皇帝下令修建。提图斯皇帝韦斯帕西恩为庆祝征服耶路撒冷的胜利，远征耶路撒冷凯旋时带回4万名俘虏，为了取悦凯旋的将领和士兵并显示古罗马帝国的强盛，在另一个罗马皇帝尼禄的"金宫"（DomusAurea）原址之上（"金宫"在64年发生的罗马大火中被毁）①，建了一座斗兽场，并强迫8万名犹太俘虏修建。80年，历时8年的斗兽场落成，为了庆祝其建成，罗马皇帝举行了为期100天的庆祝典礼。在此期间，古罗马统治者驱使大批奴隶角斗士和各种动物上场表演，9 000只牲畜死于"沙场"，角斗士同样死伤无数。②而下一位国王图密善又曾修建它，罗马斗兽场逐渐成为古罗马帝国标志性的建筑物之一。

217年竞技场遭雷击引起大火，受到部分毁坏，但是很快在约240年又修复，继续举行人与兽或人与人之间的搏斗表演，这样的活动一直到523年才被完全禁止。③ 443年和508年发生的两次强烈地震对竞技场结构本身造成了严重的损坏，在中世纪时期该建筑物并没有受到任何保护，因此损坏进一步加剧，后来干脆被用来当作碉堡。15世纪时教廷为了建造教堂和枢密院，拆除了斗兽场

---

① Claridge, Amanda. Rome: An Oxford Archaeological Guide (First ed.). Oxford, UK: Oxford University Press, 1998: 276—282.

② the Colosseum had been completed up to the third story by the time of Vespasian's death in 79. The top level was finished and the building inaugurated by his son, Titus, in 80.

③ Claridge, Amanda. Rome: An Oxford Archaeological Guide (First ed.). Oxford, UK: Oxford University Press, 1998: 276—282.

的部分石料。1749年罗马Roth Leland教廷以早年有基督徒在此殉难为由才宣布其为圣地,并对其进行保护。约翰·保罗二世教皇生前每年都会在此举行仪式纪念这些殉难的烈士,但是却没有历史证据显示确曾有基督徒在此殉道。

在古罗马一百多年的岁月里,圆形竞技场总是挤满如痴如醉的看客,他们曾目睹一批批动物和角斗士在相互搏斗中战死,无怪乎有人说,只要你在角斗台上随便抓一把泥土,就可以看到印在掌上的斑斑血迹。著名的奴隶起义首领斯巴达克就是一名角斗士,他最初率领78个角斗士起义,很快发展到10多万人,在罗马各地坚持战斗达两年之久。这次奴隶起义给了罗马奴隶制沉重的打击,马克思曾赞誉斯巴达克是"整个古代史中最辉煌的人物"。在这座竞技场内共死去多少动物和角斗士却没人能说得清楚。然而,人类的文明总是要代替野蛮,最终,这座规模宏大的竞技场成了废墟,成为历史,留给现代人叹为观止的只是建筑规模和独特的设计,感叹这座竞技场成为现代体育馆的鼻祖。

（2）概况

罗马竞技场(意大利语为Colosseo,英语为Colosseum,又译作罗马斗兽场、罗马大角斗场、罗马圆形竞技场、科洛西姆或哥罗塞姆;原名弗莱文圆形剧场,拉丁语为Anfiteatro Flavio / Amphitheatrvm falvvm)是古罗马时期最大的圆形角斗场,建于72—82年,现仅存遗迹位于现今意大利罗马市的中心。① 它是世界上最大的圆形大剧场(见图7-1)。从外观上看,它呈正圆形;俯瞰时,它是椭圆形的。它的占地面积约24 000平方米,长轴189米,短轴156米,最初测量圆周长545米,外围墙高48米,中央为表演区,长轴87米,短轴55米。② 这座庞大的建筑可以容纳近九万人数的观众,看台约有60排,分为五个区,最下面前排是贵宾(如元老、长官、祭司等)区,第二层供贵族使用,第三区是给富人使用的,第四区由普通公民使用,最后一区则是给底层妇女使用,全部是站席。在观众席上还有用悬索吊挂的天篷,这是用来遮阳的;而且天篷向中间倾斜,便于通风。这些天篷由站在最上层柱廊的水手们像控制风帆那样操控。古罗马竞技场罗马斗兽场是古罗马帝国专供奴隶主、贵族和自由民观看斗兽或奴隶角斗的地方(见图7-2)。

---

① 《不列颠百科全书·第四卷·大斗兽场》,美国不列颠百科全书公司,2007年修订版,365页.
② The Colosseum: Largest Amphitheatre. Guinness World Records.com. 2013. Retrieved 6 March 2013.

图7-1 乔瓦尼·巴蒂斯特·皮拉内西雕刻的罗马圆形大剧场

资料来源:http://taggedwiki.zubiaga.org/new_content/cef847292e2e83e88e84616622bd18d3。

图7-2 罗马斗兽场的内部

资料来源:http://www.cs.mcgill.ca/~rwest/link-suggestion/wpcd_2008-09_augmented/images/105/10586.jpg.htm。

2. 遗址价值评估

(1) 历史文化价值

古罗马作为世界重大遗址遗迹,拥有着近两千年的悠久历史,它不仅指一座建筑、一段历史,更重要的是指一种文明、一种文化。古罗马竞技场既体现了古罗马文化与建筑的雄伟与灿烂一面,却也展现出古罗马文明血腥残忍的一面,古罗马角斗士或奴隶在竞技场上血腥的厮杀永远是竞技比赛中最受瞩目的(见图7-3)。

图7-3 基督教殉道者的最后祷告(1883)

资料来源:http://www.1st-art-gallery.com/Jean-L%E3%A9on-G%E3%A9r%E3%B4me/The-Christian-Martyrs%27-Last-Prayer.html。

正如一些历史学家所说的,竞技场成了古罗马统治者炫耀国立与维护统治的重要工具之一,它带来了惊险刺激的娱乐活动,分散了人民大众的注意力,从而转移了一些社会矛盾,削弱了人民的反抗意志,从而使统治者巩固了权力和地位。它反映了古罗马时期的政治、经济、文化和科学技术等各个方面,对研究古罗马历史有着极其重要的意义。

(2) 科学研究价值

富于智慧又兼实践精神的罗马人，吸收了希腊人美学及数学观念，既是伟大的管理者又是伟大的建筑师，拱券技术和混凝土的建筑技术以及先进的城市设计理念随着罗马帝国的扩张而传播至文明世界的西部。议政大厅、监狱、剧院、市场、神殿、浴室、卫生间、排污系统——所有这些现代城市的设计布局观念在那时已经被使用，所有这些宏伟的建筑在那时都被罗马人在本土和海外建造出来。而竞技场巨大的规模即使是现代建筑也难望其项背，其规模在古代绝无仅有，当年建造所耗费石料近10万立方米，连接条石所需铁钉300吨。这些都为古罗马建筑的研究开辟了新的视野，研究其建筑风格、宫廷制度、百姓生活都具有重大的意义。

(3) 美学价值

古罗马建筑艺术成就很高，大型建筑物的风格雄浑凝重，构图和谐统一，形式多样。罗马人开拓了新的建筑艺术领域，丰富了建筑艺术手法。斗兽场在建筑史上堪称典范的杰作和奇迹，以庞大、雄伟、独特、壮观著称于世。现在虽然一部分墙体没有了，只剩下大半个骨架，但丝毫没有影响到它的庄严雄伟，其雄伟之气魄、磅礴之气势犹存。罗马建筑师将拱门和古典柱式巧妙运用，精巧的舞台设计，复杂的地下内部结构，让整幢建筑富于灵动的美感。其建筑特点及风格被世人延续至今(见图7-4)。

图7-4 古罗马圆形大剧场外观

资料来源：http://baike.baidu.com/picture/267373/9780528/0/1b4c510fd9f9d72ab00658e5d62a2834359bbbec？fr=lemma&ct=single#aid=0&pic=1b4c510fd9f9d72ab00658e5d62a2834359bbbec。

3．遗址的保护与利用

217年斗兽场遭雷击引起大火，受到部分毁坏，但是很快在238年又修复，继续举行人与兽或人与人之间的搏斗表演，这样的活动一直到523年才被完全禁止。

442年和508年发生的两次强烈地震对斗兽场结构本身造成了严重的损坏。

在中世纪时期该建筑物并没有受到任何保护,因此损坏进一步加剧,后来干脆被用来当作碉堡。

15世纪时教廷为了建造教堂和枢密院,竟然拆除了斗兽场的部分石料。

1749年罗马教廷以早年有基督徒在此殉难为由才宣布其为圣地,并对其进行保护。约翰·保罗二世教皇生前每年都会在此举行仪式纪念这些殉难的烈士,但是却没有历史证据显示确曾有基督徒在此殉道。

2010年10月,意大利有关部门决定对古罗马竞技场进行一次大规模的整修,修缮工作包括对竞技场外观进行清洁修理,更新电力、监控和照明系统,建造新的游客中心。整修期间,竞技场仍将对外开放,需要维修的部分区域则交替封闭。整修之后,游客会看到以前从未看过的新景观,包括地下备战室及第三层观众看台。

2012年7月29日,据英国《每日电讯报》网站报道,著名的意大利名胜古迹罗马斗兽场正面临着部分塌陷的危险,意大利政府为此特意召集相关专家进行商讨,以便尽快研究出修复方案。从2011年开始,意大利管理部门发现,原来墙高57米的斗兽场已经开始出现墙体塌陷的情况,其南侧围墙高度与北侧围墙相比矮了大约38厘米。据专家推测,这座古老建筑之所以会出现塌陷的情况,可能主要是因为南侧马路上繁忙的交通产生的振动。

2014年7月29日,托德斯公司新闻报道古罗马圆形竞技场正在修复中。意大利著名奢侈品牌公司托德斯投资数百万欧元修复这座将近两千年的圆形露天竞技场。在修复的最初阶段,竞技场的80个拱门将首先被清洁,预计2016年3月完工。

7.1.2 奥林匹亚考古遗址——奥运会的发祥地

1. 历史沿革与概况

(1) 历史沿革

奥林匹亚考古遗址始于公元前2000年至公元前1600年,其宗教建筑始于约公元前1000年。公元前8世纪,为世人皆知的是,这里举办了祭祀宙斯主神的体育盛典。古时候,希腊人把体育竞赛看作祭祀奥林匹斯山众神的一种节庆活动,因此参与者甚众。公元前776年,人类历史上最早的运动会——古代奥林匹克运动会,在伯罗奔尼撒半岛西部的奥林匹亚村举行,可以说是奥林匹克运动会的发祥地。

罗马帝国统治时期,罗马大帝曾下令禁止异教徒举行祭典,奥林匹亚竞技会于393年被罗马皇帝狄奥西多禁止。这一竞技会历时293届,长达1170年,为人类留下了宝贵的文化遗产。但是随着竞技会的消亡,古希腊体育的辉煌也慢慢消失。

1723年,有人建议科孚岛的大主教发掘奥林匹亚。1766年,英国科学家钱德勒首次发现了宙斯神庙的遗址①;此后,经过大批德国、法国、英国的考古学家、史学家们几代人对奥林匹亚遗址系统地、大规模地勘查、发掘,至1881年取得了大量有关古代奥林匹克竞技会的珍贵文物和史料。

1894年,现代奥林匹克运动之父顾拜旦倡议召开了恢复奥林匹克运动的代表大会,成立了国际奥委会。为纪念奥林匹亚运动会,1896年在雅典举行了第一届(现代)奥林匹克运动会。以后,运动会虽改为轮流在其他国家举行,但仍用奥林匹克的名称,并且每一届的火炬都从这里点燃。1936年柏林奥运会举行后德国考古研究所于1937年又开始在奥林匹亚进行发掘,发现并复原了体育场,奥林匹亚重现辉煌。

1988年根据文化遗产遴选标准 C ⅰ、ⅱ、ⅲ、ⅳ、ⅵ 被列入《世界遗产名录》。

(2) 概况

奥林匹亚(希腊语为 Ολυμπία),位于希腊伯罗奔尼撒半岛西部的皮尔戈斯之东,阿尔菲奥斯河北岸(距河口 16 公里),伊利亚州境内,北纬 37.638°、东经 21.63°。距首都雅典以西约 190 千米,坐落在克洛诺斯树木繁茂、绿草如茵的山麓,是古希腊的圣地。奥林匹亚是奥林匹克运动的发源地,在公元前 8 世纪到公元前 4 世纪,奥林匹克运动会每四年举办一次。奥林匹亚遗址东西长约 520 米,南北宽约 400 米②,中心是阿尔提斯神域,这里有运动员比赛、颁奖的地方,也是人们祈祷、祭祀的场所。在公元前 10 世纪,奥林匹亚成为敬拜宙斯的一个中心。

奥林匹亚拥有著名的宙斯神殿、赫拉神殿、竞技场等 20 余处建筑遗址。宙斯神殿建于公元前 470 年,于公元前 457 年建成,神殿长 64 米、宽 28 米、高约 20 米,其风格是多立克式神庙,是欧洲古代早期最重要的建筑之一。宙斯神殿内厅里的宙斯神像由著名的古典雕刻家菲迪亚斯雕刻,根据 1989 年世界书,神像有 12 米多高,它是世界七大奇迹之一。③

奥林匹亚遗址内的赫拉神殿,是圣地内最老的围柱式神庙,建于公元前 7 世纪上半叶。苏神殿内原供奉的宙斯之妻赫拉女神像已毁坏。1887 年,德国考古学家在该遗址上挖掘出完整的赫尔墨斯雕像,现存于奥林匹克博物馆。此外在奥林匹克运动会上胜者的桂冠也被存放在赫拉神庙里,现在奥运会点燃圣火的仪式就在这座神庙的遗址上(见图 7-5)。

---

① Sherry Marker, "Where Athletes Once Ran" in the New York Times, July 18, 2004。
② http://www.olympic.cn/olympic/ancient/2004-03-19/113365.html。
③ http://www.olympia-greece.org/templezeus.html。

奥林匹亚的竞技场被发掘后,于1961年恢复到了前4世纪时的样貌。跑道全长192.27米,场内观众看台和贵宾席依克尼斯山麓而建,可容纳4.5万观众,运动员入场的地方是从阿尔提斯穿过西侧的草坡的一条拱道,拱道长32米。① 如今,这个具有三千多年历史的竞技场,已成为希腊著名的旅游景区和弘扬人类崇高体育精神的圣地。

2. 遗址价值评估

(1) 历史文化价值

在历史舞台上,古代奥林匹克运动会的演变历程,反映了希腊文明的璀璨与辉煌和人类文明的重大进步。作为新兴的邦际公共空间,奥林匹亚公祭竞技会是希腊公民生活状态的生动反映,体现出城邦的政治文化。在奥林匹亚遗址上,人们能够感受到历史留下的沧桑,能够体会到历史的崇高和壮美,看到希腊人的历史审美观和无比深厚的文化底蕴。

图7-5 奥运火炬的点燃

资料来源: http://www.olympia-greece.org/hera.html。

图7-6 Erimis of praxitelis

资料来源: http://www.olympia-greece.org/museum.html。

(2) 精神价值

奥林匹亚是奥林匹克运动和奥林匹亚精神的发源地。古希腊文明历来注重人的完美和全面发展,其人文色彩和科学精神的有机结合,印证其文明实质和影响力。自公元前776年伯罗奔尼撒的统治者伊菲图斯宣布举办第一届奥运会以来,人类追求和平与安宁的理性之光就恒久地照耀在历史的星空。通过竞技运动来缓和化解战场的杀戮,以和平共处来达到人与人、人与自然的和谐,构成奥林匹克运动永恒的主题。现在的奥运精神——更高、更快、更强,是奥林匹亚精神的一部分缩影,也是对它的继承和发展。

(3) 审美价值

奥林匹亚考古遗址的审美价值主要体现在建筑、雕像和绘画上。其中宙斯神庙和赫拉神

① http://www.olympia-greece.org/stadium1.html。

庙的风格都是多立克式神庙,并且赫拉神庙是圣地内最老的围柱式神庙,屋顶的边缘有山花顶饰。这些建筑凝聚着古代浓厚而独特的美学,天人合一的环境意境、对称与变化的空间构想、古朴与华丽的色彩运用、稳重与精巧的结构均衡,奥林匹亚考古遗址的古朴美、精巧美、协和美展现了特殊的美学魅力,独特的艺术风格,给游客带来精神和情绪上美的冲击和感染,彰显出崇高的审美价值。

3. 遗址的保护与利用

(1) 维护遗址的原貌

奥林匹亚遗址是奥运会的源头,这块具有三千年历史的竞技场已成为希腊著名的旅游景区,是弘扬人类体育精神的圣地。每一届奥运会的点火仪式都是在这里举行,但是希腊人却没有为举行点火仪式对遗址进行复原、修复或者重新再建造一座新的运动场,就在这断壁残垣间举行,他们在刻意维护遗址的原貌和断壁残垣的状态,因为在这残石断瓦上本来就写着历史的辉煌。

有人认为花费巨资重建历史上的伟大建筑,才是对遗址的保护。但是复建再多恢弘的建筑,没有文化的支撑也如同废墟;反之,即便是废墟,有了文化的支撑和内心的强大,也是一种对文化的尊敬,人们能够感受到历史的沧桑。

(2) 考古博物馆的建立

奥林匹亚遗址公园的北侧,建有考古博物馆,博物馆里展示了从奥林匹亚遗址出土的文物,比如栩栩如生的雕像,古希腊武器甲胄,公元前3500年至公元前1600年各种石器和陶器,公元前9世纪的矛、剑、斧等铁器。挖掘出来的精美的雕塑,其中较珍贵的有大力神海格立斯像、宙斯妻子赫拉头像、胜利神帕欧尼奥斯像,以及希腊诸神宙斯、波西顿和雅典娜等会战恶魔的浮雕,此外还有罗马时代的大理石雕群像。这些雕塑无论是神话英雄还是奥运会运动员,都有着匀称的身材、发达的肌肉,展现出了人体美的魅力。

(3) 利用的同时可持续发展

当资源可持续利用、环境可持续发展成为一种迅速扎根于各国政府和广大民众心中的趋向化理念时,不能忽视大遗址作为一种文化资源在保护的基础上进行可持续利用的理念。奥林匹亚考古遗址科学地处理文化遗产保护与利用之间的关系,保持遗产的真实性和完整性,使遗产资源能够世代传承、永续利用。

7.2 亚洲遗址

7.2.1 吴哥遗址——毗湿奴的神殿

1. 历史沿革与概况

自802年始,吴哥的古建筑就开始修建,柬埔寨真腊王国吴哥王朝的国王,苏耶跋摩二世统一高棉、定都吴哥，修建了庞大的寺庙群，苏耶跋摩二世政教合一的"神王思想"在吴哥王朝传承百年。此工程持续了400年，直至1201年阇耶跋摩七世时完工。其中，吴哥地区最主要的寺庙建筑吴哥窟，由苏耶跋摩二世于1113—1150年建造。

13世纪中叶开始，吴哥王朝国力渐渐衰退，1431年，吴哥被暹罗军侵袭后，遭到严重破坏，吴哥王朝把首都搬到了金边。从那以后，吴哥都城杂草丛生，吴哥这座历史悠久的文明古都就被淹没在热带丛林里。16世纪至19世纪初，有不少传教士和旅行家，都向外界透露过吴哥这一古迹，但均未引起政府的重视。直到1861年，法国人毛霍德在热带丛林中考察，发现并使得这一古迹广为人知。

吴哥（Angkor）是高棉语"城市"的意思。位于东南亚中南半岛的柬埔寨西北方暹粒省，其中吴哥窟是东南亚最重要的考古学遗址之一，古迹群分布在400平方公里的范围内，包括高棉王国从9世纪到15世纪历代都城和寺庙，如吴哥窟、吴哥城、巴戎寺、女王宫等遗迹，联合国教科文组织于1992年将吴哥古迹列为世界文化遗产。①

吴哥城也叫大吴哥，占地10平方公里，是高棉帝国最后一座都城，始建于9世纪，阇耶拔摩七世（1181—1215）在位时进行了扩建。它由边长3公里、高7米的城墙围住。在城门两侧有7头龙的石雕，据说是柬埔寨始祖的神像，7头龙石雕边排列着54尊大力神，54个妖魔各抓住蛇身，象征一场神妖之战。城墙外是护城河，各门楼为三头四面佛像塔楼，楼门外过道的护栏是一长排石雕像，拔河般地拉着长长的蛇身。② 吴哥窟也叫小吴哥，距大吴哥3.3公里，建于公元12世纪前半叶，苏耶跋摩二世在位时，动用了30万劳工，历时37年建成。吴哥窟建筑面积为195万平方米，是世界上最大的寺庙。柬埔寨国旗上的国徽就是吴哥窟的图案。③ 吴哥窟的建筑宏伟壮观，具有高超的雕刻技巧与建筑艺术价值。

吴哥窟中最主要的建筑是建在寺庙中心三层台基上的圣塔。整个寺庙建筑的布局，以宽广的庭院与紧凑的建筑物相结合，更加衬托出中心圣塔的高大、宏伟气势。如今，柬埔寨政府将吴哥窟圣塔视为国家与民族最重要的象征。吴哥窟是吴哥古迹中保存得最完好的庙宇，以建筑宏伟与浮雕细致闻名于世，是世界上最大的庙宇，也是一座巨大的水上都市。④

吴哥城亦称吴哥通王城或大吴哥，距吴哥窟约4公里，是真腊王国的遗址。王城为正方形，每条边约3000米，面积约10平方公里。所有城墙全部用赤色石块砌成，它们高达7米，厚3.8米。方圆10平方公里的吴哥城是高棉帝国的最

---

① 联合国教科文组织世界遗产中心.http://whc.unesco.org/en/list/668。
② 丁海霞.神秘而恢弘的吴哥窟.科学24小时.2009-01-01.
③ 同上.
④ 维基百科.http://zh.wikipedia.org/wiki/吴哥窟.

后一座都城。吴哥城中心的巴戎寺又称"大金塔",是佛教庙宇,也是一件巨大而完整的雕刻品,始建于 9 世纪,后于 11 世纪由苏利耶跋摩一世重建。

女王宫位于吴哥城东北,距巴云寺约 20 公里,它坐西向东,内外有三层红砂石砌成的围墙。在众多吴哥古迹中独树一帜,以小巧玲珑的建筑和美轮美奂的浮雕被人们称为"丛林中的珍珠"。①

图 7-7 小吴哥

图 7-8 巴戎寺　　　　　　　　图 7-9 女王宫宝塔

资料来源:http://zh.wikipedia.org/wiki/吴哥古迹。

2．遗址价值评估

(1) 历史文化价值

9—13 世纪是高棉王国历史上兴盛的时代,高棉人民创造了高度发达的物质文明和灿烂的历史文化。在吴哥作为国都的数百年间,由它的建筑和雕刻等艺术所体现的 9—13 世纪柬埔寨吴哥帝国时期的文化,被称为吴哥文化。这是柬埔寨古代文化发展史上的一个高峰,是一种完全可以同当时世界上最先进的文明相媲美的历史文明。对于今天仍然存在的吴哥文化的遗迹,人们把它称为吴哥古迹。

(2) 审美价值

从现存柬埔寨暹粒地区所有吴哥遗迹所展示出来的美学特征中可以体现出来,这些美学特征表现在建筑、壁画、雕塑、音乐、舞蹈、服饰等方面,共同构成了

---

① 中国自然网。http://www.nre.cn/readarticle/htm/11/2003_8_19_27.html。

吴哥遗迹本身所具有的独特的、带有强烈地域审美特征的美。这种独特的地域审美特征把崇高与优美结合、厚重与精致结合、雄浑与空灵结合,具有历时性、差异性、广泛性的特点。这种审美意识对真腊时期吴哥王朝以后的柬埔寨艺术产生了巨大的影响,使得柬埔寨艺术的发展延续了这种吴哥艺术的独特地域审美特征。

图7-10　吴哥窟的浮雕　　图7-11　巴戎寺的浮雕

资料来源:http://en.wikipedia.org/wiki/Angkor。

(3) 科学研究价值

吴哥是柬埔寨真腊王国的最后一个古都,建于9—13世纪。这是柬埔寨历史上最辉煌的时代,称为吴哥时代。吴哥古迹是柬埔寨古典文化建筑艺术中一朵瑰丽的鲜花,也是人类古代文明的灿烂瑰宝。研究柬埔寨古代历史,特别是吴哥时期文化的重要历史及文献,都具有极其珍贵的科学价值。

3. 遗址的保护与利用

自1431年暹罗军队攻占并洗劫了吴哥,该城废弃,一直到20世纪初法国远东学院接管吴哥管理工作,吴哥的保护工作才正式开始。近代对吴哥的保护大体可分为三个阶段:

(1) 1907—1931年

吴哥保护机构(Angkor Conservation Office)成立于1907年,主要从事对寺庙建筑的保护工作。[①] 这一阶段法国远东学院开始对吴哥古迹进行为期数十年的、精心细致的修复工程。修复工程包括清除植被、积土、白蚁以及稳定地基和加固建筑物几个方面的工作。吴哥建筑中最初使用的很多木制梁柱由于不堪潮湿气候和白蚁的侵蚀,已变得摇摇欲坠,施工人员采用钢筋混凝土来取代这些最原始的木制梁柱。

---

① Wager J. Developing a strategy for the Angkor World Heritage Site [J]. Tourism Management,1995,16(7):515—523.

(2) 1931—1972 年

法国远东学院第二任院长亨利·马奇尔对吴哥古迹进行了抢救性保护,创造性地提出了采用"原物重建法"修复吴哥古迹的新方法。所谓"原物重建法"就是可以用建筑物本身的材料,依据建筑结构予以重建或修复的方法。这一阶段由法国远东学院主持修复了女王宫、涅槃宫、班提色玛寺、托玛侬神庙、豆蔻寺等。① 这一阶段对吴哥古迹的保护工作一直持续到 1972 年。20 世纪 70 年代由于柬埔寨政局动荡和战争导致吴哥古迹的保护工作中断。

(3) 1989 年至今

国际社会对吴哥遗址保护之尽心,使吴哥遗址保护成为当今世界上最大的保护工程。1992 年 12 月 14 日,联合国教科文组织世界遗产委员会第 18 届会议上将吴哥同时列入《世界遗产名录》和《濒危世界遗产名录》。联合国教科文组织对这一遗址及其周边制订了一个广泛的保护计划,保护吴哥遗址的国际援助行动始于 1993 年,先后有十多个国家包括法国、印度、日本、美国、德国、瑞士、意大利、印度尼西亚等参与了对吴哥的维修保护行动,主要解决的是文物古迹的修复、非法挖掘、排雷等问题。中国政府也曾派遣工程技术人员参与这一重大的文物保护国际行动。中国工作队对周萨神庙的修缮工程是从 1998 年开始勘察设计,2000 年动工维修,2008 年竣工,历时近十年。各国对吴哥古迹的保护与维修主要采取抢险加固、原址保护、原物重建法三种方法。鉴于对保护吴哥遗址工程所做出的成绩,2004 年 7 月 4 日在苏州召开的第 28 届世界遗产委员会会议上,世界遗产委员会宣布吴哥不再为濒危世界遗产。

7.2.2 巴比伦古城遗址——神之门

1. 历史沿革与概况

巴比伦古城始建于公元前 3000 年,最初是一个小城镇,经五六个世纪的发展,逐渐兴旺。在亚摩利人巴比伦第一王朝于公元前 1894 年兴起时它作为一个小城邦获得独立。公元前 18 世纪左右,一个名叫汉谟拉比的亚摩利人国王第一次建立了一个短命的巴比伦帝国。从这时候开始美索不达米亚平原的南部被人称作巴比伦尼亚,巴比伦城市的规模日益膨胀,变得越来越雄伟。之后,巴比伦帝国随着灭亡而快速瓦解,在亚述人、加喜特人和以栏人的统治下度过了漫长的岁月。在被亚述人毁灭并重建后,巴比伦于公元前 608 年到公元前 539 年成为新巴比伦帝国的所在地。这个帝国由来自美索不达米亚平原东南角的迦勒底人建立。巴比伦在衰落后又被阿契美尼德帝国、塞琉古王朝、帕提亚帝国、罗马帝

---

① 刘江,姜怀英.吴哥古迹的保护与修复[J].中国文物科学研究,2006(4):63—68.

国和萨珊王朝统治。它自公元前4世纪末逐渐衰落,公元2世纪沦为一片废墟。现古城遗址为新巴比伦王国尼布甲尼撒二世在位时期的巴比伦城,规模极其宏伟壮观。①

巴比伦(Babylon)是世界著名古城遗址和人类文明的发祥地之一。它位于伊拉克首都巴格达以南90公里处,幼发拉底河右岸,建于公元前2350多年,是与古代中国、印度、埃及齐名的人类文明发祥地。巴比伦意即"神之门",由于地处交通要冲,"神之门"不断扩展,成为幼发拉底河和底格里斯河两河流域的重镇。公元前2000年至公元前1000年曾是西亚最繁华的政治、经济以及商业和文化中心,这里还曾是古巴比伦王国和新巴比伦王国的首都。②

巴比伦城全城面积达1万公顷,城墙为双重,外墙周长16公里,内墙8公里,墙下有深壕围护。街西是南宫,东为宁马克神庙,街北为主宫。南宫是国王的主要宫殿,长300米、宽190米,由5所庭院和用彩绘装饰的金銮殿组成,被誉为古代世界七大奇迹之一的巴比伦空中花园就在南宫内。北面主宫遗址中,现存一座雄狮足踏人的巨石雕刻,这就是著名的巴比伦雄狮。

2. 遗址价值评估

(1) 历史文化价值

两河流域目前发现的最早的古文明距今已有六千多年。虽然巴比伦现已消失,但其影响(尤其宗教方面)却很多留存至今,成为四大古文明之一实在当之无愧。其古老的文明由苏美尔人、巴比伦人、亚述人和迦勒底人共同创造,史称"巴比伦文明"或"巴比伦—亚述文明"。巴比伦城在《圣经》中被称为"天堂"。

巴比伦文明大致以今天的巴格达城为界,分为南北两部分。北部以古亚述城为中心,称为西里西亚,或简称亚述;南部以巴比伦城(今巴比伦省希拉市(Al-Hillah)东北郊)为中心,称为巴比伦尼亚,意思为"巴比伦的国土"。巴比伦尼亚又分为两个地区,南部靠近波斯湾口的地区为苏美尔,苏美尔以北地区为阿卡德,两地居民分别被称为苏美尔人和阿卡德人。

美索不达米亚文明最初就是由苏美尔人创造出来的。苏美尔人几乎和古埃及人同时发明了文字。他们用削尖的芦苇做笔,把文字刻在泥坯上,然后把泥胚烘干,成为泥板。由于这种文字形状成尖劈形,所以被称为楔形文字(见图7-12)。

---

① Babylon (ancient city, Mesopotamia, Asia)—Britannica Online Encyclopedia http://global.britannica.com/EBchecked/topic/47575/Babylon.
② 世界著名古城遗址巴比伦及巴比伦空中花园. http://news.xinhuanet.com/ziliao/2002-09/29/content_580006.htm.

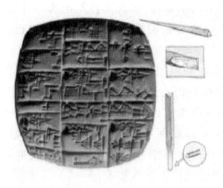

图 7-12 楔形文字

资料来源:http://baike.so.com/doc/162066.html#162066-171270-2_4。

(2) 科学研究价值

遗址土地的使用可以追溯到公元前 3000 年晚期。在巴比伦第一王朝时期,也就是公元前 2000 年早期,土地使用到达一个高峰。该千年晚期的加喜特巴比伦王朝时期,土地使用又达到高峰。不幸的是,在巴比伦遗址几乎没有发现那个时期的遗迹。第一,该区域的地下水位在过去的时间里极大地上升。目前标准的考古方法无法获取早于新巴比伦帝国时期的遗物。第二,新巴比伦国民对城市进行了大规模重建,导致大量早期遗迹被摧毁或无人知晓。第三,城市大量的西半部分位于幼发拉底河水下。第四,巴比伦在发动叛乱抗拒异族统治后被人劫掠了很多次,最著名的是公元前 2000 年赫梯人和以栏人以及公元前 1000 年新亚述帝国和阿契美尼德帝国的劫掠。① 第五,人们一直在大规模挖掘遗址的建筑材料。

(3) 审美价值

苏美尔人、阿卡德人、巴比伦人、赫梯人、亚述人和新巴比伦人以及其他种种民族都曾为争夺和统治美索不达米亚,先后进行了两千多年的战争,先后创建了各具特点的灿烂的文明和艺术,也先后把它们毁灭了。但是,创造于美索不达米亚的巨大的石雕像、陶片镶嵌画、精美绝伦的工艺品和首饰、体积庞大的高层建筑物、奇妙的穹庐拱顶式样,显示了上述诸民族奇特的想象力、对美的高度敏感和独特的审美品位。这些美学思想没有变为尘土和瓦砾,而是融化在人类的艺术美之中,潜伏在人类永恒不断的艺术创造中。美索不达米亚的美学思想往东,影响到南亚和中国;往西,影响了埃及、克里特、迈锡尼、希腊、罗马乃至后来的整个欧洲(见图 7-13)。

---

① 维基百科.http://zh.wikipedia.org/wiki/巴比伦。

第 7 章　人类遗址与旅游　　203

图 7-13　古巴比伦的艺术品
资料来源:http://en.wikipedia.org/wiki/Babylon。

3. 遗址的保护与利用

在 1983 年,萨达姆·侯赛因开始在旧遗址上重建城市(因此,文物和其他发现物现在可能在城市下面),投资修复和新建建筑。他模仿尼布甲尼撒在许多砖刻上他的名字。一条频繁出现的铭文如下:"这由萨达姆·侯赛因建造,他是尼布甲尼撒的后代,荣耀伊拉克。"这使人想起乌尔的七曜塔。此塔每一块砖被印上"乌尔纳姆,乌尔之王,建造了南那神庙"。在侯赛因倒台后,这些砖成为藏品,受人欢迎。废墟的修复行为中止。他也在废墟的入口放置了他自己和尼布甲尼撒的巨型画像,把游行通道——一条大型古代石头大马路和巴比伦之狮——一个约有 2 600 年历史的黑石雕刻支撑住。

在海湾战争结束后,萨达姆想要在一些古代废墟上建造一座现代宫殿;它被建造成为一座金字塔风格的苏美尔七曜塔。他把它命名为萨达姆山丘。2003 年,当美国攻打伊拉克战争开始时,他已经准备好开始建设一条穿越巴比伦的缆车线,又中止了项目。

在 2006 年 4 月发布的一篇文章说,联合国官员和伊拉克领导已经计划好修复巴比伦,让它成为一个文化中心。①

在 2009 年 5 月,巴比伦政府把遗址对游客开放。

7.3　非　洲　遗　址

7.3.1　金字塔墓葬群遗址——古埃及的璀璨明珠

1. 历史沿革与概况

古埃及人埋葬国王和王后的陵墓,古埃及人建造金字塔的历史从第三王朝

---

① Gettleman, Jeffrey. Unesco intends to put the magic back in Babylon, International Herald Tribune, April 21, 2006. Retrieved April 19, 2008.

延续到第十三王朝(前2686—前2181),距今已有四千六百多年。

图7-14 孟卡拉、哈夫拉、胡夫金字塔
资料来源:http://en.wikipedia.org/wiki/Egyptian_pyramids.

公元前27世纪古埃及第三王朝左塞尔法老命印和阗设计兴建其陵寝,印和阗设计将六个方型马斯塔巴墓室(Mastabas),由大至小往上堆栈在一起,终建成了左塞尔金字塔,成为埃及史上第一个类锥体状法老陵墓①,其同朝后世法老,依此原型兴建陵墓(见图7-14)。

一个世纪后的埃及第四王朝开始,才发展为建造接近方锥体状的陵墓,一直至公元前17世纪埃及第十八王朝兴建最后一座方锥体法老陵墓止。②

公元前5世纪,古希腊著名历史学家希罗多德游历埃及时记下了最早关于金字塔的文字,近代关于金字塔的研究开始于拿破仑入侵埃及之后进行的资料调查。公元前2世纪拜占庭人斐罗写下《世界七大奇迹》,其中使用"吉萨金字塔"(Pyramid of Giza)来为法老卡夫拉的陵墓群来命名,随着《世界七大奇迹》的广泛流传,"金字塔"就等同于埃及法老陵墓的专有名词。

金字塔墓葬群遗址坐落在古埃及王国首都孟菲斯的周围,主要在吉萨高原上,其中包括三座金字塔、一个名为狮身人面像的大型雕像、多处墓地及一个工人的村落等。遗产位于距吉萨旧城9公里的沙漠中,在开罗市中心西南方25公里的位置。其中的金字塔在历史上是西方想象的古埃及的重要标志,在希腊时代广为人知,其中的胡夫金字塔列在古代世界七大奇迹中,也是七大奇迹中目前唯一仍存在的建筑物。

建造大型金字塔的年代在公元前2650年前后至公元前1750年前后大约900年间,绝大多数金字塔分布在尼罗河西岸,这是因为古代埃及人认为,太阳西下那边有来世。在众多金字塔中,最著名的莫过于离首都开罗不远的吉萨金字塔,它也是规模最大、保存最好、知名度最高的金字塔,包括胡夫金字塔(见图7-15)、哈夫拉金字塔和孟卡拉金字塔等。而年代最久远的,则要数撒卡拉梯形金字塔了。

胡夫金字塔,又称吉萨大金字塔,位于埃及吉萨,是古埃及第四王朝的法老

---

① Kemp, Barry J. Ancient Egypt: anatomy of a civilization. Routledge. 1991:105—106[1989][2009-06-03].

② 同上。

胡夫的金字塔,主要作为其陵墓,也是世界上最大、最高的埃及式金字塔,现高136.5米,原高146.59米,底边长230.37米,现长220米,约建于公元前2690年,它是古代世界七大奇迹中最古老且唯一尚存的建筑物,其体积约235.2万立方米,用了高达230万—250万块石灰岩建造,其也是世界上质量最大的单一古代建筑物体。金字塔不仅外观雄伟,且角度、线条、土石压力都事先经过周密的计算。它的拐角处几乎是完美的直角,四个斜面正对东、西、南、北四方。

图 7-15　胡夫金字塔
资料来源：http://en.wikipedia.org/wiki/Egyptian_pyramids。

图 7-16　哈夫拉金字塔
资料来源：http://en.wikipedia.org/wiki/Pyramid_of_Khafre。

哈夫拉金字塔是埃及第二大的金字塔,仅次于胡夫金字塔。哈夫拉金字塔是胡夫的儿子哈夫拉国王的陵墓,建于公元前2650年,比前者低3米,现高为133.5米。塔前建有庙宇等附属建筑和著名的狮身人面像,至今已有4 500多年的历史(见图7-16)。

孟卡拉金字塔是第三座金字塔,位于开罗附近,与胡夫金字塔、哈夫拉金字塔并称为吉萨三大金字塔,由胡夫的孙子门卡乌拉国王建于公元前2600年左右。

2. 遗址价值评估

(1) 历史文化价值

金字塔葬墓群遗址距今已有四千多年的历史,它是古埃及奴隶制国王的陵寝。古代埃及人对神的虔诚信仰,使其很早就形成了一个根深蒂固的"来世观念",他们甚至认为"人生只不过是一个短暂的居留,而死后才是永久的享受"。古王国时期太阳神已被奉为埃及的国神,法老被认为是"太阳神之子"。在后来发现的《金字塔铭文》中有这样的话："天空把自己的光芒伸向你,以便你可以夫到天上,犹如拉的眼睛一样。"后来古代埃及人对方尖碑的崇拜也有这样的意义,因为方尖碑也表示太阳的光芒。

(2) 科学研究价值

金字塔是古代埃及人民智慧的结晶,是古代埃及文明的象征。但是关于金字塔的建造以及关于金字塔的各种新发现在科学界都掀起了一股又一股的浪潮,比如远在4500多年前,古埃及人如何把230万块平均重量在2.5吨左右的石头凿好,运到金字塔工地现场?又如何将重达16吨的石块搬到金字塔顶?在不用灰浆和水泥的情况下,如此巨大的建筑物为何能建造得这般坚固,经得住数千年的考验而不松散?这个约有40层楼房那样高的建筑物,其东南角与西北角的高度误差仅1.27厘米,古埃及人是如何将角度和斜度计算得如此准确?近三十年来,金字塔形的构造物使其内部产生着一种无形的、特殊的能量,叫做"金字塔能",这种能量有着许多用途和奇特的功效。关于金字塔的许多未解之谜都吸引着科学家们,它等待着人们去对它进行探索、发现。

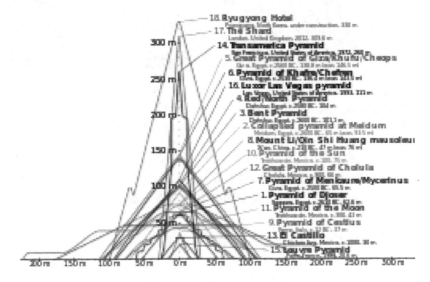

图 7-17　金字塔建筑的数据

资料来源:http://en.wikipedia.org/wiki/Pyramid_of_Menkaure。

(3) 教育价值

金字塔的建造以及结构对现在的建造师们来说无疑是值得学习的。从20世纪70年代开始,由于建筑技术的演进,达到轻质化、可塑化、良好的空调与采光,有些建筑师会从几何学选取元素,现代金字塔式建筑在世界各地被建造出来。另外在管理界,金字塔结构经常被用于描述管理层级关系。

3. 遗址的保护与利用

(1) 政府加大投入,并颁布相关法令

2002年开始实施一项为期3年的计划,旨在完善对吉萨金字塔景区的管理,更好地保护和开发金字塔旅游资源。由瑞士银行提供资金,埃及教育部、埃及国家博物馆以及一个民间组织共同筹办了儿童文物知识培训班,收到良好的社会效应。另外,采取各种措施,加强管理,加大保护文物古迹的力度。

(2) 对景区进行维修,设立围墙及相关设施

埃及政府曾在金字塔关闭期间,用人工方法清除墙表的盐渍,用浸透蒸馏水的纱布吸出墙体内的盐分。此外,他们要用对塔体无害的化学制剂擦掉一些不文明的游客在墙壁上留下的涂鸦。与此同时,修缮小组要对塔内的照明和通风设备进行清理、维修和保养。

景区四周将依据地势修建一堵设有三个出入口的围墙,把景区完全封闭起来。景区内还将修建一条电动无轨列车线路,游客既可以乘坐列车,也可以步行按照固定路线参观游览。在这条电动无轨列车线路开通后,所有车辆和牲口都将被禁止进入景区,从而消除车辆和牲口对文物古迹的污染和破坏。此外,景区内还将开辟一个专门区域圈养牲口,使游客能够享受到在金字塔附近乘坐骆驼和马匹的情趣。景区内还将安装先进的安全检查和监视设备,包括在入口处安装电子仪器。

(3) 实施轮流开放制度,限制游客流量

埃及政府于几年前开始实施三大金字塔轮流开放制度,以期最大限度地保护金字塔。出入金字塔的游人众多,游客在塔内参观时呼出的气体在墙壁上凝结成盐渍,并渗入墙体,对构成金字塔主体的花岗岩和石灰岩造成破坏。

(4) 建立大埃及博物馆

2002年,埃及政府宣布在吉萨大金字塔附近建造一座珍藏埃及古文明文物的现代化"大埃及博物馆",展示灿烂丰富的古埃及文明。2005年,大埃及博物馆项目进入实施阶段。大埃及博物馆位于吉萨大金字塔西北3公里的沙漠高地,埃及吉萨大埃及博物馆占地1 000万平方米,充分运用电脑和网络技术,成为全球第一个大规模运用现代化信息技术的虚拟博物馆和多功能文化教育场所。

7.3.2 迦太基遗址——忧伤的女王之城

1. 历史沿革与概况

(1) 历史沿革

据文字记载,迦太基古城建于公元前9世纪末期至公元前8世纪中叶。城市兴建后,国力逐渐强盛,版图不断扩大,成为当时地中海地区政治、经济、商业和农业中心之一。腓尼基人强盛后与罗马帝国发生了直接的冲突。在第三次布匿战争中,腓尼基人被罗马人击败。按照罗马元老院的坚决主张,迦太基被罗马军队夷为平地。公元前122年罗马人在原址的基础上重建迦太基,并使其发展

为国内仅次于罗马城的第二大城;705年,迦太基被阿拉伯人彻底毁灭,迦太基完全沦为突尼斯的新城镇。①

现在所见到的迦太基古城遗址,是罗马人在公元前146—公元439年占领时期重建的,该城曾发展为当时仅次于罗马的第二大城市。当时主要建筑有城墙以及宫殿、神庙、别墅、住房、公共浴室、竞技场、跑马场、剧场、基地和港口等,现在依旧依稀可辨。

(2) 概况

迦太基古城遗址位于突尼斯首都突尼斯城东北17公里处(见图7-17)。据记载,公元前814年腓尼基城邦"泰尔"的移民建立了迦太基,意为"新的城市",1979年联合国教科文组织将迦太基古城遗址作为文化遗产,列入《世界遗产名录》。②

图7-17 迦太基古城遗址

资料来源:http://zh.wikipedia.org/wiki/迦太基。

迦太基古城遗址主要建筑物包括埃尔·杰姆竞技场、帝国港口、安东尼浴场等。埃尔·杰姆竞技场建于3世纪初,是古罗马帝国时期的一座著名建筑,是世界三大竞技场之一,高36米,建有500个门,可同时容纳4万人。这里的罗马建筑、雕刻都令今人赞叹不已,不少法国著名作家将它描述为"世界上美妙绝伦的斗兽场"、"罗马帝国在非洲存在过的标志和象征"。如今突尼斯政府每年都会在这里举办"迦太基国际联欢节"。

帝国港口建于公元前6世纪,迦太基人为了显示他们的海上实力,建造了两个人工港口。据记载,这个军港能容纳200多艘舰船,这种描述在很大程度上得

---

① Carthage (ancient city, Tunisia)—Britannica Online Encyclopedia http://global.britannica.com/EBchecked/topic/97373/Carthage。

② 同上。

到了考古学家的证实。与军港相连接的是一个大型的商用港口,这个港口的入口处现已被探明(见图7-18)。

安东尼浴场是罗马皇帝安东尼修建的。如今,地面建筑只剩下柱石残墙,但从底层结构可以看出两边对称地排列着的更衣室、热水游泳池、按摩室、蒸浴室、温水室、冷水室和健身操室,3万立方米的贮水池至今仍能使用。置身于这卓越的建筑艺术重建的亭台楼榭之中,可以想象出当时的贵族们是过着怎样的醉生梦死的生活。

2. 遗址价值评估

(1) 历史文明价值

迦太基建成已有三千年,被誉为突尼斯的国家纪念碑之城,是迄今发现的最伟大的考古遗址之一,地中海地区古代文明的重要标志。迦太基在腓尼基语中意为"新的城市",且其悠久的传奇历史及古老的传说为其增添了更多色彩。随着历史的前进和时间的消逝,特别是它在"罗马—迦太基百年大战"中

图7-18 古迦太基军旗
资料来源: http://zh.wikipedia.org/wiki/迦太基人。

以失败告终,巍峨的皇宫、繁荣的市井、固若金汤的城池,都随着帝国的灭亡而灰飞烟灭。从迦太基残存的石头上保存下来的古老的字母后来成为希腊和阿拉伯米用字母的根源,精美的石雕和壁画反映了几千年前古迦太基人的生产和生活方式。城内建筑呈现出浓郁的欧洲风情,它是古时候统治地中海地区的普尼尔文明的证明。

(2) 科学研究价值

现今考古工作者尽管对迦太基进行了大量的考古工作,有些线索仍然扑朔迷离。甚至迦太基城建立的日期也无法确定。据文字记载,迦太基是建于公元前9世纪的末期,然后考古发现的遗物却表明,在公元前8世纪中叶以前,那里根本无人居住。因此对迦太基古城遗址继续进行探索具有非常重要的意义。

(3) 旅游价值

迦太基古城遗址作为文化遗产被列入《世界遗产名录》,其厚重的历史文化内涵和众多的难解之谜的双重属性奠定了其巨大的旅游价值,迦太基博物馆的文物遗迹都是历史的见证者和传达者,其旅游资源所赋有的价值能吸引来自世界各地的游客。

3. 遗址的保护与利用

（1）建立国家考古公园，以遗产保护带动旅游发展

自从被联合国教科文组织列入文化遗产名录后，突尼斯政府在古城遗址上建立了国家考古公园，对遗址进行了全面挖掘、整理和研究，并在此基础上开发了"遗址古迹旅游"项目，以遗产保护带动旅游发展，以旅游发展反哺遗产保护。据迦太基管理处主任萨姆纳介绍，除遗址本身的门票收入外，每年夏季在古剧场、惩戒台举办的大型艺术节、音乐晚会的收入都由文化和旅游两个部门分得，而文化部门的所得主要用于遗产保护。[1]

（2）严格制定相关规定，可持续发展迦太基旅游

为了保护迦太基古城遗址并同时发展旅游业，迦太基制定了严格的旅游规定。比如游客如果携带相机进入遗址参观，除购买门票外，还必须为每台相机交纳一定的"拍照费"；在遗址四周，不得修建高于三层的现代建筑或旅游设施；除几家特许的商户经营纪念品外，遗址门前也不允许设餐饮、娱乐等其他任何相关服务设施。

（3）统筹发展区域旅游，明确各区旅游功能

突尼斯政府将突尼斯东北部三个滨海小镇，包括迦太基、西迪布萨伊德和卡玛特，连为一体统筹发展，三个小镇在当地旅游发展中又分别担负着不同的职能。游客来到迦太基，重在参观古城遗址；在西迪布萨伊德，则可以通过购物，品味当地特色饮食，来满足游客购和食的欲望；而在卡玛特，又可尽情享受时尚、奢华和尊贵，满足游客更高层次的需求。

7.4 美洲遗址：科潘玛雅遗址

7.4.1 历史沿革与概况

在科潘发现人类的踪迹可追溯到公元前1500年。[2] 在427年，一个自称为蓝鸟（Yak K'uk Mo）的王子在科潘建立了一个世袭了400年的科潘王朝，蓝鸟王及其子孙在后来的400年间，控制了整个玛雅地区的玉石和黑曜石贸易，将科潘发展成玛雅南部最大的城邦。在628—738年，也就是灰虎（Smoke Imix）和十八兔（Uaxaclajuun Ub'aah K'awiil）在位期间，科潘城的人口已达到了近三万人，科潘王朝达到了其鼎盛时期。到了822年，在科潘的末代王图克（Ukit Took'）登基

---

[1] 康新文. 迦太基古城 遗址保护有新招[N]. 中国文化报，2010-10-13(5).
[2] 联合国教科文组织世界遗产中心 http://whc.unesco.org/en/list/129/.

后不久,科潘遭遇了战争、疾病、洪水和旱灾,这些灾难无情地夺走了大量玛雅人的性命,玛雅人失去了他们的信仰和神庙。1200年之后,科潘古城就渐渐地消失在一片热带雨林之中了。

1570年被迭戈·加西亚·德·帕拉西奥发现,科潘是玛雅文明最重要的地点之一,直到19世纪才被挖掘出来。①

1839—1841年,美国探险学家史蒂芬斯(John lioyd Stephens)和卡瑟伍德(Frederik Cather Wood)受到一个古老传说的暗示,重新发现了科潘遗址,但这里已是一片凄凉。

1960年,俄裔的玛雅专家普罗斯科拉亚科夫,在哈佛毕博蒂博物馆地下室的办公室里,利用俄国人罗索夫的方法,破解了石碑上的玛雅文字。从此,人们才了解到,科潘石碑和石阶上的玛雅文字,实际上记录的是科潘王国的历史。石碑上的时间表示的是王子的诞生、继位、死亡及其发动的战争等,几乎无所不有。

科潘玛雅遗址位于洪都拉斯西部首都特古西加尔巴西北部大约225公里处,靠近危地马拉边界的圣塔罗萨西56公里处的峡谷中。遗址坐落在13公里长、2.5公里宽的峡谷地带,海拔600米,占地面积约为15公顷,高达125英尺,用去了将近500万吨建筑材料,这样的建筑物规模实在令人惊叹。公元前2000多年为玛雅古王国首都,也是当时的科学文化和宗教活动的中心。遗址的核心部分是宗教建筑,主要包括金字塔、祭坛、广场、6座庙宇、石阶、36块石碑和雕刻等;外围是16组居民住房的遗址。科潘王国的历史可以追溯至公元2世纪,在公元5世纪到公元9世纪达到鼎盛,然后同其他古典时期各个玛雅城邦一样,突然衰落并被彻底遗弃在丛林之中。古代科潘可能称作"Xukpi"。它吸引了许多外国学者到此进行考古研究,也是洪都拉斯境内重要的旅游点之一。1980年,联合国教科文组织将其作为人类文化遗产,列入《世界遗产名录》。

7.4.2 遗址价值评估

(1) 历史文化价值

科潘是玛雅文化的学术中心,不少建筑遗址与天文、历法等学术活动有关。这里保存了玛雅文化中最长的铭刻,多达2500字,号称"象形文字的梯道"。玛雅文明是世界著名的古代文明之一,也是唯一诞生在热带丛林而非大河流域的文明。科潘玛雅遗址是玛雅文明最重要的地区之一,有着宏大的建筑,还有丰富的象形文字,是极少数起源于热带丛林的文明的例证。这些建筑表明科潘的玛雅人有高度发达的经济和文化。

---

① 联合国教科文组织世界遗产中心 http://whc.unesco.org/en/list/129/。

(2) 科学研究价值

玛雅人创造了精确的数学体系和天文历法系统,其适用性和科学性使他们能在许多科学和技术活动中解决各种难题。在世界各古代文明中,除了起源于印度的阿拉伯数字之外,玛雅数字要算是最先进的了。但非常可惜,有关玛雅数学的图书或文献一本也没有流传下来。科潘是玛雅象形文字研究最发达的地区,它的纪念碑和建筑物上的象形文字符号书写最美、刻制最精、字数最多,玛雅的象形文字对现代人来说真是一部天书,它的谜底直到今天仍未解开。

(3) 艺术价值

许多人认为古典时期(公元前 200 年至公元 900 年)玛雅艺术在古代美洲文明中是最成熟和最美丽的。帕伦克的雕刻和浮雕以及科潘的塑像被认为是最完美的,展现了古典玛雅人的优雅和准确的观察力。现代人只能从葬礼中的陶器来了解古典玛雅的进阶绘画;另外在波南帕克(Bonampak)的一栋建筑意外保存了古代壁画。从一些玛雅文献中,人们发现玛雅是少数文明中,艺术家会在他们的作品上署名的。此外,玛雅人喜爱玉器,玛雅的玉器非常精美、丰富(见图7-19)。①

图 7-19 科潘塑像

资料来源:http://whc.unesco.org/en/list/129/gallery/。

(4) 教育价值

1839 年,美国人斯蒂芬斯在洪都拉斯的热带丛林中首次发现了玛雅古文明遗址,此前,即从 18 世纪末,玛雅文明刚刚进入西方学术界的视野。19 世纪末,伴随帕连克、科潘、蒂卡尔等古城遗址的发掘,玛雅文明的现代考古学研究正式

---

① http://lib.ougz.com.cn/wiki/index.php?doc-view-6277。

确立。20世纪50年代后,更形成了专门的玛雅学,是世界考古学及历史学研究的重要领域。

7.4.3 遗址的保护与利用

(1) 对遗址进行修复

由于自然的毁坏和游客的人为因素,科潘古城遗址内的建筑有部分受到了毁坏。洪都拉斯政府出资及时进行修复,并向游人开放。比如,在2013年,洪都拉斯著名的玛雅文化遗址瑞斯特洛宏古堡已经整修完毕,正式对外开放。

(2) 完善基础设施

近年来,前往洪都拉斯的外国游客越来越多,旅游收入是洪都拉斯第三大外汇来源。目前洪都拉斯政府正努力开展2006—2021年"国家可持续发展旅游战略",希望在这15年内提高旅游竞争力,优化旅游基础设施,大幅增加外国游客数量和度假游客所占百分比,并计划在科潘遗址附近兴建国际机场。

(3) 修建博物馆

为了保护科潘玛雅考古遗迹,洪都拉斯政府在科潘玛雅考古遗迹内修建了古人类学博物馆,并在2009年进行了扩建,将科潘陆续出土的一些珍贵的玛雅时期文物,全部收藏在扩建后的古人类学博物馆中,供游客欣赏,更好地向各国游客展示洪都拉斯丰富的玛雅文化遗产和古人类文明资源。

7.5 遗址旅游:生机与保护并存

7.5.1 遗址资源保护与开发辩证关系

遗产遗址是历史进步的见证者,也是世界人民的共同财富,如何实现遗产遗址的可持续利用是当前我们面临的一个严肃的问题。如今,在城市化的大背景下,对遗址资源的保护必须跳出为了保护而保护的传统狭隘理念,同时也要摒弃遗址资源因为有了使用价值才有其存在价值的错误观念。

20世纪末,世界兴起了"申遗"热潮。究其原因不外两个方面:一是文化遗产在世界文化事业中的地位日益提高,也是社会发展的重要标志。在欧洲,文化遗产一直被视为民族身份、国家象征(National Identity)。二是经济利益的驱动,不论是发达国家还是发展中国家,全球文化旅游的兴盛使文化遗产的经济价值空前凸显。虽然"申遗"不可否认对遗产遗址资源的保护起了一定程度的作用,但是我们必须深刻地认识到遗址资源开发与保护之间的关系,才能从根本上解决遗址可持续性开发的问题。

我们必须看到遗址资源开发和保护之间的辩证关系,二者既是相互联系又是相互矛盾的,这就要求我们在对遗址资源进行保护和开发利用时,必须采用科学合理的方法和措施,保证文化旅游产业可持续发展下去。

1. 遗址资源保护与开发的促进关系

文化旅游产业的发展与遗址资源的保护有着很密切的联系,发展文化旅游产业,开发旅游促进遗址保护,而保护是为了更好地开发利用,遗址保护与开发应该相互辉映,相得益彰。同时旅游资源的保护也为资源的开发提供了前提,然而开发所带来的巨大的经济效益,也为保护带来资金支持,可以对遗址资源进行维护保养,这也就形成了"保护—开发—发展—保护"的良性循环,在资源得到更好保护的同时,也能促进地方经济的发展、社会环境的改善。

(1) 遗址资源保护是开发的前提和基础

遗址类旅游资源是旅游产品开发及旅游活动开展的基础和前提,资源一旦被破坏,旅游业也就失去了其发展的根基,也就无任何价值可言了。因此,应该清楚地认识到当前最迫切的任务即遗址资源的保护。中国遗址资源十分丰富,其中不乏世界级、国家级的优秀资源。在目前的技术条件下,要很好地对这些资源进行全部开发还存在很大的难度。因此,对这类资源只能先进行保护,等技术条件成熟后,再进行开发利用。然而,对于那些颇具争议的资源,可能涉及资源开发后所引起的诸如环境、社会、经济及可持续发展等方面的问题,可以先对资源进行保护,然后在有条件时再进行开发。此外,对遗址资源的保护还应贯穿在整个开发过程中。

保护遗产遗址是为了让它发挥作用。关于遗址的开发可以从其价值方面入手:

① 遗址的科学研究价值。科学研究价值的开发,对于考古及文化的研究传播会起到重要作用。

② 遗址的历史教育价值。历史教育价值的开发,可以对全社会进行历史教育,增强国人的爱国主义。

③ 遗址的经济发展价值。开发遗址的经济价值,可以带来较好的经济效益,为当地政府和居民带来可观的收入。

遗址这三项价值的开发同时又促进了遗址保护的实施。

④ 研究价值的促进作用。随着科学研究的不断深入,遗址的价值也就会不断体现出来,遗址价值越大,那么越会引起人们的关注,引起政府部门的重视。

⑤ 教育价值的促进作用。通过遗址向民众进行历史教育更加直观,效果更加出众。同时随着民众对文化遗产的了解、重视的不断提高,那么文化遗产保护的意识也会不断加强。只有全民的保护意识加强了,我们的保护规划才会得以顺利实施。

⑥ 发展价值的促进作用。经济发展的价值对于遗址保护最为直观与显著。主要有以下两个方面：

a. 遗址保护规划是个庞大复杂的系统，需要巨额的资金，仅仅靠政府部门的"输血"远远不够，这就需要遗址本身具有"造血"功能。通过对遗址的经济开发，可以获得较好的经济收入，这些收入投入到遗址保护规划中去，会加速遗址保护规划的完成。

b. 遗址的开发会给当地居民带来较好的收入，经济收入的增长会加大当地居民对遗址保护参与的积极性。

由此可见，保护与开发的关系处理得当的话，那么二者将相辅相成，相互促进。遗址保护规划为开发提供基础，同时遗址开发又反过来支持保护规划建设。

（2）遗址资源开发是保护的体现，是旅游业发展的基础条件

从资源可持续利用的观点来看，遗址资源保护的目的是促进旅游业更好发展。因此，对于具有开发优势的优秀旅游资源只有经过开发利用，才能形成具有吸引力的旅游产品，充分发挥其应有的功能和效益，实现其所具有的经济和社会意义；并且，遗址类资源的保护只有通过开发才能真正地体现其价值。遗址资源开发是遗址类旅游发展的先决条件，是资源具有重要价值的体现。

（3）遗址资源的开发本身就是对资源的保护

一般而言，科学合理的遗址类旅游资源的开发，包括对遗址类旅游资源进行分类整合，对于具有重要价值的资源加以整修利用，避免其自然风化及其随着时间流逝所带来的资源自身的破坏，以延长遗址类资源的生命周期，同时对资源所处环境进行改善、美化增加其可进入性，还包括对历史遗迹资源进行发掘修复、保护使重现其原有光芒。同时，旅游开发所产生的经济效益也是促进资源保护的重要条件，在经济收入中拿出部分资金用于对旅游地的环境改善及基础设施的建设。这意味着开发就是为了保护，是保护的重要前提。目前，我国已经设立了一批重要的文物保护区及重点文物保护区，还建立了许多博物馆，对遗址资源进行保护，这也是我国遗址类旅游业发展的重要组成部分。

2. 遗址资源保护与开发的对立关系

（1）两者目标的差异

遗址保护的目标是保护、保存、展示和遗传后代，而资源开发的目标是提高经济效益，两者目标之间存在明显的差异性。文物保护的目的是尽可能使文物的原始状态保存下来，流传下去，以便让更多的人了解人类的历史和文化。建筑文物的保存就是保护建筑文化的承载体建筑材料及其原有的位置，保护材料使其不致散失变质，保护其原有位置不致走形倒毁。

近年来，我国旅游业迅速发展，不到20年的时间已经在世界排名第七，越来越多的文物遗址遗迹成为重要的旅游资源，各地方也把旅游业作为新的经济增

长点,加大了旅游开发的力度,增加了资金投入。其主要目的是在经济效益方面得到回报。

(2) 遗址资源的开发意味着对遗址的破坏

遗址资源的破坏不仅仅是因为开发所造成的,还有一些如社会、文化、经济等方面的原因造成的,同时,遗址资源开发中所造成的破坏也是显而易见的,这与资源的保护是相互矛盾的。遗址资源的开发所造成的资源破坏是不可避免的,这也是遗址资源开发一直遭到反对的一个重要原因。遗址资源开发过程中对资源及用地的局部调整,造成了资源原生环境及资源本身的破坏。因此,开发在一定范围内是与破坏并存的。许多地方在遗址资源开发管理的过程中对资源进行粗放式管理,资源的开发所带来的破坏在许多地方都是存在的。如许多地方在目前技术条件还没有达到的情况下就进行遗址资源保护名义下的开发,这不仅没能很好地保护利用好资源,反而加速了资源本身的破坏。

(3) 过度的保护阻碍开发

旅游资源的保护是资源得到合理开发利用的前提条件,为了防止资源开发过程中造成的资源的破坏,许多地方对具有特色的遗址资源进行严格的保护,而不对这些资源进行开发利用,认为这是充分地保护了资源,但所造成的结果是遗址资源本身应有的作用和价值并没有得到充分的发挥。并且对这些资源的保护和更新需要大量的资金,也严重地阻碍了地方经济的发展,同时旅游产业也得不到充分的发展。因此,在遗址资源的保护中应该避免就保护而保护的错误观点,应该对遗址资源进行适量的开发利用,使优秀的旅游资源充分发挥其自身应有的价值,带动地区经济、社会的发展。

因此,在遗址资源的保护和开发过程中必须正确地认识到它们的关系,这样才能够更好地对遗址资源进行保护,同时,也才能够在对资源开发时,采用更加科学合理的方法,制定正确的开发利用措施,将保护与开发结合起来,使遗址资源得到长期可持续的利用,充分发挥它本身应有的经济、社会、文化等方面的功能。

7.5.2 国外遗址保护与利用方式

保护文化遗产并不排斥对其合理利用。无论是德国、法国等发达国家,还是埃及等城市的发展建设都是尽可能完好无缺地按原貌保存老城,而在老城的一端或边缘建新的商业和工业区。法国所有定为保护区的城镇建设都是如此,故体现其国家历史文化风貌的城镇、乡村比比皆是,成为法国国家和民族的骄傲。重视历史文化遗产的保护,不但延续和弘扬了法国传统文化,而且也为旅游业的发展奠定了物质基础。法国每年的外国游客竟达 7 000 万之多,超过其全国总人口。

法国将每年9月的第三个周末定为"历史文化遗产日",在遗产日,全国的文物古迹、历史建筑、博物馆等同时对外免费开放,以供公众了解法兰西民族的文化遗产,增强全民历史文化遗产的保护意识,弘扬民族文化传统。

意大利的文化遗产,无论是考古遗址还是历史建筑或城市历史中心,无论是街头路旁的遗物还是博物馆里的展品,都有很强的故事性和观赏性。特别是一些大遗址,面积广大,气势恢宏,而且把考古遗迹的维护和文化、生态景观的建设与保护结合为一体,从而具有动人心魄、震撼力强的魅力。对遗址保护的原则是不改变遗址文物原貌,采用遗址公园、遗址博物馆等形式保护起来。对于城市建筑遗址特别重视城址环境的保护,严格保护城墙遗址、护城河及其周围的地形地貌。费拉拉将9公里长的古城墙、护城河遗址作为环城公园严格保护下来;维罗那古城墙外通过带状绿化将新城区与古城区相分隔;在罗马和米兰,对于城墙残垣也保护得相当完好,对城内的古遗址,以遗址公园的形式保护下来。

古罗马市场是古代罗马城公共活动中心,位于罗马市中心,意大利政府以遗址公园的形式将它保护下来,保护区内不搞任何现代建筑,使其成为一个融参观、休闲、教育为一体的公共场所,免费向游人开放。就意大利的遗址局部保护而言,他们对大遗址的保护注重现状保护,遗址发掘出来是什么样就是什么样,他们认为真实的历史遗迹之上摆放任何现代人的复制品,都将破坏遗迹的历史真实性。

庞贝遗址的保护可以说是大遗址保护的典范,是一部现代大遗址保护与开发利用的实物教科书。庞贝是一座通过考古发掘而重新获得生命的古罗马城市,是世界上最负盛名的考古遗址博物馆和考古发掘工地,也是世界上最吸引人的旅游胜地,每年大约接待200万人次的参观者,鉴于庞贝遗址的显赫名声和重要地位,意大利政府专设了一个直属意大利遗产与文化活动部的庞贝文物中心局,负责庞贝遗址、郝库兰尼姆遗址和那不斯国家考古博物馆的保护管理。

意大利政府专门设有文化遗产部,并在保护和管理文物古迹方面摸索出"意大利模式":政府负责保护,私人或企业进行管理和经营,这种模式有利于调动私人和企业的积极性。

美国在遗址整体保护方面主要是遗址与绿色廊道相结合,即在区域内运用遗产廊道的保护模式对遗址进行整体保护。遗产廊道内部可以包括多种不同的遗产,它将文化遗产的保护提到首位,同时强调经济价值和自然生态系统的平衡能力;遗产廊道不仅保护了线形遗址,而且通过适当的生态恢复措施和旅游开发手段,使区域内的生态环境得到恢复和保护,使得一些原本缺乏活力的点状遗址重新焕发活力,为居民提供休闲、游憩、教育等生态服务。

遗址的局部保护主要有两种方式:① 科学清理发掘,严格保存遗址。如新墨西哥州查科峡谷内的印第安人部落遗址。一方面有计划地进行考古清理,同时对地面废墟进行防护加固；另一方面是控制展陈开放，更有意味的是把通往峡谷的道路故意修得凹凸不平，使游客望而却步，唯一的目的就是尽量减少干扰，完整地保存其历史原状。② 以遗址为背景展示历史。这类遗址一般历史不长而且有较为详细的文字记录，或者保留较多的实物遗存，可以利用修复或重建的方法全面地再现该地所代表的历史。如马里兰州的圣玛丽古城遗址，依照它的价值采取多种展示方式：一是对遗址本身进行防护处理，上面加建一个造型简单的保护建筑兼作小型陈列室；二是在遗址上象征性地修复一些残墙，再用木料搭建一个仿建筑轮廓的架子作为标志；三是在原址上重建；四是推测性重建，既不在原址，又没有考古依据，全凭文献考证"再创作"。

日本同世界上许多国家一样，在实现现代化的进程中，深感现代化建设不仅对人类产生许多负面影响，同时也威胁到众多的文物古迹及其周边环境。在这一客观条件下产生的遗址公园这一保护利用模式，虽然有来自公众对旅游业发展的要求，但更深的社会背景则是社会对古代环境的向往和对本民族历史的关心。通过遗址公园来复原古代人类生存环境的典型范例，既满足人们"回归自然"的愿望，又提醒人们关心和爱护人类未来的生存空间，具有十分重要的意义。从20世纪70年代起，日本对遗址投入较大力量进行遗址公园建设，许多遗址在考古发掘工作完成以后，都进行了保护利用建设，现已建成一大批环境风貌协调、各具特色的遗址公园。

吉野里、板付、丸山和太宰府四处著名遗址，都进行了露天覆土保护，既有效妥善地保护了遗址，又能看到遗址全貌，并且与周围环境紧密联结在一起，是大遗址保护的一种行之有效的方法。但各遗址点在保护利用的建设时并不照搬照抄，而是各具特色。

以吉野里、板付遗址为代表，采用厚土覆盖遗迹后，原址原大模型复原展示，具有直观形象和现场感强的特点。佐贺县神埼郡的吉野里遗址，在发掘进行的同时，便着手进行遗址保护利用的规划建设。2001年5月初落成开放的吉野里历史公园复原展示了弥生时代中期（公元前2世纪至公元1世纪）丘陵北部的瓮棺列墓葬、一座埋葬历代首领的大型坟丘墓，以及弥生时代后期（1—3世纪）大规模环壕、城栅局部和其内的几个不同职能空间建筑设施，形象地展现了日本国家诞生初期国都的宏伟壮丽。另外，历史公园还建有文物陈列室和发掘现场展示区等，是一处功能设施齐全的历史公园。

位于福冈市区的板付遗址，聚落规模、等级远不如吉野里遗址，是一处普通的弥生时代早期（公元前3世纪）的平民村落，但遗址因20世纪50年代初发现了日本最早的水稻田遗迹而闻名遐迩。目前遗址虽被高大的现代建筑包围，但仍兴建了文物陈列室，恢复了弥生时代的部分水稻田、水渠、水口等遗迹和北部丘陵上环壕围护的住宅区。

以佐贺县太宰府遗址为代表,遗址薄薄覆土保护以后,地表模拟恢复出遗迹。太宰府是奈良时代(8世纪)日本平城京之外的最大都市,目前只能看到一大片石砂铺就的平地上,有规律地排放着许多硕大石柱础和一些建筑台基,遗址一角是陈列室。

以丸山遗址为代表,采用异地复原展示的方法。佐贺县久保泉町丸山遗址是一处著名的古墓群。1977年修公路时发现,由于公路占用了遗址,发掘结束以后就将墓葬按上、下层相对位置移到北部山麓冈地上分别复原展示。墓葬上部用当地盛产的瓷土烧成瓷画镶嵌在台形和弧形照壁墙上,分别介绍了墓地发掘情况,以及弥生时代和古坟时期的背景材料,形成了千座独特的露天博物馆。

日本对于古代都城遗址的保护也独具特色,没有被现代城市叠压的平城宫遗址采取了遗址公园的保护利用模式,被现代城市完全叠压的京都平安京遗址则采用了保护与城市建设协调共进、逐步复原保护的模式。

平城宫遗址上迄今保持着空地状态,基本上没有近现代建筑,城市开发避开了这一区域,发掘清理后的遗迹得以就地保护。发掘清理后的遗址,通过在地表上使用纯净土基坛复原建筑基址、通过植树表示建筑物原有的柱网分布、部分恢复原貌等整治方法,建成了能够让全体国民缅怀古代都城雄姿的巨大遗址公园。为增加标志性建筑,在长期发掘、研究的基础上复原了平城宫正门朱雀门。日本的遗址公园讲求的是可观赏性,并以同样的立场强调了对遗存环境的重视。因此在日本的大遗址展示方面,喜好使用复原设计和重建手段来再现历史场景。

京都平安京遗址的发掘保护与奈良平城遗址又完全不同,是城市文化遗产保护中的又一模式。平安京完全叠压在今天京都市的下面,因此,城址的发掘保护工作非常困难。一个城市要发展,城市建设是难以避免的,城建与文化遗产保护之间自然就会产生矛盾。京都市经过长达50余年的不懈努力,以"都市景观的复原"、"利用考古发掘成果的复原"、"地形与土地利用的复原"、"建筑布局与形态的复原"等课题为中心,复原了这座"千年古都"。保护的主要手段有:严格保护平安京的条、坊、町的古代都城布局;新建筑物不得超过六层;只要动土100平方米以上必须经过考古发掘;重要遗迹现象现场保护或地下保护,在地面上复制;室内复原重要建筑遗迹,直观地向市民开放;通过长年的一点一滴的调查发掘,在资料上最终再现各时代京都的都城风貌。今天,漫步在京都的大街小巷,不时地可以看见光洁的大理石路面上用不同颜色的大理石表示的千年前平安京街道两旁的侧沟,京都文化博物馆正门前的"左京三条四坊四町"东侧小路的西侧沟遗迹,让参观过该博物馆的人难以忘怀。

埃及、印度等国由中央政府及专业机构直接组织严格的保护并大规模展示古老的文明遗址,成为旅游业发展的先导和支柱。坦桑尼亚经济落后,但政府在利用遗产时表现得很有节制,并没有单纯地把遗产当成"摇钱树"而进行过度开发,尽可能做到既改进基础设施,又不破坏遗址区的原有风貌。如石头城遗址,许多旅馆都是过去的老房子,连门窗也保持着过去的样子,尽管屋里现代设施齐全,但是建筑本身却始终保持过去的风格。

7.5.3 遗址旅游保护利用模式创新

1. 遗址公园保护模式

考古遗址公园是将大遗址的保护和展示相结合,再一起形成的一种新型的大遗址保护模式。[①] 与考古遗址博物馆相比,它善于有效地对大遗址周围的环境进行营造,从而创造出来完美而且容易被人接受的大遗址保护模式。

考古遗址公园是指以考古遗址及周边遗址环境的保护为主体,集教育、科研、游览、休闲等多项功能的城市文化空间,是对考古文化遗产资源一种有效的保护、展示和利用方式,充分地扩展了城市公园的功能,有助于对城市生态系统的优化。考古遗址公园是大遗址保护与利用的主要形式,不仅对城市文化具有传承的作用,而且也具有生态、经济方面的功能,主要以一种游客能够切身感受到大遗址所处的历史环境、古遗址环境营造的模式呈现在其面前。[②] 注重遗址展示在构建考古遗址公园当中,充分吸收和利用日本大遗址保护的先进经验,对原有大遗址保护区的保护实行景观再造的模式,同时实现遗址周边环境的营造。[③]

2. 生态文化相协调的保护模式

生态文化相协调的保护模式主要是以森林公园模式体现出来。[④] 森林公园这种遗址保护模式主要应用到处在城市郊区的大遗址当中,尤其主要应用在古墓葬陵园的遗址当中。将古墓葬陵园与生态森林公园的建设相结合,这样不仅可以为城市的"热岛"输送新鲜的氧气,而且改善了遗址环境,防止古墓葬陵园受自然因素如水土流失等腐蚀和影响。长安大学陈稳亮提出了环境营造的方法保护传统的大遗址,他提出将环境营造视作大遗址保护与利用的重要方式,应对我国大遗址环境目前所面临的历史环境消退、生态环境恶化以及社会环境紊乱等严峻挑战。从历史、生态、社会三个维度对大遗址的环境进行阐述。遗址所面临的来自"人为"因素和"自然"因素对其进行的破坏,但是充分考虑遗址环境营造和景观营造,对原有遗址的保护起着非常重要的角色。

---

① 刘德兵,陈少玲.浅析我国古代考古遗址旅游开发原则[J].农业考古,2010(6).
② 樊海强,袁寒.大遗址保护与利用互动发展新模式——汉长安城保护与利用总体规划.规划师,2008(2).
③ 陈稳亮.环境营造——大遗址保护与发展的重要抓手[J].现代城市研究,2010(12).
④ 任保平.基于生态旅游理念的汉长安城遗址保护与利用研究.西安建筑科技大学硕士学位论文,2008.

3. 建设考古遗址博物馆模式

建设遗址博物馆的主要目的是保护文化遗产,通过遗址博物馆向人们进行遗产展示。博物馆遗址的展示与遗址历史文化价值、历史文化环境氛围息息相关。人们通过博物馆对古遗址进行直接感受,从而进一步了解和感受并认知遗址文化。① 建设遗址博物馆是指在遗址原地建设的博物馆。

目前,我国遗址类博物馆主要有以下两种形式:第一种是对开挖后的遗址进行全部或局部的开挖,例如陕西省秦始皇兵马俑历史博物馆,主要是采用建立在原址的基础之上对原有大遗址进行局部和全部覆盖,并建立保护厅棚的遗址保护模式。第二种主要是部分遗址建成展示区,在原有遗址进行局部遗址展示,例如河南殷墟遗址保护,就采用这种局部的遗址展示的方法,建立遗址群的展示区向游客进行展示。②

4. 遗址保护与利用开发模式

在原有遗址保护的基础之上结合开发利用模式,形成对遗址的循环模式。该循环模式主要是利用遗址文物原有的吸引力造成一定的影响,在此基础之上进行遗址文物保护、遗址建设的开发融资模式,融资模式的建立对于遗址保护面临的资金来源单一性所带来的问题有所缓解。资金为遗址保护注入了新的活力,在此基础上我们可以充分利用资金对遗址进行保护。

针对传统模式下遗址开发利用所存在的缺点,西北大学樊海强教授对大遗址的保护提出了遗址保护区、遗址区建设控制地带、文化产业园三个功能区的保护模式。遗址保护区主要从事科学研究活动;建设控制地带作为遗址保护的重要屏障,防止开放活动对遗址的破坏;文化产业园将研究成果转化为文化产品。该模式充分调动了大遗址区内资源,在三个主要功能区产生不同的分工,并且设立遗址区文物保护研究所,主要从事保护文物研究工作。并行设立行政管理单位管委会对文化产业园和建设控制地带进行管理。主要进行文化产品的"生产"、"包装"、"加工"、"出售"和"补给"一体化工作,即遗址保护研究所生产文化产品,产业园管委会对文化产品进行"加工"、"包装"、"出售",利用文化品牌吸引并促进文化产业经济快速发展,打造具有独特经济发展模式的文化产业经济。③ 其文化产业经济效益,也可用于文物保护的资金需求。

---

① 张韵.我国大遗址管理机构现状及功能研究[D].西北大学硕士学位论文,2010.
② 李海燕,权东计.国内外大遗址保护与利用研究综述[J].西北工业大学学报(社会科学版),2007(9).
③ 樊海强,袁寒.大遗址保护与利用互动发展新模式——汉长安城保护与利用总体规划[J].规划师,2008(2).

第 8 章 自 然 遗 产

1972年,在注意到文化遗产和自然遗产越来越遭到破坏的威胁情况下,联合国教科文组织于11月16日通过了《保护世界文化和自然遗产公约》。该公约明确指出了自然遗产的定义、自然遗产的国家保护和国际保护、自然遗产的所有权、自然遗产的标准、保护基金以及国际援助、教育和宣传等。根据《公约》,自然遗产是指从审美或科学角度看具有突出的普遍价值的由物质和生物结构或这类结构群组成的自然面貌;从科学或保护角度看具有突出的普遍价值的地质和自然地理结构以及明确划为受威胁的动物和植物生态区;从科学、保护或自然美角度看具有突出的普遍价值的天然名胜或明确划分的自然区域。自然遗产分为自然景观、地址与地文结构、动物与植物生态区、天然名胜和自然区域。

同时,根据《公约》第一条、第二条相关规定,联合国教科文组织世界遗产委员会负责自然遗产的评定审核工作,申请列入世界遗产名录的自然遗产必须符合下列一项或几项标准并获得批准:(a)(ⅰ)构成代表地球演化史中重要阶段(如寒武纪、白垩纪等)的突出例证;(ⅱ)构成代表进行中的重要地质过程(如冰河作用、火山活动等)、生物演化(如热带雨林、沙漠、冻土带等生物群落)以及人类与自然环境相互关系(如梯田农业景观)的突出例证;(ⅲ)独特、稀有或绝妙的自然现象、地貌或具有罕见自然美的地带(诸如河流、山脉、瀑布等生态系统和自然地貌);(ⅳ)尚存的珍稀或濒危植物种的栖息地(包括举世关注的动植物聚居的生态系统)。(b)符合下列完整性条件:(ⅰ)以上(a)(ⅰ)描述的遗址应包括其自然关系中全部或大部分有关的相互依赖的主要成分。因此,"冰川时期"的地带应包括雪原、冰川本身以及冰融、沉积和植物拓植的典型形式(条纹形成、冰碛和植物演替的最初阶段,等等)。(ⅱ)以上(a)(ⅱ)中描述的遗址应当很广阔,并应包括用于说明这些过程主要方面及其自身繁殖的必要成分。因此,"热带雨林"地带应当展示海平面以上海拔高度的变差、地形和土壤类型的变化、陡峭河岸或河流停滞支流,从而表明该系统的多样性和复杂性。(ⅲ)以上(a)(ⅲ)中描述的遗址应包括有关保存这些种类或须保护之自然过程或成分的延续性所必需之生态系统的组成部分。这些场所根据情况各有不同。因此,瀑布保护区应包括在上游向其供水之盆地的全部或大部分;珊瑚礁遗址应包括一个保护区以防止向珊瑚礁提供养料河水流动海潮可能造成沉淀物沉积或污染。(ⅳ)关于迁移种类,对它们生存所必需的季节性牧场(不管其位置如何)都应受到适当保护。为此目的签订的协议,或通过加入国际公约,或以多边或双边形式来提供这种担保。(Ⅴ)以上(a)描述的各种遗址应当有适当长期的法律、规章或制度方面的保护,这些遗址可以与现有的或计划中的保护区(如国家公园)相协调,或构成其中的一部分。如果达不到这一步,应制订并实施一项管理计划,以便根据《公约》确保其自然价值的完整性。此外,列入《世界遗产名录》的古迹遗址、自然景观一旦受到某种严重威胁,经过世界遗产委员会调查和审议可列入《处于危险之中的世界遗产名录》之中,以待采取紧急抢救措施。

目前,截至第38届世界遗产大会(2014年6月15日),收录于《世界遗产名录》的自然遗产共有174处,其中,中国的自然遗产共10处,分别为湖南武陵源国家级名胜区,四川九寨沟国家级名胜区,四川黄龙国家级名胜区,云南三江并流,四川大熊猫栖息地,中国南方喀斯特、中国南方喀斯特二期,江西三清山,中国丹霞,中国澄江化石地,新疆天山(见图8-1)。

图8-1　中国的10处自然遗产

8.1 地质演变

地质是指地球的特征与性质,主要是指地球的物质组成、结构、构造、发育历史等。地质演化是指地质会随着时间变化逐渐变化,人们以年代表为顺序,人为地将地质演变划分为不同的阶段,从古至今依次为太古代、元古代、古生代(包括寒武纪、奥陶纪、志留纪、泥盆纪、石炭纪、二叠纪)、中生代(包括三叠纪、侏罗纪、白垩纪)、新生代(包括古近纪、新近纪、第四纪)。在漫长的地质演变过程中,由于内外力的作用地球上形成了独特的地貌景观、地质构造、生物化石,地质遗产便是其中典型的代表和具有突出价值的人类财富。本节将介绍中国世界自然遗产中具有突出的地质演变特征的中国丹霞、江西三清山,并简要说明地质作用对于自然旅游景观的成景作用。

8.1.1 中国丹霞——丹霞地貌

1. 丹霞地貌的形成

丹霞是一种形成于西太平洋活性大陆边缘断陷盆地极厚沉积物上的特殊地貌景观,主要由红色砂岩和砾岩组成,呈现出的红颜色地貌景观像"玫瑰色的云彩"或"深红色的霞光"。丹霞地貌属于红层地貌,这种"红层"指的是中生代侏罗纪至新生代第三纪沉积形成的红色岩系,一般称为"红色砂砾岩",其展现出来的自然美景与自然现象显示了地球重要的地质发展过程,是地球历史主要发展阶段的显著代表,反映了一个干热气候条件下的氧化陆相湖盆沉积环境。丹霞地貌发育始于第三纪晚期的喜马拉雅造山运动,其形成过程中还包括断裂构造、构造抬升作用对丹霞地貌发育的控制,风化与侵蚀、流水作用与重力作用的外动力成景作用,不同的内外力成景因素作用共同造就了中国丹霞无与伦比的美丽。构成罕见自然美的红色砂砾岩被塑造成了壮观的石峰、石柱、崖壁和峡谷。与繁茂的森林、蜿蜒的河流和宏伟的瀑布一起形成了一幅壮美的自然画卷。红色的岩石与绿色的森林和蓝色的河流形成的强烈对比具有突出的景观感染力。

"中国丹霞"世界遗产包含了全面展示丹霞地貌形成演化过程的6个丹霞地貌风景区:贵州赤水、福建泰宁、湖南崀山、广东丹霞山、江西龙虎山和浙江江郎山,六个组成地是丹霞地貌从"最小侵蚀"到"最大侵蚀"演化的最佳例证,清晰展示了一个从"青年期"到"中年期"再到"老年期"的地貌序列,每个组成地都展示了一个特定阶段的丹霞地貌典型特征(见图8-2至图8-7)。

图 8-2　贵州赤水：青年期——强抬升深切割高原峡谷型丹霞的代表

资料来源：http://www.chinanews.com/tp/hd/2010/08-02/3001.shtml。

图 8-3　福建泰宁：青年期——深切割山原峡谷曲流和多成因崖壁洞穴的代表

资料来源：http://www.chinanews.com/tp/hd/2010/08-02/3003.shtml#nextpage。

图 8-4 湖南崀山:壮年期——密集型圆顶、锥状丹霞峰丛峰林的代表
资料来源:http://www.chinanews.com/tp/hd/2010/08-02/3004.shtml#nextpage。

图 8-5 广东丹霞山:壮年期——丹霞地貌命名地,簇群式丹霞峰丛峰林的代表
资料来源:http://www.chinanews.com/tp/hd/2010/08-02/3004.shtml#nextpage。

图 8-6 江西龙虎山:老年期——疏散型丹霞峰林与孤峰群和造型多样性代表
资料来源:http://www.chinanews.com/tp/hd/2010/08-02/3006.shtml#nextpage。

图8-7 浙江江郎山：老年期——高位孤峰型地貌的代表
资料来源：http://www.yupoo.com/photos/kongcuo/albums/1821931/76957736/。

其中，广东丹霞山是世界"丹霞地貌"命名地，由680多座顶平、身陡、麓缓的红色砂砾岩石构成，方圆290平方公里的红色山群"色如渥丹，灿若明霞"，是国家级重点风景名胜区、国家地质地貌自然保护区，被誉为"中国红石公园"。在世界已发现的1 200多处丹霞地貌中，丹霞山是发育最典型、类型最齐全、造型最丰富、景色最优美的丹霞地貌集中分布区。丹霞山位于广东省韶关市仁化县和浈江区境内，地处东经113°36′25″至113°47′53″、北纬24°51′48″至25°04′12″之间[①]，处于南岭山脉南坡，属亚热带南缘，具有中亚热带向南亚热带过渡的亚热带季风性湿润气候特点。丹霞山年平均气温19.7℃，极端最低温－5.4℃，极端最高温40.9℃，最大月平均日较差18.8℃，最热月7月平均气温28.3℃，最冷月1月平均气温9.5℃，平均最高气温和平均最低气温有秋高于春的特点。山内风景奇秀且生物资源丰富，主要植被为中亚热带常绿阔叶林，各色花卉、名树、古木隐于山中，景色奇丽。同时，丹霞山现有佛教别传禅寺以及80多处石窟寺遗址，历代文人墨客在这里留下了许多传奇故事、诗词和摩崖石刻，极富色彩。

2. 丹霞地貌的地球科学意义及价值

丹霞地貌（Danxia Landform）是在中国命名的由红色陆相碎屑岩发育的以赤壁丹崖为特征的地貌类型总称，是在被逐渐深入研究的全球地貌之一。事实上，丹霞地貌的命名有些曲折，红层与丹霞的关系也有些复杂，丹霞仅是我国特有的地质名词，国际上早已定论为"红层地貌"，唯一能肯定的是红层要形成大面积

---

① 世界自然遗产中国丹霞. 中国网. http://culture.china.com.cn/zhuanti/sjyc/2010-07/29/content_20600822.htm。

的丹霞需要有足够厚而平的沉积,需要一切都恰到好处。① 与世界其他地区的陆相红层相比,中国的红层主要形成于中生代,主要反映了红层是地壳发育到一定阶段的产物,也就是说要有足够厚度的大陆性地壳,足够大的陆地面积,强烈的地壳运动造就山间盆地,在合适的气候条件下才能发育红层,而这些红层必须后期处于抬升地区,才能被侵蚀成丹霞地貌。② 因此,中国的丹霞地貌反映了中国区域地壳特定的演化过程(见图8-8)。

图8-8 中国丹霞地貌地质公园——张掖彩虹山

资料来源:美国赫芬顿邮报. http://www.huffingtonpost.com/2013/07/31/rainbow-mountains-china-danxia-landform_n_3683840.html? ir = Green#comments。

其景观价值体现在:以红色陡崖坡为特色的崖坡组合构成了不同的丹霞地貌单体形态,有梁状、堡状、墙状、柱状、锥状等,加上外动力环境,使得丹霞地貌形态各异,同时丹霞山石与盆地森林河流组合,使得丹霞地貌景观更加丰富多彩,富有特色,具有极高的美学价值。

其古文化价值表现在:丹霞地貌特有的红色或紫红色调,与中国传统文化中显示权威、富贵、吉祥的色彩一致,也与中国宗教崇尚的主色调一致,加上赤壁丹崖通常是完整的块状或城堡状,呈现出庄重、神圣之感,其自然风光与神秘意境的结合使丹霞地貌区常常成为宗教圣地,如丹霞地貌遗产地之一的道教名山江

---

① 丹霞地貌——仅是浪漫的中国说法,国际上统称为红层. http://news.163.com/10/0623/08/69RMEQHB00014AEE.html。
② 丹霞山风景名胜区官方网站. http://www.danxiashan.org.cn/html/2013/syzs_0917/2432.html。

西龙虎山。

丹霞出色的自然风景和独特的地貌对地质研究、红色盆地古地理环境研究具有重大的意义,其生态环境是绝佳的多元性生物自然生态栖息地,对保护包括稀有或受到威胁物种在内的亚热带常绿阔叶林和许多动植物起到了非常重要的作用。同时,丹霞地貌作为独特的地貌景观与地球科学紧密相连,对于揭示整个地球的形成、演变规律的科学具有重要的意义,其研究对于我们探索、适应、保护、利用自然资源有着指导性的作用,对于人类认识自然界和发展自然科学都有着巨大作用。

8.1.2 江西三清山的地质演变

地球上千姿百态的面貌和不同的自然环境特征基本都是地质作用的结果。地质作用分为地球内动力地质作用和地球外动力地质作用,内力地质作用源于地球内部的能量,主要表现为地壳运动、火山爆发、岩浆侵入、地震和变质作用,可以使大陆漂移(板块构造)、海陆变迁、地层褶曲和断裂等。外力地质作用是由来自地球外部的能量——主要是太阳辐射热能引起的。其作用方式表现为风化作用、地面流水地质作用、地下水地质作用、海洋地质作用、湖泊沼泽地质作用、冰川地质作用以及风的地质作用等。

江西三清山位处扬子板块与华夏板块结合带,区内较多峰林地貌、奇石怪峰的形成与地球内外力地质作用息息相关(见图8-9)。例如,风化作用下三清山形成了葫芦石、神龟探海、玉女开怀等特色景观;生物风化如根劈作用下三清山区域内形成了随处可见的根抱石现象;地面流水的地质作用如雨水的淋蚀和片流的作用,是构成三清山峰林地貌的主要原因;风化与流水的共同作用下三清山区域内形成了众多柱状石峰(巨蟒出山)、石林、峰墙(万笏朝天)、悬崖绝壁(九天长城)各种拟人似物的怪石(女神峰、猴王观宝等)等;负荷地质作用如崩落作

图 8-9　三清山

资料来源:http://www.showchina.org/tour/jdzt/03_1/01/200911/t453082.htm。

用产生了三清山西海岸飞来石及山谷中大量堆积的巨石。它们共同雕刻出了三清山独一无二的花岗岩地貌。①

纵观三清山经历的14亿年的地质史，其神奇瑰丽景观的形成与适宜的地质、气候分不开，是地壳运动对地质作用长期变迁的产物，主要为三次大海浸和多次地质构造运动组成。第一次大海侵发生于14亿年前的中元古界。那时三清山地区的地壳运动正处于"地槽"沉降阶段，海水浸没达4亿年之久，沉积数千米厚的双桥山群的复理式海相碎屑岩，并夹杂有海底火山喷发物。在"晋宁运动"后，才结束了地槽式沉降历史，地壳开始逐渐回返上升，出水为陆，三清山地区进入相对稳定"地台"阶段。此后地壳仍有升降，只是沉降速度和缓，范围广阔。

在距今6亿年前的震旦末期，发生第二次大海侵，海水浸没达1.6亿年之久，一直延续到奥陶纪末期，沉积4 000多米厚的浅海相砂页岩和碳酸盐岩类，并含有三叶虫、笔石和海绵等海相古生物化石。以上两次大海浸，曾使三清山本部变成一片汪洋大海。后经奥陶纪末期的"加里东第一幕"造山运动，三清山从此完全脱离海水环境，不再接受沉积。②

在距今4.4亿年前的志留纪早期，虽发生第三次大海侵，但海水仅到达三清山东南角的边缘部分。直到1.8亿年前的侏罗纪晚期与白垩纪，三清山区域内发生异常强烈的造山运动，即燕山期运动，并伴随有大规模的酸性岩浆浸入活动，从而奠定三清山构景的地质基础。在距今二三千万年前的年代里，相继发生喜马拉雅期的造山运动，即新构造运动，山岳大幅抬升，伴随水力侵蚀作用的强烈下切，使地势高低差悬殊。由于三清山的地质环境正处于造山运动既频繁又剧烈的地段，因此断层密布，节理发育，尤其是垂向的断层和节理特别发育。山体不断抬升，长期风化侵蚀，加上重力崩解作用，形成了峰插云天、谷陷深渊的奇特地貌。三清山风景区的形成，可说是天工造物，大自然的杰作（见图8-10）。

图8-10　三清山

资料来源：http://www.showchina.org/tour/jdzt/03_1/01/200911/t453082.htm。

---

① 三清山旅游官方网站．http://www.srzc.com/news/373intro/373wh/0891715823.htm。
② 三清山旅游网．http://www.sqs373.com/sqs/3930.html。

从反映地球演化阶段的例证来讲,三清山不断的演变,其区域内保留了新元古代华南洋、新元古代板块碰撞、中生代陆内A型俯冲、晚白垩纪陆内伸展四大地质构造遗迹。此外,三清山花岗岩地质遗迹还有断层遗迹、寒武纪缺氧事件沉积遗迹、侵入关系遗迹、褶皱遗迹和残留顶盖遗迹,是人类共有的美丽地质公园。

8.1.3 地质演变对自然旅游景观的成景作用分析

现今的自然旅游景观包括世界自然遗产,一般都是地质—地貌、生态的综合体,是旅游地质景观造型为主导作用的产物。旅游景观造型的主导作用时段就是旅游地质景观主导成景作用阶段。一般地,地质环境、地质基础、地壳稳定性共同控制地质作用,以新构造运动(主要是指喜马拉雅运动)为具体表现的地质作用是形成自然旅游景观的主导成景作用(见图8-11)。

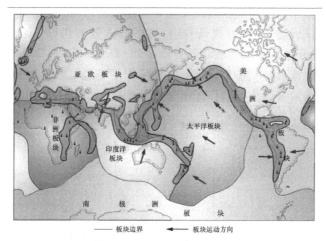

图8-11 新构造运动示意图

资料来源:http://www.marine.cug.edu.cn/linkshow.aspx? id=347。

地质作用决定了自然景观类型及其展布格局。地质环境是人类生存的首要环境条件,地质作用是自然旅游景观形成的基础条件、决定条件。内生地质作用特别是新生代、喜马拉雅构造旋回的地质作用构成了现今全球性的自然景观格局。例如,全球陆地最年轻、海拔最高、地势陡峻的喜马拉雅褶皱山系;第四系纬度最低、海拔最高的现代冰川景观;现代活动的维苏威火山、日本火山喷溢旅游地质景观;现代扩张的中非断裂谷海洋发展的地质地貌景观等。同时,地球地壳持续上升,江河快速深切,内生外生地质作用复合条件下形成高山峡谷地质景观,并形成依附于高山峡谷地质地貌环境的立体地质地貌、立体生物分带、立体气候、立体生态旅游景观,如中国西南边陲喜马拉雅、青藏高原向云贵高原转换的横断山系三江并流带旅游景观。

具体来说,地壳运动是形成现今以地质地貌景观为基本造型格局的自然旅游景观的决定性因素和基础。内力地质作用(水平运动或垂直运动)造就宏观自然景观骨架,外力地质作用剥蚀、雕琢、塑造微细自然景观造型。全球性的地壳运动形成与地壳运动相关联的全球性、地域性、规律组合和特定展布的自然景观;局域性的地质作用形成了地域性、地段性自然景观;多层次、多成因复合地质作用形成千姿百态、展布有致、多类型景观结构的自然景观。

外力地质作用常与一个地域的自然地理环境相关。例如,在干燥、酷热的自然环境下,地质体的风化通常以物理作用为主,且多呈现沙漠化、岩模化景观。而在潮湿多雨、温和湿润的自然环境下,地质体的风化通常以化学作用、生物作用占优势,易土壤化,加之局部灾害性暴雨诱发崩塌滑坡、泥石流等物理作用,水流的下切及向源侵蚀,多导致地貌形态复杂,山川多呈现植被茂密、山碧水清、生机盎然的自然景观。以云南三江并流世界遗产为例,其丰富独特的旅游地质景观是多种地质作用与不同成景岩组交互叠加作用的结果。其发育的地层基础主要为碳酸盐成景岩组、变质岩成景岩组、碎屑岩成景岩组以及岩浆岩成景岩组等,典型内力成景地质作用为板块缝合作用、断裂成景作用、变质成景作用,外力作用则主要有河流、冰川、丹霞、地热、喀斯特作用等。自然景观也就是在景观所处地域自然环境诸多因素共同作用下形成的产物(见图8-12、图8-13)。①

图 8-12 云南三江并流示意图

资料来源:http://www.winetour.cn/search/pic.asp?pid=13267。

---

① 王嘉学,明庆忠,杨世瑜,彭秀芬. 三江并流世界自然遗产地旅游地质景观成景地质作用初步分析[J]. 云南地理环境研究,2005(5).

1.峰林；2.溶蚀洼地；3.喀斯特盆地；4.喀斯特平原；5.孤峰；
6.喀斯特漏斗；7.喀斯特坍塌；8.溶洞；9.地下河；
a.钟乳石；b.石笋；c.石柱

图8-13　喀斯特地貌形态示意图

资料来源：http://www.dljs.net/dlsk/21167_3.html。

8.2　生　物　演　变

生物之间存在着生存斗争,适应者生存下来,不适者则被淘汰,这就是自然的选择。生物正是通过遗传、变异和自然选择,从低级到高级,从简单到复杂,种类由少到多地进化着、发展着。[①]

大约在32亿年前,地球上开始出现了最低等的单细胞生物——菌类或藻类,大约4.4亿年前地球上开始出现了鱼类,海洋生物"大家族"形成。大约3.5亿年前,鱼类中进化出了更高等的两栖类开始登上陆地,并迅速发展成为地球上最兴盛的生物。到了大约2.5亿年前,两栖类衰落了,坚头两栖类则灭绝了；两栖类中进化出了更高等的爬行动物逐渐取代两栖类,成为地球上最兴盛的生物。从2亿年前的中生代开始,巨型爬行动物开始在地球上兴盛,成为地球上的霸王；地上、水里、空中,到处都是恐龙的天下,在0.65亿年前也就是6500万年前的中生代白垩纪末期,恐龙全部灭绝；而体型远小于恐龙的一部分古代哺乳类、爬行类和鸟类得到生存；其中一部分哺乳类还进化成了更高等的灵长类动物。直到大约300万年前,第三纪喜温区系的大量物种和大型的哺乳动物灭绝了,而高级灵长类古猿中的一部分则进化成了人类；自此人类迅速地发展兴盛并统治了整个地球。生物进化史上的这一切事实充分表明：地球上的生物都处于不断进化之中。没有长盛不衰的生物！如表8-1所示。

---

① 查尔斯·罗伯特·达尔文.《物种起源》.

表 8-1　世界自然遗产名录之生物演化举例

入选年份	自然遗产
2007	乌克兰喀尔巴阡山原始山毛榉森林(与斯洛伐克共有)
2008	哈萨克斯坦萨利亚喀——哈萨克斯坦北部的疏树草原和湖泊
2008	也门索科特拉群岛

本节将简单介绍中国自然遗产之新疆天山，通过新疆天山生物群落演化的发展和中国澄江化石地的动物化石群部分特征深化对地球生物进化之旅的了解。

8.2.1　新疆天山——正在演变的天山山地生物群落

天山山脉系统是世界七大山系之一，东起中国新疆哈密星星峡戈壁，西至乌兹别克斯坦的克孜勒库姆沙漠，近东西向延伸，横跨中国、哈萨克斯坦、吉尔吉斯斯坦和乌兹别克斯坦四国，在中国新疆境内绵延约 1 760 公里，全长 2 500 公里，平均海拔约 4 000 米[①]，是世界温带干旱地区最大的山脉链，同时也是全球最大的东西走向独立山脉。中国新疆天山占天山山系总长度的三分之二以上，拥有天山最高峰托木尔峰(海拔 7 443 米)，平均宽度 300 公里，是中温带准噶尔盆地和暖温带塔里木盆地的天然地理分界，南北被塔克拉玛干沙漠和古尔班通古特两大沙漠环抱。

中国新疆天山世界自然遗产地是一个系列遗产，遗产地总面积为 606 833 公顷，缓冲区总面积为 491 103 公顷。自西至东分别为托木尔、喀拉峻、库尔德宁、巴音布鲁克、博格达，是新疆天山最具代表性的区域。[②] 由于新疆天山是沙漠夹持的大型山脉，且具有身居内陆的地理区位和温带大陆性干旱气候，形成了壮观的雪山冰峰、优美的森林和草甸、清澈的河流湖泊、宏伟的红层峡谷以及高山与沙景的奇妙组合等奇妙景观。新疆天山地形复杂，土壤类型多样，气候垂直差异明显，拥有全球温带干旱区最为典型完整的山地垂直自然带谱，共有野生动植物 3 000 余种，各类珍稀濒危动植物近 500 种[③]，包括雪豹、暗腹雪鸡、高山兀鹫、小叶白蜡、新疆郁金香等。联合国教科文组织在对新疆天山的评语中写道，新疆天山具有景观和生物生态演化过程的完整性(见图 8-14)。

新疆天山区域内炎热与寒冷、干旱与湿润、荒凉与秀美、壮观与精致的巨大反差不仅造就了天山独特的自然美，同时也是反映陆地、淡水、海岸、海洋生态系统和动植物群落正在进行的干旱区山地生态系统和生物群落演化过程的杰出范

---

① 世界自然遗产中国天山. http://news.xinhuanet.com/2013-06/21/c_116240412.htm.
② 徐树春. 穿越天山[J]. 旅游纵览, 2013(8).
③ 梁永宁. 新疆天山的突出普遍价值[J]. 世界遗产, 2013(3).

图 8-14 新疆天山

资料来源：http://www.chinanews.com/tp/hd2011/2012/09-25/135653.shtml#next-page。

例：新疆天山属于全球 200 个生态区中的"中亚山地草原与林地生态区"[1]，是天山针叶林、天山山地草原草甸和天山山麓干旱草原生态区的典型代表。其中，代表性区域托木尔包含了天山南坡完整的垂直自然带；博格达包含了天山北坡最完整的垂直自然带；喀拉峻是新疆天山面积延伸最宽广的山地草甸草原带；库尔德宁是雪岭云杉的集中分布区，也是目前天山唯一以雪岭云杉及其生境为保护对象的保护区；巴音布鲁克则是天山山间盆地草原湿地的典型代表。位于天山山脉西部的伊犁谷地由于特殊的地理位置和气候条件，成为众多第三纪残遗物种的避难所，保留了大面积的天山野果林，拥有 52 种野生果树，如野苹果、野杏、野核桃等，还是野生欧洲李的唯一源地，成为重要的种质基因库，也成为天山因气候变化造成的生物演替的重要证据，同时突出代表了帕米尔天山山地生物群落演变和进化的过程。另外，新疆天山以其"两漠夹一山"的独特山盆地地貌格局、深处内陆的地理区位和温带干旱大陆性气候，较之世界其他区域，更好地保存和展示了温带干旱区大山脉的地貌、生态、生物和景观特征，是全球温带干旱区正在进行的生物生态演化过程的典型代表，同时也是中亚地众多珍稀濒危物种、特有种的最重要的栖息地，并且反映了天山遗产地由暖湿植物区系逐步被现代旱生的地中海植物区系所替代的生物进化过程，其在美学、生态过程及生物多样性等方面表现出了世界顶级品质和全球突出普遍价值（见图 8-15）。

---

[1] 《新疆人文地理》编辑部. 新疆天山世界自然遗产"零突破"天山世界自然遗产价值解读[J]. 新疆人文地理, 2013(8).

图 8-15　新疆天山"两漠夹一山"

资料来源：http//：www.lyzl.com.cn。

8.2.2　再现古生物形貌——中国澄江化石地

中国澄江化石地是中国西南部云南省澄江县内 40 多处散存的寒武纪多门类古生物群遗址，主要集中于帽天山，面积约 512 公顷，缓冲区面积 220 公顷①，于 1984 年被发现，1992 年被列入联合国教科文组织《全球地质遗址名录》，2012 年入选世界遗产名录，被誉为"20 世纪最惊人的古生物发现之一"（见图 8-16、图 8-17）。

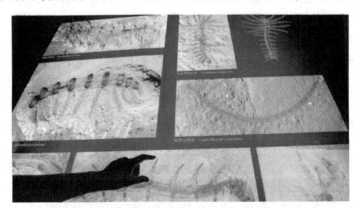

图 8-16　中国澄江化石地（帽天山地质博物馆）

资料来源：http://www.cgs.gov.cn/xwtzgg/mtbb/16422.htm。

---

① 澄江化石地．http://www.china.com.cn/guoqing/2012-07/03/content_25792607.htm。

图 8-17　中国澄江化石地(帽天山)
资料来源：http://wap.mlr.gov.cn/dzhj/gswhs/zxxx/201309/t20130902_1265898.htm。

　　澄江动物化石群指的就是澄江化石地。目前，澄江动物化石群的首发地帽天山地区已批准为国家地质公园。澄江动物化石群是迄今为止地球上发现的分布最集中、保存最完整、种类最丰富的"寒武纪生命大爆发"例证，被国际科学界誉为"古生物圣地"[①]、"古生物化石模式标本产地"、"世界级的化石宝库"。澄江动物化石群中的云南虫、抚仙湖虫、三叶虫等 80 多种化石，是世界上目前所发现的最古老、最完整的软体动物化石群；动物化石群形成时间限于 100 万—300 万年，在这样短的时间内完整记录了动物群突发性进化过程，引发了今天所有动物门或相当于"门"这一等级系统的形成和演化。通过对澄江动物化石群的发掘和研究发现，现今世界上所有动物的门类都在这一时期同时出现，而之后再没有产生新的门类，这一时期出现的生命形状同今天的生物已很相近，从星形对称的海星到左右对称的甲壳纲动物，以及具备脊椎雏形的动物等。这一研究结果证明，在寒武纪早期，动物多样性的基本体系就已经建立了，大型食肉动物出现表明金字塔式复杂生态系统在早寒武纪已经出现(见图 8-18)。

图 8-18　中国澄江化石地
资料来源：http://www.wenwuchina.com/news/detail/201207/20/170137.shtml。

---

① 刘跃.澄江化石地揭秘[J].玉溪日报，2012(7).

澄江动物化石群提供了寒武纪大爆发时期最完整、最古老的海洋生态群落图。其动物化石群种类繁多，从海绵动物到脊椎动物以及灭绝门类都有其代表，共涵盖至少16个门类，200多个物种，许多动物门类目前已知最早的化石记录都来自澄江，如刺胞动物门、栉水母动物门、星虫动物门、脊索动物门等①，还有一些化石类群的系统位置至今仍无法确定，属于疑难类群。澄江动物化石群内各类动物软体构造保存完整、千姿百态、栩栩如生并且非常独特，5亿年前生物的软躯体构造成为化石陈存在岩层中，揭示了大量生物种类（包括无脊椎动物和脊椎动物）的硬体和软组织精美的解剖学细节特征，这些古生物化石不仅保存了生物的骨骼，还保存了表皮、纤毛、眼睛、肠胃、消化道、口腔、神经等各种软组织，生动地再现了5.3亿年前海洋生命的壮丽景观和现生动物的原始特征，并证明了寒武纪生物大爆发的存在，打破了达尔文进化理论的局限性，从而被誉为"20世纪最惊人的科学发现之一"②（见图8-19）。

图8-19　澄江动物化石群（模拟）
资料来源：http：//www.geonet.cn/GeoTravel/GeoRemains/29618.shtml。

地球从46亿年前诞生至今，经历了多次重大的地质变动和生命演化事件，其中，距今5.4亿年的寒武纪是地球生命演化的分水岭，发生在其间的"生物大爆发"是最受关注的地球生命演化事件，可一直没有找到物证。在此之前，科学家们已经发现了距今6亿年的前寒武纪时期澳大利亚埃迪卡拉动物化石群和距今5.05亿年的中寒武纪加拿大布尔吉斯页动物化石群。这两个寒武纪化石群的发现，都没有揭开寒武纪生命大爆发之谜，直到距今5.3亿年的澄江动物化石群发现后，才揭开了寒武纪生命大爆发之谜。

澄江动物化石群是现代各个动物门爆发式出现的实证，为探索现今生物多样性的起源和演化提供珍贵的依据。同时，澄江化石的特异埋藏方式赋予其一种罕见的美感，因此澄江化石不仅具有重大的科学价值，也具有重要的美学价值。

---

① 陈泰敏.世界自然遗产——澄江化石地（一）[J].玉溪师范学院学报,2013(7)．
② 周洪鹏.云南澄江化石地的前世今生[J].西部时报,2012(7)．

8.2.3 自然遗产与生物进化理论的碰撞

生命起源于哪里,如何进化、演变?这是个终极经典也是人们一直在苦苦追寻、探索的问题。人类的历史不过几百万年,而人类生活的地球则有46亿年的漫长历史,生命在这漫长的岁月中是如何发展的? 19世纪中叶,英国生物学家达尔文经过科学研究,创立了著名的生物进化论学说,提出生物进化是从单细胞到多细胞、从简单到复杂逐渐演变的过程。这是人类对生命演化认识的一大突破,在历史的长河中,生物进化论得到了充分证实并得到了大多数人的肯定(见图8-20)。

图8-20 生物进化谱系树

资料来源:http://www.nipic.com/show/4/63/7487d38424232d4d.html。

值得注意的是,对自然遗产如动物化石群类、生物群落演变类遗产地的研究在一定程度上都能引发人们的思考,开启新的探索领域,使人们对于生物进化有更多、更全面的了解和认识。上一小节中提到的澄江化石地即是如此：生物进化的步调是渐变式的，是一个在自然选择作用下累积微小的优势变异的逐渐改进的过程，而不是跃变式的。① 这是达尔文进化论中较有争议的部分。在达尔文在世时以及死后相当长一段时间，大部分生物学家，特别是古生物学家，都相信生物进化是能够出现跃变的，认为新的形态和器官是源自大的跃变，而不是微小的变异在自然选择的作用下缓慢而逐渐地累积下来的。对"渐变论"的挑战一直存在，但人们未曾找到有力确切证明，而世界遗产澄江动物化石群对寒武纪"生命大爆发"的支撑在一定程度上说明了生物进化过程很可能是渐变和跃变两种模式都存在的②，而不是单一的"渐变"。无独有偶，世界文化遗产加拿大布尔吉斯生物群在发现之初也曾引起强烈轰动并为寒武纪"生命大爆发"提供了依据，改变了人们对于寒武纪生命进化的部分认识。

可以说，自然遗产对于生物进化之旅的补充和演示增加了生物演化科学理论的完整性，并在一定程度上促进了生物演化科学研究的完善与不断进步。

8.3 绝妙景观

自然旅游景观是自然界诸要素相互依存、相互制约而共同构成的自然综合体，根据不同的自然地理构成要素，可以将自然旅游景观分为地质地貌景观、水体景观、生物景观、气象与气候景观等，自然遗产之自然景观类主要是指独特、稀有或绝妙的自然现象、地貌或具有罕见自然美的地带。在此基础上，绝妙景观即是以"绝妙"二字凸显稀缺、旷世美丽的特点，彰显自然景观类自然遗产的瑰丽无比、独一无二。本节将以伊瓜苏瀑布国家公园、中国九寨沟自然景观类世界自然遗产为代表，赏析世界遗产绝妙景观之美，并以中国武陵源为例简要分析世界遗产自然景观的一般性特点（见表8-2）。

表8-2 世界自然遗产名录之绝妙景观举例

入选年份	自然遗产
1992	中国黄龙
1992	中国武陵源
1981	洛斯格拉兹阿勒（Los Glaciares）冰川国家公园

---

① 方舟子.澄江动物化石群挑战生物进化论了吗. http://www.bioon.com/biology/Ecology/72565.shtml。

② 我国发现的多处古生物化石群为达尔文进化论提供了有力佐证.http://news.xinhuanet.com/newscenter/2009-02/11/content_10802129.htm。

8.3.1 伊瓜苏瀑布国家公园

伊瓜苏大瀑布位于阿根廷与巴西界河——伊瓜苏河与巴拉那河合流点上游23公里处,是南美洲最大的瀑布,也是世界上最宽的瀑布,瀑布呈马蹄形,宽约4公里,平均落差75米。1909年和1939年,巴西和阿根廷两国分别在伊瓜苏河两岸建立了国家公园。阿根廷境内的伊瓜苏国家公园位于阿东北部的米奥内斯(又译为"米希奥内斯")省,由面积492平方公里的国家公园和面积63平方公里的国家自然保护区组成。巴西境内的伊瓜苏国家公园位于巴拉那省,面积达1 700平方公里,是巴西最大的森林保护区。1984年和1986年,阿根廷伊瓜苏国家公园和巴西伊瓜苏国家公园先后被联合国教科文组织作为自然遗产,列入《世界遗产名录》(见图8-21)。

图 8-21 伊瓜苏瀑布国家公园
资料来源:http://www.nipic.com/show/1/47/189e5697294839a5.html。

伊瓜苏大瀑布马蹄形成景主要是由于在伊瓜苏河与巴拉那河汇合处东方上游约25公里处,自东向西的河水,在经过一个U字形大拐弯时,从宽广的河道陡然跌入一条峡谷,马蹄形由此而来。同时,河水顺着倒U形峡谷的顶部和两边向下直泻,凸出的岩石将奔腾而下的河水切割成大大小小270多个瀑布,形成一个景象壮观的半环形瀑布群,总宽度3 000—4 000米,高度60—82米不等,估计瀑布年均流量约1 756立方米/秒,11月至次年3月雨季中最大流量可达12 750立方米/秒[①],8—10月旱季时流量最小。瀑布从悬崖上跌落而下,雷鸣般的轰声为其助威,在25公里的范围内都能听得见它的声音。阳光下的七色彩虹为其增色。其中有些瀑布径直插入82米深的大谷底,另一些被撞击成一系列较小

---

① http://www.shijieyichan.org.cn/South-America/Argentina/144-Iguazu-National-Park_2.html。

的瀑布汇入河流。这些小瀑布被抗蚀能力很强的岩脊所击碎，腾起漫天的水雾，艳阳下闪烁着色彩不定的耀眼彩虹。其中，位于中部的瀑布群最高、最壮观，名叫"鬼喉瀑"，该瀑布在泻入深渊时发出的轰鸣声加上深渊内震耳欲聋的回声令人惊心动魄，故得此名。从不同地点、不同方向、不同高度观看伊瓜苏瀑布，看到的景象不同，但都是美丽与气势兼顾，被誉为"南美第一奇观"和"世界上最大和最感人的瀑布"（见图 8-22）。

图 8-22 伊瓜苏瀑布国家公园

资料来源：http://www.nipic.com/show/1/47/e0af5207cb46a41f.html。

典型的亚热带的湿润气候形成了伊瓜苏公园内特有的生态系统。公园内的植物种类丰富，其中最著名的是高达 40 米的巨型玫瑰红树。这种红树高大笔挺，在它的树荫下生长着珍稀树种——矮扇棕树。由于这种棕树的苞芽可以食用，故遭到人们的大肆采摘，现已濒临灭绝。瀑布倾泻处的湿地上生长着珍稀的草科水生植物，松林、棕榈、翠竹、秋海棠、青藤等交织成景。除了珍稀植物，这里还栖息着巨型水獭、短吻鳄和山鸭等濒危动物及南美洲特有的大型哺乳动物貘、蜜熊、美洲豹等，是世界上不可多得的自然博物馆。

8.3.2 九寨沟

九寨沟风景名胜区位于中国四川省北部，属四川省阿坝藏族羌族自治州九寨沟县（原南坪县），是长江水系嘉陵江源头的一条支沟，也是青藏高原向四川盆地过渡的地带，地质结构复杂，因沟中有荷叶、盘亚、亚拉、尖盘、黑果、树正、则查洼、热西、郭都九个藏族村寨而得名。全区面积约 720 平方公里[①]，大部分为

[①] 世界自然遗产九寨沟．http://news.xinhuanet.com/ziliao/2003-08/05/content_1010861.htm。

森林所覆盖,区内水系流经白河、白水江、嘉陵江,最后流入长江(见图8-23)。

图8-23 九寨沟
资料来源:http://news.xinhuanet.com/ziliao/2003-08/05/content_1010861.htm。

九寨沟海拔2 000—4 300米,属高原湿润气候,山顶终年积雪。春天气温较低而且变化较大,平均气温多在9—18 ℃。夏季气温回升且较稳定,平均气温19—22 ℃,夜晚较凉,宜备薄毛衣。秋季气候宜人,但昼夜温差很大,特别是10月后的深秋(10月下旬即有冻土出现),白天可穿单衣,夜晚就得穿防寒服了。冬季较寒冷,气温多在0 ℃以下。九寨沟降雨较少且多集中在7—8月。九寨沟地质复杂,这里高低悬殊、气候多样、山明水秀,形成了一系列形态不同的森林生态系,同时系列狭长的圆锥状喀斯特熔岩地貌和壮观的瀑布交相辉映,使得区域内景色充满生趣。

九寨沟地处青藏高原向四川盆地过渡地带,地质背景复杂,碳酸盐分布广泛,褶皱断裂发育,新构造运动强烈,地壳抬升幅度大,多种应力交错复合,造就了多种多样的地貌,发育了大规模喀斯特作用的钙华沉积,以植物喀斯特钙华沉积为主导,形成九寨沟艳丽典雅的群湖、奔泻湍急的溪流、飞珠溅玉的瀑群、古穆幽深的林莽、连绵起伏的雪峰,这些地貌景观的和谐组合,构成独具特色的风景名胜区(见图8-24)。

图 8-24 九寨沟

资料来源：http://www.jiuzhai.com/。

九寨沟为多种自然要素交汇地区,山地切割较深,高低悬殊,植物垂直带谱明显,植物资源丰富,有高等植物 2 576 种,其中国家保护植物 24 种;低等植物400 余种,其中藻类植物 212 种,首次在九寨沟发现的藻类达 40 余种。[①] 植被类型多样,隐藏着不同气候带的地带性植被类型。植物区系成分十分丰富,几乎包括了所有大的世界分区。许多古老、孑遗植物保存良好,单型属、少型属分别占植物总数的 3.3% 及 13.73%。形态上原始的领春木、连香树、金连花、独叶草等对于研究植物系统演化及植物区系的演变均有一定的科学价值,是生物种质资源丰富的基因库。

九寨沟主沟呈"Y"字形,总长 50 余公里。沟中分布有多处湖泊、瀑布群和钙华滩流等。水是九寨沟景观的主角。九寨沟以高原钙华湖群、钙华瀑群和钙华滩流等水景为主体的奇特风貌,其水景规模之巨、景型之多、数量之众、形态之美、表局之精和环境之佳等指标综合鉴定,位居中国风景名胜区水景之冠。

九寨沟角峰峥嵘,刃脊璀嵬,冰斗、U 字谷十分典型,悬谷、槽谷独具风韵。槽谷伸至海拔 2 800 米的地方。谷地古冰川侧碛、终债垄发育,是我国第四纪冰川保存良好的地方之一。

九寨沟以明朗的高原风光为基调,融翠湖、叠瀑、秋林、雪峰于一体。号称"人间仙境"的九寨沟历来被当地藏民视为"神山圣水"。沟内山、水、林、石均为藏民崇拜和保护的对象。风景名胜区对外开放后,东方人称九寨沟为"人间仙境",西方人把它誉为"童话世界"。总体来说,九寨沟实现了色美、形美、声美于一体的综合美、原始美的和谐统一,是人类风景美学法则的最高境界。

---

① 中华人民共和国中央人民政府网站. http://www.gov.cn/test/2006-03/29/content_239413.htm。

8.3.3 世界遗产自然景观的一般性特点——以武陵源为例

任何自然景观都是自然界六大要素大气、水、岩石、地貌、生物和土壤相互依存、相互制约,共同构成的自然综合体,其呈现或展现出来的自然景物特色与其构成因素息息相关,从这一角度来看,世界遗产自然景观的一般性特点可以归结为构成遗产景观的基本要素所展现的共有特点,湖南武陵源风景名胜区为自然遗产的典型代表,区域内风光旖旎,人为因素较少,是大自然的艺术山水长廊,通过它可以探寻世界遗产秀丽景观的共性或特点(见图 8-25)。

图 8-25　武陵源
资料来源:http://www.51766.com/img/wly/。

第一,武陵源溪绕云谷,绝壁生烟。武陵源的春、夏、秋、冬、阴、晴、朝、暮,气候万千。云雾是武陵源最多见的气象奇观,有云雾、云海、云涛、云瀑和云彩五种形态。雨后初霁,先是朦胧大雾,继而化为白云,缥缈沉浮,群峰在无边无际的云海中时隐时现,如蓬莱仙岛,玉宇琼楼,置身其间,飘飘欲仙,有时云海涨过峰顶,然后以铺天盖地之势,飞滚直泻,化为云瀑,蔚为壮观。从大气要素来看,绝妙自然景观一般呈现出多姿多彩的气候景观。

第二,武陵源水绕山转,据称仅张家界就有"秀水八百",众多的瀑、泉、溪、潭、湖各呈其妙。金鞭溪是一条十余公里长的溪流,从张家界沿溪一直可以走到索溪峪,两岸峡谷对峙,山水倒映溪间,别具风味。从水这一要素分析,秀丽景观中水域风光优美秀丽,兼顾形(水景的形式和形态)、声(水体运动状态所发出的声音)、色(反映周围景物色彩,随景物变化而变化)等多重美感。

第三,石英砂岩峰林地貌:武陵源共有石峰 3 103 座,峰体分布在海拔 500—1 100 米,高度由几十米至 400 米不等。峰林造型景体完美无缺,若人、若神、若仙、若禽、若兽、若物,变化万千。武陵源石英砂岩峰林地貌的特点是:质纯、石厚,石英含量为 75%—95%,岩层厚 520 余米。具间层状层组结构,即厚层石英砂岩夹薄层、极薄层云母粉砂岩或页岩,这一层组结构有利于自然造型雕塑,增强形象感。岩层裸露于向斜轮廓产状平缓(5°—8°,局部最大达 20°),增加了岩石的稳定性,为峰林拔地而起提供了先决条件。岩层垂直节理发育,显示等距性

图 8-26　武陵源

资料来源：http://news.xinhuanet.com/ziliao/2003-09/22/content_1093570.htm。

特点，间距一般为 15—20 余米[①]，为塑造千姿百态的峰林地貌形态和幽深峡谷提供了条件。从岩石角度分析，自然景观离不开奇特多姿的地貌景观（见图8-26）。

第四，武陵源在区域构造体系中，处于新华夏第三隆起带。在漫长的地质历史时期内，大致经历了武陵—雪峰、印支、燕山、喜山及新构造运动。武陵—雪峰运动奠定了本区基底构造。印支运动塑造了本区的基本构造地貌格架，而喜山及新构造运动是形成武陵源奇特的石英砂岩峰林地貌景观的最基本的内在因素之一。而外力地质活动作用的流水侵蚀和重力崩坍及其生物的生化作用和物理风化作用，则是塑造武陵源地貌景观必不可少的外部条件。因此，它的形成是在特定的地质环境中由于内外地质重力长期相互作用的结果。同时，武陵源回音壁上泥盆系地层中砂纹和跳鱼潭边岩画上的波痕，是不可多得的地质遗迹，不仅可供参观，而且是研究古环境和海陆变迁的证据。分布在天子山二叠系地层中的珊瑚化石，形如龟背花纹，故称"龟纹石"，是雕塑各种工艺品的上好材料。从地质作用来看，一般具有突出价值的地质地貌或拥有珍奇的地质遗迹景观。

第五，武陵源保持了一个结构合理而又完整的生态系统，具有极其重要的科研价值。武陵源植物资源十分丰富：在众多的植物中，武陵松分布最广，数量最多，形态最奇，有"武陵源里三千峰，峰有十万八千松"之誉。在动物群落方面，武陵源陆生脊椎动物共有 50 科 116 种，其中包括《国家重点保护动物名单》中的一级保护动物 3 种，二级保护动物 10 种。武陵源动物世界中，较多的是猕猴，据初步观察统计为 300 只以上。[②] 当地人叫做"娃娃鱼"的大鲵，则遍见于溪流、泉、潭中。从生物群落角度来看，绝妙景观一般拥有独特而完整的生态系统。

几乎与自然遗产申请标准完全照应，自然景观在呈现多姿多彩的气候景观，拥有风光秀丽的水域景观、奇特多姿的地貌景观、突出价值的地质作用或地质遗迹、完整的生态系统方面有着形态各异的一般性共有特点（见图8-27）。

[①] 世界自然遗产，武陵源风景名胜区. http://news.xinhuanet.com/ziliao/2003-09/22/content_1093570.htm。

[②] 同上。

图8-27 武陵源——玉峰林立

资料来源:http://www.zjjwly.gov.cn/xwzx/tpxw/26274.jhtml。

8.4 珍稀生物

珍稀生物即珍贵、稀有生物的总和,一般可分为三类:① 孑遗生物,在早期地质年代繁盛,后来发生了衰退。现在只有少数地区生产并有日趋灭绝的趋势。② 特有生物,即在部分突出地区分布,如仅见于我国的特有生物。③ 稀有生物,数量非常少的生物,如四川大熊猫。珍稀生物的产生一方面是自然因素造成,另一方面也有人为原因,通过对珍稀生物产生原因的分析与了解,人们可以形成关爱并保护大自然的意识,并认同保护生物多样性的重大意义,实现人与自然的和谐、可持续发展。

本节将简要介绍中国世界自然遗产中生物多样性的杰出代表(三江并流、南方喀斯特),并探索生物多样性的价值与其保护的必要性。

8.4.1 三江并流——生物多样性的大观园

三江并流世界遗产地是世界上生物多样性最丰富的地区之一,也是世界上单位面积内生态系统类型最丰富的地区,是北半球除沙漠、海洋景观外各类自然景观的大观园。

三江并流生物多样性表现为植物多样性和动物多样性。

1. 植物多样性

三江并流风景名胜区有高等植物210余科、1 200余属、6 000种以上,容纳了中国20%的高等植物种类,其中,40%为中国特有种,10%为"三江并流"风景名胜区特有种,是欧亚大陆植物种类最丰富的地区。[1] 三江并流属于东亚植物区的横断山地区,植物区系组成丰富,垂直分布明显,区系分成南北交错、东西汇合、新老兼备,地理成分复杂,地理联系广泛,特有现象突出,是世界著名的植物标本模式产地,在这里采集到的植物新种约1500种,并云集众多著名野生花卉。三江并流区域内有国家级保护植物33种,云南省级保护植物37种,容纳了中国85%的珍稀濒危植物种类,同时有药用植物约500种,盛产雪上一枝蒿、三分三、冬虫夏草、麻黄、贝母、秦艽、独一味、绿绒蒿、胡黄连、草血竭、金铁锁、大黄、红景天、雪莲花、桃儿七和雪茶等。其植物多样性可以概括为几大方面:① 森林类型多样性,三江并流区域内树种丰富,用材树种达300余种,是中国主要的天然林保护区,同时也是世界松柏类植物的多样化中心之一;② 植物种类多样性,三江并流是中国高等植物物种多样性最丰富的地区,名列中国生物多样性保护17个"关键区域"的第一;③ 植物种植资源丰富,有国家级保护植物33种,云南省级保护植物37种;④ 植物区系的地理成分复杂,地理联系广泛,有15种地理成分;⑤ 山花卉种类繁多,其中,三江并流有200余种杜鹃花,占世界杜鹃花种数的四分之一,是杜鹃花属的起源中心和最大的地理分布中心,报春花科全世界约有800种,三江并流分布有100余种,是众多野生花卉的集中地(见表8-3)。

表8-3 "三江并流"生态系统类型[2]

生态系统类型	生产者	消费者
季风常绿阔叶林生态系统	栲、润楠、木莲、马蹄荷	羚牛、独龙牛、赤斑羚
半湿润常绿阔叶林生态系统	青冈	野猪
中山湿性常绿阔叶林生态系统	石栎	小熊猫
山地硬叶常绿栎林生态系统	黄背栎	黑麝
藩叶栎林生态系统	栓皮栎、麻栎	红腹锦鸡
阜冬瓜林生态系统	桤木	珠颈斑鸠
饧、桦林生态系统	小叶杨、桦木、槭树	寒鸦
云南松林生态系统	云南松	赤狐
华山松林生态系统	华山松	赤腹松鼠
高山松林生态系统	高山松	松鸦
铁杉林生态系统	云南铁杉	狼
云杉林生态系统	丽江云杉	棕熊、雪豹
冷杉林生态系统	冷杉	滇金丝猴
落叶松林生态系统	红杉	藏马鸡
树灌木草丛生态系统	木棉	蛇、蜥

---

[1] 陈缸,曹礼昆,陆树刚. 三江并流的世界自然遗产价值——生物多样性[J]. 中国园林,2004(20).

[2] 同上.

（续表）

生态系统类型	生产者	消费者
河谷小叶灌丛生态系统	白刺花	蛇、蜥
高寒灌丛生态系统	云南杜鹃花	鼠类
亚高山草甸生态系统	羊茅、鸢尾	牦牛
高山草甸生态系统	蒿草、香陵菜	岩羊
高原湖泊生态系统	香蒲、藤草	中甸双唇鱼
农口植被生态系统	青稞	马、牛、羊

2. 动物多样性

三江并流动物区系也十分复杂多样,有10种动物分布型,即北温带分布型,旧大陆温带分布型,青藏高原—中亚分布型,热带非洲、热带亚洲至大陆温带分布型,热带亚洲至温带亚洲分布型,热带亚洲分布型,东亚分布型,喜马拉雅—横断山分布型,横断山分布型,本区特有分布型。此外,还有23种分布亚型。[①]

3. 生态系统复杂,珍稀生物较多

三江并流除有着青藏高原独特的高寒、强紫外线、低氧和温湿剧变等高寒生境外,还有干热河谷和亚热带、温带的中低山地暖湿生境。无论是从河谷到山顶,从西部的独龙江到东部的金沙江,都具有南亚热带、亚热带、温带以至高山寒带各种类型的动物类群和核心地带,既有古北界类群,也有东洋界类群,还有本地区的特有类群。各地史时期的孑遗动物和现生动物的镶嵌、间断、替代分布,复杂分化类群与单型、寡型属种的混生以及高比值的特有现象,使其珍稀濒危种和孑遗种特别多,形成了我国乃至北半球研究动物多样性的最关键地区,是亚洲大陆动物的分化中心和起源中心,具有东西动物过渡、南北动物交汇的特点,具有特殊的科学价值,还是原始孑遗动物的避难所,是珍稀濒危动物和特有动物的品种宝库(见图8-28)。

图8-28 世界奇观——三江并流

资料来源:http://www.yntrip88.com/xglltour/xglltour_18362.html。

---

① 世界自然遗产,三江并流,http://news.xinhuanet.com/ziliao/2003-07/03/content_951199.htm。

8.4.2 中国南方喀斯特——桂林喀斯特遗产地珍稀濒危生物多样性

2014年6月23日,广西桂林、广西环江、贵州施秉、重庆金佛山联合申报"中国南方喀斯特"第二期世界自然遗产获得成功,标志着桂林喀斯特地貌正式列入《世界遗产名录》。据悉,桂林喀斯特提名地总面积为253.84平方公里,缓冲区总面积为446.8平方公里,包括最具代表性的漓江峡谷峰丛片区和葡萄峰林片区[①](见图8-29)。

图8-29 重庆武隆喀斯特地貌

资料来源:http://travel.dili360.com/lyxw/jqdt/2009/081815307.shtml。

桂林位于亚热带湿润季风气候区,年平均温度18—19℃,最热月为7—8月,最冷月为1月。该区雨量充沛,多年平均降雨量为1 566—2 390 mm,降水量全年分配不均,4—7月降水量占全年62%,平均相对湿度为75.8%。该区土壤为典型的石灰土,富含质,呈中性至碱性,可分为黑色石灰土和褐色石灰土。该区喀斯特地貌类型分别有纯碳酸盐岩发育形成的全喀斯特地貌和由不纯碳酸盐岩(含泥质、硅质等不溶物质)发育的半喀斯特地貌。遗产地所处气候区和独特的喀斯特地貌,决定了该区生物以亚热带成分为主(见图8-30、图8-31)。

---

① 中国南方喀斯特二期申遗成功. http://news.xinhuanet.com/culture/2014-06/24/c_126662120.htm。

图 8-30　桂林喀斯特地貌

资料来源：http://www.china-citytour.com/city/news/1444.html。

图 8-31　桂林会仙喀斯特国家湿地公园

资料来源：http://www.ceweekly.cn/html/Article/201111291295575.html。

桂林喀斯特提名地共有陆地野生维管束植物 754 种，分属 187 科 462 属。其中蕨类植物 44 种，属 15 科 25 属，裸子植物 7 种，分属 4 科 6 属，被子植物 703 种，属 168 科 431 属；以被子植物为主。此外，河流生态系统中还有大量高等水生植物和藻类。

桂林喀斯特提名地的植物区系成分复杂，热带性质属占 65.37%，温带性质属占34.63%,提名地植物区热带性质属为主,温带性质属为辅,反映了南亚热带植物区系的特点。提名地所在区共有野生脊椎动物35目114科317属525种,其中鱼类122种,两栖类80种,爬行类51种,鸟类199种,哺乳类73种。

对其区域内生物种类和保护状况的调查分析表明:桂林提名地的高等植物中,列入IUCN濒危物种红色名录(2012)的有18种,其中极危(CR)有2种,占列入物种总数的11%;易危(VU)有5种,占28%;近危(NT)有3种,占17%;无危(LC)有8种,占44%。列入中国物种红色名录的有35种,其中CR有1种,濒危种(EN)有4种,VU有4种,NT有10种,LC有16种,分别占列入物种总数的3%、11%、11%、29%和46%,区域内特有植物共14种。同时,提名地有众多珍稀濒危野生动物,列入IUCN物种红色名录(2012)的动物物种有425种,其中CR 1种、EN 10种、VU 1种;列入中国红色名录的动物有110种,其中CR 4种、EN 15种、VU 45种、LC 46种①。

伴随着桂林区域发展,种植、砍伐、修路、旅游开发等活动的进行改变了桂林喀斯特珍稀濒危物种的栖息地生境,部分栖息地已成孤岛状态,林麝、水獭、云豹、亚洲金猫、黄腹角雉、红腹锦鸡、苦苣苔、羊耳蒜、石仙桃等珍稀濒危动植物近年来日益罕见,一些常见物种也逐渐受到威胁,保护遗产地珍稀生物已迫在眉睫。

8.4.3 申遗与生物生态环境保护

近年来,"申遗"早已成为一个热频词汇,各个国家各个地区都积极备战申遗,根据《公约》,被申请为世界遗产的遗产地在接受世界遗产组织委员会的监督的同时可受到"世界遗产基金"提供的援助,一方面,"世界遗产"对于遗产地尤其是旅游地来说是一张"烫金世界名片",可以带动遗产地的对外开放,吸引外商,在发展旅游的同时可以拉动遗产地的经济效益;另一方面,"世界遗产"给遗产地带来了"世遗"理念,不仅有益于遗产地的更新与提升,同时也增强了遗产地国家的民族自信心、自豪感和国民对于民族文化的认同感和归属感。仿佛,"申遗"成为毫无弊端的众望所归,事实上,遗产地在入选世界遗产之后仍然存在诸多问题。

以中国南方喀斯特为例,中国南方喀斯特在2007年入选《世界自然遗产名录》之后,凭借其品牌优势引来了大规模的游客,遗产地带动当地经济发展的同时也出现了自然环境受到威胁的问题:首先,西南喀斯特本身存在石漠化的问题,其地质可熔岩尤其是碳酸盐岩造壤能力低,营养元素长期匮乏,在强烈的岩

---

① 沈利娜,侯满福,张远海等.桂林喀斯特世界自然遗产提名地珍稀濒危和特有生物物种多样性及保护[J].中国岩溶,2014(3).

溶化作用下喀斯特石漠化面积不断扩展，生态环境恶化，水土流失、河道淤积和自然灾害频繁，这些对于当地生态环境都造成较大的威胁（见图8-32）；其次，随着喀斯特受到关注的程度越来越高，国内外游客越来越多，在人类活动的干扰下，喀斯特石灰岩地区的植被受到了很大破坏，加之石灰岩本身对于人造工程来说属于复杂、较差的地质环境，遗产地的开山筑路、建筑施工、修建公路和旅游设施等都对当地造成了一定的破坏，在一定程度上破坏了当地的生物栖息地环境，同时也对遗产地的真实性和完整性构成了极大的威胁（见表8-4）。①

图 8-32　武隆喀斯特

资料来源：http://www.cqwulong.cn/wl_content/2012-11/13/content_2608600.htm。

表 8-4　中国南方喀斯特游客人数统计（2005—2010 年）②

（单位：万人）

地区	游客人数					
	2005 年	2006 年	2007 年	2008 年	2009 年	2010 年
云南石林	200.4	212.4	229.7	257.4	264	275
贵州荔波	50	129.02	120	168	264	334.7
重庆武隆	110	129.02	216.5	220	496.6	717

无独有偶，2014 年，贵州施秉喀斯特等组合捆绑继中国南方喀斯特一期后二次申遗成功，值得注意的是，在施秉喀斯特申遗时，有关报道指出"施秉喀斯特借力申遗大力保护生态环境"，其说法是为确保申遗成功，施秉县大力加大生

---

① 霍斯佳，孙克勤.中国南方喀斯特地质遗产的可持续发展研究[J].中国人口·资源与环境，2011(21).

② 霍斯佳，孙克勤.中国南方喀斯特地质遗产的可持续发展研究[J].中国人口·资源与环境，2011(21).（根据"荔波喀斯特世界自然遗产地旅游可持续发展管理模式研究".http://www.shilin.gov.cn/show.jsp?info_id=2003; http://www.libo.gov.cn/lb_web_htm/lypd/lydt/4003.html; http://www.as-minfo.com/?action—viewnews—itemid—2705 综合整理）

态环境保护力度、提高当地居民环境保护意识、在环境整治与保护上下足功夫,从政策管理办法到积极动员群众,施秉都做足了准备,可以想见,为满足世遗标准,施秉在生态环境方面有所改善(见图8-33)。

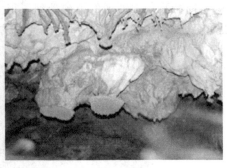

图 8-33　施秉喀斯特

资料来源:http://www.qdnrbs.cn/2013sbsy/index.htm。

一边是因申遗而造成的遗产地生物生态环境破坏,一边是因申遗而驱使的遗产地生态环境改善,申遗与生物生态环境的关系既对立又统一,对于遗产地来说,申遗是一柄双刃剑,应妥善处理申遗前后遗产地生物生态环境的开发与保护,保证遗产地真实性和维持遗产地原始生物生态环境。

8.4.4　生物多样性的价值及其保护

生物多样性的价值可分为直接价值和间接价值,直接价值是指可直接转化为经济效益的价值,包括消耗性利用价值、生产性利用价值;间接价值是指不直接转化为经济效益的价值,包括非消耗性利用价值、选择价值、存在价值。其直接价值表现在人类得到了所需的全部食品、许多药物和工业产品等,间接价值表现在组成了人类生存的环境,给人们提供了适应当地和地球变化的机会,以及伦理学、哲学等其他价值。在自然景观中,生物多样性的价值表现为美学价值、科学价值、比较价值等;其美学价值在于以植物为主体的自然景观构成要素、美化景观和环境;其科学价值在于提供了科学研究的对象、范围,加深了人类对于未知领域的探索和了解;其比较价值在于不同地域呈现的不同生物特性错综复杂,互为对比、补充。

人类进入工业化时代时,只有8.5亿人,与地球上差不多已达到最大多样化的其他生命共同拥有地球,今天,人口已达当时的6倍,而生物多样性则锐减。生物多样性受威胁主要表现在两个方面:一是世界物种数量急剧减少,自从40亿年前地球出现生命以来,绝灭已成为生命过程的必然事实,从那时至今,曾经生存过几十亿个物种,现存的只有500万物种,绝大部分都灭绝了。二是生态环境的严重破坏,近几个世纪,很多自然景观已由人类通过砍伐森林、污染、不正当开发和利用导致严重破坏。我国生态系统多样性极其丰富,全国共有生态系统约460多类。其中热带雨林和季雨林生态系统为19类;亚热带常绿阔叶林约有34类;其他亚热带生态系统还有51类;温带森林生态系统57类;荒漠79类;草原56类;还有寒温带和其他特殊生态系统。植物多样性位居世界第三,名列北半球之首,仅次于马来西亚和巴西,同时也是世界三大栽培植物起源中心之一。随着我国人口不断增长,人们对生物资源的消费不断增长,加之对生物资源的不合理开发,我国生物多样性正在以惊人的速度减少,不少物种自然生态系统已经或正在处于濒危状态,由于生物多样性的迅速降低,导致大范围环境恶化情况日趋严重。

对于生物多样性的保护必须实事求是,以可持续发展为原则寻找有力的、合理保护途径,如政策和法制途径、宣传教育的途径、科学研究的途径、国际合作途径等。

8.5　自然遗产旅游的开发模式

在当今的市场经济社会中,各界人士对世界自然遗产保护与开发有着不同的看法,部分人指出世界自然遗产应处于保护常态下,保护其真实性和完整性,不能将世界遗产片面地定位为旅游资源,将世界自然遗产变为经济开发资源,也有人指出时代在进步和发展,人们应转变观念,对待自然遗产不能为了保护而保护,应在保护中求发展,让自然遗产焕发出新的生机和活力。还有人认为,开发比保护更为重要,开发不仅可以带来巨大的经济效益,还可以产生社会效益和其他效益,同时,开发与保护应并举的看法也成为大众支持的焦点,支持者们认为可以先保护后开发,以保护促发展,走可持续发展的道路,从而实现旅游发展与遗产保护的双赢。学者们认为保护世界遗产与合理开发利用遗产资源并不矛盾,对世界遗产资源的开发不能简单地归为对资源的消耗,而应是对资源的可持续利用,重保护、强调遗产地的承受能力和容纳能力,规避对遗产资源的破坏和超负荷利用,实现世界遗产的全面、长效发展。

8.5.1　我国世界自然遗产保护与开发现状及问题

截至第38届世界遗产会,我国现有10处世界自然遗产,数量上落后于文化遗产,整体来说对于自然遗产的研究相对文化遗产较少。我国目前世界自然遗产保护的总体状况较好,但也有部分自然遗产如三江并流曾因怒江水电站建造计划被亮黄牌,存在对世界遗产保护意识较差、观念落后、缺乏有效管理等问题。

对于世界遗产的保护与开发,我国存在着过于轻率的问题,在未了解世界遗产的真正价值时即轻易做出了开发的错误决定,正确把握世界遗产的保护利用应纠正认识和观念,不把世界遗产"单纯当作旅游资源,一切为了开发旅游服务",以真实性、完整性的保护原则为指引①,减少因以经济目标为导向的急功近利造成的环境资源破坏。

我国在世界自然遗产保护方面存在的问题表现在以下几个方面:第一,兴建土木,建设性破坏了自然景观和生态环境,同时也减少了自然景观原始风貌艺术感、美感。以武陵源为例,早在1998年联合国教科文组织官员在对武陵源监测时,已经得出该自然景区出现了"城市化倾向"的建设性破坏结论,称武陵源周边环境已让其变成一座被城市包围的孤岛,自然环境改变令人担忧,尤其是天子山上的索道、景区花巨资建设的户外电梯等被众人称为破坏武陵源核心景区自然风貌的一大败笔。这一反面案例成为我国世界自然遗产保护与开发的前车之鉴,对于自然遗产的开发应在科学的基础上进行,绝不轻易动工破坏自然遗产地原始风貌,违背遗产保护的原则。

第二,人为因素引起的灾害和破坏。举例来说,人为纵火、砍伐盗伐、非法捕捞、引入外来物种等皆是对自然界生境的不良影响和破坏,容易破坏遗产地原有的生态平衡。

第三,旅游带来的不利影响。世界自然遗产地对于旅游者往往具有巨大的吸引力,也极度容易成为旅游的热点景区,我国世界遗产旅游发展的一大现状即是"严重超负荷旅游接待",尤其在黄金周更是人满为患,各遗产旅游地在超负荷接待游客的情况下很容易造成景区自然环境的破坏和旅游资源的不断衰竭,旅游地魅力也相对减退。

由此可见,旅游的开发应是在有效保护的前提下和规划指导下的科学、有序、适度的可持续开发。

8.5.2 国外世界自然遗产开发管理的"公益性理念"

世界遗产的艺术性表现为其特有的自然景观、风貌形态带给人类精神上、视觉上的巨大冲击和震撼,是自然界最真实的体现,是不可再生再造的,对人类来说具有永远不可替代的存在价值。也正是由于自然景观的不可再生再造,世界自然遗产的保护与开发才更显意义重大。

经过一百多年的发展历程,欧美等发达国家在遗产开发管理方面已逐渐发展成熟并且超前,其开发管理特点值得我们学习借鉴。

国外世界遗产开发与保护表现为"公益性理念"。② 在世界遗产的保护与开

---

① 张成渝,谢凝高."真实性和完整性"原则与世界遗产保护[J].北京大学学报,2003(3).
② 吕丽辉.国际视野下的文化遗产保护与利用[J].学习与探索,2008(5).

发中,国外将世界遗产的保护作为首要目标,不同于我国世界遗产管理者的"业主"身份,其管理者皆是以管家和服务员的角色定位,在他们看来国家遗产的继承人是当代和子孙后代的全体公民,管理者对遗产只有照看和维护的义务,是遗产的照看者和维护者,任何时候都没有随意支配"公益遗产"的权利。各个国家对遗产地的管理最终是为国民提供游憩地点,让国民、游客能够真切地感受自然、走进自然、了解自然,进而更好地保护自然,实现人与自然和谐共处与可持续发展。相比较之下,我国对于世界遗产的管理更多地是以垄断意识代替服务意识,管理者强调在开发过程中换取经济效益,忽视了遗产地生态环境保护,国民对于自然遗产的保护意识淡薄,未能在根本理念上转变态度。假设"公益性理念"在我国遗产开发与保护盛行之下,任何不适宜自然遗产的管理与开发、建设行为都能被限制,我国世界遗产的美好未来也就指日可待了。以杭州西湖世界文化遗产为例,自2002年西湖实现"免费开放",广大市民和中外游客充分感知了西湖美好带动周边经济效益,同时西湖也收获了诸多盛赞和美誉,其"拆旧城、建新城"理念向"保老城,建新城"理念的转变和"一次性关闭西湖边30家高档会所、干脆向公益性方向发展"的转型思路显示了西湖与时俱进、抓住机遇的明智及与民同乐的态度,是我国借鉴公益性理念遗产地发展成功的经典案例。①

8.5.3 正确对待自然遗产保护与开发的对立统一关系

2002年,在纪念《公约》30周年之际,世界遗产委员会通过的《世界遗产布达佩斯宣言》中指出:应当努力在保护、可持续性和发展之间寻求适当而合理的平衡,通过适当的工作,使世界遗产资源得到保护,为促进社会经济发展和提高社区生活质量做出贡献。这表明世界遗产的保护与开发之间是相互促进、共求发展的关系。

世界遗产的保护与开发既相互联系又相互矛盾,两者是辩证统一的。如前文提及的,对世界遗产的保护应是首要目标,但是,过于强调对于遗产的"绝对保护"容易造成遗产地与社会发展或周边区域发展脱节,也容易挫伤地方居民原有的对于遗产地保护的积极性,遗产地的永续发展或是可持续发展相反受到阻碍;反之,以遗产地作为经济目标的实现手段,单一寻找遗产地的快速发展不仅会耗损遗产地的资源,同时也会造成遗产地长远经济目标的实现。因此,应是以开发为手段、方式,以保护为最终目的,开发服务于保护,保护反作用于开发,两者相互配合,共同发展。

在世界遗产的发展中,开发是遗产地发展的动力来源,任何的开发都应遵循"保护第一"的原则。尤其在遗产地的开发过程中,应坚持"保护先行"的思想,

---

① 西湖世界遗产与杭州旅游发展的实践与思考[J].旅游学刊,2012(5).

开发过程中一方面通过合理开发遗产资源获得利益,另一方面应不断学习探索保护世界遗产的有力措施,总结科学利用世界资源发展的成功路径,促进世界遗产更好地发展,形成良性循环发展的趋势,也即是保护好遗产原本价值,开发出遗产潜在价值。

8.5.4 我国的世界自然遗产保护

结合我国自然遗产的开发与保护现状,我国的世界自然遗产保护可以从以下几个方面展开:

1. 可持续发展理念下的人际关系协调

以区域可持续发展为目的,充分注意可持续发展中的公平性、共同性、可持续性、以人为本的原则,以这些原则为出发点考虑区域人与地的关系,将人地关系的协调与区域发展的目标有机结合起来。①

2. 严格执行《公约》和我国制定的关于保护世界自然遗产的方针

目前,我国在自然遗产保护方面提出了"严格保护、统一管理、合理利用、永续利用"的方针,与《公约》的主旨相一致,我们应严格执行相关方针,在自然遗产的开发与保护方面科学化、法制化:科学化即是制定对未来负责的实事求是、全面科学的符合自然、经济、社会发展规律的规划②;法制化即是制定、完善各种法律、法规、制度,保护自然遗产地的原始自然面貌,减少人为破坏带来的影响和损失。

3. 设定合理的旅游环境容量,利用经济杠杆调节客流量

设定合理的旅游环境容量和适当调节客流量,改变我国遗产地节假日"人满为患"的局面,可借鉴世界第一个国家公园——美国黄石公园的限制游客数量做法;将进入公园内旅游变成一项幸运游戏,每天只有十几名"幸运者"可以乘坐一辆汽车进入公园的生态保护区域。

4. 分类保护,因地制宜实现各遗产地长效、长远发展

对于各遗产地不同特征、不同发展状况应建立分类保护机制,在全面了解遗产地的情况下因地制宜制定各自然遗产地的开发保护发展机制,实现其可持续、长远发展。

---

① 包广静.基于人地关系的自然文化遗产保护与开发——以三江并流区为例[D].云南师范大学硕士学位论文,2004.
② 卢仲康,成清扬.论我国世界自然遗产的开发与保护[J].镇江高专学报,2006(19).

第9章 其他遗产类型

9.1 自然与文化双重世界遗产

世界自然与文化双重遗产是世界遗产的第三个类别,同时含有文化遗产和自然遗产两方面的因素和内容,但又不仅仅是文化遗产和自然遗产的简单叠加,能够评为双重遗产的,都是能够体现人类改造自然、运用自然以及和自然和谐相处的观念。

9.1.1 自然与文化双重世界遗产总述

世界遗产中的双重遗产是由在历史、艺术或科学及审美、人种学、人类学方面有着世界意义的纪念文物、建筑物、遗迹等内涵的文化遗产,和在审美、科学、保存形态上特别具有世界价值的地形或生物,包括景观在内的地域等内容的自然遗产融合起来所构成的。

世界自然与文化双重遗产具有不同于一般遗产的显著特征,第一,世界双重遗产是同时含有文化与自然两方面因素的文化与自然双重遗产,其评判标准是基于世界自然、文化遗产的评判基础之上的。第二,双重遗产的范围各有不同,文化因素大多以宗教和历史为主:如中国的四项双重遗产即泰山、黄山、武夷山和峨眉山(包括乐山大佛)在自然因素方面都是与"山"相关。而世界其他遗产与我国的双重遗产相比,包含的因素区别较大。从自然因素来看,除了山以外,还有湖、公园、高原、悬崖、普通人居住地。第三,占有较大的区域面积。[①] 世界自然与文化双重遗产的形成必须有足够的空间做支撑,中国的四个双重遗产项目所占面积都在数百甚至近千平方公里,而国外的21个世界双重遗产项目有的则高达数千甚至上万平方公里。有足够的占地面积,才能为形成一定规模的地域系统,才能形成自然、文化发展提供足够的空间。也只有这样,才能使遗产项目符合《公约》所要求的"完整性"成为可能。世界双重遗产都是"面状"分

---

① 孙硕.我国世界双重遗产的可持续发展研究——以泰山世界双遗产地为例[D].中国地质大学(北京)硕士学位论文,2011.

布,与其他"点状"分布的遗产形成鲜明区别。第四,长时期适宜人类生存与活动的文化繁殖地。世界双重遗产地大都能在长时期内适宜人类的生存与文化繁衍,如我国四大双重遗产项目所在地,均是中华民族的发祥地之一,历史上人类在此繁衍生息,绵延不断。优越的地理位置和自然条件使人类能在遗产地及其周围不断进行活动以及发展,并且它们均具有丰富的文化内涵,这些文化源远流长,都在历史上相当繁盛,产生了深刻的社会影响,也是今日所在地列入《世界遗产名录》的重要依据。国外的双重遗产项目也同样如此,都有丰富的文化积淀,即使其代表的文明现在已经中断,但是其对于整个人类思想的影响却永存。

世界上列为世界文化与自然双重遗产的只有25项,值得注意的是,世上许多文明古国虽然拥有大量的文化遗产,但是双重遗产的数量却是零。但是到目前为止,我国拥有的双重遗产数量达到了四项,这个数字远大于世界任何一个其他国家,使我国成为世界上拥有双重遗产数量最多的国家。

9.1.2　中国双重遗产介绍

在当前公布的《世界遗产名录》中我国拥有四项双重遗产,分别为泰山、黄山、峨眉山(包括乐山大佛)以及武夷山。关于我国的双重遗产有两点是需要注意的,一是我国的双重遗产均是以既符合文化遗产同时也符合自然遗产的标准而同时申请成功的,不同于其他国家的双重遗产均是分开来进行申请,两者之间存在着时间差;二是我国的四项双重遗产由于所处的地域环境不同,不管是在自然景观方面还是在文化吸引方面都存在较大的差异,需要一一品味。

1. 泰山

中文名称:泰山

英文名称:The Mountain Taishan

被列入《世界遗产名录》时间:1987.12

成为双重遗产的依据:

(ⅰ)代表一种独特的艺术成就,一种创造性的天才杰作;

(ⅱ)在一定时期内或世界某一文化区域内,对建筑艺术、纪念物艺术、城镇规划或景观设计方面产生过重大影响;

(ⅲ)能为一种现存的或为一种已消逝的文明或文化传统提供一种独特的或至少是特殊的见证;

(ⅳ)可作为一种建筑、建筑群或景观的杰出范例,展示出人类历史上一个或多个重要阶段的作品;

(ⅴ)可作为传统的人类居住地或使用地的杰出范例,代表一种或几种文化,尤其在不可逆转的变化下易损毁的地点;

(ⅵ)与某些事物、现行传统、思想、信仰或文学艺术作品有直接和实质的联系。

这些标准使泰山能够成为世界文化遗产。

(ⅲ) 独特、稀有或绝妙的自然现象、地貌或具有罕见自然美的地带。它包括对人类最重要的生态系统的最好样例、自然特色（如河流、山岳、瀑布等）、覆盖广袤的自然植被和突出的自然与文化因素结合体。

这一条标准使泰山能够成为世界自然遗产。

泰山这样一个景点得到了《世界遗产名录》评选标准的7条标准的认可，足见泰山在世界遗产中的地位。

世界遗产委员会对泰山的文明和信仰的评价：庄严神圣的泰山，两千年来一直是帝王朝拜的对象，其山中的人文杰作与自然景观完美和谐地融合在一起。泰山一直是中国艺术家和学者的精神源泉，是古代中国文明和信仰的象征。

泰山古名岱岳，春秋（公元前770—公元前476）时改名为泰山，是中国五大名岳的东岳，被称为"五岳之尊"。泰山地区在太古时代经历了剧烈的地壳抬升和升降，最终形成了泰山。泰山地区的寒武纪片麻岩群是华北台地的基底，地层剖面出露齐全，化石丰富，保存完好。泰山杂岩形成于太古代，年龄在20亿年左右，泰山有丰富的地壳运动遗迹，具有世界意义的地址科学研究价值。这些都使泰山具有了成为世界自然遗产的资格。泰山的自然景观以主峰为中心，呈放射状分布，除玉皇顶、岱庙外，还有后石坞、南天门、日观峰、月观峰、仙人桥、碧霞祠、升仙坊、朝阳洞、五松亭、中天门、壶天阁、经石峪、黑龙潭、斗母宫、万仙楼、王母池等。

泰山位于山东省中部，跨越泰安和济南两市，总面积426平方公里，最高峰天柱峰海拔1 545米。泰山风景名胜以泰山主峰为中心，呈放射状分布。泰山山体高大，形象雄伟，尤其是南坡，山势陡峭，气势非凡，蕴藏着奇、险、秀、幽、奥、旷等自然景观特点。泰山自古以来与中国其他四座名山——南岳衡山、西岳华山、北岳恒山、中岳嵩山合称"五岳"，泰山有"五岳之首"、"天下第一山"美誉。

南天门位于泰山十八盘尽头，海拔1 460米，建在龙飞岩与翔凤岭之间的低坳处，仿佛天门自开，古称"天门关"。元中统五年（1264）布山道士张志纯创建。门为阁楼式建筑，额题"南天门"（见图9-1）。[①]

图9-1 泰山——南天门

资料来源：http://image.baidu.com/i？ct=503316480。

[①] 孙建华.漫步世界遗产[M].中国社会科学出版社，2005：124—128.

扇子崖从长寿桥向西行,有盘路1 500多级,蜿蜒曲折约6.5里,有一座高崖,陡峭高耸,因其行如扇,所以称为"扇子崖"。经石峪位于泰山南路斗母宫东北,经文刻在两千米巨大石屏上,是汉字刊刻面积最大作品,内容是《金刚经》。泰山最险处首推十八盘,从松山谷底至岱顶南天门的一段盘路叫摩天云梯,俗称"十八盘",全程1公里多,石阶1 594级,垂直高度400米。蹬道全用泰山片麻岩修砌(见图9-2)。

图9-2　泰山——扇子崖

资料来源:http://image.baidu.com/i? ct=503316480&z。

泰山是黄河流域古代文化的发祥地之一。泰山有"五岳之首"、"五岳独尊"的称誉,是政权的象征。古代帝王登基之初,太平之岁,多来泰山举行封禅大典,祭告天地。先秦时期有72位君主到泰山封禅;自秦汉至明清,历代皇帝到泰山封禅27次。历代文化名人纷至泰山进行诗文著述,留下了数以千计的诗文。

泰山在华夏子孙的心目中是一座名山、圣山、神山。在中国最古老的诗歌总集《诗经》上,就有"泰山岩岩,鲁邦所瞻"的佳句。尤其在唐代诗歌发展的鼎盛时期,歌颂泰山的诗达到了顶峰。欧阳修、苏轼、元好问、刘应时、张养浩、李攀龙、康熙、乾隆、王世贞、赵国华都曾经在泰山吟诵。

泰山封禅是泰山特有的一种文化,是中国古代帝王在泰山举行的一种祭祀天地神的宗教活动,在泰山上筑土为坛以祭天,报天之功成为"封",在泰山下小山上除地,报地之功成为"禅"。传说先秦有72代君王封禅泰山,据记载秦、汉、唐、宋皆有帝王封禅,明清两代,改封禅为祭祀。泰山封禅不是简单的山川崇拜,而是对泰山神灵的极端崇拜和宏大政治背景的文化奇观。秦统一中国之后,始皇帝于28年(公元前219年)巡行东方,在岱顶行登封礼,并立石头颂德。自泰山之阴下山,行降禅礼于梁父山。秦始皇封泰山时,祭文和祭礼秘而不传(见图9-3)。

图 9-3 泰山封禅

资料来源:http://image.baidu.com/i? ct=503316480&z。

在文化层面,泰山具有非常悠久丰富的历史文化古迹,早在石器时代泰山上已出现人类活动。五千年前大汶口文化和龙山文化的繁荣地区,就在泰山南北麓。从公元前 219 年秦始皇登泰山封禅,经汉武帝、唐玄宗直至清乾隆,近两千年共有 12 位皇帝到此祭告天地。泰山脚下岱庙就是举行封禅大典和祭祀泰山神的地方。历代名家基本都到过泰山,并留下无数著名的诗词歌赋,较为出名的有"登泰山而小天下"、"会当凌绝顶,一览众山小"。

文化方面,历经几千年的开发建设,泰山形成了中国山岳风景的典型代表,即以富有美感的自然景观为基础,渗透着区域综合性的人文景观。根据中国传统的山水观,把富有美学价值和科学价值的自然景观同悠久的历史文化有机地结合起来,从而形成了内容丰富的自然与人文浑然一体的泰山遗产的突出特点。

泰山最大的特色,也是联合国教科文组织有关专家给予的极高评价,即泰山能把自然与文化独特地结合在一起。整个泰山自古命名的山峰有 112 座、崖岭 98 座、岩洞 18 处、奇石 58 块、溪谷 102 条、潭池瀑布 56 处、山泉 64 眼,还有古建筑群 22 处、古遗址 97 处、历代碑碣 819 处、摩崖石刻 1 018 处。种种这些景观,充分显示了自然地理环境的优势,并渗透着悠久的历史人文因素,无论从地址学还是从历史文化学方面来考察,都具有极高的科研价值和美学价值。

2. 黄山

中文名称:黄山

英文名称:The Mountain Huangshan

被列入《世界遗产名录》时间:1990.12

成为双重遗产的依据:符合世界文化遗产遴选标准(ⅱ)和自然遗产遴选标准(ⅲ)、(ⅳ)

世界遗产委员会评价:黄山,在中国历史上文学艺术的鼎盛时代(公元 16

世纪中叶的"山水"风格)曾受到广泛的赞誉,以"震旦国中第一奇山"而闻名。今天,黄山以其壮丽的景色——生长在花岗岩石上的奇松和浮现在云海中的怪石而著称。对于从四面八方来到这个风景胜地的游客、诗人、画家和摄影家而言,黄山具有永恒的魅力。

黄山位于中国安徽省南部,在自然景观方面,以奇松、怪石、云海、温泉这"四绝"闻名于世,一直以来,都有着"天下第一山"的美誉。

黄山经历了漫长的造山运动和地壳抬升,以及冰川的洗礼和自然风化作用,才形成其气势磅礴的峰林地带,成为黄山特有的地质结构。

黄山72座山峰分"三十六大峰,三十六小峰",中主峰为莲花峰,海拔高度达到1 864米。莲花峰周围高峰、险峰林立,石柱、怪石处处可见,形成黄山一大特色。黄山的水资源也很丰富,黄山自中心向四周放射状分布着众多的山涧沟谷,其中大谷36条,形成36源,汇入24溪水。全山近百处瀑布和池塘因水势不同而不断改变景致,吸引众多游人。黄山是生物的宝库,这里植物覆盖率达到80%以上,种类达到1 450种之多。属于国家一级保护植物的有水杉、二类保护植物的有银杏等8种。其中最负盛名的必然是黄山松。黄山松是黄山一大奇观,位居黄山"四绝"之首。黄山的松树数以万计,多生长于岩石缝隙中,盘根错节,形态各异,显示出顽强的生命力,已经命名的多达近百株。玉女峰下的迎客松已经成为黄山的象征,黄山还生存着大量的野生动物(见图9-4)。

图9-4 黄山——莲花峰
资料来源:http://image.baidu.com/i? ct=503316480&z。

黄山群峰叠翠,得益于大自然的造化,山、石、松、云相互衬托,和谐统一,形成了连续的整体布局。群山峻岭有机地组合成一幅气势磅礴的立体画面。黄山市自然美和艺术美的统一,具有诗一般迷人的镜面和画一般神奇的景色,有着独立的艺术美和欣赏规律,同时又融会贯通,统辖于"奇、巧、幻"总的艺术规则之下,体现出综合的艺术气质。①

奇松是黄山最奇特的景观,迎客松更成为黄山的象征。黄山险峰林立,巧石怪岩犹如神工天成。"自古黄山云成海",黄山"云海"以美、胜、奇、幻享誉古今。温泉,古称"灵泉"、"汤泉",传说轩辕黄帝就是在此沐浴七七四十九天后羽化成仙(见图9-5、图9-6)。

图 9-5 黄山——迎客松

资料来源:http://image.baidu.com/i? ct。

图 9-6 黄山——云海

资料来源:http://image.baidu.com/i? ct=503316480&z。

黄山不仅自然资源丰富,文化底蕴也十分深厚。相传中华民族的祖先轩辕黄帝曾经在此修炼,后得道升仙,黄山的名字也来源于此。古代无数的文人墨客写下了众多歌颂黄山的名作。"黄山画"更是中国画历史长卷中最辉煌的一章。黄山现在保存有古建筑近百座,摩崖石刻200处,总长5万多米的古"蹬道",有石阶36 000级,连接着黄山各景区、景点。

黄山文化中最瑰丽的有"黄山诗"、"黄山画派"以及"黄山宗教"。黄山诗

---

① 孙建华.漫步世界遗产[M].中国社会科学出版社,2005:52—54.

歌是从盛唐到晚清的 1 200 年间,赞美黄山的诗词有两万多首,从各个侧面发掘体现并充实了黄山的美。就诗文而言,李白、贾岛、范成大、石涛、龚自珍等都有不少佳作流传于世。散文中,徐霞客的《游黄山记》等都体现了黄山的绝美秀丽的风姿。另外黄山的故事也不胜枚举,如黄帝炼丹、李白醉酒、仙人指路、仙花绣路。黄山神妙绝伦的风光造就了中国历史上独特的山水画家群体和山水国画最辉煌的时代。著名的画派有明代休宁人丁瓒、丁云鹏父子及李流方等形成的新安画派,明代中叶兴起于徽州的徽派版画雕刻,明代后期以黄山人为主的天都画派,明末清初渐江、查士标、孙逸、汪之瑞的海阳四家(见图9-7)。

图 9-7　黄山——黄山诗

资料来源:http://image.baidu.com/i? ct =503316480&z =0&tn = baiduimagedetail&ipn。

黄山主要浏览景区有摩崖石刻 200 余处。遍布黄山的摩崖石刻有两个显著的特点:一是与浏览道路紧密结合,游人可以就近欣赏,增加游兴;二是与山体结合在一起,浑然天成。"立马空东海,登高望太平"刻在海拔 1 589 米的青鸾峰上,每字 6 米见方,是黄山规模最大的石刻。黄山大量的摩崖石刻以及它们的深邃意境,体现了中华民族特有的审美意识、审美情趣和表达方式。

源远流长的宗教文化和黄山有密切的关系,唐代道教书籍中,关于轩辕黄帝和容成子、浮丘公来此炼丹,得道升天的仙道故事,流传千年,影响深广,至今还留下与上诉神仙故事有关的许多峰名,如轩辕峰、浮丘峰以及炼丹、仙人、上升、仙都、道人、望仙诸峰。黄山山名,亦与黄帝炼丹之说有关。道教在黄山建立较早的道观有浮丘观、九龙观等。宋末道士张尹甫在黄山修炼,创建松谷道场。明末以后,全山范围内,已无道教活动的踪迹。据《黄山图经》记载,佛教早在南朝刘宋年间就传入黄山,历代先后修建寺庙近百座。寺庙之中,祥符寺、慈光寺、翠微寺和掷钵禅院,号称黄山"四大丛林"。

中国还有武夷山以及峨眉山(包括乐山大佛)是双重遗产,其自然景观和文化景观都拥有震撼世界的神奇魅力。

9.1.3　世界其他双重遗产介绍

1. 欧洲自然与文化双重遗产概述

欧洲的 41 个国家共拥有 367 项世界遗产(其中 12 项为跨国遗产),其中文化遗产327项,自然遗产33项,文化与自然双重遗产7项。本书以希腊的迈泰奥拉为例进行介绍。

遗产:迈泰奥拉

国家:希腊

时间:1988年列入《世界遗产名录》

标准:Nⅲ;Cⅰ,ⅱ,ⅳ,ⅴ

属性:自然与文化双重遗产

功能:自然景观和宗教圣地遗址

世界遗产委员会评价:从11世纪起,在几乎都是险峻的砂岩峰的地区,修道士们选定了这些"天空之柱"。在15世纪隐士思想大复兴的时代,尽管有令人难以相信的困难,还是在这里建造了24座修道院。16世纪的壁画记录了拜占庭后期绘画发展的一个关键阶段。

迈泰奥拉位于希腊东北部的特萨利区,占地375公顷,以奥林匹斯山和迈泰奥拉修道院而闻名于世,迈泰奥拉修道院就是坐落在这些高耸的山岩上。隐遁在这里的修道士,靠绳索和网梯攀上高耸入云的峰顶,居住在天然岩洞内,祈祷、赞颂和忏悔。迈泰奥拉是"悬在空中"的意思。11世纪中叶,到迈泰奥拉来的修道士人数逐渐增加。在随后的几个世纪里,迈泰奥拉成为这一地区最有权威的宗教中心,它的鼎盛时期共拥有24座分布在大小山岭上的修道院(见图9-8)。一些修道院内保存有精美的16世纪壁画。

图 9-8　迈泰奥拉——迈泰奥拉修道院

资料来源:http://image.baidu.com/i?ct=503316480&z=0&tn=baiduimagedetail&ipn=d&word。

2. 非洲自然与文化双重遗产概述

非洲是人类诞生地,人类进化史在非洲留下最完整的脚印。到目前为止,非洲拥有108项世界遗产,其中文化遗产70项,自然遗产35项,文化与自然双重遗产3项,本书以马里的邦贾加拉悬崖这一世界自然与文化双重遗产为例进行介绍。

遗产:邦贾加拉悬崖

国家:马里

时间:1989年列入《世界遗产名录》

标准:Nⅲ;CⅤ

属性:自然与文化双重遗产

功能:自然景观和古村落

世界遗产委员会评价:邦贾加拉地区是一处突出的悬崖和砂质高原景观,具有一些美丽的建筑(房屋、粮仓、祭坛、圣殿和公共场所)。一些古老的社会传统留存于此(面具、庆典、宗教仪式、礼仪,包括祖先崇拜)。地质、考古和人种学的影响与这一景观交织在一起,使邦贾加拉高原成为西非令人难忘的遗址(见图9-9)。

图9-9 邦贾加拉悬崖

资料来源:http://image.baidu.com/i? ct=503316480&z=0&tn=baiduimagedetail&ipn。

3. 美洲自然与文化双重遗产概述

北美洲和南美洲的27个国家共拥有149项世界遗产,其中文化遗产94项,自然遗产52项,文化与自然双重遗产3项。本书以秘鲁的里奥阿比塞奥国家公园为例进行介绍。

遗产:里奥阿比塞奥国家公园

国家:秘鲁

时间:1990年列入《世界遗产名录》,1992年拓展

标准:Nⅱ,ⅲ,ⅳ;Cⅲ

属性:自然与文化双重遗产

功能:生物保护区和考古遗址

世界遗产委员会评价:里奥阿比塞奥国家公园建于1983年,目的是保护安第斯山脉地区特有的雨林动物群和植物群。这个公园里的动物群和植物群具有一个高水平的特有分布。在这一地区发现了以前被认为已经绝灭了的黄尾毛猴。自1985年以来进行的研究,在海拔2500米到4000米之间,已经发掘出36个前所未知的考古遗址,提供了前印加社会的真实写照。

里奥阿比塞奥国家公园位于安第斯山脉,在Maranon河和Huallaga河的交汇处,占地面积274 520公顷。它地处圣马丁区特鲁希略市的东部。这里的海拔从500米到4 200米。国家公园可以分为4个生态区:干燥的森林,潮湿的山区森林,热带高山森林和山区雨林。近千种植物在这一地区被记录,其中被子植物779种,裸子植物2种,蕨类植物159种。茂密的森林中栖息着许多野生动物,如兀鹰、常尾小鹦鹉、欧夜鹰等。海拔高度决定了鸟类的分布,在海拔3 000米到4 100米之间有超过132种鸟类生活在那里(见图9-10)。

图9-10　里奥阿比塞奥国家公园

资料来源:http://image.baidu.com/i? ct=503316480&z=0&tn=baiduimagedetail&ipn。

里奥阿比塞奥国家公园及其周围方圆1 500平方公里的土地上,残留了大量的古遗址,留下了人类曾经在这里生活的痕迹。自1985年以来,研究人员已经发现了36个前所未知的考古遗址,包括人类居住过的岩穴、篱笆、道路、仪式建筑、平台、储存室、农业梯田等。这些考古遗址对于了解前印加社会具有重要意义。

4. 大洋洲自然与文化双重遗产概述

到目前为止,大洋洲共有19处世界遗产,其中自然与文化双重遗产有4处,本书以澳大利亚的塔斯马尼亚荒原为例进行介绍。

遗产:塔斯马尼亚荒原

国家:澳大利亚

时间:1982年列入《世界遗产名录》,1989年拓展

标准:N ⅰ,ⅱ,ⅲ,ⅳ;C ⅲ,ⅳ,ⅵ

属性:自然与文化双重遗产

功能:自然保护区和早期人类居住地

世界遗产委员会评价:这些公园和保留地曾经经历了剧烈的冰川作用,具有陡峭的峡谷,占地100多万公顷,是世界上剩下的为数不多的广阔的热带雨林之一。在石灰岩洞穴内发现的遗物证明了2万多年前这一地区就曾有人类居住。

塔斯马尼亚荒原位于澳大利亚的塔斯马尼亚州,由三个公园和保护区组成,占地面积约为1 383 640公顷。塔斯马尼亚荒原拥有澳大利亚最大的河系、最深的湖泊和最壮观的山脉。这一地区栖息着种类繁多的野生动物,其中有世界仅存的食肉有袋类动物。塔斯马尼亚荒原的混交林汇集了澳大利亚和亚南极特有树种,混交林中的桉树高达90米,是世界上最高的树种之一。早在2万年前,塔斯马尼亚的土著民就生活在这里(见图9-11)。

图9-11 塔斯马尼亚荒原

资料来源:http://image.baidu.com/i? ct=503316480&z=0&tn=baiduimagedetail&ipn=d&word。

9.2 濒危遗产

9.2.1 濒危遗产总述

《濒危世界遗产名录》(List of World Heritage in Danger)是针对那些已经列入《世界遗产名录》但是由于种种原因处于濒危状态的遗产,可能会涉及世界文化遗产、自然遗产、混合遗产以及文化景观遗产等。在当前的788处世界遗产中,濒危遗产占据了35处,所占比例达到了4.44%,同时随着世界武装冲突、战争、地震等自然灾害,污染、不合理和无限制的旅游开发都对当前的世界遗产的保护带来极大的破坏,从而加大了世界遗产变为濒危遗产的可能性。

设立《濒危世界遗产名录》的目的一方面是要向全世界告知处于危险状态的世界遗产，另一方面则是为了采取必要的措施对遗产进行保护。不同的国家申请将自身的遗产列入《濒危世界遗产名录》也必须符合一定的要求，包含：该遗产目前已经列入了《世界遗产名录》；该遗产面临严重的、特殊的危险；该遗产的保护需要实施较大规模的工程；已申请依据《公约》为该遗产提供援助。

同时需要提醒大家注意的是，当前存在着对于《世界遗产名录》和《濒危世界遗产名录》的不同的态度，一些国家认为列入《世界遗产名录》是增加其国际影响力、提升国际形象的行为，但是被列入《濒危世界遗产名录》则有损于其国际形象，其实《世界遗产名录》以及《濒危世界遗产名录》本质上是一脉相承的，《世界遗产名录》提醒大家需要保护和重视的世界遗产，而《濒危世界遗产名录》则是针对那些更为急迫的需要关注和保护的遗产。两者从其本质上都是为了更好地维护全世界人民的财富——世界遗产。

9.2.2 濒危遗产出现的原因

濒危遗产出现的原因是多方面的，包含蜕变加剧、大规模公共或私人工程的危险、城市或旅游业迅速发展带来的破坏、未知原因造成的重大变化、随意摒弃、武装冲突的爆发或威胁、火灾、地震、山崩、火山爆发、水位变动、洪水、海啸等。当然根据不同的分类方法，对于造成濒危遗产的原因也有不同的类别，其中比较突出的分类方法是由中国人提出的。在罗马召开的第22届国际文化遗产保护与修复研究中心（ICCROM）全体大会上，中国代表专为回忆设计创作了一幅宣传画，也向与会代表解释造成濒危遗产出现的原因，将其分为骤然的破坏和日积月累的破坏。

在导致濒危遗产出现的骤然因素中又可以分为自然和人为两种因素。其中自然因素主要是指自然灾害，如地震、火山爆发、洪灾、暴风雨、飓风、雷电、冰雹、海潮、火灾等。例如，阿波美皇宫被列入濒危遗产名录的原因是龙卷风的袭击；而人为因素则表现为公众方面的战争、暴乱、宗教狂热带来的破坏、非法盗墓、盗窃、城市建设、公共工程的建设、现代化农业项目的开发，例如巴米扬大佛就因为塔利班的武装斗争遭受了巨大以及不可逆性的破坏。同时需要注意的是，在世界遗产本身的开发中，不科学的发掘、决策的失误、没有科学完整的开发规划、缺少相关的人才教育、安全的失控也是导致濒危遗产出现的重要原因。

在导致濒危遗产出现的日积月累的因素中也可以分为自然和人为两种因素。自然因素包含了自然腐蚀、不正常的温度、盐碱腐蚀、污染、自然火灾、细菌、植物生长、昆虫破坏、动物破坏、粉尘腐蚀，例如马里的延布克图的清真寺就是因为沙漠日积月累的侵蚀导致其成为濒危遗产。人为因素方面包含了专业知识的缺乏、基础建设遗产不合理的展示和保护、公众的保护意识缺失、旅游业的长期过度开发,其中印度的泰姬陵就受到来自旅游业的较大强度的破坏。

9.2.3 世界濒危遗产的管理

世界遗产委员会设立《濒危世界遗产名录》的本质原因是对处于濒危状态的遗产进行有效管理,从而使其恢复遗产价值,同时也对其他的世界遗产起到警示作用。《濒危世界遗产名录》的确立对于世界遗产缔约国的政府和公众都有一定的警示、约束、督促的作用。因为一旦一国的世界遗产被列为濒危世界遗产,则其所在国在国际舞台上的形象肯定会受到一定的影响,从而对国内遗产地的管理机构和政府也会产生相应的压力。

将遗产列为世界濒危遗产之后,必须要采取一切措施,对其进行保护,从而使其能够尽快从濒危世界遗产中除名。在这个过程中,国内各个机构以及国际合作都有巨大的作用,同时出国遗产在被列为濒危世界遗产之后,遭受到进一步的破坏,从根本上失去了其作为遗产的普遍价值,则委员会也可以将其从《濒危世界遗产名录》中除名。

从当前《濒危世界遗产名录》的遗产分布可以看出,濒危遗产主要分布在经济不发达的国家,如秘鲁、刚果。所以国际范围内对濒危世界遗产的保护是非常必要的。因为遗产是主权国家的,也是世界的。

9.2.4 濒危世界遗产案例介绍

战争中伊拉克亚述古城位于美索不达米亚北部底格里斯河的特殊地带上,位于雨水灌溉农业和人工灌溉农业的交界处,其历史可以追溯到公元前3000年。公元前14世纪到公元前9世纪,亚述古城是亚述帝国的第一个都城,是重要的国际文化和贸易交流的平台。古城同时也是帝国的宗教都城,同阿舒尔神紧密相连。亚述古城最后被巴比伦人攻占,但是在公元1世纪和2世纪帕提亚时代经历了短暂的复兴。

亚述(Ashur)是伊拉克北部古城遗址,现名谢尔卡特堡,位于底格里斯河西岸,在摩苏尔之南150公里。它为古亚述王国的第一个都城,也是古亚述人的主神阿舒尔的神官所在。由于这个原因,亚述古城虽然在地理位置上及居民数目上比不上其他城市,但它仍然能长时间成为亚述帝国的都城,甚至连帝国的名称都用这个古城的名字命名。就算在公元前880年帝国迁都后,仍然有许多居民住在这里。至公元前614年,此城遭巴比伦人破坏,此后逐渐荒废。

亚述古城的名称来自亚述帝国的最高神,也是帝国的保护神"亚述",被联合国教科文组织于2003年确立为世界遗产。

1. 亚述古城特色

(1) 浮雕之"垂死的牝狮"

浮雕"垂死的牝狮"(公元前668—公元前627),描绘一头牝狮已身中数箭,是一种生命垂危之际的可悲形象。它的后腿无力把后半截身子抬起,而强壮的前爪仍然极其有力,挣扎着想让全身都站起来。它昂首怒吼,发出悲鸣,形象动人,给人一种悲壮感。在亚述的其他雕刻都显得十分僵硬的情况下,这一块浮雕的完美性就显得特别突出。作为一种宫殿装饰性浮雕,它已超越了装饰本身的含义,成为古代亚述美术中最值得珍视的现实主义杰作之一(见图9-12)。"萨尔贡二世宫殿的守护神兽"(公元前742—公元前706),在王宫两侧雕琢的神兽,亚述人称舍都,人首、狮身、牛蹄;头顶高冠,胸前挂着一绺经过编梳的长胡须,一对富有威慑力的大眼睛,身上还长着展开着的一对翅膀,显得气宇轩昂,令人敬畏。这种形象的石雕簇拥在宫门口,是一种王权不可侵犯的象征。在萨尔恭二世宫门前的这两只镇门兽形象,一直影响到其他民族,古波斯和西亚地区也都十分盛行,它逐渐成为一种吉祥动物,并具有神秘的力量。

图9-12　垂死的牝狮

资料来源:http://image.baidu.com/i? ct=503316480&z=0&tn=baiduimagedetai。

(2) 亚述古庙塔

早在公元前2000年左右,在古代幼发拉底河下游地区(即现在的伊拉克)的古代苏美尔人最古老的名城——乌尔城,曾建造了雄伟的亚述古庙塔或称"大庙塔",此塔被后人称为屋顶花园的发源地。

20世纪20年代初期,在发掘这个建筑物遗址时,英国著名的考古学家伦德·伍利爵士(Sir Leonard Woolley),发现该塔三层台面上有种植过大树的痕迹。这些金字塔式的人工山是古代两河流域美索不达米亚城市的典型特征。亚述古庙塔首先是一个大型的宗教建筑,其次才是用于美化的"花园",它包括层层叠进并种有植物的花台、台阶和顶部的一些庙宇。然而后来这些古代文明的遗产被蒙古骑兵彻底摧毁了。

花园式的亚述古庙塔并不是真正的屋顶花园,因为塔身上仅有的一些植物并不是栽植在"顶"上。而被人们称为真正屋顶花园的是继亚述古庙塔1 500余年以后在新巴比伦出现的"空中花园"(见图 9-13)。

图 9-13 亚述古庙塔

资料来源:http://image.baidu.com/i? ct=503316480&z=0&tn=baiduimagedetail&ipn。

(3) 亚述民族

亚述对外扩张中之所以取得一系列胜利,主要在于其有一套较为完备的军事组织和先进的技术。如其使用的撞城车,车头上装有巨大金属撞角,车体设有保护层,车内配操纵人员。亚述的军事技术和传统对后来的强国(包括波斯和罗马)有着深远的影响。古亚述在人类漫长的历史长河中只不过是一个昙花一现的军事强国,但其军事在中东的影响是相当长远、强烈的。一是黩武精神得到了广泛的传播,深深地烙在了中东人的意识之中。亚述及后来的中东广大地区都信仰宗教,当时的亚述把发动战争称为战神的旨意,视战神为最高神——亚述神,并把战争与宗教紧密结合在一起,人们视战争为最神圣的事业、最光荣的职责;而如果淡漠战事,无异于是对神的亵渎。这样,无论是正义还是非正义战争,都披上了神的外衣,都被认为是天经地义的事。二是凡具有流传性的艺术、文学作品都以反映战争为主要内容,并以此来影响后代。如历代国王都在宫墙、碑柱上记载自己统治时期的事迹,构成完整的年代记,其内容多是夸耀杀人略地的功绩。在王宫、寺庙等大型建筑内外都有浮雕装饰,这些浮雕大都描绘战争、俘虏、狩猎等景象。三是亚述的战争所带来的巨大利益深深地刺激了后来的国家(包括波斯和罗马等),其征服行为为后来者效仿。早期的亚述只有在底格里斯河上游亚述高原上一小块地盘,而后来通过扩张,版图几乎包括了当时的整个文明世界,叙利亚、腓尼基、以色列王国和埃及相继成为亚述军事威力的牺牲品,这不能不对后来国家产生重大影响。四是不断强化战争机器,成为后来许多国家谋求强大的基本国政。研制先进的武器装备和组织与之相适应的军队是亚述夺取一系列战争胜利、获取霸权的主要原因。这对中东国家乃至世界的影响是极为深远的。

世界遗产委员会对亚述古城的评价是:亚述古城位于美索不达米亚北部底

格里斯河的特殊地带上,位于雨水灌溉农业和人工灌溉农业的交界处,其历史可以追溯到公元前 3000 年。公元前 14 世纪到公元前 9 世纪,亚述古城是亚述帝国的第一个都城,是重要的国际文化和贸易交流的平台。古城同时也是帝国的宗教都城,同阿舒尔神紧密相连。亚述古城最后被巴比伦人攻占,但是在公元 1 世纪和 2 世纪帕提亚时代经历了短暂的复兴。

2. 亚述古城所面临的威胁

(1) 无节制的开发

亚述古城被世界遗产委员会第 27 次会议认定为濒危遗产。被提名为世界遗产之前,底格里斯河谷筑坝使亚述古城面临部分被淹没的威胁。虽然随着亚述古城被列为世界遗产,水坝项目被搁置,但是由于城市建设的推动以及处于战争威胁下,亚述古城依然面临着周边无节制开发的威胁。

(2) 战争的威胁

伊拉克自 20 世纪 90 年代以来,先后经历了海湾战争以及美伊战争,政局长期动荡,亚述古城最具有价值的正是古建筑群,但是这也是最容易遭受战争侵袭的部分,长期的战争侵袭给亚述古城带来了巨大的威胁,严重破坏了其遗产价值。

(3) 管理的缺失

多年战乱的影响,政局的混乱,使得伊拉克政府以及国际相关遗产保护机构无法对亚述古城采取切实有效的保护措施。同时还能看到在战争过程中,非法分子对亚述古城的进一步破坏。

3. 亚述古城保护建议

(1) 进一步完善相关国际法律

到目前为止,有关处于战争环境中的世界遗产保护的法律有 1954 年的《关于在武装冲突情况下保护文化财产的海牙公约》(Hague Convention for the Protection of Cultural Property in the Event of Armed Conflict)、1964 年的《保存和修复纪念物与考古现场的国际宪章》(the International Charter for the Conservation and Restoration of Monuments and Sites)、1970 年的《联合国教科文组织关于采取措施禁止和防止非法进出口文化财产和所有权非法转让的公约》(the Convention on the Means of Prohibiting and Preventing the Illicit Import, Export and Transfer of Ownership of Cultural Property)、1972 年的《保护世界文化和自然遗产的公约》(the Convention concerning the Protection of the World Cultural and Natural Heritage),又简称《世界遗产公约》。1999 年,联合国又通过了《海牙公约》第二议定书,制定了对破坏化财产的肇事者追究刑事责任的原则,并要求各国在和平期间采取防范措施,以确保文化财产不在战争中被损毁。巴米扬大佛被毁事件震动

了整个国际社会,联合国教科文组织大会于 2003 年在巴黎举行的第 32 届会议上发表了《教科文组织关于蓄意破坏文化遗产问题的宣言》,强烈反对蓄意破坏文化遗产行为,对战争和武装冲突中文化遗产保护给出了具体意见,并对有关国家的责任和个人的刑事责任作了说明,重点提出了保护文化遗产的国际合作问题。

关于亚述古城的保护既要诉于现有的法律,更要争取在国际遗产保护的会议上,提出更具有针对性的条款。

(2) 组建相应的占地保护组织

在争取了相应的保护条款之后,更为重要的是这些法律条款的执行。联合国教科文组织就是这一国际事务的主要协调组织。各国也都有相应部门来负责这一专门事务。这些组织在和平时期作用比较显著,在武装冲突或局部战争中作用就十分有限。因此,组建一支由联合国领导的世界遗产战地保护组织十分必要。世界遗产战地保护组织是类似于国际维和部队和国际红十字会性质的组织,在战场上它具有特殊的身份和地位。既具有国际协调的功能,又具有武装护卫的功能,肩负着世界各地世界遗产保护的神圣使命。鉴于此,伊拉克政府可以考虑组建一支专门的警察部队,配备有武器、车辆和较为新型的装备。

(3) 谋求国际合作

世界遗产是属于全人类的,同时也该由全人类来共同负担起世界濒危遗产保护的责任,国际合作一直就是一条主要的、有效的途径。基于此,伊拉克政府在对亚述古城进行保护的时候,可以最大限度地寻求国际的帮助。充分利用网络资源,在网上建立世界遗产的数据库是加大国际交流与合作的重要举措。世界遗产的网上数据库,归属于联合国教科文组织,由专门的人员进行维护,主要内容包括世界上各国和地区的世界遗产的位置、历史、结构及材质,目前所实施的维修或改造的详细资料,保护的重点和难点。在信息化的现代战场上,人们可以随时与数据库保持互动,获取、发送信息,交战双方可以有足够的资料来计划、设计,实施军事打击的同时避免毁伤世界遗产。

9.3 口头及非物质遗产

9.3.1 口头及非物质文化遗产确立的由来

口头及非物质文化遗产的确立要比世界自然遗产和世界文化遗产的确定晚很长一段时间。1972 年联合国教科文组织在巴黎通过的《公约》并不适用非物质遗产。因此,在 1972 年世界遗产公约获得通过之后,一部分成员国提出在联合国教科文组织内制定有关民族传统文化非物质遗产各个方面的国际标准文件。因此,在1989年11月联合国教科文组织第25届大会上通过了关于民间传统文化保护的建议。

联合国教科文组织1997年11月第29次全体会议上通过一项关于建立一个国际鉴别的关于"人类口头与非物质遗产代表作"决议。联合国教科文组织执委会第154次会议指出:由于"口头遗产"与"非物质遗产"是不可分的,因此在以后的鉴别中,在"口头遗产"的后面加上"非物质"的限定。执委会在第155次会议上制定了关于由联合国教科文组织宣布为人类口头及非物质遗产优秀作品的评审规则,至此,口头及非物质遗产正式成为世界遗产的一个类别。

9.3.2 口头及非物质遗产的概念

传统的民间文化是指来自某一文化社区的全部创作,这些创作以传统为依据、由某一群体或一些个体所表达并被认为是符合社区期望的,作为其文化和社会特征的表达形式、准则和价值通过模仿或其他方式口头相传。它的形式包括语言、文学、音乐、舞蹈、游戏、神话、礼仪、习惯、手工艺、建筑艺术及其他艺术。除此之外,还包括传统形式的联络和信息。

9.3.3 口头及非物质遗产介绍

1. 中国口头及非物质遗产举例介绍

中国的昆曲在2001年5月18日首批公布的人类口头和非物质文化遗产中名列第四,是我国最具有代表性的口头和非物质遗产。

在首批"人类口头和非物质遗产"名单中,昆曲名列其中,这是对这个古老剧种在人类文化传承中贡献、价值、地位的高度认定,是古老中华文化辉煌的又一例证,是中华民族的光荣。

昆曲也称"昆腔"、"昆剧",是元末明初产生于江苏昆山的一个传统声腔剧种。再进行追溯的话,它的源头是"南戏"。明人祝允明的《猥谈》说:"南戏出宣和之后,南渡之际"在1125—1126年。徐渭《南词叙录》说:"南戏始于光宗朝(1190—1194)。大概可以说南戏产生于北宋末、南宋初。南戏最初流行于浙东一带,称为"温州杂剧"。昆腔则是南戏流传到江苏的一个支脉,正式有"昆山腔"这个称号在元末明初。

昆曲真正流传广大,是经过嘉靖年间魏良辅等的革新,吸收北曲及海盐腔、弋阳腔的长处,形成委婉细腻、流丽悠长的"水磨调"风格之后。梁辰鱼将传奇《浣纱记》以昆曲形式搬上舞台,使原来主要用于清唱的昆曲正式进入戏剧表演领域,进一步扩大了影响。万历年间,昆曲从江浙一带逐渐流播到全国各地。明代天启初年到清代康熙末年的一百多年是昆曲蓬勃兴盛的时期。清代乾隆年间以后,昆曲逐渐衰落下去。新中国成立以来,昆曲艺术出现了转机,国家先后建立了7个有独立建制的专业昆曲院团。目前昆曲主要由专业昆曲院团演出,有关演出活动多集中在江苏、浙江、上海、北京、湖南等地。

昆曲是一种高度人文化的艺术,明清许多从事昆曲剧目创作的剧作家,都取得了很高的文学成就。《琵琶记》《牡丹亭》《长生殿》《鸣凤记》《玉簪记》《红梨记》《水浒记》《烂柯山》《十五贯》等都是昆曲的代表性剧目,其中前三种有全谱或接近全本的工尺谱留存。清代中叶以后,昆曲主要以折子戏形式演出,至今保留下来的昆曲折子戏有四百多出。昆曲新编剧目有《南唐遗事》《偶人记》《司马相如》《班昭》等。

经过长期的舞台实践,昆曲在表演艺术上取得了很高的成就,歌、舞、介、白等表演手段高度综合。随着表演艺术的全面发展,昆曲角色行当分工越来越细,主要角色包括老生、小生、旦、贴、老旦、外、末、净、付、丑等。各行角色在表演中形成一定的程序和技巧,对京剧及其他地方剧种的形成发展产生了重要影响。昆曲音乐曲调、旋律优美典雅,演唱技巧规范纯熟。赠板的广泛应用、字分头腹尾的发音吐字方式及流丽悠远的艺术风格使昆曲音乐获得了"婉丽妩媚,一唱三叹"的艺术效果。

清末,昆曲就逐渐没落。中华人民共和国成立后,曾得到一度的振兴。近年来,随着传统戏曲演出在城市中的衰微,昆曲正面临着生存的困境,演员和观众队伍不断缩减。昆曲要生存发展,有许多迫在眉睫的问题亟待解决。作为中国最负盛名的非物质文化遗产,昆曲的保护应该得到进一步的重视。

2. 国外口头及非物质遗产举例介绍

在首批公布的人类口头和非物质遗产的19个项目中,有5个戏曲类、4个音乐舞蹈类、2个口头遗产类、1个礼仪类、1个节日类、1个工艺类、5个文化空间类,在国外的口头及非物质遗产中,本书以格鲁吉亚的格鲁吉亚复调演唱法为例子进行介绍。

格鲁吉亚的复调歌唱演唱是当地欢庆节日时的一种演唱形式。复调歌唱所唱的复调歌曲名叫查克路罗,这是一种运用了比喻和多种乐音修饰的复调歌曲,由两位男声独唱演员和男声合唱团用熟练的技巧演唱。

格鲁吉亚复调音乐共有三种:复合复调,在斯瓦耐提流行;低音伴奏的复调对话,在格鲁吉亚东部流行;对照复调有三个即兴演唱部分,在格鲁吉亚的西部流行。属于复合复调的查克路罗歌,通常在宴会和节日餐桌边演唱,它的特征是使用暗喻并包含真假嗓音的演唱和男歌手用假嗓表演的公鸡报晓声。在宴会上演唱节庆歌曲(如长寿歌)是与葡萄祭仪相联系的传统,可追溯到8世纪。在当时,歌曲渗透到社会生活的各个方面,从田间地头的劳作(如纳都瑞就是把劳作的声音融进音乐中),治疗疾病,到庆祝圣诞等节日都有专门的歌曲。拜占庭礼拜式的圣歌也融入到格鲁吉亚的复调音乐之中,并成为复调音乐的主要表达形式。

查克路罗起源于公元8世纪早期当地的葡萄酒祭仪和葡萄酒文化。复调唱法则大约产生于12—14世纪格鲁吉亚文艺复兴时期。

但是当前这一世界稀有的非物质文化遗产由于受到农村迁徙、工业发展以及西方音乐的影响而面临威胁。对于该非物质文化遗产的保护,联合国世界遗产委员会制定的保护计划包括重新灌制老唱片、制作录像带、建立资料库和保护系统等。计划还要求将老歌唱家的歌唱技巧记录下来,并对与查克路罗的起源有关的葡萄酒文化的资料加以收集。

3. 口头及非物质遗产的保护和宣传教育

非物质文化遗产是无形的,不是实物,所以它的保护和物质文化遗产的保护不同。《保护非物质文化遗产公约》中提出了以下的具体措施:建立和加强对非物质文化遗产的管理结构;为这些文化活动提供场所;确保大众对非物质文化遗产的享用并尊重大众的这种习俗;鼓励开展有关科学、技术、艺术和方法的研究;建立文献机构并发挥它的功用;在公众特别是青年中进行宣传教育和知识传播工作。

口头及非物质遗产具有不同于一般遗产的特殊性,具体包含无形性、传承性、实践性、活态性以及开放性。对于口头及非物质遗产的保护模式也不同于一般的世界遗产,关于非物质遗产的保护模式研究由来已久,以法国的《共和二年法令》为标志已经有210多年,在这个演进的过程中,许多国家根据各自的国情、相应的文化理念以及法律传统等,创造了行政的和法律的诸多保护模式,但以行政保护和法律保护为主。

① 行政保护模式。非物质文化遗产的行政保护模式,是《公约》第2条要求成员国对非物质文化采取"确认、立档、研究、保存、保护、宣传、弘扬、传承和振兴"等多种措施进行"保护"在各个成员国的具体体现。

对非物质文化遗产进行挖掘、整理、归档和研究,是保护非物质文化遗产的重要基础。具体包含三个方面的内容:就某个国家、民族、族群或者地区而言,只有通过挖掘、整理、归档和研究才能弄清楚可作为非物质文化遗产保护的对象。非物质文化遗产是历史遗传下来的文化结晶,但是历史遗传下来的文化结晶并非都是非物质文化遗产,因此需要挖掘、整理、归档和研究来确定。例如,中国古代妇女裹足的做法,虽然具有非常独特的个性,但是因为它与国际人权标准、男女平等理念相抵触,所以不能作为非物质文化遗产受保护;通过对非物质文化遗产的挖掘、整理、归档和研究,可以弄清楚某项非物质文化遗产的源流。例如,关于"董永传说",现在已经被收入我国第一批国家级非物质文化遗产名录。在此名录中,我们可以清楚地知道它与山西省万荣县、江苏省东台市、河南省武陟县和湖北省孝感市相关联。准确了解"董永传说"的源流,不仅可以提高对该项非物质文化遗产保护的力度和广度,而且可以减少许多不必要的麻烦;通过对非物质文化遗产的挖掘、整理、归档和研究,可以准确了解某项非物质文化遗产的传承现状,为保护其传承人提供条件。以民间美术泥塑为例,天津"泥人张"的彩塑是一种深得百姓喜爱的民间工艺品,创始于清代道光年间,流传、发展至今已有180多年的历史。张明山是"泥人张"的创始人,18岁即得艺名"泥人张",技艺高深、触手成像。毫无疑问,要保护此项技艺,就必须对其传承人给予大力扶持。除此之外,还有江苏惠山泥人、陕西凤翔泥塑和河南浚县泥咕咕,也是此项非物质文化遗产的代表,同样需要扶持它们的传承人。由于非物质文化遗产具有活态性,以人为载体,因此,对传承人的培养和扶持是保护非物质文化遗产的关键所在。

韩国自20世纪60年代起就开始进行传统民族民间文化的搜集、整理和归档工作,并于1962年制定了《文化财保护法》。正是因为韩国对非物质文化遗产的挖掘、整理、归档和研究工作做得早、做得好,所以,在非物质文化遗产保护方面,韩国已经走在了世界前列。到现在为止,韩国已经拥有7项世界非物质文化遗产和2项"人类口头和非物质遗产代表作",这是韩国重视非物质文化遗产保护的结果。对非物质文化遗产进行保存,是保护非物质文化遗产的有效手段。如前所述,非物质文化遗产具有活态性,它与物质文化遗产的保存方式有所不同。对非物质文化遗产进行保存,就需要使之有形化,使之附载于某种有形物质载体上。然而,对这种有形载体的保存,并不是对非物质文化遗产本身的保存。鉴于非物质文化遗产本身所具有的复杂性、广泛性,因此,为了使对非物质文化遗产的保护具有操作性,就必须建立非物质文化遗产名录制度。现在各国的实践已经证明这种做法是成功的。

在非物质文化遗产保存方面,韩国摸索出了一套行之有效的做法——专门成立了国家非物质文化遗产委员会。[①] 在韩国,一项文化遗产能否被收入国家文化遗产目录,须由省长、市长或者国家文化管理部门向国家非物质文化遗产委员会提出非物质文化遗产项目申请,请求委员会论证。委员会收到申请后,将成立专家组就申请项目进行调研并撰写调研报告提交该委员会,通过审议后,最终确立国家重点非物质文化遗产名录。被确立的名录项目须公示1年,接受社会公众监督并听取意见。公示期满,没有异议或者异议不成立的,被收入国家重点非物质文化遗产名录。这种做法提高了非物质文化遗产保存的效果和公信力,使非物质文化遗产保护取得了很好的效果。

对非物质文化遗产进行传承,是保护非物质文化遗产的有效措施。有效保护非物质文化遗产就是要保障其得到传承,让非物质文化遗产延绵不断地传递下去。传承的实现形式有两种:一种是自然性传承,另一种是社会干预性传承。

[①] 乌丙安.非物质文化遗产保护理论与方法[M].文化与艺术出版社,2010.

《公约》将传承、弘扬和振兴明确规定为保护非物质文化遗产的有效方式。

非物质文化遗产的自然性传承是指非物质文化遗产依据其固有基因和成长属性自然传承与延续。每一项具体的非物质文化遗产都有其固有基因和成长属性，这也是其活态性的根基所在。以"春节"为例，它之所以能够传承延续至今，正是因为它所具有的团圆、除旧、迎新、祝福等基本元素。这些元素是整个人类共同的，只是其表现形式不同而已。因此，"春节"就是以其自然性传承方式延续至今，而且还将世代传承下去。当然，许多非物质文化遗产的自然性传承可能就是通过个体之间的"口传身授"来完成的。例如，许多祖传的秘方、技艺、技能等。但是，这种传承方式往往会因社会、经济、文化以及个体的变迁而受到制约。如果没有传承人的口传身授，它就会消亡。

非物质文化遗产的社会干预性传承是指因非物质文化遗产固有的脆弱性或者后天的生态环境恶化等，导致其自然性传承功能障碍，因此需要借助某些社会力量的干预而进行的传承。社会干预性传承包括行政部门、立法机构、社会团体等进行的干预和支持。由非物质文化遗产所具有的个性特征所决定，绝大多数非物质文化遗产的传承虽然可以通过自然性传承方式完成，但随时都有消亡的危险。尤其是在当今经济全球化和社会转型时期，不具有直接经济价值或者经济价值甚微的那部分非物质文化遗产，如果不采取社会干预性传承方式来确保其传承，随时都有可能消亡。例如，"女书"是世界上迄今为止发现的唯一女性文字，它起源于湖南省江永县，曾经在湖南省江永县及其毗邻的道县等地的妇女之间流行、传承。现在，由于女性文化水平的提高，女性之间不需要使用"女书"亦可交流，因此很少有妇女学习"女书"，以致其濒临灭亡。对于这种非物质文化遗产，如果让其自然性传承，恐怕就会随着它的最后一位"化石级"传承人的去世而消亡。

社会干预性传承主要是通过制定相应的法律、提供技术服务或指导、采取行政措施、给予财政资助等，建立传承人培养制度，保障传承活动的实现，促进特定非物质文化遗产的传承。韩国的做法证明社会干预性传承是非常有效的，是成功的。

② 法律保护模式。除了上述行政保护模式之外，以法律形式保护非物质文化遗产，可能会产生更好的效果。综合考察，当今世界各个国家或地区对非物质文化遗产采取的法律保护措施，大体有三种模式。

法国模式：以物质文化遗产保护为主，间接保护非物质文化遗产。法国是世界上第一个制定法律保护历史文化遗产的国家。1793年，法国制定《共和二年法令》，明确规定法国领土内的任何一类艺术品都应受到保护。1830年，法国政府设置"文化古迹处"，专门负责文化遗产保护工作。自1840年以来，法国先后颁布过保护文化遗产的一系列法律，如1887年的《纪念物保护法》、1906年的《历史文物建筑及具有艺术价值的自然景区保护法》、1913年的《历史古迹法》、1930年的《景观保护法》、1941年的《考古发掘法》、1973年的《城市规划法》等。

法国保护文化遗产的做法,不仅直接保护了有形文化遗产,也间接保护了无形文化遗产。但是,法国至今没有制定一部专门保护非物质文化遗产或无形文化遗产的法律。

日本模式:建立非物质文化遗产登录制度。日本早在19世纪末20世纪初就先后制定了三部保护文化遗产的法律,对日本文化遗产的保护起到了积极作用,也为1950年的《文化财保护法》提供了蓝本。日本的《文化财保护法》将"文化财"划分为有形文化财和无形文化财等五类。在人类历史上第一次明确以法律形式为无形文化财(非物质文化遗产)提供保护。1954年修订《文化财保护法》时,明确规定了无形文化财保持人的认定制度,新增了无形民俗资料记录保存制度。1996年第4次修订《文化财保护法》时,制定了文化财登录制度。为了实施这项制度,日本政府拨专款用于非物质文化遗产的登录工作,使日本的非物质文化遗产保护有了法律保障。

韩国模式:重点扶持传承人的制度。在韩国,除了其政府之外,组织团体、社会公众都非常重视对非物质文化遗产的保护。为此,国家制定了一系列制度、奖励办法推动非物质文化遗产的保护。韩国于1962年制定了《文化财保护法》,建立了最具特色和效用的金字塔式的文化传承人制度。该项制度把握住了非物质文化遗产的活态性特点,使非物质文化遗产的延绵传承有了保障。

9.4 遗产的创意旅游

9.4.1 遗产创意旅游内涵解析

关于遗产创意旅游内涵的界定是基于创意旅游本身的。将创意旅游的客体定位于世界遗产,就是遗产创意旅游。创意旅游是指将创意经济理念融入旅游资源整合、旅游产品开发、旅游产业链锻造过程中的一种新兴旅游发展模式。[①]创意旅游这一概念最早是新西兰学者格雷·理查德与克里斯宾·雷德蒙[②]在2000年提出的,他们指出创意旅游指游客在游览过程中学习旅游目的地国家或社区的某种文化或技巧的一种旅游产品;创意旅游者通过参加互动性工作室,激发自身创意潜能,拉近与当地居民的距离,进一步体验旅游目的地的文化氛围。

创意旅游这一旅游发展模式目前在全世界范围内受到重视,作为一种将旅游和经济进行融合,最大深度上开发资源的旅游发展模式,新加坡、英国、西班牙、新西兰等国家都基于此,进行了详细的战略部署。

---

① 蒋三庚主编.文化创意产业研究[M].首都经济贸易大学出版社,2006:61—62.
② Drake G 'This place gives me space': place and creativity in the creative industries [J]. Geoforum, 2003,34(4):511—552.

9.4.2 遗产创意旅游发展路径

1. 树立特色鲜明的遗产创意品牌

创建特色鲜明的旅游形象和旅游品牌服务,是吸引游客进行世界遗产地创意旅游的关键,在世界自然遗产和世界文化遗产中,又以文化遗产需要打造创意品牌为重。文化创意产业的发展带动了文化创意旅游产品的衍生和发展,创意产业与旅游产业的融合,能够创造巨大的经济效益和社会效益。

2. 更新文化遗产地旅游产品开发的观念

遗产地创意旅游的核心是旅游产品的创新,也正是通过创意旅游产品将创意旅游和传统旅游形式区别开来。文化创意旅游产品包括更个性化的旅游线路、更具创新特色的旅游商品、为旅游地发展打造品牌、提供更加独特的营销手段。创意旅游产品和传统旅游产品存在诸多差异,具体差别如表9-1所示。

表 9-1 创意旅游产品和传统旅游产品差异比较

	传统旅游产品	创意旅游产品
依托资源	自然风光、人文古迹	社会资源
客源对象	团队为主、大众观光	散客为主、深度旅游者
产业导向	资源和市场为导向	引领市场和培育消费者
产业竞争	价格竞争	创意竞争
技术手段	门槛低、技术低	门槛高、旅游和艺术结合
产业互动	互动较少、单方面观光	互动融合、体验丰富
产业目标	经济增长	经济、文化、社会综合发展
产业价值	相关产业增值	价值体系增值

3. 培育具有创新思维的创意型人才

在发展进行遗产地创意旅游的过程中,创意型人才是核心。超前的视角、独特的构思以及敏锐的观察力是创意人才的基本要求。在培育创意型人才的过程中,要从四个方面进行考虑,即空间、时间、利益相关者、活动,并要求进行实地地方性研究,挖掘遗产地资源优势,发掘特色创意旅游点。

9.4.3 当前遗产创意旅游形式介绍

1. 文化创意旅游

文化创意旅游是指与文化产业、创意产业相融合的旅游类型,它是表演艺术、视觉艺术、工艺与设计、印刷出版、建筑、电影、广告、多媒体、歌舞剧与音乐的制作、视听产品、文化观光、运动等文化创意产业向旅游业的延伸。

世界遗产中,文化遗产占据较大比重,对世界文化遗产的文化内涵进行深度挖掘，并基于此开发遗产文化创意旅游产品，供游客对世界文化遗产进行更好的欣赏。

2. 体验旅游

体验旅游是指有创造性的游客超越观光层面，进行参与性体验与真实性体验的旅行，置身于诸如烹饪、摄影、雕刻、音乐、舞蹈等创意活动并与目的地居民互动互助，共同分享开发创造潜能，学习并体验旅游目的地艺术、文化、传统、遗产及生活方式等社会氛围。它不仅包含体验性的旅游形式，还包含着主动参与和双向互动互助的动态创意过程，游客和目的地居民同时都具有创意生产者和创意消费者的地位。

遗产地的体验旅游形式是指改变现在旅游者对于世界遗产简单的旅游观光形式，深度挖掘旅游者的旅游体验，延长世界遗产地旅游产品链条，并基于此对世界遗产地进行更好的保护。

3. 生态旅游

生态旅游这一术语，最早由世界自然保护联盟（IUCN）于1983年首先提出，1993年国际生态旅游协会把其定义为：具有保护自然环境和维护当地人民生活双重责任的旅游活动。生态旅游的内涵更强调的是对自然景观的保护，是可持续发展的旅游发展形式。

生态旅游是指在一定自然地域中进行的有责任的旅游行为，为了享受和欣赏历史的和现存的自然文化景观，这种行为应该在不干扰自然地域、保护生态环境、降低旅游的负面影响以及为当地人口提供有益的社会和经济活动的情况下进行。

世界遗产的生态旅游是指在保护世界遗产地生态环境、生态资源的基础上，严格依据遗产地资源的耐受程度来进行游客接待，并且保证游客拥有最好的旅游体验的遗产旅游形式。

4. 3D虚拟旅游

3D虚拟旅游，是建立在现实旅游景观基础上，利用3D虚拟现实技术，依托于3D虚拟旅游平台，通过模拟或还原现实中的旅游景区，3D立体旅游环境。网友可以通过个性化的3D虚拟化身，在三维立体的虚拟环境中遍览遥在万里之外的风光美景，形象逼真，细致生动。

世界遗产由于历史悠久，大多都有不同程度的损坏，通过3D虚拟旅游技术对世界遗产进行虚拟构建，一方面可以满足更多游客近地欣赏世界遗产的愿望，另一方面对于世界遗产的保护也起到了很好的教育意义。

9.4.4 遗产创意旅游发展

1. 加强创意产业与遗产旅游产业融合

遗产创意旅游的发展依托于创意产业与旅游产业的发展，而创意产业与旅游产业同属于城市产业发展中的一部分,这两大产业范畴交叠、空间和需求共享成为两者融合发展的基石。

这两者之间的融合发展主要通过三方面表现出来:第一,民营创新经济的发展模式,十分注重发展的研发设计创意、建筑设计创意、文化传媒创意、咨询策划创意、时尚消费创意等创意产业的发展,而其中的网络虚拟技术、文艺创意设计、工艺美术品创意设计、建筑环境创意设计、影视制作与传播创意、一站式时尚消费创意等创意产业都与旅游产业有较好的衔接性,这不仅扩大了创意产业的发展范畴,同时在旅游产业发展过程中掺入了创意元素。第二,寓教于乐的旅游发展方式是能够将遗产旅游产业和创意产业进行融合的重要结合点。第三,创意产业与旅游产业同样需要社会关注,同样需要市场需求,创意产业需要向消费者展示其企业设计,更有甚者会直接将其设计进行大众化销售,而客源地旅游者与目的地旅游者都需要城市提供某一环境去接受创意产业的设计展示等,这也是创意产业与旅游产业融合的社会需求。

2. 提升遗产创意旅游发展的层次

城市创意旅游资源的开发与发展本身具有一定层次关系,而最初城市创意旅游的表现形式主要体现为创意旅游资源展示,而这一展示层面的模仿现象却特别明显,无论是展示的方式还是展示的主题、风格等都会有所雷同。遗产旅游目的地在发展创意旅游的过程中,要充分发挥创意旅游的特色,不仅采用较为简单的节庆展示、节庆演出等模式,同时将创意旅游与社会竞技、市场交易等相结合,形成了互动性、多感官的创意旅游发展方式。遗产在发展创意旅游的过程中需要对创意旅游的展示方式进行一定改良,主要包括采取原创性改良、互动性改良、过程参与性改良等,这些改良都能在一定程度上提升遗产创意旅游发展的层次。

3. 营造遗产创意旅游体验氛围

城市创意旅游资源开发与发展过程中往往会更倾向于对创意旅游具体产品的开发与设计,如旅游纪念品的创意设计、旅游标志的创意设计等,而对城市创意旅游资源氛围的营造关注较少。在城市旅游深层次发展过程中,如果对创意旅游的发展追求仅仅停留在具体创意旅游产品的开发与设计上,则会容易淡化城市创意旅游与城市生活、旅游者生活的内在联系,也容易阻碍旅游者旅游需求和旅游者游憩需求的相互转化。城市创意旅游资源开发与发展过程中应打破创意旅游产品具体化的枷锁,注重创意旅游文化因素的作用,营造独特的城市创意旅游体验氛围,使旅游者的创意旅游过程与旅游者的游憩相结合,将创意旅游活动艺术化、生活化。

第10章 中国世界遗产概况

10.1 中国与世界遗产

10.1.1 中国世界遗产的蹒跚起步

1985年,中国全国政协委员侯仁之起草并与阳含熙、郑孝燮和罗哲文另外三位委员联名向政协第六届三次会议提交了《我国应尽早参加联合国教科文组织〈保护世界文化和自然遗产公约〉,并积极争取参加"世界遗产委员会",以利于中国重大文化和自然遗产的保存和保护》的提案,中国的世界遗产之路就此启程。1985年11月22日,中国加入《保护世界文化与自然遗产公约》的缔约国行列。1987年,中国正式加入该公约及开始申报世界遗产的工作,同年首批6个世界遗产申报成功。

中国与世界遗产的姻缘始自1984年春天,我国历史地理学的开拓者侯仁之先生及其夫人受美国康奈尔大学研究院院长卡萨瑞特的邀请赴美讲学。在美国期间,侯仁之在与外国学者接触的过程中,第一次听说联合国《保护世界文化与自然遗产公约》,这个公约在12年前早已诞生,但国内并没有人对其关注。成为公约的缔约国成员,即有资格申报世界遗产项目,享受缔约国权益,同时,可以让世界更多地了解中国,推动国际文化合作事业。

侯仁之前瞻性地意识到了《保护世界文化与自然遗产公约》对于我国物质文明建设及精神文明建设具有巨大价值。回国后,侯仁之立即着手推进这项工作。作为全国政协委员,他起草了一份提案,具体介绍了有关世界遗产《公约》的情况。提案写好后,侯仁之与郑孝燮、罗哲文、阳含熙三位政协委员联合签名,在1985年4月召开的第六届全国政协第三次会议上正式提出"663号提案",也称"四人提案"。

这份提案强调了我国参加该公约的重大意义,指出:由于我国迄今尚未参加该公约,因此不能享受签约国应享受的一切权益,更无助于推动这项有益于全人类的国际文化合作事业。因此建议我国尽早参加该公约并争取参加世界遗产委员会,积极参加并推动既有益于我国也有益于世界人民精神文明的国际文化科学事业。

提案一经提交即获通过,并引起全国人大的高度重视,由此展开了中国加入保护世界遗产的进程。①

10.1.2 中国世界遗产的蓬勃发展

自中华人民共和国在1985年11月22日加入《保护世界文化与自然遗产公约》的缔约国行列以来,截至2014年,经联合国教科文组织审核批准列入《世界遗产名录》的中国世界遗产共有47项(包括自然遗产10项,文化遗产33项和双重遗产4项)(具体入选状况见图10-1)。在数量上居世界第二位,仅次于意大利。中国还是世界上拥有世界遗产类别最齐全的国家之一,是世界自然与文化双重遗产数量最多的国家(与澳大利亚并列),其中首都北京拥有6项世界遗产,是世界上拥有遗产项目数最多的城市。此外,截至2013年年底,我国还有昆曲、中国古琴艺术、新疆维吾尔木卡姆艺术、蒙古族长调民歌、中医针灸、京剧等27项非物质文化遗产先后被列入《世界非物质文化遗产名录》(含"急需保护名录"),也是目前世界上拥有世界非物质文化遗产数量最多的国家。苏州是至今唯一承办过世界遗产委员会会议的中国城市(2004年,第28届)。

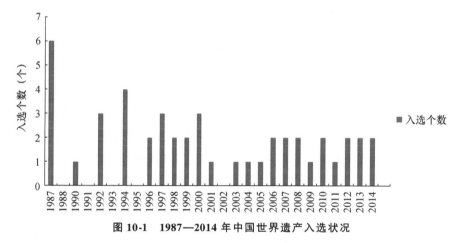

图10-1　1987—2014年中国世界遗产入选状况

20世纪末,世界遗产字样屡见我国报端。随着中国的诸项世界遗产申报成功,许多景区主管部门也认识到了入选"世界遗产"对于风景、文物保护工作的益处,从而对于申报世界遗产开始倾注巨大热情。

《凯恩斯决议》是2000年在澳大利亚凯恩斯召开的第24届世界遗产委员会会议上提出的,该决议核心内容为:限制已有较多世界遗产的国家申报,一国

---

① 李思衡,侯仁之.中国世界遗产之父[N].中国西部(旅游版),2012(23).

一年只能申报一项;对没有世界遗产项目的缔约国的申报给予特别支持。这个变动对小国获选比较有利,却对中国一类大国申报不利。《凯恩斯决议》着眼于平衡原则,但对中国一类资源及文化丰富的国家反而造成不公平现象,一些中国学者认为申报项目的质量才应是首要考虑的问题。

2004年,在阿根廷等国家的强烈提议下,大会最终通过新《凯恩斯决议》。修改后的《凯恩斯决议》将一国一年只能申报一项修改为容许一国提名两项世界遗产,但其中有一项必须是自然遗产项目。

2007年,在新西兰克赖斯特彻奇举行的第31届世界遗产大会上,我国的两个申遗项目广东"开平碉楼与村落"和由云南石林、贵州荔波和重庆武隆捆绑申报的"中国喀斯特"高票获得通过,被纳入《世界遗产名录》。一年两个的"中国速度",再次点燃了我国的申遗热情,许多地方加快了申遗的步伐。

"遗产热"迅速增加了全社会对世界遗产的关注度,使国内外游客对中国的名胜更加了解。同时,世界遗产所要求的环境观、审美观、大局观也令中国景区管理部门从一个国际化的角度来看本国的景区管理事业。长期以来,我国的城市建设缺乏规范,景区过度开发,严重损害了很多富有价值的自然景观和文化资源。而申报世界遗产正是为我们提供了一个国际标准来重新审视景区的开发与管理。

10.2 中国的世界文化遗产(包含文化景观)

文化遗产占中国现有物质类世界遗产的大半江山,47项世界遗产中,33项属于文化遗产(见表10-1)。中国的世界文化遗产在历史、艺术、美学、人类学方面表现出了"突出的普遍价值",被联合国教科文组织世界遗产中心主任伯尔德·冯·德罗斯特先生赞誉为"人类智慧和人类杰作的突出样品"。

表10-1 中国的世界文化遗产

序号	登录名称	登录年份	扩展年份	所在地
1	长城	1987年	2002年(辽宁九门口长城)	西起嘉峪关东至鸭绿江畔
2	明清皇宫	1987年(北京故宫)	2004年(沈阳故宫)	北京东城区、辽宁沈阳
3	莫高窟	1987年		甘肃敦煌
4	秦始皇陵	1987年		陕西西安
5	周口店北京人遗址	1987年		北京房山区
6	承德避暑山庄和外八庙	1994年		河北承德

(续表)

序号	登录名称	登录年份	扩展年份	所在地
7	曲阜孔庙、孔林、孔府	1994年		山东曲阜
8	武当山古建筑群	1994年		湖北丹江口
9	拉萨布达拉宫历史建筑群	1994年（布达拉宫）	2000年（大昭寺） 2001年（罗布林卡）	西藏拉萨
10	庐山国家级风景名胜区（文化景观遗产）	1996年		江西九江
11	丽江古城	1997年		云南丽江
12	平遥古城	1997年		山西平遥
13	苏州古典园林	1997年	2000年（狮子林、沧浪亭、退思园、耦园、艺圃）	江苏苏州
14	颐和园	1998年		北京海淀区
15	天坛	1998年		北京东城区
16	大足石刻	1999年		重庆大足
17	青城山与都江堰	2000年		四川都江堰市
18	皖南古村落—西递、宏村	2000年		安徽黟县
19	龙门石窟	2000年		河南洛阳
20	明清皇家陵寝	2000年（明显陵、清东陵、清西陵）	2003年（明孝陵、明十三陵） 2004年（盛京三陵）	湖北钟祥,河北遵化,江苏南京,北京昌平区,辽宁沈阳、新宾
21	云冈石窟	2001年		山西大同
22	高句丽王城、王陵及贵族墓葬	2004年		吉林集安、辽宁桓仁
23	澳门历史城区	2005年		澳门
24	殷墟	2006年		河南安阳
25	开平碉楼与村落	2007年		广东开平
26	福建土楼	2008年		福建龙岩、漳州
27	五台山（文化景观遗产）	2009年		山西五台
28	"天地之中"历史建筑群	2010年		河南登封

（续表）

序号	登录名称	登录年份	扩展年份	所在地
29	元上都遗址	2012年		内蒙古正蓝旗
30	杭州西湖文化景观（文化景观遗产）	2012年		浙江杭州
31	红河哈尼梯田（文化景观遗产）	2013年		云南红河
32	大运河	2014年		北京市、天津市、河北省、山东省、河南省、安徽省、江苏省、浙江省
33	丝绸之路	2014年		中国（河南省、陕西省、甘肃省、新疆维吾尔自治区）哈萨克斯坦（阿拉木图州、江布尔州）吉尔吉斯斯坦（楚河州）

10.2.1 长城

约公元前220年，一统天下的秦始皇将修建于早些时候的一些断续的防御工事连接成一个完整的防御系统，用以抵抗来自北方的侵略。经过汉、明两朝的大规模修筑，长城成为世界上修建时间最长、工程量最大的一项古代防御工程，它是中国悠久历史的见证，也是中国的象征。1987年，长城以符合于世界遗产申报标准全部6个条件中的5条的优势，被列入世界文化遗产（见图10-2、图10-3）。

图10-2 长城秋景

资料来源：八达岭长城官网．http://badaling.cn/Pictures.asp。

图 10-3　英国保守党领袖玛格丽特·撒切尔夫人游览八达岭长城
资料来源：八达岭长城官网．http://badaling.cn/Pictures.asp?id=3。

10.2.2　故宫

北京故宫严格地按《周礼·考工记》中"前朝后寝，左祖右社"的帝都营建原则建造，是世界上规模最大、保存最完好的古代皇宫建筑群，是中国古代建筑最高水平的体现。从明永乐十八年（1420）落成至 1924 年逊帝溥仪被逐出皇宫，五百余年间历经 24 位帝王。故宫还是中国最大的古代文化艺术博物馆——故宫博物院的所在地，博物院馆藏丰富，涵盖几乎整个古代中国文明发展史和几乎所有文物门类。1987 年，北京故宫被评为世界文化遗产（见图 10-4）。沈阳故宫位于沈阳市沈河区明清旧城中心，是后金入关前的沈阳（盛京）皇宫和清朝迁都北京后的盛京行宫，于 2004 年 7 月列入《世界遗产名录》"北京及沈阳的明清皇家宫殿"项目。

图 10-4　故宫
资料来源：http://lvyou.baidu.com/gugong/fengjing/。

10.2.3 莫高窟

莫高窟位于中国甘肃省敦煌市东南 25 公里处的鸣沙山东麓断崖上,这里曾是丝绸之路上的战略要点,是东西方贸易的中转站,是宗教、文化和知识的交汇处(见图 10-5)。石窟南北长 1 600 余米,上下共五层,最高处达 50 米。莫高窟又称千佛洞,拥有洞窟 735 个、壁画 4.5 万平方米、泥质彩塑 2 415 尊,是世界上现存规模最大、内容最丰富的佛教艺术地。[①]

图 10-5 莫高窟

资料来源:中国世界遗产网. http://www.whcn.org/sjyc005.htm。

10.2.4 秦始皇陵

秦始皇陵是中国历史上第一个皇帝嬴政(公元前 259—公元前 210)的陵墓,位于中国北部陕西省临潼县城东 5 公里处的骊山北麓。秦始皇陵建于公元前 246 年至公元前 208 年,历时 39 年,结构复杂,仿照始皇帝生前的都城——咸阳的格局而设计建造。那些略小于人形的陶俑形态各异,连同他们的战马、战车和武器,是现实主义的完美杰作,同时也保留了极高的历史价值(见图 10-6)。[②]

---

① 樊锦诗. 敦煌莫高窟的保护与管理[J]. 敦煌研究,2000(1).
② 世界遗产委员会评价,编号 200-05.

图 10-6　兵马俑

资料来源:中国世界遗产网 http://www.whcn.org/sjyc004.htm。

10.2.5　周口店北京人遗址

周口店北京人遗址位于北京市西南房山区周口店镇龙骨山北部,是世界上材料最丰富、最系统、最有价值的旧石器时代早期的人类遗址。1929 年中国古生物学家裴文中在此发现原始人类牙齿、骨骼和一块完整的头盖骨,并找到了"北京人"生活、狩猎及使用火的遗迹,证实 50 万年以前北京地区已有人类活动,遂成为震惊世界的重大考古发现。北京人及其文化的发现与研究,解决了19 世纪爪哇人发现以来的关于"直立人"是猿还是人的争论,是中国考古学家对世界考古史做出的重要贡献(见图 10-7)。①

图 10-7　周口店北京人遗址

资料来源:中国世界遗产网. http://www.whcn.org/sjyc002.htm。

---

① 徐钦琦.周口店北京人遗址的发现及其意义[J].科学中国人,1995(5).

10.2.6　承德避暑山庄和外八庙

承德避暑山庄又称"热河行宫",坐落于中国北部河北省承德市中心以北的狭长谷地上,占地面积584公顷。避暑山庄修建于1703—1792年,是清朝皇帝的夏季行宫。众多的宫殿以及其他处理政务、举行仪式的建筑一同构成的这个庞大的建筑群,建筑风格各异的庙宇和皇家园林同周围的湖泊、牧场和森林巧妙地融为一体。避暑山庄不仅具有极高的美学研究价值,而且还保留着中国封建社会发展末期的罕见的历史遗迹。① 避暑山庄周围坐落着12座建筑风格各异的寺庙,其中的8座由清政府直接管理,故被称为"外八庙"。这些寺庙融和了汉、藏等民族建筑艺术的精华,气势宏伟,极具皇家风范(见图10-8)。

图10-8　承德避暑山庄

资料来源:http://www.bishushanzhuang.com.cn/webgroup/index.asp。

10.2.7　曲阜孔庙、孔林、孔府

曲阜孔庙、孔府、孔林位于山东省曲阜市,是中国历代纪念孔子、推崇儒学的表征,以丰厚的文化积淀、悠久历史、宏大规模、丰富文物珍藏,以及科学艺术价值而著称。曲阜孔庙是祭祀孔子的本庙,始建于公元前478年,历经两千四百多年而从未放弃祭祀,是中国使用时间最长的庙宇,也是中国现存最为著名的古建筑群之一;孔林延续使用两千四百多年,不仅是中国也是世界上沿用时间最长的氏族墓地;孔子嫡孙保有世袭罔替的爵号,历时两千一百多年,是中国最古老的贵族世家,其府第孔府是中国现存规模最大、保存最好、最为典型的官衙与宅第合一的建筑群(见图10-9)。②

---

① 世界遗产委员会评价,编号200-011.
② 曲阜市文物管理局.曲阜孔庙、孔林、孔府[M].北京:世界图书出版公司,2008.

图 10-9　孔府鸟瞰全景

资料来源：http://space.tv.cctv.com/article/ARTI1246514124635302。

10.2.8　武当山古建筑群

古建筑群坐落于我国中部湖北省丹江口市的西南部的武当山麓，主要包括太和宫、南岩宫、紫霄宫、遇真宫四座宫殿，玉虚宫、五龙宫两座宫殿遗址，以及各类庵堂祠庙等共两百余处。建筑群以宫观为核心，主要宫观建筑在内聚型盆地或山助台地之上，庵堂神祠分布于宫观附近地带，自成体系，岩庙则占峰踞险，形成"五里一庵十里宫，丹墙翠瓦望玲珑"的巨大景观（见图10-10）。武当山古建筑中的宫阙庙宇集中体现了中国元、明、清三代世俗和宗教建筑的建筑学和艺术成就，在1994年被列入《世界遗产名录》。

图 10-10　武当山古建筑群

资料来源：中国武当网, http://www.chinawudang.com/。

10.2.9　拉萨布达拉宫历史建筑群

布达拉宫坐落于中国西南部西藏自治区拉萨市市中心海拔 3 700 米的红山

之上,依山而建,气势宏伟。布达拉宫始建于7世纪松赞干布时期,时称"红山宫"。17世纪时,五世达赖喇嘛在红山宫的旧址上重新修筑,建成"布达拉宫"。布达拉宫作为达赖喇嘛的冬宫,是集行政、宗教、政治事务于一体的综合建筑。独具匠心的藏式宫堡式建筑于1994年列入《世界遗产名录》,2000年增补大昭寺,2001年增补罗布林卡(见图10-11)。

图 10-11　布达拉宫

资料来源:http://www.potalapalace.cn/home2/bdlgShowAbout.html。

10.2.10　庐山(文化景观遗产)

庐山位于中国中部江西省九江市南,北濒长江,东接鄱阳湖,庐山是一座集风景、文化、宗教、教育、政治为一体的千古名山。这里的佛教和道教庙观,代表理学观念的白鹿洞书院,代表古代高科技建筑的观音桥,以其独特的方式融汇在具有突出价值的自然美之中,形成了具有极高的美学价值,与中华民族精神和文化生活紧密联系的文化景观之一(见图10-12)。

图 10-12　庐山

资料来源:http://www.china-lushan.com/index.html。

10.2.11 丽江古城

丽江古城地处中国西南部的云南省丽江纳西族自治县,坐落于南北走向的横断山脉与云南中部高原的交接之处。宋末元初(公元13世纪后期),纳西族在玉龙雪山脚下开始建设这座属于自己的城市。丽江古城拥有着世界上最古老的城市供水系统,雪山融化的泉水进入古城后被分出无数支流。城中无规矩的道路网,无森严的城墙,三百多座形态各异的石桥、木桥连接起了街道与房屋。古城风貌古朴,建筑历经年代洗礼,1997年进入世界遗产,这也是世界上第一次将"平民建筑群落"列入《世界遗产名录》(见图10-13)。

图 10-13　丽江古城

资料来源:http://www.hee.name/photo_show.asp? id=210。

10.2.12 平遥古城

平遥古城位于山西中部平遥县内,是一座具有两千七百多年历史的文化名城。这座城始建于西周宣王时期,扩建于明代洪武三年,保存了中国现今最完整的城墙,有三千多处明清时期的院落,是一百年前中国的金融中心,拥有最古老的佛教彩塑,同时也是四万多人的生活家园。联合国教科文组织世界遗产委员会评价道:平遥古城是中国汉民族城市在明清时期的杰出范例,古城保存了其所有特征,而且在中国历史的发展中为人们展示了一幅非同寻常的文化、社会、经济及宗教发展的完整画卷(见图10-14)。

图 10-14　平遥古城

资料来源：http://www.shanxichina.gov.cn/zh/sourcefiles/html/attractions。

10.2.13　苏州古典园林

中国东部江苏省的苏州是中国著名的历史文化名城，这里素来以山水秀丽、园林典雅而闻名天下，有"江南园林甲天下，苏州园林甲江南"的美称。苏州古典园林的历史可上溯至公元前6世纪春秋时吴王的园囿，私家园林最早见于记载的是东晋（4世纪）的辟疆园，历代造园兴盛，名园日多。明清时期，苏州成为中国最繁华的地区，私家园林遍布古城内外。16—18世纪全盛时期，苏州有园林两百余处，保存尚好的有数十处，并因此使苏州素有"人间天堂"的美誉。在1997年和2000年，九个保存完好的苏州园林被联合国教科文组织列入《世界文化与自然遗产名录》。联合国教科文组织对苏州园林的评价为：它沉淀了中国园林设计两千余年的文化底蕴，并且是园林艺术的最高表现形式（见图10-15）。

图 10-15　苏州古典园林

资料来源：http://www.whcn.org/sjyc012.htm。

10.2.14　颐和园

颐和园位于北京城西北郊，原是清代皇家花园和行宫，始建于1750年，1860年在战火中遭到严重毁损，1886年在原址上重新进行了修缮。颐和园规模宏大,占地面积达 290.8 公顷,水面(昆明湖)面积约占四分之三。全园以西山群峰为借景,园内建筑以佛香阁为中心,共有亭、台、楼、阁、廊、榭等不同形式的建筑三千多间,建筑群与园内山湖景色共融一体。颐和园是集中国园林建筑艺术之大成的杰作,也是世界上最著名的古典园林之一(见图 10-16)。

图 10-16　颐和园

资料来源:http://www.bjnews.com.cn/feature/2012/06/06/203096.html。

10.2.15　天坛

天坛位于北京天安门东南面,总面积 273 公顷,建筑宏伟壮丽、环境庄严肃穆。天坛始建于明成祖永乐十八年(1420),原名"天地坛",是明清两代皇帝祭祀天地之神的地方,明嘉靖九年(1530)在北京北郊另建祭祀地神的地坛,此处就专为祭祀上天和祈求丰收的场所,并改名为"天坛"。这个至今保存完好的坛庙建筑群在反映着天地之间关系的同时,还体现出帝王将相在这一关系中起到的独特作用(见图 10-17)。

图 10-17　天坛

资料来源:中国旅游信息网.http://scenic.cthy.com/scenic-10152/about.html。

10.2.16 大足石刻

大足石刻位于中国西南部重庆市的大足等县境内,这里素有"石刻之乡"的美誉。大足石刻最初开凿于初唐永徽年间(649),历经晚唐、五代(907—959),盛于两宋(960—1278),明清时期(14—19世)亦有所增刻,最终形成了一处规模庞大,集中国石刻艺术精华之大成的石刻群。这些石刻艺术品质极高、题材丰富,从世俗到宗教,鲜明地反映了中国这一时期的日常社会生活及宗教信仰发展变化的状况。1999年大足石刻中的北山、宝顶山、南山、石篆山、石门山五处摩崖造像正式列入世界文化遗产(见图10-18)。

图 10-18　大足石刻

资料来源:http://image.baidu.com/。

10.2.17　青城山与都江堰

青城山位于中国西部四川省都江堰市西南15公里处(见图10-19)。青城山上树木茂盛,四季常青,历来享有"青城天下幽"的美誉,是中国道教的重要发祥地。全山的道教宫观以天师洞为核心,包括建福宫、上清宫、祖师殿、圆明宫、老君阁、玉清宫、朝阳洞等十余座,这些建筑充分体现着道家追求自然的思想。江堰建于公元前3世纪,是中国战国时期秦国蜀郡太守李冰及其子率众修建的一座大型水利工程,是全世界至今为止,年代最久、唯一留存、以无坝引水为特征的宏大水利工程(见图10-20)。

图 10-19　青城山
资料来源：http://www.huayo365.com/hyarticles/3795。

图 10-20　都江堰
资料来源：http://www.huayo365.com/hyarticles/3795。

10.2.18　皖南古村落——西递、宏村

皖南山区的黟县是一个人口仅十余万的小县,西递、宏村就坐落在这里。西递距黟县县城 8 公里,始建于北宋皇祐年间(1049—1054)(见图 10-21)。整个村落呈船形,保存有完整的古民居 122 幢,现有居民 300 余户,人口 1 000 余人,被誉为"中国传统文化的缩影"、"中国明清民居博物馆"。宏村位于黟县县城东北 10 公里处,始建于南宋绍兴元年(1131),村落面积约 19 公顷,现存明清(1368—1911)时期古建筑 137 幢,由于这里地势较高,因此常常被云雾笼罩,被誉为"中国画里的乡村"。

图 10-21　西递

资料来源：http://blog.163.com/。

10.2.19　龙门石窟

龙门石窟坐落于素称"十三朝古都"的洛阳城南 13 公里处的伊河两岸,南北长达 1 公里。龙门石窟始凿于北魏孝文帝迁都洛阳之际,历经东魏、西魏、北

齐、隋、唐、五代、宋、明诸朝,断续营造达400余年。其间,以北魏和唐代为两大造像高潮,历时近150年。龙门地区的石窟和佛龛展现了中国北魏晚期至唐代(493—907)期间,最具规模和最为优秀的造型艺术。这些翔实描述佛教中宗教题材的艺术作品,代表了中国石刻艺术的最高峰(见图10-22)。

图 10-22　龙门石窟

资料来源:http://www.mafengwo.cn/poi/16.html。

10.2.20　明清皇家陵寝

明清皇家陵寝是中国明、清两朝皇帝悉心规划营建的文物建筑,依照风水理论,精心选址,将数量众多的建筑物巧妙地安置于地下。它是人类改变自然的产物,体现了传统的建筑和装饰思想,阐释了封建中国持续五百余年的世界观与权力观,体现了中国封建社会的最高丧葬制度和千百年封建社会的宇宙观、生死观、道德观和习俗,也体现了当时中国最高水平的规划思想和建筑艺术。陵寝分布于北京、河北、辽宁、安徽、江苏、湖北等地,主要建筑保存完整,反映了明清皇家陵寝原貌(见图10-23、图10-24)。

图 10-23　永福寺　　　　　　　　　图 10-24　昌西陵

资料来源:http://culture.hebei.com.cn/。　　资料来源:http://culture.hebei.com.cn/。

10.2.21 云冈石窟

云冈石窟位于中国北部山西省大同市以西 16 公里处的武周山南麓。石窟始凿于北魏兴安二年(453),大部分完成于北魏迁都洛阳之前(494),造像工程则一直延续到正光年间(520—525)。石窟依山而凿,东西绵亘约 1 公里,气势恢弘,内容丰富。现存主要洞窟 45 个、大小窟龛 252 个、石雕造像 51 000 余躯(最大者达 17 米,最小者仅几厘米)。其中的昙曜五窟,布局设计严谨统一,是中国佛教艺术第一个巅峰时期的经典杰作(见图 10-25)。[①]

图 10-25 云冈石窟
资料来源:http://image.baidu.com/。

10.2.22 高句丽王城、王陵及贵族墓葬

图 10-26 高句丽王城、王陵及贵族墓葬
资料来源:http://www.people.com.cn/GB/wenhua/22219/2609871.html。

高句丽王城、王陵及贵族墓葬主要分布在吉林省集安市境内以及辽宁省桓仁县境内,距今已有两千多年的历史。此次列入《世界遗产名录》的项目包括五女山城、国内城、丸都山城、12 座王陵、26 座贵族墓葬、好太王碑和将军坟 1 号陪冢。句丽政权始于公元前 37 年,止于公元 668 年,曾是中国东北地区影响较大的少数民族政权之一,在东北亚历史发展过程中发生过重要作用(见图 10-26)。

10.2.23 澳门历史城区

澳门历史城区是中国境内现存最古老、规模最大、保存最完整和最集中的东西方风格共存建筑群,当中包括中国最古老的教堂遗址和修道院、最古老的基督教坟场、最古老的西式炮台建筑群、第一座西式剧院、第一座现代化灯塔和第一

---

① 世界遗产委员会评价.

所西式大学等。作为欧洲国家在东亚建立的第一个领地,城区见证了澳门四百多年来中华文化与西方文化互相交流、多元共存的历史。正因为中西文化共融的缘故,城区当中的大部分建筑都具有中西合璧的特色。城区内的建筑大部分至今仍完好地保存或保持着原有的功能(见图10-27)。

图 10-27　澳门大三巴牌坊

资料来源:http://image.baidu.com/。

10.2.24　殷墟

殷墟位于我国河南省安阳市,是中国第一个有文字记载并经甲骨文及考古发掘证实的商代晚期都城遗址。目前所探明的殷墟长宽各约6公里,总面积约36平方公里,洹河从中间穿过。总体布局严整,以小屯村宫殿宗庙遗址为中心,沿洹河两岸呈环形分布。现存遗迹主要包括宫殿宗庙遗址、王陵遗址、商城遗址、后冈遗址以及聚落遗址(族邑)、家族墓地群、甲骨窖穴、铸铜遗址、手工作坊等(见图10-28)。

图 10-28　殷墟

资料来源:http://www.ly.com/scenery/BookSceneryTicket_1837.html。

10.2.25 开平碉楼与村落

开平碉楼位于广东省开平市,是中国乡土建筑的一个特殊类型,是一种集防卫、居住和中西建筑艺术于一体的多层塔楼式建筑。开平市内,碉楼星罗棋布,城镇农村,举目皆是,多者一村十几座,少者一村二三座。从水口到百合,又从塘口到蚬冈、赤水,纵横数十公里连绵不断,蔚为大观。这些雕楼与周围的乡村景观和谐共存,体现了中西建筑结构和装饰形式复杂而绚丽的融合(见图10-29)。

图 10-29　开平碉楼

资料来源:http://tupian.baike.com/。

10.2.26 福建土楼

福建土楼主要分布在漳州南靖、华安,龙岩永定等地。土楼以土、木、石、竹为主要建筑材料,利用将未经焙烧的按一定比例的沙质黏土和黏质沙土拌和而成,用夹墙板夯筑而成的两层以上的房屋,是中原汉民即客家先民沿河、长江、汀江等流域历经多次辗转迁徙后,将远古的生土建筑艺术发扬光大并推向极致的特殊产物。土楼体现了聚族而居之根深蒂固的中原儒家传统观念,更体现了聚集力量、共御外敌的现实需要。同时,土楼与山水交融、与天地参合,是人类民居的杰出典范(见图10-30)。①

图 10-30　福建土楼

资料来源:http://www.china.com.cn/photochina/2012-01/09/content_24360706.htm。

---

① 世界遗产委员会评价.

10.2.27 五台山(文化景观遗产)

图 10-31 五台山

资料来源：http://bj.tuniu.com/zhoubian/wutaishan/。

五台山位于中国山西省忻州市，是中国佛教名山之首，以浓郁的佛教文化闻名海内外。五台山保存有东亚乃至世界现存最庞大的佛教古建筑群，享有"佛国"盛誉，由五座台顶组成，将自然地貌和佛教文化融为一体，典型地将对佛的崇信凝结在对自然山体的崇拜之中，完美地体现了中国"天人合一"的思想，成为一种独特的、富有生命力的组合型文化景观(见图10-31)。

10.2.28 "天地之中"历史建筑群

天地之中历史建筑群，包括少林寺建筑群(常住院、初祖庵、塔林)、东汉三阙(太室阙、少室阙、启母阙)和中岳庙、嵩岳寺塔、会善寺、嵩阳书院、观星台。建筑群共8处11项历史建筑，分布于河南省郑州市登封市区周围，历经汉、魏、唐、宋、元、明、清，构成了一部中国中原地区上下两千年建筑史，是中国跨度最长、建筑种类最多、文化内涵最丰富的古代建筑群，是中国先民独特宇宙观和审美观的真实体现(见图10-32)。

图 10-32 少林寺

资料来源：http://dengfeng.zynews.com/tdzz/。

10.2.29　元上都遗址

元上都遗址位于内蒙古自治区锡林郭勒盟正蓝旗旗政府所在地东北约20公里处、闪电河北岸。元上都遗址始建于蒙古宪宗六年(1256),初名"开平府",中统五年(1264)改名"上都",为元朝的夏都。元上都由游牧文化与农耕文化共同组成,还融合了西方文明,在人类历史上有着重要的地位,史学家称誉它可与意大利古城庞贝媲美(见图 10-33)。

图 10-33　元上都遗址

资料来源:http://www.xanadu-china.com/。

10.2.30　杭州西湖文化景观(文化景观遗产)

"杭州西湖文化景观"肇始于9世纪、成形于13世纪、兴盛于18世纪并传承发展至今,包括五大类景观组成要素:秀美的自然山水、独特的"两堤三岛"、"三面云山一面城"的景观整体格局、著名的系列题名景观"西湖十景"、内涵丰富的10处相关重要文化遗存、历史悠久的西湖龙井茶园,具有丰富的历史文化内涵、独特的审美特征以及突出的精神价值,遗产区面积约43.3平方公里。在杭州西湖申遗文本中把"杭州西湖文化景观"定义为:"十个多世纪以来,中国传统文化精英的精神家园,是中国各阶层人们世代向往的人间天堂,是中国历史最久、影响最大的文化名湖,曾对9—18世纪东亚地区的文化产生广泛影响。"(图 10-34)

图 10-34　杭州西湖

资料来源:http://bj.bendibao.com/。

10.2.31 红河哈尼梯田(文化景观遗产)

红河哈尼文化景观位于云南南部,面积 16 603 公顷,以从高耸的哀牢山沿着斜坡顺延到红河沿岸的壮丽梯田而著称。在过去的一千三百多年间,哈尼族人民发明了复杂的沟渠系统,将山上的水从草木丛生的山顶送至各级梯田。他们还创造出一个完整的农作体系,包含水牛、牛、鸭、鱼类和鳝类,并且支持了当地主要的谷物——红米的生产。当地居民崇拜日、月、山、河、森林以及其他自然现象(包括火在内)。他们居住在分布于山顶森林和梯田之间的 82 个村寨里,这些村寨以传统的茅草"蘑菇房"为特色。为梯田建立的弹性管理系统,建立在特殊且古老的社会和宗教结构基础上,体现出人与环境在视觉和生态上的高度和谐(见图 10-35)。[1]

图 10-35 红河哈尼梯田

资料来源:http://www.hhtt.cn/_web.php。

10.2.32 大运河

中国大运河并不仅仅是惯常所知的京杭大运河,而是一个运河体系,它囊括了隋唐大运河(洛阳为中心)、京杭大运河(北京至杭州)、浙东运河(宁波为中心,连接海上丝绸之路)。世界遗产委员会认为,大运河是世界上最长的、最古老的人工水道,也是工业革命前规模最大、范围最广的土木工程项目,它促进了中国南北物资的交流和领土的统一管辖,反映出中国人民高超的智慧、决心和勇气,以及东方文明在水利技术和管理能力方面的杰出成就(见图 10-36)。

---

[1] 世界遗产委员会评价.

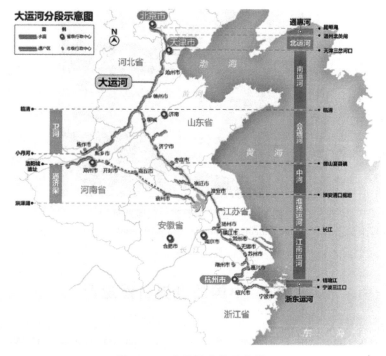

图 10-36　大运河分段示意图

资料来源：http://www.nxing.cn/。

10.2.33　丝绸之路：长安—天山廊道的路网

丝绸之路：长安—天山廊道的路网，从中国古代长安起始、经河西走廊进入天山山脉地区，路网跨距近 5 000 公里，总长达 8 700 公里。2013 年年初，我国和哈萨克斯坦、吉尔吉斯斯坦三国政府共同向联合国教科文组织世界遗产中心递交丝绸之路申遗文本，并被正式受理。2014 年 6 月 22 日，由中、哈、吉三国联合申报的丝绸之路成功申报世界文化遗产，成为首例跨国合作、成功申遗的项目。该项目包括以上三国的 33 处遗产点，是目前世界上最大的国际文化遗产项目。其中中国段包括陕西、河南、甘肃、新疆四省份的 22 处遗产点，陕西省 7 处，西安的汉长安城未央宫遗址、唐长安城大明宫遗址、大雁塔、小雁塔、兴教寺塔 5 处文物点被列入。世界遗产委员会认为，丝绸之路是东西方之间融合、交流和对话之路，近两千年以来为人类的共同繁荣做出了重要的贡献(见图 10-37)。

图 10-37 麦积山石窟一处雕塑造像

资料来源：http://photo.fengniao.com/pic_7380419.html。

10.3 中国的世界自然遗产

我国于 1987 年诞生第一批世界遗产，而直到 1992 年才有三项第一批自然遗产，即九寨沟风景名胜区、黄龙风景名胜区和武陵源风景名胜区。时至今日，我国自然遗产的数量已增至 10 项，约占我国总遗产的五分之一，相符于世界遗产委员会公布的《世界遗产名录》中自然遗产占全部世界遗产的比例（见表 10-2）。

表 10-2 中国的世界自然遗产

序号	登录名称	登录年份	扩展年份	所在地
1	九寨沟风景名胜区	1992 年		四川九寨沟县
2	黄龙风景名胜区	1992 年		四川松潘
3	武陵源风景名胜区	1992 年		湖南张家界
4	云南三江并流保护区	2003 年		云南丽江、迪庆藏族自治州和怒江傈僳族自治州
5	四川大熊猫栖息地	2006 年		四川成都、阿坝、雅安、甘孜
6	中国南方喀斯特	2007 年	2014 年（重庆金佛山，贵州施秉，广西桂林、环江）	云南石林、贵州荔波、重庆武隆

(续表)

序号	登录名称	登录年份	扩展年份	所在地
7	三清山国家级风景名胜区	2008 年		江西上饶
8	中国丹霞	2010 年		广东丹霞山、湖南崀山、福建泰宁、江西龙虎山、浙江江郎山、贵州赤水
9	澄江化石地	2012 年		云南澄江
10	新疆天山	2013 年		新疆阿克苏、伊犁、巴音郭楞、昌吉

1. 九寨沟风景名胜区

九寨沟风景名胜区位于中国西部四川省阿坝县藏族羌族自治州南坪县,地处岷山山脉南段尕尔纳峰北麓,是长江水系嘉陵江源头的一条支沟,也是青藏高原向四川盆地过渡的地带,地质结构复杂。九寨沟主沟呈"Y"字形,总长 50 余公里。沟中分布有多处湖泊、瀑布群和钙华滩流等。原始森林覆盖了九寨沟一半以上的面积,林中植物种类繁多,现有天然森林近 3 万公顷、植物 2 000 余种。多种野生动物繁衍栖息于此,其中包括脊椎动物 170 种、鸟类 141 种(见图 10-38)。

图 10-38 四川九寨沟风景名胜区

资料来源:网易旅游。

2. 黄龙风景名胜区

黄龙位于四川省北部阿坝藏族羌族自治州松潘县境内的岷山山脉南段,属青藏高原东部边缘向四川盆地的过渡地带,是由众多雪峰和中国最东部的冰川组成的山谷。黄龙以规模宏大、类型繁多、结构奇巧、色彩丰艳的地表钙华景观为主景，在中国风景名胜区中独树一帜，成为中国一绝。① 这一地区还生存着许多濒临灭绝的动物，包括大熊猫和四川疣鼻金丝猴(见图10-39)。

图 10-39　黄龙风景名胜区

资料来源：http://lvyou.baidu.com/huanglong/fengjing/。

3. 武陵源风景名胜区

图 10-40　张家界森林公园

资料来源：http://www.goofb.cn/index.php?doc-view-86142。

武陵源风景名胜区位于中国中部湖南省西北部，由张家界市的张家界森林公园、慈利县的索溪峪自然保护区和桑植县的天子山自然保护区组合而成，总面积约500平方公里。武陵源独特的石英砂岩峰林属国内外罕见，目前所知有山峰3 000多座，这些突兀的岩壁峰石，连绵万顷，层峦叠嶂。武陵源水绕山转，众多的瀑、泉、溪、潭、湖各呈其妙，景区内还有40多个石洞和两座天然形成的巨大石桥。同时，武陵源千百年来从未发生过较大的气候异常、水土流失、岩体崩塌或森林病虫害大发生等现象，保持了一个结构合理而又完整的生态系统(见图10-40)。

4. 云南三江并流保护区

"三江并流"自然景观由怒江、澜沧江、金沙江及其流域内的山脉组成，涵盖

① 中国世界遗产网．http://www.whcn.org/sjyc023.htm。

范围达170万公顷,它包括位于云南省丽江市、迪庆藏族自治州、怒江傈僳族自治州的9个自然保护区和10个风景名胜区。"三江并流"地区是世界上蕴藏最丰富的地质地貌博物馆。四千万年前,印度次大陆板块与欧亚大陆板块大碰撞,引发了横断山脉的急剧挤压、隆升、切割,高山与大江交替展布,形成世界上独有的三江并行奔流170千米的自然奇观(见图10-41)。

图10-41 "三江并流"

资料来源:http://www.qqzao.com/photo.html。

5. 四川大熊猫栖息地

大熊猫是与恐龙同时代的古生物,因顽强繁衍至今而被称为地球上的"活化石",也成为当今世界野生动物保护战线的旗舰和标志。四川大熊猫栖息地世界自然遗产包括卧龙、四姑娘山、夹金山脉,面积9 245平方公里,涵盖成都、阿坝、雅安、甘孜4个市州12个县。这里生活着全世界30%以上的野生大熊猫,是全球最大、最完整的大熊猫栖息地,也是全球除热带雨林以外植物种类最丰富的区域之一(见图10-42)。

图10-42 熊猫栖息地

资料来源:http://chinese.cn/travel/article/2011-03/01/content_231063.htm。

6. 中国南方喀斯特

图 10-43　云南石林

资料来源：喀斯特科学数据中心，http://www.karstdata.cn/view.aspx?bh=105。

喀斯特即岩溶地貌，是发育在以石灰岩和白云岩为主的碳酸盐岩上的地貌。中国喀斯特有面积大、地貌多样、典型、生物生态丰富等特点，是世界上最壮观的热带至亚热带喀斯特地貌样本之一。"中国南方喀斯特"于2007年被收入联合国教科文组织的《世界遗产名录》，2014年得到了增补，现由云南石林、贵州荔波、重庆武隆、广西桂林、贵州施秉、重庆金佛山和广西环江七地的喀斯特地貌组成（见图10-43）。

7. 三清山国家级风景名胜区

三清山位于江西省上饶市东北部，因玉京、玉虚、玉华三峰峻拔，宛如道教玉清、上清、太清三位最高尊神列坐山巅而得名。景区内千峰竞秀、万壑奔流、古树茂盛、珍禽栖息，终年云缠雾绕，充满仙风神韵，自古以来便有"天下第一仙山"的美誉。世界遗产大会认为，三清山风景名胜区在一个相对较小的区域内展示了独特花岗岩石柱与山峰，丰富的花岗岩造型石与多种植被、远近变化的景观及震撼人心的气候奇观相结合，创造了世界上独一无二的景观美学效果，呈现了引人入胜的自然美（见图10-44）。

图 10-44　三清山

资料来源：http://travel.china.com/chinatour/11120886/20120718/17323874.html。

8. 中国丹霞

丹霞,这个术语指的是一种有着特殊地貌特征以及与众不同的红颜色的地貌景观(即"丹霞地貌"),像"玫瑰色的云彩"或者"深红色的霞光"。在地质和地貌学层面上,丹霞可以定义如下:"丹霞是一种形成于西太平洋活性大陆边缘断陷盆地极厚沉积物上的地貌景观。它主要由红色砂岩和砾岩组成,反映了一个干热气候条件下的氧化陆相湖盆沉积环境。"(见图10-45)在巴西利亚举行的第34届世界遗产大会审议通过了将中国湖南崀山、广东丹霞山、福建泰宁、贵族赤水、江西龙虎山和浙江江郎山联合申报的"中国丹霞地貌"列入《世界自然遗产名录》。

图 10-45 丹霞—阳元山

资料来源:http://city.sina.com.cn/city/2009-08-24/115056.html。

9. 澄江化石地

澄江动物化石群主要分布在中国云南省澄江县抚仙湖畔,距省会昆明52公里。寒武纪澄江动物化石群是迄今为止地球上发现的分布最集中、保存最完整、种类最丰富的早寒武纪地球生命大爆发的化石遗迹。它不但为现生各主要动物门类起源与早期演化提供了最好最直接的证据,还是了解寒武纪早期生物群落结构的最好窗口,也为早期动物的系统演化关系和生态关联提供了重要信息,世界上尚没有其他化石地能够与其媲美(见图10-46)。

图 10-46 澄江化石地

资料来源:http://ccwb.yunnan.cn/html/2012-07/02/content_592487.htm?div=-1。

10. 新疆天山

新疆天山属全球七大山系之一,是世界温带干旱地区最大的山脉链,也是全球最大的东西走向的独立山脉。新疆天山世界自然遗产地由昌吉回族自治州的博格达、巴音郭楞蒙古自治州的巴音布鲁克、阿克苏地区的托木尔、伊犁哈萨克自治州的喀拉峻—库尔德宁四个区域组成,总面积达5 759平方公里。世界自然保护联盟(IUCN)专家对新疆天山的技术评估报告认为,新疆天山具有极好的自然奇观,将反差巨大的炎热与寒冷、干旱与湿润、荒凉与秀美、壮观与精致奇妙地汇集在一起,展现了独特的自然美;典型的山地垂直自然带谱、南北坡景观差异和植物多样性,体现了帕米尔—天山山地生物生态演进过程,也是中亚山地众多珍稀濒危物种、特有种的最重要栖息地,突出代表了这一区域由暖湿植物区系逐步被现代旱生的地中海植物区系所替代的生物进化过程。

图10-47 新疆天山

资料来源:http://www.17u.net/wd/xianlu/4357164。

10.4 中国的文化与自然双重遗产

截至2014年6月26日,全世界文化与自然双重遗产共有31项,中国拥有量达3项,是世界上拥有双重遗产最多的国家。值得一提的是,我国的四项双重遗产均是一次性通过进入《世界遗产名录》的(见表10-3)。

表10-3 中国的四项双重遗产

序号	登录名称	登录年份	扩展年份	所在地
1	泰山	1987 年		山东泰安
2	黄山	1990 年		安徽黄山市
3	峨眉山风景名胜区,含乐山大佛风景区	1996 年		四川乐山,包括峨眉山
4	武夷山	1999 年		福建武夷山市

1. 泰山

泰山位于中国东部的山东省中部,跨越泰安和济南两市,绵延200多公里,盘卧方圆400多平方公里。泰山运动形成了巨大的山系,燕山运动奠定了泰山的基础,喜马拉雅山运动造就了泰山的雄伟和今日泰山的总体轮廓(见图10-48)。据文献记载,先秦时代(公元前221年前)就曾经有七十二君到过泰山,祭告天地。中国历史上著名的帝王秦始皇、汉武帝等都到过泰山封禅。这种封禅祭祀活动在泰山延续了数千年,并贯穿了整个中国封建社会。联合国教科文组织自然遗产协会专家卢卡斯先生于1987年5月来泰山考察后,给予极高的评价,他说:"世界遗产具有不同的特色,要么是自然的,要么就是文化的,很少有双重价值的遗产在同一个保护区内,而泰山便是具有双重价值的遗产。这意味着中国贡献了一件独一无二的特殊遗产。"

图 10-48 泰山

资料来源:http://shop.tripc.net/50497/about.html。

2. 黄山

黄山位于中国东部安徽省南部,南北约40公里,东西宽约30公里,面积约1 200平方公里,其中精华部分为154平方公里,号称"五百里黄山"。黄山集中国各大名山的美景于一身,尤其以奇松、怪石、云海、温泉"四绝"著称,是大自然造化中的奇迹,历来享有"五岳归来不看山,黄山归来不看岳"的美誉。黄山与宗教有密切的关系,唐代道教旧籍中,关于轩辕黄帝和容成子、浮丘公来山炼丹、得道升天的仙道故事,流传千年,影响深广,至今还留下与上述神仙故事有关的许多峰名,如轩辕峰、浮丘峰,以及炼丹、仙人、上升、仙都、道人、望仙诸峰(见图10-49)。

图 10-49 黄山

资料来源:http://www.zjjcts.com/uploads/allimg/120525/8-120525144G6.jpg。

3. 峨眉山风景名胜区(含乐山大佛风景区)

峨眉山位于中国西部四川省的中南部,四川盆地向青藏高原过渡地带,主峰金顶的最高峰万佛顶,海拔3 099米。峨眉山以优美的自然风光和神话般的佛国仙山而驰名中外,美丽的自然景观与悠久的历史文化内涵完美结合,相得益彰,享有"峨眉天下秀"的赞誉。世界现存最大的一尊摩崖石像——乐山大佛位于峨眉山东麓的栖鸾峰,始凿于唐代开元初年(713),历时90年才得以完成(见图10-50、图10-51)。

图 10-50 峨眉山

资料来源:http://www.yikuaiqu.com/mudidi/photo.php?scenery_id=12696。

图 10-51 乐山大佛

资料来源:http://www.176sc.cn/newsinfo_05_124.htm。

4. 武夷山

武夷山位于中国东南部福建省西北的武夷山市,总面积达 99 975 公顷。武夷山九曲溪发源于武夷山森林茂密的西部,水量充沛,水质清澈,全长 62.8 公里,在河流自然弯曲和深刻的断裂方向控制下,形成深切河曲,在峰峦岩壑间萦回环绕,9.5 公里的河曲,直线距离只有 5 公里,曲率达 1.9。九曲溪两岸是典型的单斜丹霞地貌,分布着 36 奇峰、99 岩,顶斜、身陡、麓缓,昂首向东,如万马奔腾,气势雄伟,千姿百态(见图 10-52)。除优美的自然景观之外,武夷山还拥有一系列优秀的考古遗址和遗迹,包括建于公元前 1 世纪的汉城遗址、大量的寺庙和与公元 11 世纪产生的朱子理学相关的书院遗址。

图 10-52　武夷山玉女峰

资料来源:http://hi.baidu.com/yiniao_1026/item/3fa955ffe93d3f5dc8f33776。

10.5　中国的非物质文化遗产

人类口述和非物质遗产(简称"非物质文化遗产")又称无形遗产,是相对于有形遗产,即可传承的物质遗产而言的概念,是指各民族人民世代相承的、与群众生活密切相关的各种传统文化表现形式(如民俗活动、表演艺术、传统知识和技能,以及与之相关的器具、实物、手工制品等)和文化空间。

截至 2013 年,我国共有昆曲、古琴艺术、珠算等 30 个项目入选联合国教科文组织"人类非物质文化遗产代表作名录",羌年、中国木拱桥传统营造技艺等 7 个项目入选"急需保护的非物质文化遗产名录",成为世界上入选项目最多的国家。

一、中国的非物质文化遗产

2000年4月,在联合国教科文组织举办的第一次"人类口头与非物质文化遗产"评审中,我国申报的"昆曲"获得评委们的全票通过。2001年5月18日,联合国教科文组织在巴黎向第一批获得"人类口头与非物质文化遗产"这一殊荣的项目颁发了证书。时至2013年,我国已有30个项目被列入"人类口头与非物质文化遗产"(见表10-4)。

表10-4 中国的人类口头与非物质文化遗产

年份	项目
2001年1项	昆曲
2003年1项	中国古琴艺术
2005年1项	蒙古族长调民歌(与蒙古国联合申报)
2007年1项	新疆维吾尔木卡姆艺术
2009年22项	中国蚕桑丝织技艺、福建南音、南京云锦、安徽宣纸、贵州侗族大歌、广东粤剧、《格萨尔》史诗、浙江龙泉青瓷、青海热贡艺术、藏戏、新疆《玛纳斯》、蒙古族呼麦、甘肃花儿、西安鼓乐、朝鲜族农乐舞、书法、篆刻、剪纸、雕版印刷、传统木结构营造技艺、端午节、妈祖信俗
2010年2项	京剧、中医针灸
2011年1项	皮影戏
2013年1项	珠算

1. 昆曲

昆曲是中国最古老的剧种,发源于14世纪中国的苏州昆山,后经魏良辅等人的改良而走向全国,自明代中叶独领中国剧坛近300年。昆曲糅合了唱念做打、舞蹈及武术等,以曲词典雅、行腔宛转、表演细腻著称,被誉为"百戏之祖"(见图10-53)。

图10-53 昆曲《牡丹亭》剧照

资料来源:http://www.yszyz.com/2011/0114/92117_2.html。

2. 中国古琴艺术

中国古琴是世界最古老的弹拨乐器之一,主要由弦与木质共鸣器发音,至今已有三千多年历史,20世纪初才被称作"古琴"。关于它的创制者有"昔伏羲作琴"、"神农作琴"、"舜作五弦之琴以歌南风"之说。古琴艺术在中国音乐史、美学史、社会文化史、思想史等方面具有广泛影响,是中国古代精神文化在音乐方面的主要代表之一(见图10-54)。

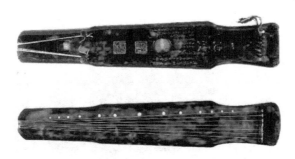

图10-54　中国古琴

资料来源:http://www.zjfeiyi.cn/zhuanti/detail/29-907.html。

3. 蒙古族长调民歌(与蒙古国联合申报)

蒙古族长调蒙古语称"乌日图道",意即长歌,它的特点为字少腔长、高亢悠远、舒缓自由,宜于叙事,又长于抒情;歌词一般为上、下各两句,内容绝大多数是描写草原、骏马、骆驼、牛羊、蓝天、白云、江河、湖泊等。蒙古族长调以鲜明的游牧文化特征和独特的演唱形式讲述着蒙古民族对历史文化、人文习俗、道德、哲学和艺术的感悟,所以被称为"草原音乐活化石"(见图10-55)。

图10-55　蒙古族长调民歌

资料来源:http://www.chinese.cn/music/article/2010-12/01/content_79429.htm。

4. 新疆维吾尔木卡姆艺术

中国新疆维吾尔木卡姆艺术是流传于新疆各维吾尔族聚居区的各种木卡姆的总称,是集歌、舞、乐于一体的大型综合艺术形式。木卡姆音乐现象分布在中亚、南亚、西亚、北非19个国家和地区,新疆处于这些国家和地区的最东端,得益于横贯欧亚的古代陆上交通大动脉——"丝绸之路",维吾尔木卡姆作为东、西方乐舞文化交流的结晶,记录和印证了不同人群乐舞文化之间相互传播、交融的历史(见图10-56)。

图10-56 新疆维吾尔木卡姆艺术

资料来源:http://cms.smejs.com/siteRoot/zgycw/zjfy/fymr/yinyue/284395980.htm。

5. 中国蚕桑丝织技艺

蚕桑丝织是汉民族认同的文化标识,五千年来,它对中国历史作出了重大贡献,并通过丝绸之路对人类文明产生了深远影响(见图10-57)。

图10-57 中国蚕桑丝织技艺

资料来源:http://jsnews.jschina.com.cn/6861/200910/t210289.shtml。

6. 福建南音

南音,有"中国音乐史上的活化石"之称,发源于福建泉州,用泉州闽南语演唱,是中国现存历史最悠久的汉族古乐。据专家研究考证,从南音的曲牌名称、格调意味和所用乐器的制造特点、演奏姿势等方面看,都足以说明南音与唐宋大曲、法曲、宋词、元散曲有着密切关系,"是一部立体的中国古代音乐史"(见图10-58)。

图10-58 福建南音

资料来源:http://www.hxjw.cn/news/Article/szyl/zhzx/whyc/201106/124118.html。

7. 南京云锦

南京云锦是我国汉族优秀传统文化的杰出代表,因其绚丽多姿,美如天上云霞而得名,浓缩了中国丝织技艺的精华,有"寸锦寸金"之誉,至今已有1 580年历史(见图10-59)。

图10-59 南京云锦

资料来源:http://www.cnacs.org/PhotoShow/66.html。

8. 安徽宣纸

宣纸又名泾县纸,出产于安徽省宣城泾县,以府治宣城为名,故称"宣纸"。宣纸是一种主要供中国毛笔书画以及装裱、拓片、水印等使用的高级艺术用纸张。宣纸拥有良好的润墨性、耐久性、不变形性以及抗虫性能,是中国纸的代表品种。宣纸起于唐代,历代相沿,由于宣纸有易于保存、经久不脆、不会褪色等特点,故有"纸寿千年"之誉(见图10-60)。

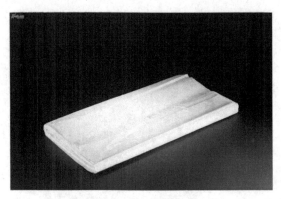

图 10-60　安徽宣纸

资料来源:http://pmgs.kongfz.com/detail/25_171685/。

9. 贵州侗族大歌

贵州侗族大歌,起源于春秋战国时期,至今已有两千五百多年的历史,是在中国侗族地区一种多声部、无指挥、无伴奏、自然和声的民间合唱形式。1986年,在法国巴黎金秋艺术节上,贵州黎平侗族大歌一经亮相,技惊四座,被认为是"清泉般闪光的音乐,掠过古梦边缘的旋律"(见图10-61)。

图 10-61　贵州侗族大歌

资料来源:http://pp.fengniao.com/photo_5163774.html。

10. 广东粤剧

粤剧又称大戏或者广东大戏，源自南戏，自明朝嘉靖年间开始在广东、广西出现，是糅合唱念做打、乐师配乐、戏台服饰、抽象形体等的表演艺术。粤剧每一个行当都有各自独特的服饰打扮。最初演出的语言是中原音韵，又称为戏棚官话。到了清朝末期，文化人为了方便宣扬革命而把演唱语言改为粤语，使广州人更容易明白(见图10-62)。

图10-62　广东粤剧

资料来源：http://www.s1979.com/shenzhen/201006/044026904.shtml。

11.《格萨尔》史诗

《格萨尔》是藏族人民集体创作的一部伟大的英雄史诗，是世界上规模最大、演唱篇幅最长的史诗。《格萨尔》史诗共有120多部、100多万诗行、2 000多万字，仅从篇幅来看，已远远超过了世界几大著名史诗的总和，代表着古代藏族、蒙古族民间文化与口头叙事传统的最高成就，是研究古代少数民族的社会历史、民族交往、道德观念、民风民俗、民间文化等问题的一部百科全书，最长的史诗(见图10-63)。

图10-63　《格萨尔》史诗

资料来源：http://www.mzb.com.cn/html/Home/report/380344-1.htm。

12. 浙江龙泉青瓷

龙泉青瓷是汉族传统制瓷工艺的珍品，南朝时期，龙泉汉族劳动人民利用当地优越的自然条件,吸取越窑、婺窑、瓯窑的制瓷经验,开始烧制青瓷(见图10-64)。在南宋时烧制出了晶莹如玉的粉青釉和梅子青釉,标志着龙泉青瓷达到了巅峰,青如玉、明如镜、薄如纸、声如磬,赏之让人心情畅然。

图10-64　浙江龙泉青瓷

资料来源:http://qkzz.net/article/2ff86569-57ea-4486-a8ce-20e1d5b09b44.htm。

13. 青海热贡艺术

热贡艺术是中国藏传佛教艺术的重要组成部分和颇具广泛影响的流派,15世纪初发祥于藏民族文化的原生地青海省黄南藏族自治州同仁县境内的隆务河畔,藏语称热贡,意为梦想成真的金色谷地,是雪域文化和中原佛教艺术完美结合的一种独特的艺术形式,是藏传佛教艺术中的一个重要流派(见图10-65)。

图10-65　青海热贡艺术

资料来源:http://news.dayoo.com/finance/gb/content/2005-04/19/content.htm。

14. 藏戏

藏戏的藏语名叫"阿吉拉姆",意思是"仙女姐妹"。据传藏戏最早由七姐妹演出,剧目内容又多是佛经中的神话故事,故而得名。藏戏起源于8世纪藏族的宗教艺术。17世纪时,从寺院宗教仪式中分离出来,逐渐形成以唱为主,唱、诵、舞、表、白和技等基本程式相结合的生活化的表演。藏戏唱腔高亢雄浑,基本上是因人定曲,每句唱腔都有人声帮和(见图10-66)。

图 10-66　藏戏

资料来源:http://www.yesxz.com/web/532.html。

15. 新疆《玛纳斯》

《玛纳斯》是柯尔克孜族民间传唱的英雄史诗,产生于10世纪,形成于13世纪。全诗共分八部,长达23万余行。它是世世代代口头传唱的民间文学作品,其中折射了柯尔克孜族人民历史发展的足迹。《玛纳斯》不仅是一部艺术珍品,而且是一部研究柯尔克孜族历史文化、生活习俗、宗教信仰、社会经济、家庭婚姻、音乐美术、语言文字等内容的一部大百科全书。

图 10-67　玛纳斯雕像

资料来源:http://www.tibet3.com/news/content/2012-08/13/content_894649.htm。

16. 蒙古族呼麦

呼麦是蒙古族特有的单人发出多声部唱法的高超演唱形式,是一种"喉音"艺术。呼麦的产生和发展是蒙古族音乐发展的产物,在声学规律的认识和掌握方面出现了质的飞跃,被音乐界誉为"天籁之音"(见图10-68)。

图 10-68　蒙古族呼麦

资料来源：http://www.lyt.com.cn/lytong/index.php? doc-view-117943。

17. 甘肃花儿

"花儿"是流传在青海、甘肃、宁夏三省（区）广大地区的民歌。"花儿"又称"少年"。男青年唱的叫"少年"，女青年唱的称"花儿"。据说，"花儿"至少已有四百多年的历史了，它内容丰富多彩，形式自由活泼，语言生动形象，曲调高昂优美，具有浓郁的生活气息和乡土特色，深受回、汉、藏、东乡、土、撒拉等民族的喜爱。

图 10-69　花儿对唱

资料来源：http://www.mafengwo.cn/travel-news/101313.html。

18. 西安鼓乐

西安鼓乐是千百年来流传在西安（古长安）及周边地区的汉族民间大型鼓乐，起源于隋唐，历经宋、元、明、清，至今仍然保持着相当完整的曲目、谱式、结构、乐器及演奏形式，是迄今为止在中国境内发现并保存最完整的大型民间乐种之一,是中国古代汉族音乐的重要遗存,被国际音乐界和史学界誉为"中国古代音乐活化石"(见图10-70)。

图 10-70　西安鼓乐

资料来源:http://news.ifeng.com/gundong/detail_2012_06/07/15124955_1.shtml。

19. 朝鲜族农乐舞

"农乐舞"俗称"农乐",流传于吉林、黑龙江、辽宁等朝鲜族聚居区。其历史可追溯到古朝鲜时代春播秋收时的祭天仪式中的"踩地神"。"农乐舞"是一种融音乐、舞蹈、演唱为一体,综合性的民族民间艺术(见图10-71)。

图 10-71　朝鲜族农乐舞

资料来源:http://nj.jl.gov.cn/zt/gzms/tpbd/。

20. 书法

中国书法的发展,伴随着汉字的产生与演变,历经沧桑。历经三千多年的发展历程,中国书法创造了辉煌的历史,今天依然拥有广泛的群众基础和庞大的参与者和受众,在中国人的文化生活中占据重要地位(见图10-72)。

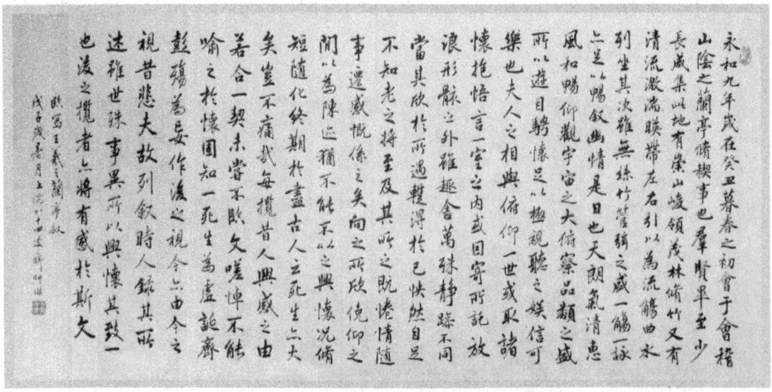

图 10-72　兰亭序

资料来源：http://img365.com/photo/lantingxu_4786.html。

21. 篆刻

篆刻艺术是书法(主要是篆书)和镌刻(包括凿、铸)结合来制作印章的艺术，是汉字特有的艺术形式，迄今已有三千七百多年的历史(见图 10-73)。

图 10-73　篆刻

资料来源：http://news.081688.com/shishi/92291.html。

22. 剪纸

剪纸，又叫刻纸，是中国汉族最古老的民间艺术之一，它的历史可追溯到公元 6 世纪。窗花或剪画，区别在创作时，有的用剪子，有的用刻刀，虽然工具有别，但创作出来的艺术作品基本相同，人们统称为剪纸。剪纸是一种镂空艺术，其在视觉上给人以透空的感觉和艺术享受，其载体可以是纸张、金银箔、树皮、树叶、布、皮、革等片状材料(见图 10-74)。①

---

① 中国汉族最古老的民间艺术之———剪纸. 汇能传媒网.

图 10-74　剪纸

资料来源：http://cache.baiducontent.com/。

23．雕版印刷

大约在公元 600 年前后的隋朝，中国人从刻印章中得到启发，在人类历史上最早发明了雕版印刷术（见图 10-75）。雕版印刷的第一步是制作原稿，然后将原稿反转过来摊在平整的大木板上，固定好。然后工匠在木板上雕刻绘上的、画上的或写上的原稿。最后刷墨于木板上，在印刷机中加压形成原稿的复制品。

图 10-75　雕版印刷

资料来源：http://60.216.0.164:88/html/2009-02/19/content_77101.htm。

24. 传统木结构营造技艺

中国传统建筑营造技艺是以木材为主要建筑材料，以榫卯为木构件的主要结合方法，以模数制为尺度设计和加工生产手段的建筑营造技术体系。营造技艺以师徒之间"言传身教"的方式世代相传。中国传统木结构建筑营造技艺根植于中国特殊的人文与地理环境，是在特定自然环境、建筑材料、技术水平和社会观念等条件下的历史选择，反映了中国人营造合一、道器合一、工艺合一的理念（见图10-76）。[①]

图 10-76　斗拱

资料来源：http://www.chinese.cn/culturecollection/article/2009-10/22.htm。

25. 端午节

端午节起源于中国，最初是中国人民祛病防疫的节日，吴越之地春秋之前有在农历五月初五以龙舟竞渡形式举行部落图腾祭祀的习俗（见图10-77）；后因诗人屈原在这一天死去，便成了中国汉族人民纪念屈原的传统节日；部分地区也有纪念伍子胥、曹娥等说法。

图 10-77　端午节赛龙舟

资料来源：http://cache.baiducontent.com/。

---

① 刘托.中国传统建筑营造技艺的整体保护[J].中国文物科学研究，2012(4).

26. 妈祖信俗

妈祖信俗也称为娘妈信俗、娘娘信俗、天妃信俗、天后信俗、天上圣母信俗、湄洲妈祖信俗,是以崇奉和颂扬妈祖的立德、行善、大爱精神为核心,以妈祖宫庙为主要活动场所,以庙会、习俗和传说等为表现形式的民俗文化(见图10-78)。

图 10-78　妈祖信俗

资料来源:http://news.hainan.net/。

27. 京剧

清代乾隆五十五年(1790)起,原在南方演出的三庆、四喜、春台、和春,四大徽班陆续进入北京,他们与来自湖北的汉调艺人合作,同时接受了昆曲、秦腔的部分剧目、曲调和表演方法,又吸收了一些地方民间曲调,通过不断的交流、融合,最终形成京剧。京剧形成后在清朝宫廷内开始快速发展,直至民国得到空前的繁荣(见图10-79)。

图 10-79　京剧

资料来源:http://www.photofans.cn/album/showpic.php? picid = 1014419&year = 2011。

28. 中医针灸

针灸由"针"和"灸"构成,是中医学的重要组成部分之一,其内容包括针灸理论、腧穴、针灸技术以及相关器具。在形成、应用和发展的过程中,具有鲜明的汉民族文化与地域特征,是基于汉民族文化和科学传统产生的宝贵遗产(见图10-80)。

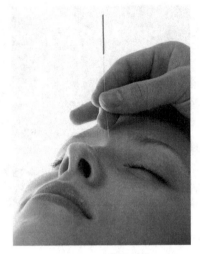

图 10-80　中医针灸

资料来源:http://www.chinese.cn/tcm/article/2010-09/13/content_172626_2.htm。

29. 皮影戏

皮影戏,又称"影子戏"或"灯影戏",是一种以兽皮或纸板做成的人物剪影,在蜡烛或燃烧的酒精等光源的照射下用隔亮布进行演戏,是中国汉族民间广为流传的傀儡戏之一。表演时,艺人们在白色幕布后面,一边用手操纵戏曲人物,一边用当地流行的曲调唱述故事,同时配以打击乐器和弦乐(见图10-81)。

图 10-81　皮影戏

资料来源:http://travel.sina.com.cn/97/2011-02-09/1229.html。

30. 珠算

珠算是以算盘为工具进行数字计算的一种方法,是中国古代的重大发明,伴随中国人经历了一千八百多年的漫长岁月。它以简便的计算工具和独特的数理内涵,被誉为"世界上最古老的计算机"(见图10-82)。

图 10-82　算盘

资料来源:http://story.kedo.gov.cn/fmqw/260719.shtml。

二、中国急需保护的非物质文化遗产

"急需保护的非物质文化遗产名录"是根据联合国教科文组织2003年10月通过的《保护非物质文化遗产公约》设立的,它与"人类非物质文化遗产代表作名录"的主要区别在于列入此名录的非物质文化遗产是指那些尽管在社区或群体的努力保护下,存续状况仍然受到威胁的文化遗产,申报国家需要承诺制订专门的保护计划。截至2011年,中国木拱桥传统营造技艺等8个项目入选《急需保护的非物质文化遗产名录》(见表10-5)。

表 10-5　中国急需保护的非物质文化遗产

序号	名录
1	羌年
2	黎族传统纺染织绣技艺
3	中国木拱桥传统营造技艺
4	新疆维吾尔族麦西热甫
5	中国活字印刷术
6	中国水密隔舱福船制造技艺
7	赫哲族伊玛堪说唱
8	满族枕头顶

1. 羌年

羌年是中国四川省羌族的传统节日,于每年农历十月初一举行庆祝活动。节日期间,羌族人民祭拜天神、祈祷繁荣,在释比(神父)的细心指引下,村民们身着节日盛装,举行庄严的祭山仪式,杀羊祭神。然后,村民们会在释比的带领下,跳皮鼓舞和萨朗舞。活动期间,释比吟唱羌族的传统史诗,人们则唱歌、喝酒,尽情欢乐。新年之夜,每个家庭的一家之主会主持祭拜仪式,献祭品和供品(见图10-83)。

图10-83 羌年

资料来源:http://www.cymy.edu.cn/ShowArticle.asp? ArticleID = 1929。

羌族传统文化是羌族人民在漫长的历史发展过程中创造的一切文明的总和,是羌族生活智慧的结晶与人文成就的体现,是中华文明的重要组成部分。羌族传统文化的活态存续与良性发展不仅是中华民族"和而不同"的历史经验与人文智慧的生动体现,也符合"保护文化多样性"这一理念在当今世界的实践趋势。

然而,羌族传统文化在今天面临愈来愈剧烈的工业化与全球化的冲击过程中,又遭遇了"5·12"汶川特大地震的打击。随着羌族自然的聚居地遭受重创,羌族原生的文化栖息地受毁严重,羌族传统文化面临着消失的危险。①

羌年是羌族居民社会生活事实与文化观念体系的总体呈现,羌族社会的各种制度、组织形式与结构关系均包含其中。针对羌族未形成自己的文字,单一的语言传承的特点及现在面临的种种困难,2008年国家民委《羌族传统文化保护与发展研究》项目中提到应从以下六点入手,保护和发展羌族传统文化:全力推进"羌族文化生态保护区"的建设;建立"非物质文化遗产"的保护体系;全面开

---

① 蒋彬,张原.羌族传统文化的保护与发展研究[J].西南民族大学学报(人文社科版),2009(4).

展文化传承的"社会持续工程";加强对羌族文化进行深入的全面研究和抢救整理工作;加强文化发展重点项目的投入与管理,使传统文化保护与现代产业开发有机结合;系统开展羌族传统文化展示与传播,打造一个适宜羌族文化保护与发展的生态空间。

2. 黎族传统纺染织绣技艺

黎族传统纺染织绣技艺是中国海南省黎族妇女创造的一种纺织技艺,它集纺、染、织、绣于一体,用棉线、麻线和其他纤维等材料做衣服和其他日常用品。黎族妇女从小就从母亲那里学习扎染经纱布、双面绣、单面提花织等纺织技艺。母亲们通过口传心授,传授技能。黎族妇女仅凭自己的丰富想象力和对传统样式的了解来设计纺织图案。在没有书面语言的情况下,这些图案便成为黎族历史、文化传奇、宗教仪式、禁忌、信仰、传统和民俗的记录者(见图10-84)。

图10-84 黎族传统纺染织绣技艺

资料来源:http://www.jguo.cn/topics/yszt/34254_2.html#ad-image-1。

黎族织锦工艺高超,是中国编织史的重要组成部分,是黎族与其他民族相区别的民族标志。但如今,黎族传统纺染织绣技艺却面临着后继乏人、传统原材料短缺等困境。高哲、孙静认为应以传统工艺为理论基础,保护与开发为舆论基础,将原生态与新时尚相结合,生产高档次工艺品,使黎族传统纺染织绣技艺得到更好的保护、继承与发展。[1]

3. 中国木拱桥传统营造技艺

中国编梁木拱桥营造技艺是采用原木材料,使用传统木建筑工具及手工技法,运用"编梁"等核心技术,以榫卯连接并构筑成极其稳固的拱架桥梁技艺体系。

---

[1] 高哲,孙静.中国非物质文化遗产的传承与发展——黎族传统纺染织绣技艺[J].山东纺织经济,2009(1).

自 1953 年木拱桥被发现及研究,到 1980 年的田野考证发现其物质遗产的留存,再到 2000 年的廊桥拱架技术源流搜寻和讨论,过程无比艰辛并历经半个多世纪,才迎来了当前的遗产保护高潮。非物质文化遗产的申报成功和"红军桥"遗产复建项目的获奖,都证明了木拱桥的技术和物质遗产价值已得到世界肯定。①

木拱桥的建造工作由一名木匠师傅指挥,其他木匠操作来完成。木匠的建造工艺按照严格的程序,通过师傅对学徒的口传心授或是作为家族手艺而代代相传。这些家族在木拱桥的修造、维护和保护方面发挥着不可替代的作用。作为传统工艺的载体,木拱桥既是传播工具,也是传播场所。它们是当地居民重要的聚集场所,人们在木拱桥上交流信息、开展娱乐活动、举行祭拜仪式,从而加深了感情,凸显了文化特征。城市化进程加快、木材稀缺、可用建筑空间不足等因素威胁到了木拱桥工艺的传承与存活,使这一传统技艺有所流失(见图 10-85)。

图 10-85　中国木拱桥

资料来源:http://www.71.cn/2013/1213/748111_3.shtml。

4. 新疆维吾尔族麦西热甫

《麦西热甫》广泛流传于新疆,由于地域不同,表现出来的形式丰富而又多样,是实践维吾尔人传统习俗和展示维吾尔木卡姆、民歌、舞蹈、曲艺、戏剧、杂技、游戏、口头文学等的主要文化空间,是民众传承和弘扬伦理道德、民俗礼仪、文化艺术等的主要场合,是维吾尔传统节庆、民俗活动的重要部分。

刀郎麦西热甫——木卡姆是中华民族文化宝库中不可多得的艺术资源(见图 10-86)。

---

① 龙松亮,王丽娴,张燕.文化景观遗产视野下的木拱桥遗产保护动向探析[J].安徽农业科学,2011(33).

图 10-86　新疆维吾尔族麦西热甫

资料来源：http://fy.folkw.com/Pic_View.asp? id=1519。

目前，世界上著名的音乐理论研究人员对这一民族文化资源给予了高度重视。①

5．中国活字印刷术

活字印刷术是一种古代印刷方法，是中国古代汉族劳动人民经过长期实践和研究才发明的。先制成单字的阳文反文字模，然后按照稿件把单字挑选出来，排列在字盘内，涂墨印刷，印完后再将字模拆出，留待下次排印时再次使用。活字印刷术的发明是印刷史上一次伟大的技术革命（见图10-87）。

图 10-87　中国活字印刷术

资料来源：http://www.hi-baidu.org/。

瑞安木活字印刷，是中国已知唯一保留下来且仍在使用的木活字印刷技艺，具有极高的历史人文价值，是活字印刷术源于中国的最好实物明证。

6．中国水密隔舱福船制造技艺

"中国水密隔舱福船制造技艺"是福建沿海木船制造的一项重要的传统手工技艺，就是用隔舱板把船舱分隔成各自独立的一个个舱区，即每个舱区与舱区

---

①　古丽加米拉·卡德尔.刀郎麦西热甫——木卡姆的民族传统[J].新疆艺术学院学报，2005(4).

之间密闭而不相通(见图10-88)。

图10-88　中国水密隔舱福船制造技艺

资料来源:http://news.xinhuanet.com/shuhua/2010-11/18/c_12788493_5.htm。

这样的结构所起的作用是,被分隔成若干舱的船舶在航行中万一舱位破损一两处,不至于导致全船进水而沉没。只要对破损进水的舱进行修补堵漏,可使船继续安全航行。[①]

如今,水密隔舱技艺已是一种濒临消亡的民间手工技艺,堪称中华绝活之一,被造船史界许多专家认为是中国传统造船工艺的"活化石"。

7. 赫哲族伊玛堪说唱

图10-89　赫哲族伊玛堪说唱

资料来源:http://www.chinesefolklore.org.cn/web/index.php?page=2&newsid=9486。

伊玛堪是东北地区赫哲族的独特说唱艺术,表演形式为一个人说唱结合地进行徒口叙述,无乐器伴奏,采用叶韵和散文体的语言,这种独特的艺术形式在传承赫哲族语言、信仰、民俗和习惯方面发挥了关键作用。

在无文字民族中说唱音乐是他们民族传统文化传承的主要手段之一,由于赫哲族没有本民族的文字,因此,在他们的文化传承过程中伊玛堪说唱音乐具有重要的意义。伊玛堪音乐是赫哲族千百年来世代口耳相传的文化艺术至宝,也是赫哲族历史的一部活书,它一旦消失,这对赫哲族人民乃至全世界人民都将是莫大的遗憾和巨大的损失(见图10-89)。[②]

---

① 王孙,王逊.造船"活化石"入选国家非遗名录[N].中国船舶报,2008-7-4.
② 刘雪英.赫哲族"伊玛堪"的生存现状[J].中国音乐(季刊),2010(1).

8. 满族枕头顶刺绣

满族枕头顶刺绣是指流传于吉林省通化市、白山市、辽源市等长白山区满族群众的一种刺绣技艺,因绣于枕头两头而得名。

刺绣是满族较有特色的民间艺术之一,无论是宫廷还是民间,服饰上的刺绣都深受人们的喜爱。满绣不仅凝聚了满族人的审美情趣,也积淀并传承着他们的智慧、宗教观念和民俗意识。[①] 满族枕头顶刺绣题材多样、色彩艳丽、造型独特、内容吉祥喜庆,有"现代艺术之母"的美誉,是研究当年婚嫁习俗、色彩习俗、信仰习俗等文化习俗的重要史料,是不可多得的艺术珍品(见图10-90)。

图 10-90　满族枕头顶刺绣

资料来源:http://www.58tc.cn/baike/12610。

[①] 王焯.满族刺绣与非物质文化遗产的保护[J].满族研究,2009(4).

第 11 章　中国世界遗产的开发与保护

本章主要叙述了国内外世界遗产的管理体制,通过对美国、日本、韩国、澳大利亚成熟管理体制的叙述,引发对我国管理体制的探讨;在管理体制的基础上回顾我国世界遗产旅游发展的历程,概览我国世界遗产旅游的成绩与问题,思索我国世界遗产的可持续发展之路。

每一处遗产都是唯一的,像古罗马竞技场,不是在意大利才有这么一个竞技场,而是全世界就一个古罗马竞技场。中国的长城、泰山、都江堰、曲阜三孔、黄山……也同样是世界唯一的。它们从历史的曲折中走来,见证人类文明的延续和进步,而我们也应将它们未完成的历史继续演绎下去,续写它们传奇的新篇章。

11.1　中国世界遗产管理体制之探

世界遗产的管理体制由对世界遗产的管理体系、管理模式及管理制度三部分组成。世界遗产管理制度不仅需要综合考虑遗产的属性、特征、特点,遗产物质形态、价值以及品质等级的多样性,还需要顾及遗产的传统历史使命,遗产的收藏、保护、修复以及研究等都需要在一套完善的管理体制中得到体现。

世界遗产管理体制的建立和完善,需要多部门的合作,一般由一国的各级政府及相关部门、遗产管理单位、支持性机构(如科研单位、资助机构、专业协会等)等部门的联合建立和推动。

我国世界遗产管理体制的研究和发展较晚,与美国、日本等世界遗产管理体制较为完善的国家存在一定的差距,因此,我国的世界遗产管理体制需要在借鉴中完善,在完善中创新,真正建立起适合我国实际而又具特色的世界遗产管理体制。

11.1.1　国际世界遗产管理体制

国际上的世界遗产管理体制中,美国国家公园管理体制、日本与韩国世界遗产管理体制以及澳大利亚生物多样性保护战略较为成功和具有代表性,对我国世界遗产管理体制也具有一定的借鉴意义。

1. 美国国家公园管理体制

美国是自然文化遗产较丰富的国家,它开创了国家干预自然文化遗产管理的先河,且促使了"世界遗产地"概念的诞生。美国在自然文化遗产的管理上创造出一套较为成熟的管理、监督体制,其中以国家公园管理体制为代表的自然遗产管理体系最具代表性,也成为全球争相效仿的成功典范。

美国建立国家公园来回应过去对它自己许下的承诺,这个民族,看到历史匆匆带来进步文明的同时,也在不经意间带走了过去那些令人惊鸿一瞥的自然、文化、历史奇观,在"进步"的摧残下,美国人决意为它们保留一片净土,让它们继续成为人类追求的心灵的庇护所,建设起国家公园,将美国自然与文化遗产的御宝,保存为"原始美国的蔓叶花饰"。

美国国家公园最值得世界各国借鉴之处在于对资源的保护方面。以黄石公园为例,公园内尽力保存动植物生存繁衍的原生态环境,注重动植物的自然生息。黄石国家公园横跨三个州,面积达 92 万平方公里,公园内山上的枯树很多,就那样横七竖八倒着无人清理,据说是为了让林内的鸟儿继续享用枯树上的虫子,也是为了让树也能够按自然法则由大地自然消化。黄石公园独特的自然地貌景观、种类繁多的动植物资源,使其具有异常丰富的旅游资源,而黄石公园内开展了许多精彩纷呈的旅游活动,但美国黄石公园确立了"完全保护、适度开发"的理念。百余年来,园内自然地貌景观资源保持完好、动植物资源生存繁衍,采取了许多极具针对性的环境保护措施,如不能在公园内开展诸如狩猎等对生态环境和生物多样性影响较大的活动;将旅游活动限制在特定范围和时间内,并对旅游线路进行一定的引导和规定;对垂钓等活动采取许可证制度,规定活动的具体时间、地点,并限制参加活动人数等。美国独特的自然资源保护观,对于我国自然遗产的保护有着极大的启发意义。

(1) 美国国家公园管理体制概念

目前,美国自然文化遗产管理体系主要由国家公园(由内务部国家公园管理局管理)、国家森林(由农业部林业局管理)、国家野生动物保护区(由内务部鱼和野生动物管理局管理)、州立公园(一般由各州政府的自然资源部管理)和某些博物馆等组成。① 其中以国家公园规模最大、制度最先进、建立最完善、内容最丰富,也是美国自然文化遗产管理的最高成就。

美国国家公园管理体制核心是以政府为主导,多方力量参与以及公私合作,从而实现公园保护、游憩和科研等多重目标。美国国家公园管理体制以 1872 年

---

① 章小平,任啸.世界遗产旅游可持续发展研究:以九寨沟为例[M].成都:西南财经大学出版社,2009.

颁布建立黄石公园的法令为开端,黄石公园以国家公园的形式直接由美国的内务部管理,黄石公园的建立,是世界国家公园发展史上的一块里程碑,它为世界自然文化遗产管理体系的发展带来新的曙光,指引新的方向。黄石公园的独特之处在于,它是一个公共性质的公园,服务于美国所有公众,供大众所欣赏。美国建立国家公园源于两个目的,首要目的是保护国家的自然资源,防止自然资源的人为破坏,并且保持资源的自然生态,让美国国家公园中的资源能够持久地延续,为世代所拥有。黄石国家公园建立之时,并没有形成系统的国家公园的概念和系统,经过一百多年的发展,这一体系才逐渐地形成和建立。如今,这一体系已经由最初的保护美国范围内不同类型的自然和文化资源的国家公园系统的概念,扩展到对与美国早先土著文化有关的环境以及建筑等内容保护完善的国家公园管理体制。

(2) 美国国家公园管理系统

美国自黄石国家公园建立后,又批准西部地区的一些联邦政府,建立了一系列国家公园、国家纪念地,将更多的区域纳入国家保护的对象,并分属于不同的部门管理,共同构成了美国国家公园系统。美国国家公园系统在其发展过程中,根据保护区域的自然属性及保护目的的不同,冠以不同的名称,如国家纪念地、国家游憩地、国家海滨、国家公园、国家保护区等。这些保护区域或保护对象具有各自鲜明的特色标志,诸如原生态的森林、草原、沙漠、河口,或者是特殊的地形地貌,诸如山脉、台地、热地、大岩洞等,也有的是丰富或珍稀的野生动植物的栖息地或生长地。截至 2008 年年底,美国国家公园系统共有 20 个类别、391 个单位。本书将这 20 个类别进行综合,合并为 15 个类别进行概述(见表 11-1)。①

表 11-1 2008 年年底美国国家公园系统概览

序号	类别	特征	数量
1	国家公园 (National Park)	多以自然景观为主,资源丰富,有着大面积的陆地或水体,不允许从事狩猎、采矿等活动	58
2	国家保护区 (National Preserve)	与国家公园相似,但国家保护区内可以从事大众狩猎、采矿、天然气等活动	18
3	国家游憩区 (National Recreation Area)	主要为游客提供户外游憩服务,12 个国家游憩区以大型水库为中心建立起来,另外国家游憩区位于大型人口居住中心附近	18
4	国家纪念地 (National Monument)	主要是保护那些规模小的、具有国家意义的资源,通常比国家公园小得多,也没有国家公园内容丰富	74

---

① 赖启福,陈秋华,黄秀娟.美国国家公园系统发展及旅游服务研究[J].林业经济问题,2009(5).

第11章　中国世界遗产的开发与保护

（续表）

序号	类别	特征	数量
5	国家海滨和湖滨（National Lakeshore, National Seashore）	沿海岸线或湖岸建设，在保护自然价值的同时，可开展一定的水上休闲活动	14
6	国家河流（National River）	主要是保护那些没有筑坝、开渠或其他改变的自由流动河流，主要目的是保护这些河流的自然状态	5
7	国家荒野风景河流（National Wild & Scenic River）	只有很少的人类活动痕迹，并保持其自然流动状态，除部分小径外很难接近	10
8	国家风景游览小径（National Scenic Trail）	一些线性的公园地，其中包括国家风景小径和国家历史小径	3
9	国家景观大道（National Parkway）	一些与公园区基本平行的道路，车辆行人沿受保护的廊道前进，并通常与文化区域相连接	4
10	国家历史公园（National History Park）	一般是具有多种特征或建筑的历史性公园	42
11	国家战场（National Battlefield, Battlefield Park, Battlefield Site, Military Park）	可以分为国家战场、国家战场公园、国家战场地和国家军事公园四种，1958年统称为国家战场	24
12	国家史迹地（National History Site）	由国会批准列入国家公园系统，主要指一些有历史纪念意义的地方，范围较小，内容也较少	80
13	国家保护地（National Reserve）	是一种比保护区小的保护地点	2
14	国家纪念碑（National Memorial）	通常指具有纪念意义的场地，但它们不一定需要场地或建筑来展现其历史主题	27
15	其他（Other）	未列入上述类别的项目，包括一些承担独特意义的类别，如白宫、威廉姆王子森林公园，及一处国际史迹地	12
合计	—	—	391

美国国家公园管理系统经过多年的发展，实行国家、地区和公园三级垂直管理体系，如图11-1、图11-2、图11-3和图11-4所示。美国于1916年在内务部下设国家公园管理局为国家公园最高行政机构，负责全国国家公园的管理、监督、政策制定等工作，管理局下设首都地区、北部地区、南部地区、中部地区、西部地区、西部山区、阿拉斯加地区7个地区局，作为地区行政管理机构，地区局下设国家公园管

理机构,负责公园内的资源保护、参观游览、教育科研以及特许经营等工作。①

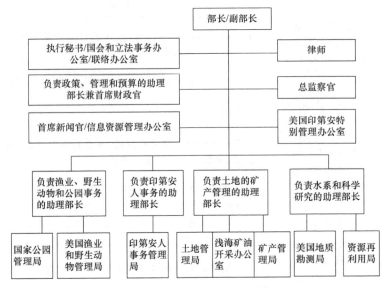

图 11-1 美国内政部机构设置

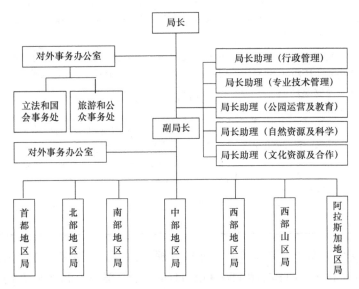

图 11-2 美国国家公园管理局组织结构

---

① 邹统钎.遗产旅游发展与管理[M].北京:中国旅游出版社,2010.

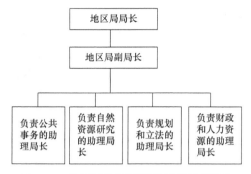

图 11-3　美国国家公园管理局地区局机构

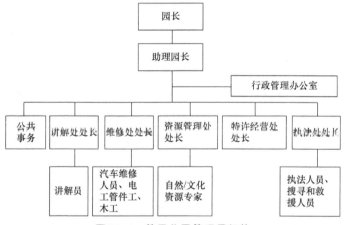

图 11-4　基层公园管理局机构

资料来源:邹统钎.遗产旅游发展与管理[M].北京:中国旅游出版社,2010。

（3）美国国家公园管理体制特点

美国国家公园式的世界遗产管理体制能够取得成功,吸引世界各国为之效仿,主要原因在于其清晰的世界遗产管理理念:世界遗产是从先辈那里继承而来,也是从后代那里借来的,因此世界遗产是属于公益性的资源,保持其真实性、完整性,实现其可持续利用是美国世界遗产管理体制的主要目的和使命。为了践行这一使命,美国建立起相应的资金体制、管理体制、经营体制、监督体制与之相适应。

美国国家公园管理体制是管理和保护世界自然文化遗产的重要手段,其管理体制主要有以下几个方面的特点:

垂直领导,行政分级。美国国家公园实行国家公园管理局、地区管理局和基层管理局三级管理机构一元化的垂直领导管理体系。各层级的管理机构负责不同的管理权限,国家公园管理局负责全国国家公园的统一管理,地区管理局负责其辖区内国家公园,而基层管理局则负责本公园的管理实务。美国国家公园的管理机构与公园所在地政府没有业务上的联系,不会出现部门交叉、重叠的现象,也避免了多头管理的发生。

规划集中统一管理。美国国家公园管理局下设的丹佛规划中心统一负责编制国家公园的总体规划、详细规划、专项规划以及公园的单体设计。各地区管理局也设有规划设计室,基层管理局设有规划设计小组,但是其设计方案的完成需要经过公众的讨论,并吸收公众合理的意见,取得公众的认可。这一管理体系不仅有利于美国国家公园规划设计的统一管理,而且有利于获得公众的积极参与和支持,能够提高规划设计的可操作性,保障规划的顺利实施。

经营与管理分离。美国国家公园管理者根据国家公园建立的使命对自己的角色也有了明确的定位:管理者将自己定位为国家公园的管家或者服务者的角色。这一定位促使管理者不会将国家公园作为生产投入要素,将资源转化为商品牟利,管理者也只能获得其岗位上的工资。这种管理制度有效地解决了因管理者的原因而导致的保护与利用之间的矛盾。美国国家公园的经费也主要来自国家财政,即使有门票收入也不作为公园的日常开支,而是作为公园资源保护和教育宣传费用。美国国家公园对其公园内的经营业务也有明确的规定,界定公园的经营业务只能作为副业发展,只能经营与核心资源消耗无关的后勤服务以及旅游纪念品,其经营规模、经营质量以及价格水平都受到严格的限制。国家公园内的特许经营业务收入,除了上缴国家部分外,必须全部用于公园的改善管理,公园财务与管理机构无关,实现管理与经营的分离。这一管理制度有利于规避重经济效益、轻资源保护的弊病,有利于提高管理和保护效率。

公众与社会参与。美国国家公园积极号召公民和社会参与到公园的建设保护中来,支持美国的国家公园。公园除了正式工外,还包括大批的志愿者、合作伙伴、公园合作协会、赞助商以及公园基金会。国家公园的正式员工只有1.5万人,旅游旺季时会招聘1万人的临时雇员,其他则主要靠志愿者参与,为公园提供服务,每年参加服务的志愿者达8万余人,公园内大量的接待工作和环保工作也多由志愿者完成。在美国国家公园的资金来源中,私人捐赠也占据了较大的份额。公众的参与和支持弥补了美国国家公园自身人员和经费预算的不足。

资源保障体系健全。美国国家公园建立了一套良好的资源保障体系。首先,在公园建筑上,不修建大体量的建筑,建筑风格也力求简朴、淡雅,与自然景观相一致,没有显眼的大门和永久性的索道;其次,在生活设施布局上,选择在与景点较远的地方修建,且分散布局,以相互不能见到为原则,也需要做到与自然景观协调一致;再次,游客流量控制,美国国家公园严格控制入园的游客流量,不仅有严密的流量监控措施,而且还会采取控制园区内床位数等手段限制公园内游客流量;最后,在娱乐性旅游项目的规划上,美国公园坚持保护资源原生态的原则,在公园内,不准设计娱乐性的旅游项目,而是以宣传教育为主,向游客提供公园的有关资料,普及公园的相关知识,并鼓励游客保护资源。

2. 日本与韩国遗产旅游管理制度

日本和韩国与我国在地理位置上相近,文化背景也相似,因此,日本与韩国的遗产旅游管理制度有许多值得我国遗产旅游管理学习和借鉴的地方。日本的文化遗产数量居亚洲第三,仅次于我国和印度。日本对文化遗产的保护意识兴起得较早,不仅很早就建立起完善的遗产保护立法系统,还不断地进行理念和方式的创新。日本政府不仅在遗产保护上进行了不懈的努力,还不断地向公众灌输保护思想,引导公众的积极参与。韩国的遗产保护制度多借鉴于日本,但仍有许多延伸发展的地方,尤其表现在对传统节日的保存和发展上。

(1) 日本世界遗产保护制度

日本从国土面积上来说是一个小国,却是一个世界遗产大国,而其世界遗产的分类保护制度在世界上得到了极高的认可。

日本称文化遗产为"文化财",文部省下的文化厅是日本文化财的主管部门,在文化厅下还设有文化财保护部、传统文化课以及文化政策部。日本对文化财采取分类保护的制度,将现存的重点文化遗产进行划分,横向按照文化财的属性和特点分类为七个方面,纵向根据文化财的重要程度划分为三个层次(见表11-2、图11-5)。

表11-2 日本文化财的横向分类

类别	主要特征	主要内容
有形文化财	在日本历史、艺术等方面具有较高价值的有形载体	绘画、雕刻、工艺品、书籍、书法、古代典籍及其他有形的文化载体,包括考古资料及有较高学术价值的历史资料等
无形文化财	在日本历史、艺术等方面具有较高价值的无形载体	戏曲、音乐、工艺技术及其他无形文化载体等
民俗文化财	在认识日本国民生活的承袭和发展方面具有重要作用	风俗习惯、民俗艺能,分为重要无形文化财(岁时节日、信仰等)和重要有形文化财(衣食住行所需器具和民俗文物)
史迹名胜天然纪念物	具有重要价值的人文和自然景观	旧宅、古坟、名胜古迹等人文景观和著名的山脉河流等自然景观
传统建筑物保存地区	具有较高价值,与周围环境共同形成历史风格的传统建筑物	如集镇、市场、农林渔场等
埋藏文化财	埋藏于地下的文化财	包括遗迹、遗物等
文化财保存技术	保存文化财的传统技术和措施	包括为文化财保存所必需的材料及修理、修复技术等

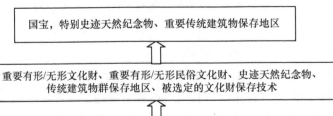

图 11-5　日本文化财纵向分级

资料来源：邹统钎.遗产旅游发展与管理[M].北京：中国旅游出版社，2010。

日本文化财的保护在进行分类、分级中需要通过"指定"、"选定"、"登录"等多种方式和一套严谨、公开的基本程序。此外，其财政拨款根据保护文化财的用途分为四大项：一是促进国宝、重要文化财的保护事业，主要是用于对建筑物、工艺品等的保护、维修，还用于对重要文化财的收购以及配置必备的设施设备等；二是用于历史遗迹的整治和利用，其中包括了资助历史遗迹的公有化、资助地下文物的调查和发掘；三是用于对传统工艺的继承，其中包括了资助"日本艺术文化振兴会"；四是用于国立博物馆的整治和运营。

（2）韩国的遗产保护制度

吸取日本经验，韩国将其文化遗产也称为"文化财"，在其文化体育部文化财管理局下设有形文化财课和无形文化财课，负责韩国有形和无形文化财的调查、认定和保护工作。韩国还联合文化财保护团体、大学、研究机构的相关专家和文化财委员会下的有形/无形文化财等八课共同参与文化遗产保护工作。文化财委员对遗产相当重视，一旦发现值得保护的文化财，委员便会提出报告，在论证后立项为国家重点保护项目。韩国的专家学者还会定期对文化财进行审议和评估，加强保护力度。韩国政府大力支持文化财产业，对文化财的各项活动，根据规模给予 200 万—500 万韩元的资助，同时重视对传统文化技能的保护，授予具有传统技能的人"人间文化财"称号，并每年提供每人每月 100 万韩元的资助。传统节日也是韩国文化财保护的重点，以此为理念开发出许多具有国际影响力的节日盛典，吸引了世界各国观众的参观。

韩国对世界遗产保护的特点主要体现在以下几个方面：首先，对遗产的分类和分级，这是借鉴日本经验的主要体现，但韩国将本国的文化遗产分为有形文化财、无形文化财、纪念物和民俗资料四类，在纵向上，又分为国家级和省级两个层级，国家级的文化财分为国宝、宝物、重要无形文化财、史迹及名胜、天然纪念物、重要民俗资料六类，省级文化财分类沿用四个基本类别。其次，发挥遗产的教育功能，韩国充分利用世界文化遗产景区对国民进行教育，一般韩国世界文化景区的门票价格很低,景区内只设置少量的经营点,为游客提供一些简单的食物和饮料,而会准备大量介绍文化遗产的资料,供国民学习和用以教育孩子。最后,培育国民遗产保护意识。韩国文化遗产保护事业的快速发展也源于对国民的广泛动员,韩国政府提出"知道、找到保护"的重要口号,引导国民对文化遗产保护的关心和认同。随着网络技术的发展,韩国民众在网络上也进行了关于文化遗产保护话题的热烈探讨,既对韩国政府形成了压力,同时也积极献计献策,推动韩国文化遗产保护事业的更好发展(见表11-3、图11-6)。

表11-3 韩国文化财的横向分类

类别	主要特征	主要内容
有形文化财	在韩国历史、艺术、学术等方面具有较高价值的有形载体	具有有形载体的且价值较高的建筑物、典籍、笔记、古籍、绘画、雕刻、工艺品、艺术品等,以及具有较高历史价值的考古资料
无形文化财	在韩国历史、艺术、学术等方面具有较高价值的无形载体	无有形载体戏剧、音乐、舞蹈、游戏、仪式、工艺技术等
纪念物	具有较高历史、艺术、学术价值的史记地、名胜、地形地貌及自然现象等	① 寺院、古墓、贝冢、城址、宫殿、窑地等史迹地,以及具有纪念性的设施 ② 具有很高的历史、艺术、学术价值的名胜 ③ 作为动物(包括栖息地、繁殖地、舶来地)、植物(包括自生地)的地形地貌,矿产洞窟,生物学上的生成物以及其他具有很高的历史、艺术、学术价值的自然现象
民俗资料	韩国重要的民俗文化资料	在了解国民生活的发展方面不可或缺的关于衣食住、职业、信仰、年节活动等方面的风俗、习惯,以及在这方面使用的服饰、器具、房屋等

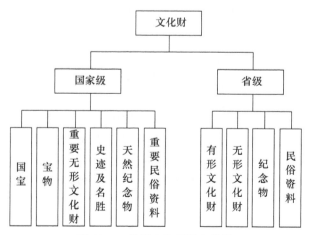

图11-6 韩国文化财纵向分级

资料来源:根据韩国《文化财保护法》整理。

3. 澳大利亚生物多样性保护战略

世界遗产涉及的内容较为广泛,各国根据本国的遗产实际情况,在管理工作上也各有侧重,澳大利亚在环境保护方面的成就走在世界前列,其中《澳大利亚生物多样性保护战略(2010—2020)》(Australia's Biodiversity Conservation Strategy 2010—2020, ABCS,以下简称《战略》)未来几十年保护国家生物多样性的指导框架,对于中国等许多国家都极具借鉴意义。我国可以从《战略》中总结出在保护我国自然遗产方面的经验,从而解决我国自然遗产管理中出现的相关问题,并促进我国遗产管理体制的完善。

(1)《澳大利亚生物多样性保护战略(2010—2020)》内容介绍

澳大利亚《战略》是以自然资源管理内阁委员会的名义发布,它以新的理念推广解决当今世界生物多样性保护问题的方法和行为,是澳大利亚国家、地区、地方政府和私营部门保护生物多样性不同组合方法的指导政策框架。《战略》的实施需要政府、公共部门以及私人企业的通力合作。

《战略》反映了澳大利亚政府保护生物多样性的意图,且力求保证生物是健康、适应气候变化的,这对人类的生存也是至关重要的。澳大利亚政府意识到保护生物多样性任务的紧迫性和任务的艰巨性,故而需要立即开始行动,并保持至少10年长期效果的愿景。

《战略》作为澳大利亚政府、企业和社会各界在未来几十年保护生物多样性的一个框架,主要分为背景、优先行动、实施和行动三个部分。背景部分描述了生物多样性的减少和所面临的危机,简要说明澳大利亚为什么必须改变目前的做法,并采取更可持续的经济和生活方式,并概述了澳大利亚第一个生物多样性保护国家战略。优先行动部分确定了国家优先采取的行动,这些行动的重点是:通过教育澳大利亚公民保护生物多样性,让他们更加关注生物多样性;提高土著居民的参与程度,加强战略投资和伙伴关系;建设气候变化中的生态系统适应能力,保护多样性,维护和建立生态系统功能,减少对生物多样性的威胁;通过取得可衡量的结果,改善和分享知识并提供有效的保护措施,实施强有力的国家监测、报告和评价。

(2)《澳大利亚生物多样性保护战略(2010—2020)》的六个优先

《战略》人为对生物多样性的保护是多方面的,但总体上来说,需要优先考虑六个方面的完善,即建设弹性的生态系统、回归生物多样性的主流、关注知识、产生知识、吸引土著人的参与、衡量成效六个方面(见表11-4)。[①]

[①] Australia's Biodiversity Conservation Strategy 2010—2020. Prepared by the National Biodiversity Strategy Review Task Group convened under the Natural Resource Management Ministerial Council, 2009.

表 11-4 《澳大利亚生物多样性保护战略(2010—2020)》六个优先内容

序号	优先项目	主要内容
1	建设有弹性的生态系统（building ecosystem resilience）	确保自然环境能够保持其生物多样性的价值和重要的生态功能，能够面对包括来自气候变化的越来越大的压力
2	回归生物多样性的主流（mainstreaming biodiversity）	确保所有澳大利亚人了解他们的生活和行为如何影响生物多样性，以及生物多样性如何支持他们
3	关注知识（knowledge for all）	提高澳大利亚人对生物多样性知识的关注度，并增强知识的共享性
4	产生效果（getting results）	提高保护措施的成效
5	吸引土著人的参与（involving indigenous peoples）	认识到土著人与澳大利亚的自然环境的特殊关系、这种关系的文化意义及其对澳大利亚的生物多样性保护的重要性
6	衡量成效（measuring success）	建立衡量并报告《战略》执行情况的制度，并根据执行情况进行战略调整，从而促使战略目标的实现

4. 国际世界遗产管理思想对我国的启示

美国、日本、韩国以及澳大利亚的世界遗产管理制度和管理战略，对于中国世界遗产的管理具有极大的指导意义，主要体现在以下几个方面：

(1) 法规和制度先行

美国的国家公园管理制度十分重视立法的作用，基本上每个国家公园都有独立立法，而且为了避免国家公园管理部门与其他部门的矛盾，公园立法以联邦立法为准。日本和韩国在文化遗产的保护上，最突出的经验是重视立法的作用，它们都有一部遗产保护的根本大法即《文化财保护法》，法律明确规定了文化遗产保护的具体措施，是其文化遗产管理体制完善的重要工具。澳大利亚的生物多样性保护战略也是在一系列法律条文的推动下进行的。立法能够提高人们对世界遗产的保护意识，而且能够促进世界遗产管理的规范化。

(2) 重视"人"的作用

遗产是从先辈那里继承而来，而且是需要继续向后代传递延续的，而在传承方面，人是最好的资本，一方面对能够通过人的继承得以流传的工艺找到合适的传承者，并给予他们扶持和帮助，促使他们能够更好地将这些"活"的遗产向后世推广；另一方面也需要主动地争取人们的主动保护观念，不是依靠强制性制约人们的保护行为，而是发挥国民的力量，促使国民自觉地保护遗产。日本和韩国在这方面做出了典范,日本视其传统文化的继承者为"人间活宝",给予其大力的支持,而韩国也称其传统文化的继承者为"人间文化财",每人每月都获得资助资金。我国上下五千年的传统文化,也需要传承人的继承和发展,让我国人民的智慧在后世依然能闪现耀眼光芒。

(3) 动员公众的参与

诚然,目前在世界遗产管理上,一国政府都发挥重要作用,是世界遗产管理的领导者和发起者,但是从国际管理经验来看,政府的力量有限,其功能作用也只能在一定范围内发生作用,长远而有效的世界遗产管理体制则需要公众的广泛参与,形成政府、公众的合力。诸如美国的国家公园自愿者,日本韩国民间、基层社区以及学术专家等公众力量,我国世界遗产管理体制中也应当将动员公众的参与性作为重要的一环。

(4) 经营和管理的分离

世界遗产利用与保护之间的矛盾一直是世界遗产管理的重点和难点,其中如何正确处理管理与经营问题成为焦点。美国国家公园管理体制中采用特许经营和公园管理相分离的办法来解决。经营与管理权的分离,能够避免重经济效应、轻资源保护的弊端。美国国家公园管理体制中对公园内的经营业务定位也很清晰——只是作为公园的副业发展,不能破坏公园的资源保护格局,也能缓解经营与管理的矛盾。

11.1.2 中国世界遗产管理发展历程

我国在1985年11月正式成为《保护世界文化与自然遗产公约》的缔约方,自此我国世界遗产事业也逐步地得到推进和发展。经过近三十年的发展后,我国世界遗产管理事业也取得了较大的进展。以世界遗产和管理环境之间的关系为出发点,以及从社会经济条件、科学认识水平和管理形态的角度,大致上可以将我国世界遗产的管理划分为三个时期,即传统管理期、转型过渡期和现代发展期。

1. 中国世界遗产管理的发轫——传统发展期

我国世界遗产管理的传统管理期是指我国经济体制改革之前,管理思想偏重于封闭性保护和以技术管理为主的这一时期。新中国成立之初到1990年之前,我国文化与自然遗产在客观上都属于传统管理期。新中国成立后,我国对历史文化遗迹已经有了初步的保护意识,并建立了相关的管理机构和管理机制妥善保护历史文化遗迹。这一时期由于受到计划经济体制的影响,管理思想上倾向于保守的封闭式的管理,长期处于与世隔绝的封闭状态。国家建立起自上而下的管理机构,由国家财政拨款和安排人员将这些历史文化遗迹作为国家财产进行被动保护,但是保护力度较小,且常年经费不足,专业管理人员奇缺,管理效果不佳。

在我国世界遗产的传统管理期,由于经济条件薄弱、管理者素质不高和社会公众意识薄弱,遗产资源的管理没有得到足够的重视,遗产遭受自然侵蚀的问题普遍存在。而这种传统管理的思想掩盖了自然与文化遗产的价值,长期被社会公众所忽略。这与当时我国的经济发展条件和经济发展环境有着密切的联系,是在我国特殊国情下所特有的一个发展时期。

2. 中国世界遗产管理的不断深化——转型过渡期

我国世界遗产管理的转型过渡期发生在我国经济体制改革之后。这一时期,随着我国经济体制由封闭向市场化的过渡,我国世界遗产的管理思想也由传统管理思想向开放式管理思想过渡,由稳定环境中的管理向动态复杂环境中的管理转变,但这一时期并没有将现代开放式管理思想的核心内容融入到管理体制中,故而只是我国由传统管理向现代管理的一个过渡时期。

这一时期,我国经济发展受到市场经济的洗礼,经济发展打破传统的封闭状态,开始与外界发生联系和交流,中国的社会也开始了缓慢的转型。社会转型的发展,促使政府、企业及其他组织机构都受到转型思想的影响,管理思想和知识体系也随之发生转变。

在过渡转型期,我国世界遗产管理的主要思想是旅游开发利用。由于这一时期,遗产旅游带来了巨大的经济利益,在我国经济发展的起步阶段备受瞩目,管理体制也多向旅游开发利用方面倾斜,诚然,在经济利益上我国获得了较大的成功,但是也为后期我国遗产保护与开发不可调和矛盾的出现埋下了隐患。转型过渡时期也是针对我国的具体特征,其遗产管理思想并不是先进的现代管理思想,故而可以作为我国遗产管理进入现代管理时期的一个过渡期。

3. 中国世界遗产管理走向成熟——现代发展期

我国世界遗产的现代发展期是我国进入社会经济快速发展阶段后,对世界遗产的管理有了充分的物质保障、理性的管理思想和成熟的管理体制,并建立起先进管理体制的发展时期。我国目前经济发展较快,经济发展水平在不断地提高,在世界遗产管理方面投入了大量的人力、物力和财力,随着对世界遗产保护意识的增强,在管理投入上比重也在不断增加,管理思想和管理体制在不断地借鉴国内外成功经验,基本上建立起了一套较为合理的管理体制。但是与西方先进的世界遗产管理体制相比,我国目前只是处于现代管理期的起步阶段,西方目前的管理状态是我国未来遗产管理的目标和导向,我国的遗产管理还有很长的路要走。

11.1.3 中国世界遗产管理体制的构建

我国世界遗产管理体制在经济体制改革后逐步地向现代遗产管理体制发

展。但我国世界遗产资源是长期作为重点文物、风景名胜区等来管理的,在管理体制上,与美国、日本、韩国等遗产管理体制成熟的国家还存在较大的差距,目前建立起行之有效、适合我国国情的世界遗产管理体制已是当务之急。

1. 中国世界遗产管理中的主要问题

纵观我国世界遗产管理的发展过程和现状,目前,我国世界遗产管理中主要存在以下几方面急需解决的问题:

(1) 管理标准和规则上的缺陷

目前我国世界遗产管理体制在管理标准和管理规则上与科学管理体制存在很大的差距。世界遗产科学的管理体制能够深刻反映人与自然、人与历史等复杂的关系和联系,并能够有效地根据资源特点采取合理的管理方法,且能够处理好当代利用与后续发展的关系。

国际上科学的世界遗产管理体制的关键是能够从遗产所存在的文化背景环境中对遗产进行管理和保护。例如国际世界遗产管理组织依据《公约》所建立起来的管理体系,该体系能够通过各国政府间机构的管理强化该公约的权威性,使其能够在更广泛的范围内发挥作用,并通过非政府机构专业能力加强评估的科学性,从而提高《公约》的可操作性和现实性。而我国的世界遗产管理体制则存在管理部门多、交叉管理、管理标准不统一、主管部门对管理规则不了解等问题,导致我国世界遗产在管理过程中举步维艰。

(2) 管理体制复杂

到目前为止,我国并没有设立起世界遗产管理的专有部门,而是将世界遗产作为文化和风景名胜区的类别进行管理,沿用的也是文物单位和名胜风景区的管理模式和方法,即世界遗产只是在中国原有的管理组织上又加了一顶世界品牌的帽子。但从实际效果来看,这种管理模式的效果十分有限,并不是我国世界遗产管理的最佳模式。分割管理、多头管理和组织分散的缺陷,使得我国世界遗产管理工作难有实质性的进展,并制约了我国在遗产管理中主要任务和职责的理解和分配,这也是我国世界遗产管理难与国际相接轨的重要原因。

(3) 缺乏战略调整滞后

世界遗产的管理需要根据社会环境的变化进行战略上的调整和完善。社会环境是世界遗产管理工作的主要依据和出发点,世界遗产的管理思想、理念和方式都应该根据社会的发展变化进行调整。我国目前已经处于经济转型的大发展时期,但是在世界遗产的管理战略上却没有进行与之相适应的发展和完善,管理战略严重滞后于管理的实际发展需要。旧的管理模式使得我国出现了许多遗产危机,为我国尽快建立起适应社会发展的管理体系,实行具有前瞻性的管理战略拉起了警钟。

(4) 遗产旅游的冲击

近年来,我国世界遗产旅游热逐渐升温。一方面巨大的经济效应和品牌扩散效应增强了我国对世界遗产的关注度,使世界遗产成为我国社会广泛探讨和研究的话题;但另一方面,过度的旅游开发利用也激发了我国世界遗产保护的迫切性。我国的遗产旅游为我国带来了巨大的经济效应,尤其在带动我国西部地区经济发展方面作用突出。但我国的遗产旅游却过于重视经济利益,在开发中忽略了对遗产的保护,消耗性地发展遗产旅游,遗产的开发利用与保护之间的矛盾也成为我国遗产管理中最大的矛盾。

国际遗产管理能够妥善协调遗产开发利用和保护之间的关系,主要源于其对世界遗产的管理理念、管理程序、制度、方法等方面都有严格的规范和限制,实现双方的协调发展,既发挥遗产资源的旅游价值,又做好遗产的保护措施,防止遗产的过度消耗,这也是后期我国世界遗产管理体制重点发展目标之一。

2. 中国世界遗产管理体制的环境建设

从国内外世界遗产的管理经验来看,管理环境与管理体制之间关系密切,良好的环境是管理体制的基础。我国世界遗产管理体制的环境建设,主要从政策与法律体系建设和组织体系建设两方面入手。

(1) 政策与法律体系建设

世界遗产从客观上来说是一个国家的公共财产,具有公共属性,归国家所有,需要立法来保证其地位和管理的责任;而立法也能够对世界遗产利用中的各种关系,中央与地方政府、管理部门之间、经营单位之间、经营单位与保护部门之间的利益关系起到一定的协调作用;世界遗产也具有独特性和不可恢复性的特点,破坏之后将是人类永恒的损失,也需要立法以强制性的态度予以保护;而世界遗产的管理涉及的部门行业也较多,需要立法保证各部门和行业行动的一致性,故而立法对于世界遗产的管理工作至关重要。国际上对世界遗产的管理,也通常在法律政策上提供保障依据。

目前我国世界遗产管理过多地依靠传统的行政管理,缺少立法体系的约束机制,结合我国世界遗产管理的发展趋势,建立起有效的法律约束机制也是遗产管理体制建设的重要任务。建立起我国完善的世界遗产管理立法体系,不能一蹴而就,要根据实际情况,一步一步地实现。

首先,理清我国世界遗产管理立法体制中的重要基本依据。我国目前对世界遗产管理的法律和法规是我国在遗产管理的实践中探索出来的,对现实环境也有一定的适应性。我国遗产管理立法体系的建设需要认真审视原有的法律法规,不能盲目地进行全盘否定,而是将现有法律法规作为立法体系建设的法律依据,有针对性地按法律法规进行内容上的调整。

其次,借鉴国外成功的立法经验。美国、日本等国家的遗产管理经验值得我国借鉴和部分吸收,在立法体制中,我国也需要吸收其有效的经验,最为重要的是要摆正世界遗产的资源属性,明确管理机构的职权和职责,以及遗产地经营权限等方面的内容。

最后,建立起一部遗产保护的基本法。我国世界遗产管理的立法体系应该以一部类似"遗产保护法"的法律为核心,结合现有的文物保护法、森林法、水资源保护法、环境保护法以及风景名胜区管理条例、自然保护区管理条例等共同构成完整的立法体系。遗产保护法需要在内容上规定遗产保护的方针、政策、原则、制度、机构设置以及各相关者的责任义务,还需要妥善处理好遗产保护中的主要问题。

加强我国世界遗产的宏观政策管理。政策具有比法律更为灵活的优势,因此在适应环境变化方面优于法律法规,尤其在我国当前环境变化较大的情况下,宏观政策管理能够成为我国世界遗产法律体系管理的重要辅助手段。宏观遗产管理政策是加强我国建立起与国家标准、惯例和管理模式相接轨,加强国际保护交流的重要途径,在世界遗产旅游和教育功能相结合的大发展环境中,也积极响应了我国精神文明建设和弘扬中华文化的要求。我国在世界遗产的管理中需要借助宏观政策发挥以下几个方面的作用:

第一,对遗产地规划与调整进行原则性指导。遗产的利用与保护具有专业性,需要管理者根据遗产的规律进行灵活的制定,因此宏观政策在遗产管理中发挥原则性的指导作用较适宜,可以有效地保证遗产地规划与发展决策的科学性和合理性。

第二,通过宏观政策保障遗产保护经费。世界遗产管理的经费是遗产管理工作难以展开的一大障碍,而法律对保护经费不能做出裁决和切实保障。但是,宏观政策可以对遗产的保护经费进行一定的保障,对不同部门之间的利益分配做政策性的规定,还可以根据发展形势的变化灵活地调整政策,逐渐找到最佳的遗产保护经费的保障途径。

第三,指导遗产地的社会管理和关系协调。对遗产地历史遗留、涉及人民利益及社会安全等方面的问题,不能通过硬性的规定予以强制解决,只能通过宏观政策进行引导、协调。妥善地解决遗产地社区的各种关系,保障各利益相关者的利益。

第四,提高遗产地人民素质。遗产地居民素质对遗产管理也有较大的影响。宏观政策需要发挥作用,引导遗产管理人员、当地居民和游客自觉地提高管理和保护意识,自觉地支持遗产管理工作,吸引更多的人主动参与到遗产管理工作中来。

(2) 组织体系建设

我国目前初步形成了一套文物、风景区、森林公园等遗产资源的管理组织体系,但这套组织管理体系受到我国传统计划经济体制的影响,不适应我国世界遗产管理体制变革的需要,在宏观上存在只有各种专业性的组织体系,缺乏统一的管理机构、遗产管理中央管理部门与地方行政管理存在冲突、市场旅游的冲击使得分割体制下的组织更为复杂、缺乏专业的第三部门管理等问题,在微观上存在具体工作多头管理、管理的专业性淡化、缺乏可行的激励与约束机制等问题,急需完备的调整。

解决组织系统问题。组织系统是整个组织体系的结构框架,是组织体系建设需要首先解决的问题。从宏观到微观我国世界遗产的管理组织应该分为三个层次:一是国家层面,成立一个遗产管理委员会或部级协调委员会,作为国家统一的协调组织机构;二是第三方机构,与国家立法体系相结合,成立专家委员会、基金委员会、政策委员会以及遗产研究的专业机构;三是微观的遗产管理组织机构,利用地方现有的组织模式,发挥地方积极性的组织方式,以地方政府的遗产管理机构为核心。

加强宏观组织管理。世界遗产的宏观组织管理应以法律为依据,以政策为指导,明确组织的行动计划和方向,但具体管理的重心应仍在地方,还应该突破遗产区划的限制进行合理的行政区划调整,考虑遗产管理的整体效果,同时注重发挥专家作用和发展第三方机构,提高组织管理的科学性和规范性。此外,加强国际合作与交流也是增强宏观组织管理的重要举措。

完善微观组织管理。完善我国世界遗产微观组织管理需要考虑地方积极性和国家专业部门监督两方面,强化协调机制的配合。首先,需要理顺遗产管理的组织体系,打破各自为政、各扫门前雪的组织结构,建立起沟通、合作、协调机制;其次,按照遗产管理的特点在遗产地建立起内部职能管理系统,使得遗产管理的分工明确具体;再次,所有权和经营权的分离,遗产管理与遗产开发的分离,并协调好各自的利益关系,使得管理者和经营者没有利益冲突;最后,建立起检测、评估和激励机制,提高微观组织管理的效率与效果。

3. 中国世界遗产管理体制的能力建设

(1) 世界遗产人力资源能力建设

世界遗产的管理不仅是对世界遗产资源的管理,更是对人的管理,也需要发挥人的管理作用。国内外的管理经验证明,世界遗产管理效果的好坏与人力资源能力的强弱密切相关,而我国世界遗产目前的人力资源管理在质与量上都处于不平衡状态,管理模式也趋于落后,因而人力资源能力建设是提高我国世界遗产管理能力的重要内容。

建立规范的遗产人力资源管理体系。对人事体制进行协调是我国建立起规范的人力资源管理体系面临的最大困难。根据一般的人力资源规范和我国世界遗产管理的特殊要求,我国的世界遗产人力资源体系需要突破和创新。第一，人力资源管理过程严谨，包括人力资源规划、员工招聘、员工培训、员工绩效管理、员工薪酬管理以及员工职业规划等，需要管理机构建立起一套公开规范的、执行性高的制度；第二，做好人力资源规划，建立起人才资源库，制订好管理岗位员工的备选方案；第三，做好员工招聘和解聘工作，员工流动性需要谨慎对待，并与现在状态相比，做出改变；第四，员工招聘，根据员工素质和岗位要求招聘员工，提高员工招聘的质量；第五，员工培训，需要将日常培训和提高员工能力的专业化培训相结合；第六，员工的绩效评估，强调人力资源管理与组织发展目标的一致性；第七，薪酬管理，运用新型的薪酬激励制度，提高薪酬激励的作用；第八，员工职业发展规划，将员工也作为可持续发展的重要资源，从而提高员工对组织的忠诚度。

制定遗产管理的人力资源战略规划。遗产管理的人力资源规划战略能够保证管理机构长期内其适当的岗位上都有与该岗位职责相匹配的员工，也可以根据组织管理的需要设置管理机构所需的人力资源数量、结构及岗位，从而有效地提高管理效率。制定出科学的遗产管理的人力资源规划，首先需要对现有的人力资源状况进行评价，并根据遗产管理的未来发展使命对现在和未来的人力资源进行需求分析，从而制定出适用于目前和未来的人力资源配置的动态管理。其次还需要将人力资源规划方案纳入到总体的发展战略中去，从而实现人与事的高效配置、近期与长期的动态平衡。

重视人力资源的培养与开发。世界遗产的管理最终都是需要发挥人的主观能动性进行的，故而人力资源的培养和开发是人力资源能力建设乃至世界遗产管理能力建设中的长期措施。对世界遗产管理人力资源的培养侧重于对人才能力的培养、技能的训练和潜在能力的挖掘与提高。而对人力资源的开发，则侧重于发现和挖掘人才，获得具有专长的人才。但无论是人力资源的培养还是开发都需要建立在实际的基础上，需要按照目前我国世界遗产管理人才需求状况，明确人才培养和开发方案，确定人才培养和开发的基本方式，制订培养和开发计划，以及对培养和开发实施状况实时评估，有组织、有计划地进行才能实现预期的目标。

建立外部专家顾问机制。美国国家公园管理体制中利用了大量的外部人力资源，同样，我国世界遗产人力资源管理能力建设，也不能仅限于管理人员人力资源的建设，更需要利用创新性思维，利用外部人力资源，作为人力资源管理的重要支持性力量，特别是要争取外部专家的支持和参与，建立起外部专家顾问机制，这支专家顾问队伍中不仅需要遗产保护技术专家的参与，还需要法律、管理等多方面专家的共同支持，只有多学科专家的共同合作，才能系统地解决我国的世界遗产管理问题。

(2) 世界遗产财务保障能力建设

财务是保障我国世界遗产管理效率的物质基础,目前我国世界遗产管理面临的一大挑战便是财务保障能力的不足。目前门票收入是我国世界遗产管理机构用于日常管理和保护工作的主要来源。但是我国的世界遗产多分布在经济欠发达地区,当地政府的财政收入有限,其中遗产地门票收入中有相当的比例需要上交到地方财政,故而真正用于遗产管理的经费十分有限。因此,我国世界遗产财务保障能力是我国遗产管理中的短板,需要经过努力不断地加强。根据我国发展的实际情况,增强我国世界遗产的财务保障能力需要按部就班进行。

构建我国世界遗产管理的财务战略。我国世界遗产管理的财务战略主要涉及筹资和投资两个方面。就筹资而言,笼统的要求是以尽可能小的筹资成本获得更多的资金。在筹资中需要处理好遗产保护与遗产旅游开发筹资的区别。遗产保护的资金是公益性的,不是企业的成本投入,而遗产旅游开发筹资则是经营行为,其利用遗产资源,应该支付一定的维护和补偿费用,二者的性质、用途和来源都有区别,故而应该在财务战略中明确区分。目前,我国遗产保护的资金筹集主要是依靠财政拨款,但也只能是杯水车薪,不能够满足资金的完全需求,需要进一步扩展筹资渠道,获得更多的资金支持。遗产的旅游开发则作为经营行为,筹资渠道相对较多,不仅有财政投入支持,还可以通过市场等途径获得。我国的遗产管理机构需要制定财务战略,保证将一部分世界遗产的经营收入用于遗产保护,同时对财政投入、社会捐赠等资金进行统一管理和分配,保障财务资金用在最合适的地方。就投资业而言,主要是营利性旅游企业的投资,但是我国遗产管理在对企业投资上存在管理过于松懈的问题,需要在财务战略上进一步规范投资行为,明确投资分配政策和收入分配政策。同时财务战略在财务结构安排上需关注保护和开发的平衡,并谨慎进行资本的运营。

建立世界遗产保护基金战略。设立世界遗产保护基金是国际上通行的世界遗产保护策略,也是切实可行的财务战略。这一战略在我国也具有现实可行性,我国在世界遗产管理中,也需要尽快建立起世界遗产的保护基金,以增强其财务保障能力。联合国教科文组织设置了国际性的世界遗产保护基金,而世界上许多国家也都设置了不同类型的世界遗产保护基金,并都取得了较好的效果。世界遗产保护基金的来源较多,如政府财政、社会捐赠等。我国在建立世界遗产保护基金时,需要具体借鉴国际上成功的基金运作方式,基金应该交由专家运作,避免行政干涉,且应该保证其透明性,置于公众的监督之下。

(3) 世界遗产管理监控能力建设

近年来,我国出现的申遗热方兴未艾,在申遗成功后的短暂喜悦之后,需要立即开展无数的细致工作,但是我国多是利用世界遗产发展旅游,而没有建立起与之相适应的日常检测措施,给我国的世界遗产造成了巨大的损失。总结我国目前世界遗产监控能力建设的现状,需要从以下几个方面进行能力的增强。

明确我国世界遗产监控能力建设的要点,主要包括:① 在国家层面上统一我国世界遗产的监测体系,并加强对地方的约束管理;② 积极参与国际监督的合作与交流,积极借鉴国际经验;③ 增强监测工作的公开性、透明性,体现出监测工作的价值;④ 提高监测工作的专业性,提高我国世界遗产监测的能力;⑤ 明确监测工作的主要目的是对我国世界遗产的保护;⑥ 在各遗产地建立起日常的监测制度,并形成我国统一的监测体系。

建立以第三方机构为主的遗产评价机制。评价机制是对我国世界遗产监控体制的重要组成部分,主要负责对世界遗产管理有效性及遗产本身的评价,目前我国这两方面的评价工作都带有明显的行业特征,主要是管理者聘请行业类的专家对管理效果和遗产本身进行评价,无法保证评价的公正、客观性。借鉴国际上的经验,则需要引进第三方机构作为世界遗产专门的评价机构,但是建立起专业性的第三方评级机构也需要较高的要求:第一,第三方评价机构必须是专业性的世界遗产机构,有经验丰富的专家队伍;第二,第三方评价机构需是独立经营的实体法人机构,具有自我约束能力;第三,第三方评价机构受我国法律的规范和监督;第四,第三方评价机构能够规范化、标准化地工作。

建立世界遗产监控的信息管理与预报体系,主要目的是推动遗产的可持续发展,并实现对遗产的动态管理。我国各个遗产地应该根据当地的实际经济能力、遗产保护需要以及遗产利用等状况,建立起适合自己的信息体系。首先,凡是世界遗产地都应该建立基本的遗产资源和遗产管理状况的统计体系,以获得遗产地可持续发展的第一手资料;其次,面临工业化危机和较大旅游压力的遗产地也需要尽快在基本统计体系上建立起监测体系,增强对遗产的保护力度;最后,在一些特别珍贵的遗产资源地和有条件的遗产地开展一定的数字化管理工作,利用科学技术增强管理能力。

(4) 遗产管理危机处理能力建设

遗产地危机处理能力建设是增强遗产管理中对突发事故的处理能力,主要是建立起紧急救援体系和突发事故处理体系,建立起处理突发情况的紧急处置方案,以及相应的救援组织规划。第一,明确可能出现的突发和危机事件,通过引入一些系统的分析方法建立起一套系统突发事件分析体制,有条件的地方还可以加入专家的力量;第二,严格记录并细致分析资料,为摸清突发事故的规律奠定良好的基础;第三,广泛收集世界遗产资料研究、灾害研究等领域专家的意见,从而提高处理突发事件的效率,减少失误;第四,与遗产管理同行建立联系,并广泛吸取经验;第五,突出重点,有针对性地跟踪分析,提高处理突发事件的科学性。

4. 中国总体世界遗产管理模式的构建设想

我国世界遗产管理体制建设涉及宏观和微观各个方面,是一项系统的、复杂的工作。从微观上来说,需要调整管理体制的内部结构以适应外部环境的要求;从宏观上,更需要进行组织体系的变革,增强管理体制的管理能力。因此我国的世界遗产管理体制建设需要同时考虑宏观改革和微观改革。在当前我国世界遗产管理的发展状况下,应该建立起以法律为基础、以国家为主导、以地方为主题、第三方机构参与、社会公众监督的总体世界遗产管理模式,并相应建立包括国家宏观管理、世界遗产地微观管理和第三方机构为主的遗产组织体系(见图11-7)。

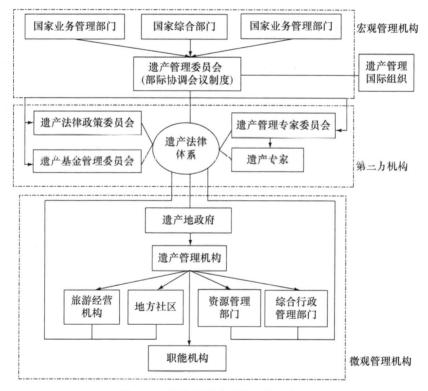

图 11-7　中国世界遗产管理模式设想
资料来源:罗佳明.中国世界遗产管理体系研究[M].复旦大学出版社,2004。

首先,建立起以遗产保护法等法律为基础的立法与政策体系,从而使我国的世界遗产管理有完整的和有切实依据的法制管理框架,也为我国世界遗产的管理提供总的政策上和法律上的导向,使得我国现阶段的世界遗产管理工作能够有序地展开。

其次,以国家为主导,加强中央政府对我国世界遗产的宏观管理,建立起具有权威性的国家统一管理或协调的组织机构,结束我国目前管理多头、管理工作千头万绪的状态,从而提高我国世界遗产管理的工作效率。

最后,以地方为主体,即将世界遗产管理的具体工作交由地方来承担和完成,发挥地方的积极性,使各世界遗产管理部门真正成为一个管理主体,但需要设置统一的机制对地方的管理行为进行约束,从而使地方能够对自己的管理行为负责。

11.2 中国世界遗产旅游

中国幅员辽阔,山河壮丽,历史悠久,民族众多,文化底蕴深厚,有着得天独厚的地理和历史条件,为中国创造出许多瑰丽的世界遗产,由此而形成的旅游资源是世界上任何国家不可比拟的。依托世界遗产而打造的旅游产品,推动了我国旅游业的快速发展。目前,我国经联合国教科文组织批准审核列入《世界遗产名录》的世界遗产共有45项(10项自然遗产、31项文化遗产和4项自然和文化双重遗产),在总量上仅次于意大利,居世界第二。我国的申遗和遗产资源开发事业在较长一段时间内也还将继续发展,必将进一步谱写我国世界遗产旅游的辉煌篇章。

11.2.1 中国世界遗产旅游资源开发

世界遗产旅游资源的开发与一般旅游资源的开发不同,在开发过程中,不仅要将世界遗产旅游资源对游客的巨大吸引力价值发挥出来,还必须遵守"原真性"的原则,不能对其进行随意的开发。我国是一个世界遗产资源丰富的国家,世界遗产是我国重要的旅游资源,而我国世界遗产也需要旅游开发这一特殊的保护形式。

1. 中国世界遗产旅游资源开发演进

回溯我国世界遗产资源的开发历程,大致经过了20世纪50—60年代的起航,80年代的发展和治理以及90年代之后的深入推进三个阶段。

(1) 起始阶段

20世纪50—60年代,我国世界遗产旅游资源开发伊始,这一时期,主要特征是遗产地的陆续开放,如后来成为世界遗产的长城、北京故宫、苏州古典园林、北京颐和园、北京天坛、山东泰山、安徽黄山、四川峨眉山、福建武夷山等,但这一时期,我国旅游业整体发展水平都不高,故而遗产旅游资源的开发也只能处于比较低的发展阶段。虽然,在后期的开发中,也在逐步的改善和完善,但在可进入性、基础设施和接待设施等方面都较为落后,除了新建和修整了一些交通道路,有些开发的遗产地都缺乏必备的旅游接待设施和其他配套非服务设施,而开发的旅游资源以观光游览为主,休闲、体验性的项目较少。

(2) 发展阶段

改革开放后,我国经济开始转型,进行了各方面的改革,我国世界遗产旅游资源的开发也有了一定的发展,尤其是1987年,我国长城申遗成功,成为我国第一处世界遗产后,我国世界遗产的旅游事业也进入了一个新的发展时期。这一时期,我国世界遗产的旅游资源开发向深层次发展,陆续开放了更多的遗产地,但在遗产地开发规划中,开始重视基础设施、接待设施、交通等方面的建设,开发后的旅游景区在可进入性、接待能力等方面都有了较大的提高。

以世界自然遗产武陵源风景名胜区的开发为例。武陵源风景名胜区位于中国中部湖南省西北部,现由张家界市的张家界森林公园、慈利县的索溪峪自然保护区和桑植县的天子山自然保护区组合而成,总面积约500平方公里。从70年代后期开始,武陵源风景名胜区进行了大规模的基础设施建设。1978年4月,湖南省林业厅拨款34万元修建了板坪至张家界的公路,1985年4月,长沙至大庸①(1994年大庸市更名为张家界)直快列车正式通车,大庸至张家界国家森林公园改建、扩建的游览公路,桑植至天子山、索溪峪至黄龙洞简易游览公路先后通车。高压电线相继架入张家界、天子山、索溪峪,电视转播台也在景区内建成,邮电、银行、商店等单位也迅速涌现。与此同时,旅游接待设施建设也如火如荼地开展起来。1980年9月,大庸县正式提出"适时开展旅游业"的政策后,大庸县相关单位集资合股筹建了第一家饭店——金鞭岩饭店,并于1982年4月落成开业。之后,又相继建成了一批酒家、宾馆、饭店,1984年5栋临时旅行社共200多张床位得以修建,1986年张家界宾馆建成,总床位300张。为了开发旅游资源,当地政府启动旅游资源调查、旅游景点命名、旅游图绘制等工作。国务院正式批准建立张家界国家森林公园后,原林业部拨款996万元作为建设资金。1983年,湖南省建筑规划设计院编制了《张家界国家森林公园总体规划》,景区新建了主线游道和一部分景观台,至1987年年底,国家投入景区硬件建设(不含社会公用项目)资金已达4200万元。

武陵源风景名胜区的开发在中国的世界遗产旅游资源开发中具有一定的代表性。它在我国世界遗产旅游资源的发展阶段主要呈现的特点有:一是开发取得一定成效。通过开发,武陵源风景名胜区建立起了中国第一个国家森林公园——张家界国家森林公园,同时建立了张家界、天子山、索溪峪自然保护区,初步形成了武陵源风景名胜区,武陵源被列入国家"七五"计划而成为全国两个重

---

① 大庸即现在的张家界,位于湖南省西北部,早在原始社会晚期就有人类在那生息,是古庸国所在地。1949年新中国成立后至1988年,慈利县属常德专区,至1988年年底,大庸、桑植为湘西土家苗族自治州所管辖。1988年5月,经国务院批准,组建省辖地级市大庸市。1994年4月,地级大庸市更名为张家界市。

点建设的自然风景名胜区之一。二是独立开发为主,例如,大庸、桑植、慈利三县均是以张家界、天子山、索溪峪为核心进行独立开发。三是纷争不断。例如在开发过程中,张家界、天子山、索溪峪三个景区因利益之争而频繁发生冲突,只在1987年3月,慈利方面与大庸、桑植较大的纠纷与冲突就达27次之多。此外,大庸、桑植、慈利为了争夺合资项目,特别是飞机场的建设导致加拿大投资商20亿美元的投资计划受阻,在全国造成巨大影响。四是存在胡乱建设现象,给环境造成了一定的破坏。在开发过程中,武陵源风景名胜区开发者出于自身利益考虑,大肆修建违章建筑,自然环境遭到严重破坏,这也为"张家界遭黄牌警告"埋下了伏笔。[①]

(3)深入推进阶段

20世纪90年代至今,是我国世界遗产旅游资源开发的深入推进阶段。在这二十多年的时间内,我国列入世界遗产行列的资源不断增加,我国的旅游业进入发展的迅猛阶段,各个遗产地也都加大了开发力度,使得我国以遗产观光为吸引物的遗产旅游飞速发展。具体表现为以下几个方面:

编制总体开发规划。开发规划是旅游景区发展的重要前提,但在我国遗产旅游开发的前两个阶段,没有意识到规划编制的重要性,直到90年代,遗产旅游景区的规划编制才逐步得到重视,各个遗产景区开发时都制定了总体开发规划,促进了我国遗产旅游资源开发的规范性和合理性。

注重基础设施建设。我国在旅游产业的发展中,对基础设施的重视度在不断地提高,但受到我国总体发展水平的制约,基础设施一直处于滞后阶段,进入90年代后,随着经济发展水平的提高,景区在完善基础设施建设方面进行了大规模的投入,遗产旅游景区也适应遗产旅游发展的需要,不同程度地采取了建设和完善旅游配套设施的措施。例如,武陵源风景名胜区,张家界市4-D级民用机场于1994年竣工;扩建了火车站;如期完成区内慈利至张家界的油路工程、武陵源至插旗峪新修公路;建成大型豪华车队;开通国际国内传真、直拨、移动电话;完成景区内的游道工程和观景台等建设项目;改建金鞭溪、黄狮寨等游道项目,并达到国家标准等。

加大招商引资力度。我国进入遗产旅游资源开发的第三个阶段后,各个遗产景区纷纷加大招商引资力度,以保证遗产资源进一步的开发资金需求。仍以武陵源为例,武陵源区政府成立之后,大力投资景区建设,主要手段便是通过招商引资。截至1997年年底,武陵源已引进资金4亿元,利用港台资金1.483亿元,完成了黄狮寨、天子山索道工程和景区高等车行游道建设。占地面积达2.74平方公里的宝峰湖公园于1993年由马来西亚的一家公司租赁经营60年,

---

[①] 彭顺生.世界遗产旅游概论[M].北京:中国旅游出版社,2008.

1997年年底已建设投资1 509万元。牛山坡直升机场项目建设资金来自北京大通实业有限公司。1997年12月27日,武陵源区与北京大通实业有限公司又签订合同,北京大通实业有限公司获得了从1998年1月1日起黄龙洞50年的经营权。

加强内部能力建设。这一时期,遗产旅游开发应以遗产保护为前提的呼声越来越强烈,为了满足遗产保护和旅游开发的双重要求,各个遗产地都不同程度地加强了内部能力建设。如黄山管委会采取了一系列工程、技术、管理、行政等措施,强化自身的能力建设,包括景区土地使用与规划,建筑工程市场与施工,景区生态、环境、卫生、安全等管理,涉及吃、住、行、游、购、娱各方面的内在旅游服务建设,股份公司的资本运作与旅游集团的企业经营等。

完善组织管理机构。组织管理机构是旅游资源开发的组织保障,我国遗产地景区在加强内部能力建设时,也重视组织机构的完善。例如,武陵源区政府成立后,设立区"旅游综合稽查队"和"综合管理办公室",行使对景区的综合管理职能;设张家界、索溪峪、水绕四门、天子山4个综合管理所;另设车辆运营管理站、门票管理办公室以及治安、环卫、交通建设、工商物价等6个管理单位。1993年4月,撤销区"综合管理办公室",建立"武陵源风景名胜区管理局",与区政府"两块牌子,一套班子",区长即为局长。张家界国家森林公园管理处不变,索溪峪、天子山分别设立办事处,统由区管理局主管,杨家寨风景区自1992年开发后,建立了办事处,隶属区管理局,武陵源的管理格局自此延续并稳定下来。

完善相关法规体系。我国旅游资源开发深入发展的另一个重要表现是法规体系的逐渐完善。例如,武陵源区政府成立后不久,就颁布了《武陵源风景名胜区管理暂行办法》;1991年4月,区政府又颁发了《关于野外火源管理的暂行规定》;同年6月,张家界森林公园制定《生活污水治理实施办法》;同时,大庸市人民政府颁发《关于加强武陵源风景名胜区环境保护的暂行规定》。

举办相关节事活动。随着旅游活动内容和方式的丰富,节事活动作为重要的旅游形式也有了极大的发展,我国依托优秀的遗产旅游资源开展起来的具有影响力的节事活动也在不断地增加。例如,武陵源风景名胜区先后举办了"91中国湖南张家界国际森林保护节"、第二届至第五届"国际森林保护节"、"武陵源风光风情摄影大赛"和第一、二届"国际'登山赛'"等。节事活动的举办不仅丰富了武陵源风景名胜区的旅游活动,也提高了景区知名度。

2. 中国世界遗产旅游资源开发必然性

遗产旅游是世界遗产的重要功能之一。尽管对遗产旅游的开发存在许多的争议和看法,但无论从遗产资源本身的功能考虑,还是从理论、实践以及经济、国际经验的角度看,我国进行世界遗产旅游资源的开发非常必要。

（1）我国特殊国情决定了开发世界遗产旅游资源的必要性

世界遗产资源的正确观念是实现有效保护和可持续利用，这也是其最重要的两大目标。但中国是一个发展中国家，经济条件有限，不能全部使用将世界遗产储存起来的办法保护资源，而完全放弃世界遗产的利用。一方面，对世界遗产的保护主要是依靠国家的财政支付，但是，我国经济发展水平不高，财政对世界遗产的保护支出十分受限；另一方面，我国的世界遗产主要分布在经济不发达地区，这些地区当地经济的发展、居民生活水平的提高，都面临着较大的压力，而旅游产业巨大的综合效应，既是保护世界遗产的重要方式，也是当地经济发展的希望，因此，不论是从人权的角度还是从尊重当地居民文化多样性的角度出发，世界遗产旅游资源开发都是在我国当前国情下的必然之举。

（2）我国遗产旅游资源开发的实践证明进行旅游开发的必要性

保护世界遗产与合理的旅游开发利用不互斥。我国的一部分世界遗产正是在旅游开发中取得新的保护成果，如安徽黄山，在旅游开发过程中妥善处理了开发与保护的关系，并重视学术研究与旅游开发的关系，不仅取得了旅游产业的巨大成功，其遗产保护也取得了重大成就，获得了社会效应和经济效应的双赢。我国成功的遗产旅游资源开发经验表明，只要立足保护，加强论证，科学规划，适度开发，注重建章立制，依法运作，遗产能够取得保护和利用的双赢效果。

旅游开发并不总是资源破坏和环境破坏。在对世界遗产旅游资源开发的争议中，旅游开发对遗产的消耗性以及对环境的破坏是最大的争论焦点，这与我国遗产旅游资源开发过程中部分过度利用、不注重保护的现象有关。但是资源和环境破坏给我国遗产旅游开发所带来的经验教训已越来越得到重视和反思，我国世界遗产旅游资源的开发也在向正确的方向发展，且遗产旅游所带来的经济效益有相当一部分是用于对遗产资源的保护，所以我国遗产旅游发展与遗产的可持续发展战略并不总是对立的关系，在正确思想观念的指导下，也可以实现二者的和谐。

我国遗产旅游发展的实践也证明，遗产资源的市场化开发是经济环境代价最小的一种现实选择。世界遗产单纯地考虑保护，而不考虑发展，不仅会使地方经济长期陷入窘困的状态，资源保护也因无资金支持而成为纸上谈兵之事。越来越多的事实证明，贫困和落后保护不了世界遗产，相反生态环境也会日益恶化。

世界遗产的合理开发是遗产地旅游发展的重要推动器。我国的大多数世界遗产在确定其遗产地位和遗产价值后，在短期内会迅速吸引较多人的关注，而合理的开发也会迅速地推动当地旅游产业的发展。例如，黄山于1992年被联合国教科文组织确定为"文化与自然双重遗产"后，尽管黄山是中国传统名川大山的典型代表，旅游产业在之前就已经有了一定的规模和名气，但是入双遗产地还是增加了其游客量和旅游收入。丽江古城在1997年收入《世界文化遗产名录》

后,就由一个名不见经传的茶马古道小镇,迅速发展为具有高知名度的旅游热点地,旅游收益也是直线上升。

(3)世界遗产旅游的重要作用也表明我国遗产旅游资源开发的必要性

改革开放之后,我国的旅游业在多方面因素的推动下,表现出了巨大的发展活力和潜力,其中,遗产旅游的推动作用尤为显著。

其一,世界遗产是我国旅游业发展的重要资源基础。我国有上下五千年的历史进程,源远流长的文化底蕴造就了我国东方文明古国的形象,智慧勤劳的祖先也为我国留下了世界上其他国家所无法比拟的遗迹遗产,成为我国当代的重要财富。依托这些遗产资源开发出的旅游产品,推动了我国旅游业在总规模和质量上不断提高,尤其对我国这样首先在文化型旅游产业取得重大突破的国家来说,世界遗产在我国旅游产业中的基础性作用十分明显。1987年,我国首批获得认定的6处世界遗产是典型的文化型旅游吸引物,促使当时的北京、西安等成为我国主要的国际旅游目的地。目前,我国世界遗产数量已位居世界第二,将是我国今后旅游业发展的重要依托力量。

其二,世界遗产促进了我国旅游业的均衡发展。1987年,我国只有8个省份有世界遗产,如今,我国44处世界遗产分布在20多个省份。随着世界遗产地在全国分布范围的扩展,福建、四川、云南、安徽、湖南、澳门等一批新兴的遗产旅游目的地的旅游产业逐渐崛起,我国旅游业呈现出全面发展的局面,北京作为传统目的地的作用呈明显下降趋势是最好的证明。世界遗产不断地带动和造就了我国一批新的著名旅游目的地,而且知名度在不断地向外扩展。世界遗产地的旅游业也已经成为我国欠发达地区居民脱贫致富的重要产业。随着申报世界遗产的成功、当地知名度的提升以及交通条件的极大改善,许多中西部地区的经济和社会发展都得到进一步推动。

其三,我国世界遗产提升了我国旅游的主题形象。为更好地向海外游客推广我国的旅游。从1992年开始,我国国家旅游局不断推出以不同风情旅游主题为主旋律的旅游主题,旨在招徕更多的海外旅游者来华旅游。在此过程中,我国世界遗产的逐年增加和分布地区的逐渐扩展,为我国旅游主题的设计提供了良好的背景,其中多个年份的主题年宣传活动都与遗产地的宣传、开发和保护密切相关。例如,2000年的"神州世纪游"、2002年的"中国民间艺术游"、2004年的"中国百姓生活游"、2005年的"中国旅游年"等都与我国的世界遗产有关,世界遗产也是活动中的主角。可见,世界遗产是促进我国旅游业发展、带动地方经济发展的重要动力,现在和未来都是我国经济发展中的重要力量。

(4)国外的发展经验也证明了世界遗产旅游资源开发的可行性和必要性

对世界遗产进行旅游开发在我国不是首创也不是个案,国际上许多国家都有合理开发和利用遗产资源、发展旅游业的项目,并且在国际上具有较大的支持度,成功案例更是比比皆是。以法国为例,法国政府在依法合理开发旅游资源的前提下,对文化遗产景观和自然景观进行了充分的开发利用,因而使得凡尔赛宫、巴黎圣母院等历史文化遗产引人入胜,阿尔卑斯山等自然遗产地游客如织。世界遗产为法国旅游业的发展注入了持续发展的动力,实现了法国世界遗产地经济的良性增长。由此可见,世界遗产旅游资源开发是可行的,作为重要的旅游资源也是必须通过开发才能将其价值体现出来。

11.2.2 中国世界遗产旅游景区经营

以1990年黄山列入《世界文化与自然遗产名录》实行经营权改革为界限,我国的世界遗产旅游景区经营大体上经历了"国有国营"和"资源所有权与经营权相分离"两大阶段。两个阶段经营方式的选择都与当时的社会环境和背景有着密切关系。经过二十多年的发展,我国世界遗产旅游经营效果显著,虽然在过程中有不少的曲折,但是也取得了不少的成绩。

1. 中国世界遗产景区经营模式

目前,我国世界遗产景区经营实行的是多元化的经营模式。在管理体系上,大致能划分为非企业化经营和企业化经营两种形式,从治理的角度,可以划分为五种类型。本书从市场的角度出发,将我国的世界遗产景区经营分为"非营利体制经营模式"、"非企业型管理模式"、"隶属资源主管部门的自主经营模式"、"整体租赁经营模式"、"上市股份制企业经营模式"、"非上市股份制企业经营模式"以及"隶属国有旅游企业集团的整合开发经营模式"。

(1) 非营利体制经营模式

非营利体制经营模式是一种政府体制与市场机制之间的组织形式和制度形式。政府对景区拥有管理权,又以市场经济为背景,参与市场运作。这种体制的特点是,政府对景区既经营又管理,政府掌控经营权,使之不能凭借传统的市场制度运作,体现非营利性的特点。这种经营模式是我国计划时代的产物,也是我国最早的世界遗产景区经营模式,虽然与当今我国世界遗产景区的发展有许多格格不入的地方,但仍广泛存在于我国的许多景区,武陵源和武夷山是其中最典型的代表。

(2) 非企业型管理模式

非企业型管理模式又称为"兼具资源行政管理的符合模式"。在这一模式中,世界遗产旅游景区实行非企业型治理,但这时政府不直接参与对景区的管理,而是派出相关的景区管理委员会或管理局,景区管理机构再与某一资源主管部门合作,使得景区管理机构不但承担景区的经营管理职责,还要承担对当地资源管理的行政职责。这一模式的显著特点是,景区的所有权与经营权、开发权与保护权对外统一,对内分离。景区管理机构既是景区所有权的代表,又是景区经营主体;既负责景区资源的开发,又负责景区资源与环境保护。但景区内部,管理职能与经营职能、开发职能与干预保护职能由不同的部门或机构负责。泰山是这一模式的典型代表,泰山风景区管理委员会与泰安市文化局合并成一班人马,负责泰山景区的经营、管理、开发和保护。目前,非企业型管理模式在我国的世界遗产景区的经营模式逐步萎缩。

(3) 隶属资源主管部门的自主经营模式

隶属资源主管部门的自主经营模式是一种传统的景区经营模式,它采取以世界遗产旅游景区管理机构为经营主体,但又隶属于当地建设、园林、文物等旅游资源主管部门进行经营的模式。在这一模式中,景区的所有权与经营权、开发权与保护权互不分离。景区管理机构既是景区所有权代表,又是景区经营主体;既负责景区资源开发,又负责景区资源与环境保护。当前,该经营模式主要集中于世界文化遗产类旅游景区,如八达岭长城、北京故宫、颐和园等,均采用此种模式进行经营。

(4) 整体租赁经营模式

整体租赁经营模式是指在一个旅游景区内,将景区的所有权与经营权分开,由政府统一规划,授权一家企业较长时间地(最长为50年)控制和管理,组织一方或多方投资,成片租赁开发,垄断性建设、经营、管理该旅游景区,并按约定比例由景区所有者和出资经营者共同分享经营收益。这是一种由政府出资源,企业出资金,政企共同受益的旅游景区治理模式,是一种市场化经营公共资源的模式,体现公共性资源、企业化经营、专业化管理、市场化发展的特点。该模式20世纪90年代末期首先产生于旅游资源优势明显而经济相对落后的四川省。1998年1月8日,成都市民营企业万贯置业投资有限公司(简称"万贯集团")与碧峰峡景区所在的雅安市政府签订了《开发建设碧峰峡的合同书》,标志着一个新型的旅游景区经营模式的产生,即后来不断完善的整体租赁经营模式。目前,世界自然遗产九寨沟国家森林公园采用的就是整体租赁经营模式。

(5) 上市股份制企业经营模式

上市股份制企业经营模式是指世界遗产旅游景区实行企业型治理,其经营主体是股份制上市公司。在这一模式中,景区的所有权与经营权、资源开发权与保护权完全分离。地方政府设立景区管理委员会,作为政府的派出机构,负责景区统一管理。景区的所有权代表是景区管理委员会,经营权通过交缴景区专营权费由景区管理委员会直接委托给上市旅游发展股份有限公司长期垄断。景区管理委员会负责旅游保护,上市公司负责旅游资源开发利用。当前,我国世界双重遗产黄山风景区和峨眉山风景区都采用此经营模式(见图11-8)。

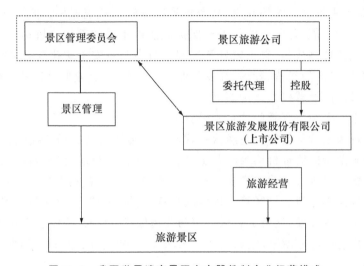

图 11-8　我国世界遗产景区上市股份制企业经营模式

资料来源：彭顺生.世界遗产旅游概论[M].北京：中国旅游出版社，2008。

(6) 非上市股份制企业经营模式

非上市股份制企业经营模式是指世界遗产旅游景区实行企业型治理，其经营主体是未上市的股份制企业。它可以是国有股份制企业，也可以是国有与非国有参与的混合股份制企业。在这一模式中，景区的所有权与经营权分离，但资源开发权与保护权统一。景区的所有权代表是作为政府派出机构的景区管理委员会等，景区经营由政府委托给股份制企业；景区经营企业既负责景区资源的开发，又负责景区资源的保护。当前，我国世界文化遗产曲阜"三孔"景区即采用此经营模式(见图11-9)。

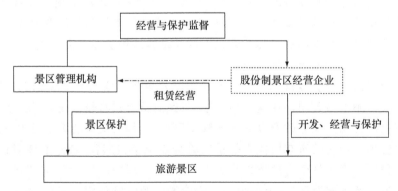

图 11-9　我国世界遗产景区非上市股份制企业经营模式

资料来源：彭顺生.世界遗产旅游概论[M].北京：中国旅游出版社，2008。

（7）隶属国有旅游企业集团的整合开发经营模式

整合开发经营模式指经营主体是隶属于当地政府的国有公司——国有全资企业。在这一模式中，景区的所有权与经营权分离，但资源开发权与保护权统一。景区的所有权代表是政府，旅游经营由国有全资的景区经营企业掌管；景区经营企业既负责景区资源的开发，又负责景区资源的保护。这一模式的优势是能够按照旅游市场的需求，全面整合各旅游景区的资源，通过整合开发，全面促进当地旅游景区的发展（见图11-10）。

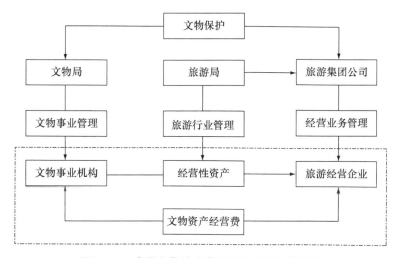

图11-10　我国世界遗产景区整合开发经营模式
资料来源：彭顺生.世界遗产旅游概论[M].北京：中国旅游出版社，2008。

2. 中国世界遗产旅游景区管理取得的成绩

与其他类型的旅游景区经营一样，我国的世界遗产旅游景区经营通过不断实践、改革与摸索，取得了可喜的成绩，不少世界遗产旅游景区从最初的单一、粗放型的经营开始向多元、规模化与集约化经营转变。虽然我国世界遗产旅游景区经营还存在不少问题，与发达国家相比，也还存在一定的差距，但总结成绩与经验并找出问题的所在，对于推进我国世界遗产旅游景区的经营，实现旅游业由接待型服务向旅游经济产业化转变的历史性跨越，具有极其重要的意义。我国的世界遗产旅游景区经营取得的成绩主要体现在两方面。

（1）理论研究方面的成绩

从总体上来看，虽然国内关于世界遗产公共资源类景区经营的研究滞后于实践的发展，但还是取得了一定的成果。这不仅表现为一系列关于世界遗产旅游景区经营研究的论文的发表，而且还有涉及世界遗产旅游景区经营的著作问世，其内容涉及旅游景区经营业绩、景区经营管理体制改革、景区所有权经营改革、景区所有权属与经营权属关系以及景区经营上市研究等。

关于世界遗产旅游景区经营业绩的研究。 彭德成在《中国旅游景区治理模式》一书中，对1999年度全国187家首批4A级旅游景区的经营业绩进行了详细研究，从六个方面论述世界遗产旅游景区的经营内容，即遗产旅游景区职工规模、游客接待情况、门票价格水平、旅游经营收入情况、经营利润情况、上缴税费情况。该研究被认为是迄今对我国旅游景区经营情况研究面较广、内容较全、数据最新的成果。

关于世界遗产景区经营管理体制改革的研究。 国内不少学者对这一问题进行了探讨，主要有三种观点：刘秉升、马波等人认为，政府应对旅游管理体制进行改革，将各级旅游主管部门的业务范围做大幅度的拓展，把旅游景区作为旅游经营单位，从事企业化经营。在这个过程中，政府应加大管理的力度；张昕主张，取消地方政府对公共资源类景区的直接管理，使旅游景区变成一个小级别的行政单位，把资源保护的职能内生化，将旅游景区的所有权、管理权、经营权、收益权一体化；张凌云强调景区行政事业性管理的弊端很大，必须采取市场化经营的方式，并主张在有条件的地区组建旅游景区上市公司。

关于世界遗产景区经营管理体制改革的研究。 国内不少学者对这一问题进行重点研究。风景名胜区和自然保护区、国家级文物保护单位，所有权属于国家，其产权一般情况下不得进入市场进行流通。但从20世纪90年代末开始，受国外经营管理体制影响，一些学者开始发出不同的声音。王兴斌在其文章和稍后出版的著作中指出，将风景资源和文物资源开发成旅游产品，主要是经营权的变换，而不是所有权的转移。风景名胜区和文物单位的经营性资产从行政部门的管辖中剥离出来后，按照现代企业制度的方式进行市场化经营，这不仅与国家法律法规没有冲突，而且还具有迅速筹集资金、提高经营管理和接待服务水平、有效地管理国有资产、促进其保值增值、使企业更加关注和强化对资源和环境的保护等优点。2000年，徐嵩龄在《旅游学刊》发表《怎样认识风景资源的旅游经营》一文，也对包括世界遗产在内的国有风景资源之产权能不能进入市场进行流通，谈了自己的看法。在他看来，国有风景资源的权益问题需要有新的思考和认识。从国有风景资源的所有权与经营权、收益权的关系看，理论上可以选择营利性经营，也可以选择非营利性管理。对于营利性经营来说，可以选择两种方式：或者由国家集所有权、经营权、收益权于一身；或者采用"所有权属国家，经营权或由国家与私人机构联合分担，或由私人机构独立承担，收益权由国家与私人机构分享"的方式。

关于世界遗产景区经营企业上市的研究。 近年来，在旅游消费需求急剧增长的背景下，旅游景区经营企业上市是许多地方政府为缓解旅游景区供需矛盾、解决景区建设资金投入不足所推出的一项举措。对此，多位学者也进行了研究。

何媛媛从辩证的角度分析了这一经营模式。她认为,旅游景区类上市公司最大的优势是资源垄断性和经营垄断性。在旅游景区经营中,垄断规范了市场,优化了经营,改善了服务,加强了管理,提高了效益,但也束缚了企业快速成长,表现为业绩稳定但增长性不够。戴学锋则分析了我国旅游景区内上市公司效益之所以比较稳定的原因。张凌云全方位地分析了旅游景区经营企业上市的优点,认为旅游景区经营企业的上市有利于景区的自身发展,有利于促进地方经济发展和社会繁荣,有利于主管部门的直接参与和社会各界的有效监督。徐嵩龄则分析了风景名胜区旅游公司上市之争的焦点,认为它由三个问题构成,即能否确保风景名胜资源的社会公益性质、能否确保国家应得的经济收益、能否确保风景名胜资源得到完善的保护。

(2)改革实践方面的成绩

我国在世界遗产旅游景区经营理论研究方面取得一定成果的同时,也在实践领域取得了一定的成效。

景区经营从单一化模式向多元化模式转变。虽然到目前为止,我国世界遗产旅游景区的资源开发和经营依然是国家所有、政府经营的传统模式占主导地位,资源所有权与经营权没有完全分离,但这只是问题的表象。实际上,从20世纪90年代末开始,由于我国作为所有权核心的产权(即资源处置权)排他性不强,加之经营权与管理权或者所有权含糊不清,因此,这种由国家所有、政府经营的单一经营模式逐渐开始向多元经营转化。

所有权与经营权相分离的改革取得明显的成效。始于20世纪90年代初的旅游资源所有权与经营权相分离的改革,经过十多年的实践,到今天已经取得了相当的成效,具体表现在以下方面:其一,改革由点发展到面。20世纪90年代初,只有世界遗产旅游景区黄山、峨眉山进行了所有权与经营权相分离的改革和尝试,大多数景区还在等待观望,但迄今为止,这种状况有了极大的改观,相当一部分世界遗产旅游景区都加大了所有权与经营权相分离的改革力度,如世界文化遗产秦始皇陵景区采用了"隶属国有旅游企业集团的整合开发经营模式";世界文化遗产曲阜"三孔"景区采用了"非上市股份制企业经营模式";世界双重遗产黄山风景区和峨眉山风景区则采用"上市股份制企业经营模式"。尤其值得一提的是,即使是那些仍然采用传统经营模式的世界遗产景区,如八达岭长城、北京故宫、颐和园、武陵源风景区等,虽然经营模式从总体上看,"国有"占主导地位,但在市场经济条件下,也开始朝着资源所有权与经营权相分离的方向迈进。其二,一些世界遗产旅游景区初步完成了粗放型经营向规模化与集约化经营的转化。如世界双重遗产黄山,在进行所有权与经营权相分离的改革之后,规模优势得到有效发挥。新组建的黄山旅游发展股份有限公司几乎囊括了黄山所有优质企业,涵盖饭店、索道、门票、旅行社等相关领域,在黄山范围内确立了垄断性经营地位。依托这种优势,该公司还相继出台了一系列旨在降低经营成本、节约费用开支、形成统一拳头对外的政策和措施,景区经营实施价格、销售、采供、企业形象、财务管理"五个统一",实现了从粗放型经营向规模化、集约化经营的转化,也实现了由接待型服务向旅游经济产业化转变的历史性跨越。其三,世界遗产旅游景区市场化经营改革取得不错的绩效。以黄山为例,自1996年推行市场化经营改革以来,经过"市场化经营"与"经营空间和内容扩大"两个阶段,黄山经营绩效越来越明显。2014年春节全国景区旅游收入排行榜中,黄山增长率为百分之百。

遗产景区经营权有偿转让已不再停留在理论层面。景区经营权的有偿转让是一个专门的概念,它不是泛泛地讨论遗产旅游景区可否转让经营权,而是涉及那些长期政企不分、政事不分的遗产旅游景区经营权的处置问题,即国有遗产旅游资源经营权的有偿转让问题。经过多年的探索实践,这个问题现已取得了实质性的突破,主要体现在三个方面:其一,两权分离的改革探索已由点发展到面。2001年,四川省率先宣布对世界自然遗产九寨沟等10大旅游景区、100多个旅游景点转让经营权,之后得到全国各地包括世界遗产景区在内的各旅游景区的响应;湖南张家界将黄龙洞经营权转让给北京通达集团50年;山东省曲阜"三孔"景区也进行了经营权转让。其二,遗产景区经营权有偿转让得到了上级政府的高度重视与支持,在政策范围内已经获得了许可。国有旅游资源经营权转让的问题曾引发较大范围的激烈争论。这种争论最终引起了国务院领导的高度重视,并于2001年责成国务院国家发改委牵头,会同建设、旅游、文化、文物、宗教等相关部门,对包括遗产景区在内的国有旅游资源的两权分离问题进行调研。翌年秋天,国家发改委负责人在"发展旅游促进就业工作座谈会"上首次对经营权转让做出明确表态,指出在当前政府财政建设资金紧张的情况下,将景区所有权与经营权分离"在方向上应该允许试验"。2003年9月,建设部在经过慎重研究以后,批准将贵州省列为全国首个风景名胜区内项目特许经营管理试点单位。这表明,2002年以来的旅游景区两权分离的改革探索已经获得了上级领导的许可。其三,经营权转让已得到地方立法的认可和支持。对于包括遗产景区在内的国有旅游资源的所有权与经营权分离,一些省市下发文件予以支持和鼓励。2001年山东省发文规定,旅游景区可以通过拍卖经营权等形式,吸引多种经济成分参与景区开发和经营。2003年,上海颁布《上海市旅游条例》,第十三条也明文规定"国有旅游资源经营权经批准有偿转让的,应当遵循公开、公平、公正和诚实信用的原则,通过拍卖、招标等方式进行";2005年,云南省颁布的《旅游条例》第二十三条也做出了"依法可以出让国有旅游资源经营权"的规定;此外,福建、浙江、湖南等省份以地方人大立法的形式也认可了旅游景区经营权的转让。

11.2.3 中国世界遗产旅游主要问题

当今作为人类智慧的杰出代表的世界遗产成为一种新的世界旅游现象,成为人们追求高质量感受自然的鬼斧神工,回溯浩浩荡荡中华文明历史的最有效形式之一。然而,我国世界遗产旅游在鼓励其成果的同时,也需要正视其缺点,取长补短,促使我国世界遗产能够在历史长河中更能熠熠生辉。

1. 遗产资源与旅游容量的矛盾凸显

我国是世界上旅游业发展速度最快的国家之一,也是世界十大旅游接待国之一,如今,我国旅游业发展更为迅猛,在全球 181 个国家中我国的旅游业 10 年内的增长性被世界旅游协会评级为首位,2007 年 9 月在新疆参加第 28 届"世界旅游日"中国主会场庆祝活动的联合国世界旅游组织官员莫尼娜·卡门说,用不了多久,中国就将取代传统的旅游目的地——法国、西班牙和美国,成为世界上排名第一的旅游目的地国家①,而在 2011 年中国大陆共接待国际游客 1.35 亿人,国际入境游客规模从 1990 年的第 12 位跃升至全球第 3 位,已经成为继法国、美国之后世界第三大旅游目的地国家。②

但是我国世界遗产地脆弱的生态环境与旅游需求的快速扩张形成了强烈的反差。例如近年来,前往故宫博物院参观的人数不断攀升,2012 年突破 1 500 万人,单日参观人数创下 18 万的最高纪录,远远超过了遗产地所能承受的极限,杭州西湖文化景观与龙门石窟等世界遗产地同样饱受游客激增带来的一系列文物保护难题的困扰。

游客的大量涌入会导致遗产旅游地的水质和空气质量的下降以及噪音的增加,而对游客行为的管理不当和游客的不经意行为,可能对遗产地的生态系统造成无法估量的破坏,使得我国世界遗产旅游目的地承受巨大的压力,对世界遗产的可持续发展形成了严重挑战,这种影响可能是毁灭性的。

2. 过度开发造成资源供需的失衡

当前我国在世界遗产地出现了令人忧虑的"旅游过度开发",虽然各遗产地都在强调景区生态环境的规划与保护,但由于大部分生态系统的生态阈值目前还不清楚,在"投资主体多元化与社会办旅游"的发展模式下,在宏观调控乏力和规划执行随意性大的粗放发展格局下,科学利用与保护措施在政府、企业及旅游者三个层面上已明显脱节,玩起了猫鼠游戏,这边要保护,那边就破坏。比如泰山,既是自然遗产又是文化遗产,城市绿化时领导喜欢栽大树,农民发现这是

---

① 联合国:中国将成为世界排名第一的旅游目的地国家. http://www.enorth.com.cn。
② http://news.12371.cn/2012/12/20/ARTI1355953121651577.shtml。

发财的道路,就把泰山上的大树给偷偷挖过来,卖给城市绿化部门。利益驱动的短期旅游开发行为已严重危及生态环境的良性循环,并将导致濒危物种生存环境的破坏,生物多样性的减少,以及历史文化景观的变质,而且造成的后果往往无法挽回。总之,生态系统的破坏和环境的退化已成为世界遗产地可持续旅游发展的主要障碍。

3. 旅游文化品位亟待提高

在外来和现代文化的巨大冲击下,一些遗产地的旅游开发常常摒弃珍贵的民族文化特色,忽视资源特有的文化价值,对传统文化缺乏有效的保护和继承,使一些珍贵的文化旅游资源面临退化和消失的危险。此外,一些遗产地将古朴的民俗文化、民族风情和肃穆的宗教仪式包装为粗俗的商业性表演,原有的文化价值被商业价值所取代,旅游者面对这样的旅游产品感受不到有益的教育和熏陶。所以,如何提高旅游产品的文化品位,避免民族文化旅游资源的商业化,充分发挥旅游文化的教育功能已成为遗产地在发展旅游的过程中亟待关注的问题。

同时,旅游发展使当地居民认识到地方文化和旅游者带来的外来文化存在着差异,他们的生活方式、生活习惯在外来文化的影响下发生了一定的变化,他们的一些传统习俗在某种程度上也受到了一些旅游者不良行为的冲击。如何有效地保护民族特色传统文化,不仅是摆在旅游经营管理者面前的任务,而且也是每一个旅游者需要思考的问题。

4. 旅游科技与质量滞后

旅游发展规模的迅速扩大使大部分遗产地处于一种高负荷的运转状态之中,环境压力也在不断加大。实施高科技、高效率的旅游环境管理技术可谓迫在眉睫。但现阶段遗产地旅游环境管理技术的应用处于低水平、低效率状态。很多遗产地缺少旅游环境监测系统和保护设施,污水、垃圾处理仍采用简易的方式,处理效率不高,造成遗产地污染,景观质量下降,威胁珍贵物种的生存。

同时,旅游决策缺少科学依据,带有相当的主观性和盲目性。旅游经营管理的电子化、信息化、网络化程度远远落后于相应技术的发展水平和发展速度。旅游发展向规范化、质量型、效益型的转变呼唤高新科技的支持。

5. 旅游者与经营者素质不高

我国国民受教育的水平比较低,自觉的环境保护意识比较淡薄。就大多数旅游者而言,自觉的旅游环境保护观念还未形成。加之中国流动人口数量巨大,经济收入和文化层次较低的旅游者人数急速增长,旅游环境意识在这一部分人群中更是缺乏,高密度的旅游人流和大量的不文明旅游行为对环境造成的破坏比较普遍。从长远看,如果旅游者的环境意识不能得到实质性的提高,我国遗产地的旅游生态环境将面临更加严峻的形势。

同时,不少旅游经营管理者的素质比较低,可持续发展意识淡薄。文化素质不高导致低级粗糙的商业化景观泛滥,使资源失去其固有的意蕴和内在魅力;环境意识淡薄,不少饭店、餐馆的污水、垃圾未经处理随处排放;科技意识欠缺,对旅游科技投入重视不够,旅游科学化管理的基础相当薄弱。可持续发展意识淡薄还表现在经营管理与开发上的短视化行为普遍,追求短期利益,忽视或损害长期利益;不规范经营,过度竞争,欺诈游客,败坏声誉的行为时常出现。旅游者和旅游经营管理者的整体素质已逐渐成为影响中国世界遗产地旅游可持续发展的重要因素之一。

6. 遗产旅游的粗放式经营

近年来在高强度投资的推动下,中国世界遗产地的接待能力迅速增长,行、住等硬件设施已基本上同旅游发展的需求相匹配。但食、购、娱的开发建设明显滞后,深厚的东方文化底蕴亟待发掘整理。反映地方特色的旅游商品匮乏,旅游商品趋同。适合旅游者需要的、参与性强的、健康向上的、富有民族特色的晚间娱乐活动严重不足。旅游产品结构简单,更新缓慢,不能满足多层次旅游市场的需求。旅游产业结构的粗放经营特征明显。

面对迅速壮大的旅游产业化过程,旅游行业管理的体制、政策与法规建设滞后所带来的问题日益突出,并在各个层面上影响着遗产地旅游业的健康发展。关系不顺,政策不明,各利益主体之间的摩擦碰撞现象大量存在,尤其在景区建设、管理及旅游投资决策方面问题更为突出。有法不依、执法不严、违法不究现象也时常发生。旅游经济的高速增长亟待理顺体制,加强遗产地的保护和管理。

11.3 中国世界遗产可持续发展之路

世界遗产折射出的是一幅幅瑰丽的画卷,一份份无法逃避的责任,人类作为遗产的所有者,既有享受遗产带来的财富价值的权利,也负有保护和传承遗产的义务。世界遗产也只有在利用与保护共赢中走上持续发展之路,才能继续人类文明的辉煌之旅。

11.3.1 世界遗产可持续发展中的几个重要关系

1. 遗产地旅游与自然、文化的协调

遗产本身具有资源的特殊性,自然遗产具有突出的、普遍价值的自然面貌、多样性生物资源和天然的名胜区;文化遗产则具有独特的、普遍价值的文物、建筑群、遗址等。联合文教科文组织发展纲要中指出人类肩负有保护世界遗产不可推卸的责任和义务，尤其在当今，越来越多的遗产濒临消失的状况下。自然与文化遗产具有典型的自然或文化特征，不能复制或者再生。人类各个民族文化的长期发展，包含了文化的创造过程，或者由文化赋予它的意义，抑或是文化所直接创造，故而文化与自然资源远远超过了资源的简单经济特性。世界遗产的可持续发展始终应将保护放在第一位，并维护遗产地的文化与自然的完整性。

世界遗产的可持续发展要求遗产地旅游按照"开发为保护，保护促开发"的思路开展。旅游者进入遗产地，会对当地传统生活方式造成影响，旅游者带来的现代化生活方式对遗产地尤其是具有独特宗教信仰、文化传承、生活习俗的少数民族地区带来冲击。外来文化会以极快的速度将遗产地的传统文化同质化；在遗产地初期快速发展旅游配套设施，容易引起遗产地的"城市化"；围绕遗产地旅游而开展的市场经营活动，也容易使遗产地沦为一般旅游地的大众模式。我国目前的遗产地初期都是作为风景名胜区发展起来的，加之我国旅游业起步较晚，旅游开发走的是大众模式，以经济效应为首要考虑，对遗产地的"同化"作用表现得更为明显。在这种背景下，我国很多世界遗产地都不同程度地丧失了自己的特色，甚至遗产地的自然生态平衡和人文生态平衡都遭到破坏。遗产地旅游开发，应将社会效应放在首位，经济效应应以生态效益为依托。在遗产地发展旅游必须考虑到旅游对自然资源、生物多样性的影响，维护生态平衡性；必须考虑旅游对当地文化、传统习惯和社会生活的影响。在制定旅游发展战略过程中，要充分认识当地传统习惯和社会生活，注意维护地方自然、文化特色。遗产保护和开发的政策制定者、遗产地的管理者以及相关政府部门在制定遗产地旅游政策时，不能只独立考虑列于《世界遗产名录》的自然与人文遗存，必须将其放在一个区域性的完整的自然与人文环境中进行管理。如丽江古城，以其完整地保存了纳西族的生活和建筑形态而成为世界文化遗产，但是过多的游客涌入，过分的商业开发，使丽江的纳西文化流于"符号化"和"空心化"。在丽江附近开发的束河古镇，较完整而真实地保存了纳西民族的生活状态。这是在旅游大发展时代建立文化保护的核心与缓冲地带的一种举措。

2. 遗产地旅游资源利用人的代际协调

旅游可持续发展的基本原则之一是要求在发展的同时保证目前的生产率能持续至将来很长一段时间，延续至子孙后代。本代人之间、各代人之间应公平分配有限的旅游资源，旅游需求的满足不能以旅游区环境的恶化为代价。当代人不能满足自己的旅游需求或者经济效益而损害后代公平利用旅游资源的权利。可持续原则一个很重要的发展理念是：环境不仅是我们从先辈那里继承而来的，而且是我们从后代人那里借来的。要把旅游看成这样一种活动：当代人为保护好前代人遗留下来的环境，或者利用前代人留下的环境，为后代人创造更加优异的环境。对于世界遗产而言,它们本身就是人类共同的遗产,记录了人类各民族文化的发展,是文化的创造过程。人类的记忆和文化传承是代代相传的,正在拥有遗产的这辈人,有责任也有义务保护好人类共同的遗产,并将它传之于后人。

对四川省的四大世界遗产而言,譬如峨眉山—乐山大佛,历史可以追溯到汉朝,两千多年前,佛教就开始兴旺,正如世界古迹遗址理事会科学委员会主席席尔瓦教授在考察乐山大佛时留言,我们这代人之前,人类已在地球上居住数千年,他们给我们留下了两份重要的、鼓舞人心的财富,一是由他们保护下来的大自然,二是他们给我们留下的宝贵的人类文化。峨眉山是一个独特的地方,其自然环境、森林植被、古老的寺庙、身着长袍的僧众和古老的佛事活动,都完好地保留下来。都江堰—青城山同样经历了漫长而悠久的历史时期。都江堰是当今世界年代久远、唯一留存、以无坝引水为特征的宏大水利工程,两千多年来经久不衰,而且具有愈来愈大的效应。都江堰的修建,以不破坏自然资源,充分利用自然资源为人类服务为前提,变害为利,使人、地、水三者高度协调和统一,是全世界迄今为止仅存的一项伟大的"生态工程",不但开创了中国古代水利史上的新纪元,也在世界水利史上写下了光辉的一页。青城山早在秦王朝就被列入国家祭祀的十八大处山、川圣地之一;青城山也是我国道教的发源地,及道教文化、古建筑文化、青城武功、青城易学、青城丹法于一山之中,始于晋,盛于唐,体现了我国西南民俗文化的特色。青城山道教自创建至今,宗教繁衍,久盛不衰,香火不断。四川省的四大遗产是巴蜀祖先秉承大自然的造化,并在此基础上创造了灿烂的文化。千百年历史,无数人智慧的结晶,凝结了如今举世瞩目的世界遗产。它们的影响力已远远超越了四川、中国的地域,成为全人类共同的文化。

作为世界遗产传承的一代,当代人应当将它们放在一个从古至今一直延续不断的历史进程中。世界遗产所代表的自然与人文一直处于发展与创造之中。遗产地的可持续发展,要求当代人保护好祖先遗留的珍贵财富,保护好人类共同的遗产,保持遗产的历史原真性;同时,自然和人文尤其是人文的创造还应在当代人的努力下,沿着自身的轨迹继续发展下去。当代人应该具有更加坚定的信念是,不但要将前人留下的遗产保存好,还要将它们完好地传承给下一代,乃至千秋万代,并在满足当代人直接物质需求的同时,创造出更多的文化,形成未来的遗产财富。世界遗产体系不是一个僵化而一成不变的体系,而是一个不断发展的开放式体系,在每个时代都需要创造更多的"未来遗产",并在适当的时候补充到世界遗产这个开放的体系中。未来遗产的终极价值在于其超越性,既超越了当代人的现实约束,也超越了地域的约束,又超越了本身价值。未来遗产的创造也会减轻现有遗产地的压力,推动现有遗产地的发展。

3. 遗产地旅游的社会与经济的协调

一般来说,可持续旅游的基本要求是:为了与可持续发展相协调,旅游必须以当地经济发展所提供的各种机遇作为发展的基础。旅游与当地经济应该有机地结合在一起,对当地经济起到积极的促进作用……所有可供选择的旅游发展必须有助于提高人民生活水平;有助于加强与社会文化之间的相互联系,并产生积极的影响。[①] 旅游资源尤其是自然资源生态旅游富集的地方,往往也是自然及社会文化相对原始的地区,也是社会经济的贫困地区,因此通过旅游资源开发而促进贫困地区脱贫致富,提高生活质量是可持续发展的重要内容。由于旅游产业的联动效应强,通过对旅游资源丰富而又不发达地区有计划地进行旅游开发,能带动不发达地区人民致富,加快不发达地区经济发展,缩小不发达地区与发达地区的贫富差距,实现社会经济的可持续发展。

在对世界遗产的利用目的和方式上,我们不能简单地照搬发达国家的经验,而要从我国发展中国家的国情出发,采取因地制宜的发展方式。遗产地的原居民祖祖辈辈依靠这片土地生存,不能因为保护遗产而使他们更加贫困;尤其是西部地区,在生产力落后、市场竞争弱的情况下,遗产往往是当地唯一可利用的资源。对于遗产地居民,难以让他们在经济不发达之中承接保护遗产的责任,追求经济发展是遗产地区可持续发展的一部分。以四川省的世界遗产地为例。地处我国西部地区的四川,在遗产资源开发利用之前,是我国经济不发达地区。四川四大世界遗产中有两处自然遗产——九寨沟和黄龙在阿坝藏族羌族自治州境内,阿坝州的经济发展水平在四川省 31 个地市州中位于第 29 位;这两处自然遗产还是在少数民族聚居区,依托世界遗产旅游而产生的广泛带动效应发展经济,富裕一方,更具有社会稳定、民族团结的意义。所以,我国世界遗产的利用,需要以地区经济的发展促进社会的稳定和谐,即以经济效应促进社会效应。

此外,世界遗产利用也要充分考虑到旅游经济发展带来的社会压力。在 2003 年我国人均收入已达 1 000 美元,按照国际经验,已进入旅游蓬勃发展时期。旅游发展带来的机遇也带来挑战,即对遗产地生态和环境的压力。首先,遗产地旅游对经济效益的追求必须在合理的生态承载量范围内;其次,遗产地旅游方式要从粗放的追求人数增长转变到注重内涵提高效益的集约型增长;最后,对不同的遗产地在不同地区、不同历史时间应有不同的定位。比如从峨眉山—乐山大佛、都江堰—青城山所在地区和成都地区目前和未来的社会经济发展来看,通过旅游增加财政收入已不是遗产旅游的主要目标。对它们的定位应该超越简单的旅游发展概念,不但要考虑到遗产旅游对当地经济的贡献,还应把世界遗产放在一个更宽泛的视野中去,考虑世界遗产体系中的意义。

4. 遗产地旅游有形资源与无形资源的协调

这里所说的有形资源指具有物理形态的遗产资源,无形资源是指遗产地的

[①] 摘选自 1995 年"可持续发展世界会议"通过的《可持续旅游发展宪章》。

历史传承、文化精神,由此延伸出来的品牌形象。目前我国的世界遗产在列入《世界遗产名录》之前,一般是作为普通旅游地,比如风景名胜区、文物旅游地等;加之我国在改革开放后旅游业才正式起步,由于认识水平和管理水平的局限,以及旅游者的浅层需求等,大部分旅游地旅游开发方式粗放,以简单的"观景游"和静态的"文物游"为主,旅游收入主要来自门票。这样的旅游方式仅仅是简单地利用有形的旅游资源,发展旅游的目的也主要是为当地经济服务。即使被联合国教科文组织列入《世界遗产名录》后,大部分遗产地仍然停留在"外延粗放"的旅游方式上。世界文化与自然遗产给人们带来的体验方式和内容都十分有限,知识文化的传播、文化的弘扬、自然与文化的体验,与人们日益增长的需求相去甚远,与遗产在这方面的社会使命不相匹配。遗产地的管理者和经营者也普遍将眼光局限于景点景区,普遍采取"硬开发"的方式,即主要针对遗产旅游的各种服务设施和商业性工程项目的建设,如新建商店、宾馆、饭店、索道等服务设施,而忽视或脱离了对遗产资源真实价值的"软开发",即通过考察研究、审美实践而不断发掘遗产资源的科教、游览和山水文化创作体验水平,包括对遗产所在地的文化、民风、习俗等资源价值的研究与开发。实际上,遗产资源的"软开发"是"硬开发"的基础和本源,也是维持硬开发的生命线,而硬开发只是软开发派生价值的一种实现形式,表现在对遗产景区的开发与经营上,旅游题材发挥不够,旅游产业链条不够宽不够长,延缓了旅游经济的发展。遗产旅游的深度发掘,项目收入多元化,品牌塑造、品牌经营等还很粗放。且在主要依靠门票收入增长的前提下,遗产所在地地方政府对经济增长的追求,往往变现为对遗产管理者(机构)人数和门票收入的指标压力上,导致遗产地管理者(机构)对遗产保护和开发的两难抉择。

遗产旅游可持续发展要求对遗产不能无限制地利用其有形资源。伴随着社会的发展,人们的旅游需求层次越来越高,逐步从被动的"观景游"和"文物游"向主动的"体验游"、"文化游"方向转变。市场需求的变化使传统景区陷入旅游生命周期的衰退阶段。在这种背景下,对遗产管理者提出了新的要求,即遗产地可持续旅游必须从外延粗放式向内涵集约式的发展方式转变,必须将遗产地有形资源利用和无形资源利用结合起来。具体有以下几种方式:一是创新旅游的内容核心是在尊重遗产完整性、真实性的基础上,充分挖掘文化内涵,以人为本,围绕游客的体验项目的多元化经营,最大限度地丰富和激活游客的人文体验。二是开发旅游商品。国际上旅游商品占旅游整体收入达到30%,而我国这一比例不超过10%。

5. 遗产地旅游发展与区域发展的协调

遗产地发展旅游,容易只停留在经济利益的争论上,遗产可持续旅游应有宽泛的内涵。从遗产与区域社会经济协调发展的角度,更能全面理解遗产可持续发展的内涵。遗产旅游不是仅仅增加旅游收入本身，而是影响和带动各方面的发展，形成新的定位。没有地方各方面的支持，不可能申报和保护好遗产；旅游发展了，需要对地方发展做出适当回应，这也是符合可持续发展要求的。遗产地旅游发展与区域发展之间是一种互动关系。

（1）世界遗产对区域社会经济发展的贡献

遗产旅游带来了直接的经济收入。一般来说，世界遗产是地方旅游的核心，是旅游收入的主要构成部分，在地方GDP中占有较高的比例。以拥有峨眉山—乐山大佛双遗产的乐山地区为例，1998—2001年乐山旅游收入比重分别为13.2%、18%、14.9%和17.68%。

遗产旅游也促进了遗产地产业结构的调整。遗产所在地以前的重点产业偏重于第一、第二产业。阿坝州是传统的农牧业地区；乐山市以传统的三线企业为主，重工业比重偏重，目前正处于产业结构升级换代的过程中。近年来随着旅游业的蓬勃发展，遗产旅游给当地社会经济带来了深远影响，产业结构的变化已经开始展开。九寨沟、黄龙带动了阿坝州整体旅游的提升，旅游从业人数大大增加，旅游业已成为阿坝州的龙头产业。乐山市"中国第一山"国际旅游区的建设，引来外地3个项目、共计21亿元的投资，GDP增长列全省前茅，产业结构更加优化。

世界遗产使遗产所在地获得了社会发展定位，增强了在国际上的影响力。申报世界遗产围绕遗产所在地进行的大规模改建带来了环境的改善和基础设施条件的改善，城市面貌焕然一新。例如，乐山市城市面积比20世纪80年代扩大近十倍，1998年峨眉山市被评为全国优秀城市，都江堰市被誉为"最适宜居住的城市"，成乐、乐峨高速公路建成，九寨沟景区内基础设施和景区外城镇建设已非常完善，九黄机场通航，松潘至九寨沟的公路成为全国生态示范公路。

社会文明程度与市民素质得到广泛提升。卫生城市、园林城市、文明城市、国家优秀旅游城市创建活动全面提升了市民和当地居民的素质。围绕世界遗产举办的各种文化艺术活动已逐渐在全国至海外产生良好影响。比如，峨眉山举办的"万展明灯朝普贤"的大型佛事活动，成都举办的"成都国际非物质文化遗产节"、都江堰每年一度的放水节、夏天的啤酒节，吸引大量海内外信徒和游客。

最关键的是世界遗产使遗产所在地在全省发展格局中有了良好的战略定位，乐山大佛—峨眉山所在区域，被规划为四川省的"天下第一山"国际旅游区，九寨沟—黄龙所在区域被规划为"大九寨国际旅游区"，规划的国际旅游区是四川省旅游发展的重点区域，而旅游产业又是四川的支柱产业，是政府大力扶持的产业，遗产所在地在全省的战略定位价值是不可估量的。

因此，世界遗产的可持续发展不是独立的，在现有的体制下，没有地方的支持和关注，很难真正保护好世界遗产。在经济尚不发达的西部和四川，人们对遗产除了保护还有对遗产旅游带来经济发展的要求。遗产旅游可持续发展,不仅仅是绝对地规划范围内的遗产景区旅游发展,还要综合考虑,战略协调,符合区域发展的特点和要求。

(2) 区域社会经济发展对遗产的影响

我国现有的自然与文化遗产管理体制决定了对世界遗产的影响来自地方上的经济发展水平和相对应的管理政策。世界遗产的申报和后续管理工作都需要遗产所在地政府的大力支持。申报遗产工作需要政府对遗产保护与旅游开发进行大规模的投资,集中投资改善环境,清理不协调的设施、整治交通等;除了建设性投资外,还有恢复生态、移民及搬迁等直接用于遗产保护的投入。这些投入相当大部分是依赖遗产所在地区各级政府的支持。

除了直接投资外,区域社会经济发展环境也是遗产保护的重要基础。只有遗产地具有较高的经济发展水平,遗产保护才有了牢固的基础条件。遗产的可持续发展是和我国当地区域社会经济的可持续发展紧密相关的,只有富裕文明的社会才能肩负起世界遗产可持续发展的重任。

但是,区域社会经济的影响也有负面作用。峨眉山—乐山大佛所处的乐山地区是四川经济较为繁荣的地区,人口密度较大,在工业结构调整中,大批劳动力释放并转移到旅游业上来;同样九寨沟、黄龙所处的阿坝州,尤其是成都到九寨黄龙的九环一代的居民,从以前主要从事的农牧业,大量转为旅游从业。这种状况导致了景区的经营无规则、无重点,同样以消耗资源为代价,也就与遗产保护产生矛盾。

在发展中国家尤其是西部地区,遗产可持续发展并不是回避世界遗产的利用问题,而是寻找保护和利用的和谐发展的结合点。世界遗产对区域社会经济的影响不仅仅在于直接的财政贡献,而且在于体现区域的战略价值和社会经济带动作用,区域对遗产可持续发展的影响也是全方位的,包括经济条件、社会条件乃至人文地理等。遗产的保护与利用的协调正是蕴含在这些互动之中。

11.3.2 中国世界遗产可持续发展主要对策

世界遗产是稀缺而特殊的资源,必须将保护置于首要位置,决不能为了短期或地方的经济和利益,而牺牲人类享有遗产的长期和全体利益,坚持世界遗产的可持续发展之路,让世界遗产的福祉能够更长远地存在。

1. 建立有效的管理体制和保障制度

世界遗产的可持续发展需要一个健全的管理体制为其保驾护航,且需要一个健全的保障制度与管理体制相辅相成,使得遗产的保护和利用井然有序,有法可依。

如今危害世界遗产的行为愈演愈烈,非常重要的原因还在于管理体制的不畅。专家认为,造成自然遗产景区破坏的原因主要有二:其一是部门割据,对世界遗产的管理可以说是"九龙治水水更急";其二为地方割据,地方政府对遗产的破坏是最根本的破坏。无法可依和权责不明,加重了管理的随意性及长官意志。一些地方管理部门,套用开发区的相关法规来管理世界遗产;有的擅自改变遗产地管理体制,将遗产地划归旅游部门,捆绑上市或租赁经营,致使遗产遭受无法挽回的损失。违规行政造成的损失,则全由国家来"埋单",这正是长期以来某些地方政府盲目决策、瞎指挥、违规行政不绝的根本原因。

要对世界遗产进行有效保护,必须对发展经济的合理需求加以有效的管理,而不是一味地排斥。世界遗产的管理过程实际上也是人类社会活动与遗产地自然生态环境相互作用的过程。世界遗产管理需要建立有效的约束与激励机制,两者要相辅相成,通过科学管理来获得遗产保护的有效性。这就需要强调建立真正属于世界遗产的管理模式,将遗产保护置于可持续性发展的战略高度的组织系统中进行综合考察。从目前的情况看,我国世界遗产管理已经进入了一个管理模式创新阶段,这方面的实践已经难以用原有的理论来解释,亟须加强我国世界遗产管理模式的理论思考,进行管理体制改革。

世界遗产的保护目前有一套国际性的标准,遗产申报成功后就必须按照这个标准去执行,遵守相应的国际公约。然而,国际遗产保护也有多样性,在具体管理上仍然需要依赖各个国家的努力。我国的遗产保护,目前主要还是沿用文物、风景区的管理体制。不能否认这些管理经验对遗产保护有很大的作用,但必须考虑到世界遗产保护体系本身的特征。同时,由于我国社会经济的改革和转型,这种文物与风景区保护管理体制也正在发生转变,因此,我们实际上是在一个变化的环境中,面对着一个特殊的世界遗产的保护问题,需要针对世界遗产的特殊要求和目前我国遗产管理的现实环境来改革管理体制,建立真正属于世界遗产的有效的保护模式。

这要求我们建立起一套科学的保护世界遗产的管理制度,正确地处理政府、公民在保护文化遗产中的相互关系,要建立必要的管理规范,防止一切可能的破坏世界遗产行为的发生;与此同时,对于作为管理者的政府行为也要严格地加以限制,要求政府能够按照保护世界遗产自身的规律办事,而不是滥用职权。①

2. 引进先进技术,强化功能分区

在世界遗产保护工作中,要增加科学性和规范性,让人类珍贵的遗产完整而又长久地保存下去。

第一,要借助科技力量保护世界遗产,尽快完善全国世界遗产保护网络体系

---

① 陈来生. 世界遗产在中国[M]. 长春:长春出版社,2006.

的基础设施，搭建全国世界遗产基础信息网络，建立世界遗产管理动态信息和预警系统，提高预防风险的等级以及能力，形成以预防为主的保护模式。

要加强对世界遗产保护管理工作规律性的研究，加强档案建设工作，尽快建立我国世界遗产管理动态信息系统和预警系统，加强对世界遗产保护情况的监测，安装电视监控和报警系统，利用现代科技手段为遗产检查"病因"，着力研究岩体防风化技术、防火、防雷、防虫、防生物侵害以及旅游资源开发管理信息系统。对各种遗产采取必要的技术性保护措施，对一些重要的古墓在挖掘技术条件不成熟的条件下，一般不宜仓促进行；对一些珍稀的古字画、古艺术品使用摹本进行展览；对遗址挖掘现场要遵守严格的考古发掘规范等。需通过各种技术性手段，最大限度地延续遗产的质量和可供留存的期限，以最大限度地实现遗产记载历史、承载文明的功能。

第二，要实现世界遗产地功能分区建设。世界遗产委员会前任主席阿都·维前扎冷认为，可持续旅游包括对遗产的利用、保存和维护，以及在世界遗产景点内划定相应区域进行分区管理。具体讲一是设专供管理、维护需要的管理区，不对游人开放；二是设供游览的旅游区；三是对遗产区域内的游客量进行科学评估，限制人数，确保遗产的合理负载。

因此我国的世界遗产地的保护，也要做好功能分区工作，可将遗产地分为保护区内和保护区外，从而解决旅游服务基地开发和游览地保护这一分工。在保护区内，可以建立五个功能区：① 生态保育区。主要针对生态价值高的地区，这个区只对科学研究者开放。② 特殊景观区。供人游玩欣赏，设步行道，但不能有过夜设施。③ 史迹保存区。用以保存历史遗迹。④ 区内服务区。只设简单的过夜设施。⑤ 一般控制区。区中原有居民生产活动要受控制。在韩国国立公园的旅游服务区，多是通铺；美国也不允许在国家公园内搞豪华宾馆。宾馆、饭店、商店、游乐城等旅游服务设施只能建在世界遗产保护区的周边地区，而且只能建造野营式、可拆式、集体宿舍式的房子，而不是什么高档宾馆。

3. 树立起"抗文物消失"的理念

文物是幸存者，但幸存者不一定是永存者。一切物质都处在不断的运动变化中，文物也不可能永久地静止，而始终处于不断消失的过程中。诚然，文物的这种消失运动不可避免，但我们可以最大限度地延缓其消失的过程。我们应高度关注和保护本国本民族的文化遗产，并将之纳入国家法律保护之内。不经允许，不得侵占，不得挪作他用。文化遗产的保护应采取综合措施，包括立法、财政、行政、专门机构处罚、奖励、教育、修缮等。首先应做出各种预防性措施，旨在使遗迹和遗址免受可能面临的各种危险，禁止在遗产保护地修建各种公私建筑、道路、广告牌、电杆电线等设施，禁止采矿、伐木、营建商业或娱乐设施。其次对重要的历史文化遗址，应划定保护区，进行特殊保护，保持其原有的真实性、原初性和完整性,融人文历史与自然景观于一体。文化遗产保护是一个很复杂的问题,保护得当,它能够给当地带来声誉和机会,成为长期的收入来源;草率行事,会永久性地破坏世界遗产,损失将是无法估量的。

4. 进行世界遗产的教育,增强遗产保护的意识和能力

在世界遗产问题提出和发展的过程中,有关"遗产教育"一直是一个备受重视的问题。联合国教科文组织早在1962年通过的《关于保护景观和遗址的风貌与特性的建议》中就专门列有"公共教育"一项,并具体提出"教育活动应在校内外进行,以激发与培养公众对景观和遗址的尊重,宣传为确保对名胜和古迹的保护所制定的规章"。1972年诞生的《保护文化与自然遗产公约》"教育计划"第27条也强调"本公约的缔约国应通过一切适当手段,特别是教育和宣传计划,努力增强本国人民对本公约第1和第2条中确定的文化和自然遗产的赞赏和尊重"。联合国教科文组织公布的《人类口头及非物质遗产代表作公告》实施指南也要求"以适当的方式将人类口头和非物质遗产学习列入学校的正式课程等"。许多国家的世界遗产的保护,都是从世界遗产的知识普及和遗产意识的教育入手的。

保障世界遗产事业持续发展有许多支撑条件,如机制、法律、科技、资金、教育等,但教育是贯穿各方面的重要因素,因为对世界遗产的认知、保护、利用、传播等,都要靠有理念、有知识、有技能的人去完成,也要靠对世界遗产有全面理解的社会公众的参与和支持,而这些主要靠教育途径才能实现。可以说,"世界遗产教育"是世界遗产事业健康、永续发展的最为重要的动力和条件。

据了解,中国联合国教科文组织全国委员会与教育部计划把世界遗产教育纳入部分重点中学教学课程之中,一些大学在这方面也开始有所动作。一个崭新的教育内容——"世界遗产教育"正在中国悄然兴起。2002年8月,在苏州"中国世界遗产国际青少年夏令营"活动中,诞生了我国第一批"世界遗产青少年保卫者";由联合国教科文组织世界遗产中心认证、中国教科文组织全委会直属的教育研究机构苏州世界遗产研究教育中心也正在积极地筹建中,这对于与遗产保护相关的科学技术、业务管理、宣教和青少年志愿者培训都将起到积极的作用。

5. 提高综合经营能力,转变遗产地效应方式

长期以来,世界遗产都处于旅游开发和保护的两难境地。在利润无可抗拒的诱惑前,开发占有不可抗衡的优势。多年来我们始终没有做到适度开发、妥善保护。但是,文明的价值,也绝非价格可以保护,保护的担子,必须由政府挑起来。遗产经营与一般经济资源经营的最大区别是,其盈利应当与遗产事业的非营利性相一致。坚持遗产保护优先,这是遗产经营的一个出发点,也是遗产经营

的一个归宿。

对照上述原则,遵循"真实性和完整性"的保护原则和我国政府对世界遗产"保护第一,合理利用"的方针,我们应加强对遗产地保护和利用的管理与引导,建立健全对遗产保护和利用的监测、监督体系,建立一个包括预警指标、反应机制、预防措施等的预警系统。旅游部门应该和遗产管理部门共同建立和遵守一套指标体系和监测手段,以便收集必要的资料数据,对遗产旅游做出即时评估,并对其进一步发展和保护提供必要的信息。如果涨价真是为了控制游客人数的话,那就应该限定每天入园的人数,而不能来者不拒。

巧用价格杠杆,实行分时票价,采取多种经营。遗产地的经济亏损不能一味靠涨价来扭转,还应当借助可行的多种经营以及必要的国家财政倾斜,以及全社会对遗产开发和保护的关注。而从长远来看,发展休闲度假游,将游客消费引向宾馆住宿、餐饮、购物等领域,不仅可以增加景区的赢利能力,而且有利于打破旅行社仅靠门票折扣难以自保而不愿意做入境游的窘境。

遗产地的大幅度提价,不但会使许多外地游客望而却步,而且也会严重损害本地群众的切身利益,使之望园兴叹,甚而对遗产保护失去兴趣。事实上,国内外众多风景旅游点的主要收入并不是门票,而是政府的财政补贴和景点的多种经营。世界文化遗产的价值并不一定要用门票来衡量,国外许多遗产地是不收门票的,为的就是让更多的人了解遗产,宣传遗产,保护遗产。

采取控流措施,以不破坏环境和旅游感受为限。目前很多国家对世界遗产都采取控流手段,即控制每日的参观人数,有计划地限制开放时间,从而有效地控制客流量。在国内,颐和园以不断开发新的游览区域和游览项目来增加游园承载能力。莫高窟一方面对日趋退化的壁画及彩塑实施全面的数字化存贮,对存在多种病害的壁画、彩塑进行全面、科学的保护与修复;另一方面建设游客服务中心,防止洞窟承载过量,科学确定最高接待量,采取洞窟参观预约、调节游客人数、限制入洞人数的频率和停留时间等措施,把游客对洞窟的危害降到最低,以延缓壁画的衰老。这些都启发我们科学确定遗产地的入园人数,分时分类开放景点,科学设计旅游线路,使有限的区域在不破坏环境和游览氛围的前提下尽可能多地接待游客。

参 考 文 献

英文文献

[1] Bickerman, E. J. Chronology of the ancient world (2nd ed.). Ithaca, N. Y.: Cornell Univ. Press

[2] Claridge, Amanda. Rome: An Oxford Archaeological Guide (1st ed.). Oxford, UK: Oxford University Press, 1998

[3] Gettleman, Jeffrey. Unesco intends to put the magic back in Babylon, International Herald Tribune, April 21, 2006. Retrieved April 19, 2008

[4] Kemp, Barry J. Ancient Egypt: anatomy of a civilization 再版画刊. Routledge. 1991: 105—106。

[5] Richard Platt, Olympics through Time: Roman[M], Kingfisher, 2012

[6] Sherry Marker, "Where Athletes Once Ran" in the New York Times, July 18, 2004

[7] The Colosseum: Largest Amphitheatre. Guinness World Records.com. 2013

[8] Wager J. Developing a strategy for the Angkor World Heritage Site [J]. Tourism Management, 1995, 16(7): 515—523

[9] IUCN-Commissions. International Union for Conservation of Nature. 12 May 2010

[10] Australia's Biodiversity Conservation Strategy 2010—2020. Prepared by the National Biodiversity Strategy Review Task Group convened under the Natural Resource Management Ministerial Council, 2009

[11] Yale, P. From Tourism Attractions to Heritage Tourism[M]. Huntingdom: ELM Publication, 1991

[12] G. J. Ashworth, J. E. Tunbridge, The Tourist Historic City, Retrospect and Prospect of Managing the Heritage City[J]. Elsevier Science Ltd, UK, 2000

[13] Wang Ning. Rethinking Authenticty in Tourism Experence[J]. Annals of Tourism Research, 1999, 26(2)

[14] Buck, R. C. Boundary maintenance revised: tourist experience in an Old Order Amish Community[J]. American Journal of Sociology, 1973(79): 589—660

[15] Cohen. E. Rethinking the sociology of tourism[J]. Annals of Tourism Research. 1979(1): 18—35

[16] McIntosh, A. J. & Prentice, R. C. Affirming autheaticity: Consuming cultural heritage[J]. Annals of Tourism Research

中文文献

专著

[1] 〔美〕美国不列颠百科全书公司.《不列颠百科全书·第四卷·大斗兽场》,2007.
[2] 安应民.旅游学概论[M].中国旅游出版社,2007.
[3] 陈来生.世界遗产在中国[M].长春出版社,2006.
[4] 晁华山.世界遗产[M].北京大学出版社,2004.
[5] 戴伦史·J.蒂莫西,斯蒂芬·W.博伊德.遗产旅游[M].程尽能(译).旅游教育出版社,2007.
[6] 刘红婴,王健民.世界遗产概论[M].中国旅游出版社,2003.
[7] 罗义蕴.世界遗产[M].电子科技大学出版社,1990.
[8] 毛锋.空间信息技术在京杭大运河文化遗产保护中的应用[M].科学出版社,2011.
[9] 彭顺生.世界遗产概论[M].中国旅游出版社,2008.
[10] 陶伟.中国"世界遗产"的可持续旅游发展研究[M].中国旅游出版社,2001.
[11] 沙克利.游客管理:世界文化遗产管理案例分析[M].张晓萍译.云南大学出版社,2004.
[12] 宋振春.日本文化遗产旅游发展的制度因素分析[M].经济管理出版社,2009.
[13] 钱正坤.世界建筑风格史[M].上海交通大学出版社,2005.
[14] 王艳平.遗产旅游管理[M].武汉大学出版社,2008.
[15] 杨巨平.世界文化遗产的保护与管理[M].世界知识出版社.2005.
[16] 邹统钎.遗产旅游管理经典案例[M].中国旅游出版社,2010.
[17] 章小平,任啸.世界遗产旅游可持续发展研究:以九寨沟为例[M].西南财经大学出版社,2009.
[18] 孙建华.漫步世界遗产[M].中国社会科学出版社,2005.
[19] 张松.城市文化遗产保护国际宪章与国内法规选编[M].同济大学出版社,2007.
[20] 庄志民.旅游美学新编[M].格致出版社,2011.
[21] 周耀林,王三山,倪婉.世界遗产与中国国家遗产[M].武汉大学出版社,2009.
[22] 〔美〕约翰·D.霍格.伊斯兰建筑[M].杨昌鸣,陈欣欣等(译).中国建筑工业出版社,1999.
[23] 〔美〕理查德·福特斯.美国国家公园[M].大陆桥(译).中国轻工业出版社,2003.
[24] 〔英〕米莉·科尔.世界建筑经典图鉴[M].陈镌,王方戟(译).上海人民美术出版社,2003.
[25] 王三义,黄民兴.世界古都——罗马[M].三秦出版社,2006.

期刊论文

[1] 安雪梅.非物质文化遗产保护与知识产权制度的兼容与互动[J].河北法学,2007(12).
[2] 陈稳亮.环境营造——大遗址保护与发展的重要抓手[J].现代城市研究,2010(12).
[3] 陈艳.中国世界双重遗产地武夷山的可持续发展[J].资源开发与市场,2011(11).
[4] 丁焕峰.农村贫困社区参与旅游发展与旅游扶贫[J].农村经济,2006(9).

[5] 丁海霞.神秘而恢弘的吴哥窟[J].科学 24 小时,2009(1).
[6] 邓明艳.世界遗产旅游与社区协调发展研究[J].社会科学家,2004(4).
[7] 邓艳明.国外遗产保护与旅游管理方法的启示——以澳大利亚大堡礁为例[J].生态经济,2005(12).
[8] 邓明艳,罗佳明.英国世界遗产保护利用与社区发展互动的启示——以哈德良长城为例[J].旅游经济,2007(12).
[9] 方淳.旅游对中国世界遗产地的影响[J].北京第二外国语学院学报,2004(1).
[10] 樊海强,袁寒.大遗址保护与利用互动发展新模式——汉长安城保护与利用总体规划[J].规划师,2008(2).
[11] 何翔彬.宗教建筑文化遗产的价值和保护诌议——九华山风景区佛教建筑保护管理及文化内涵发掘分析[J].中国文物科学研究,2011(3).
[12] 侯富儒.《保护世界文化与自然遗产公约》与中国世界遗产的持续发展[J].广西社会科学,2002(5).
[13] 金丽.物与像:从旅游者视角看旅游中的真实性[J].合作经济与科技,2007(1).
[14] 刘德兵,陈少玲.浅析我国古代考古遗址旅游开发原则[J].农业考古,2010(6).
[15] 刘江,姜怀英.吴哥古迹的保护与修复[J].中国文物科学研究,2006(4).
[16] 李海燕,权东计.国内外大遗址保护与利用研究综述[J].西北工业大学学报(社会科学版),2007(9).
[17] 李丽蓉.浅析丽江古城旅游业发展与环境保护[J].当代经济,2012(2).
[18] 李新建,朱光亚.中国建筑遗产保护对策[J].考察与研究,2003(4).
[19] 李晓霜.浅谈非物质文化遗产的长效保护机制的建立[J].东方文化,2009(2).
[20] 赖启福,陈秋华,黄秀娟.美国国家公园系统发展及旅游服务研究[J].林业经济问题,2009(5).
[21] 马雪萍.金字塔旅游开发和营销理念的启示[J].旅游科学,2000(3).
[22] 潘秋玲,曹三强.中外世界遗产管理的比较与启示[J].西南民族大学学报,2008(2).
[23] 潘运伟,杨明.濒危世界遗产的空间分布与时间演变特征研究[J].地理与地理信息科学,2012(04).
[24] 乔艳.我国非物质文化遗产保护中社会资金的吸引问题研究[J].商业财经,2011(2).
[25] 任思蕴.建立有效的文化遗产保护资金保障机制[J].文物世界,2007(3).
[26] 孙克勤.发展世界遗产旅游——以澳门历史中心为例[J].资源与产业,2009(11).
[27] 王晓梅,邹统钎,金川.国外遗产旅游资源管理研究进展[J].资源科学,2013(12).
[28] 王京传,李天元.世界遗产与旅游发展:冲突、调和、协同[J].旅游学刊,2012,(6).
[29] 王立武,蔡敏.世界遗产面临过度开发挑战[J].检察风云,2008(9).
[30] 杨丽霞.英国世界遗产地哈德良长城保护管理的启示——兼议大运河申遗与保护管理[J].建筑文化,2010(3).
[31] 原勃.白凯.创意旅游理论及实践[J].城市问题,2008(11).
[32] 余悦.非物质文化遗产研究的十年回顾与理性思考[J].江西社会科学,2010(9).
[33] 朱华晟,陈婉婧,任灵芝.美国国家公园的管理体制[J].城市问题,2013(5).

[34] 周武忠.文化遗产保护和旅游发展共赢——文化遗产保护和旅游发展国际研讨会综述[J].东南大学,2006(7).

[35] 赵娜娜,熊康宁,肖时珍.中国的世界自然遗产旅游与保护研究进展[J].旅游论坛,2010(12).

[36] 赵玉宗,潘永涛,范英杰.创意转向与创意旅游[J].旅游学刊,2010(3).

[37] 张松.建筑遗产保护的若干问题探讨——保护文化遗产相关国际宪章的启示[J].城市建设,2006(12).

[38] 张朝枝,保继刚.美国与日本世界遗产地管理案例比较与启示[J].世界地理研究,2005(4).

[39] 颜丽丽.国外遗产旅游的管理经验对我国的启示[J].黑河学刊,2009(10).

报纸

[1] 陈岩.澳门历史城区申遗成功[N].北京日报,2005-7-16.

[2] 康新文.迦太基古城 遗址保护有新招[N].中国文化报,2010-10-13.

[3] 刘莉.十分钟"澳门历史城区"创申遗最快纪录[N].北京青年报,2005-7-17.

[4] 刘红婴.从大视角审视世界遗产城市[N].中国旅游报,2007-9-28.

[5] 阮仪三.城市发展与城市遗产保护[N].新华日报,2006-10-1.

[6] 王京传,刘以慧.世界遗产与旅游发展关系的嬗变:冲突、调和、协同[N].中国文物报,2012-4-20.

[7] 魏小安等.发展旅游和遗产保护能否"双赢"[N].中国旅游报,2002-12-11.

[8] 邹统钎,朱天松.美国黄石公园管理模式[N].中国旅游报,2003-11-19.

[9] 冯霄.罗马的历史文化遗产[N].中国旅游报,2013-10-11.

学位论文

[1] 丛莎莎.我国世界双重遗产旅游资源开发研究[D].南京师范大学硕士论文,2008.

[2] 姜猛.凤凰古城的文化遗产保护与旅游发展研究[D].国防科学技术大学,2010.

[3] 李霞.街区记忆与旅游认同——拉萨市入廊街历史文化街区保护性旅游研究利用[D].中央民族大学,2013.

[4] 李颖.世界自然遗产旅游研发的社区参与研究——以武陵源世界自然遗产为例[D].中南林业科技大学硕士学位论文,2007.

[5] 刘春艳.旅游开发在文化遗产真实性保护中的影响力[D].东南大学硕士学位论文,2010.

[6] 麻新华.世界遗产地旅游产品开发研究[D].云南师范大学,2007.

[7] 马明飞.自然遗产保护的立法与实践问题研究[D].武汉大学博士学位论文,2010.

[8] 杨丽霞.文化遗产保护和旅游发展[D].东南大学,2005.

[9] 任保平.基于生态旅游理念的汉长安城遗址保护与利用研究[D].西安建筑科技大学硕士论文,2008.

[10] 颜丽丽.我国世界遗产旅游开发研究[D].上海师范大学硕士学位论文,2005.

[11] 张韵.我国大遗址管理机构现状及功能研究[D].西北大学硕士论文,2010.

网　站

[1] 联合国教科文组织世界遗产中心. http://whc.unesco.org/en/list/668
[2] 中国奥委会官方网站. http://www.olympic.cn/olympic/ancient/2004-03-19/113365.html；http://www.olympia-greece.org/templezeus.html；http://www.olympia-greece.org/stadium1.html
[3] 中国自然网. http://www.nre.cn/readarticle/htm/11/2003_8_19_27.html
[4] 世界著名古城遗址巴比伦及巴比伦空中花园. http://news.xinhuanet.com/ziliao/2002-09/29/content_580006.htm
[5] 中华人民共和国国家文物局."澳门历史城区"成为中国第31处世界遗产. http://test.cchonline.com.cn/art/2005/7/25/art_1666_131764.html
[6] 联合国教科文组织世界遗产中心. http://whc.unesco.org/en/list/129/
[7] 联合国教科文组织世界遗产中心. 澳门历史城区. http://whc.unesco.org/zh/list/1110#top
[8] 中国新闻网. 澳门申遗见证中西交汇史,文化遗产鲜活. http://www.chinanews.com/ga/2011/01-10/2777184.shtml
[9] 新华网. 澳门申遗,8年筹备,9分钟敲定. http://www.gd.xinhuanet.com/newscenter/ztbd/2007-06/25/content_10390315.htm
[10] 中国非物质文化保护与研究网. 澳门传统节日"舞醉龙". http://www.cich.org.cn/bhdt/20121015/n65361842.html
[11] 中国旅游网. 澳门节日习俗. http://www.51yala.com/html/2007711222537-1.html
[12] 澳门特别行政区旅游局. 节日盛世. 花地玛圣像巡游. http://gb.macautourism.gov.mo/events/calendar.php
[13] 澳门特别行政区旅游局. 节日盛世. 苦难耶稣圣像巡游. http://gb.macautourism.gov.mo/events/calendar.php
[14] 中国网. 世界遗产:保护与开发能否兼得. http://www.china.com.cn/chinese/TR-c/601911.htm
[15] 罗马帝国历史网. http://www.roman-empire.net/republic/carthage.html
[16] Carthage (ancient city, Tunisia) — Britannica Online Encyclopedia. http://global.britannica.com/EBchecked/topic/97373/Carthage
[17] Babylon (ancient city, Mesopotamia, Asia) — Britannica Online Encyclopedia. http://global.britannica.com/EBchecked/topic/47575/Babylon
[18] Machu Picchu — World Heritage Site — National Geographic. http://travel.nationalgeographic.com/travel/world-heritage/machu-picchu/
[19] 联合国教科文组织世界遗产中心. 耶路撒冷. http://whc.unesco.org/zh/list/148#top
[20] 中国—东盟博览会官方网站. 魅力之城——琅勃拉邦. http://www.caexpo.org/gb/news/special/Luang_Prabang/
[21] 联合国教科文组织世界遗产中心. 琅勃拉邦的古城. http://whc.unesco.org/zh/list/479#top

[22] 联合国教科文组织世界遗产中心.大马士革古城.http://whc.unesco.org/zh/list/20#top
[23] 宣讲家:世界文化遗产——大马士革古城.http://www.71.cn/2014/0609/762962.shtml
[24] 联合国教科义组织世界遗产中心.萨那古城.http://whc.unesco.org/zh/list/385#top
[25] 联合国教科文组织世界遗产中心.魁北克古城区.http://whc.unesco.org/zh/list/300#top
[26] 宣讲家:世界文化遗产——魁北克古城区.http://www.71.cn/2014/0508/745344.shtml
[27] 联合国教科文组织世界遗产中心.吕贝克的汉西迪克城.http://whc.unesco.org/zh/list/272#top
[28] 汉萨同盟城市吕贝克.德国国家旅游局官方网站.http://www.germany.travel/cn/towns-cities-culture/unesco-world-heritage/hanseatic-town-of-luebeck.html
[29] 联合国教科文组织世界遗产中心.基多旧城.http://whc.unesco.org/zh/list/2#top
[30] 联合国教科文组织世界遗产中心.科斯科古城.http://whc.unesco.org/zh/list/273#top
[31] 中国网.世界自然和文化遗产.http://www.china.com.cn/zhuanti2005/txt/2003-09/18/content_5407012.htm
[32] 联合国教科文组织世界遗产中心.康提圣城.http://whc.unesco.org/zh/list/450#top
[33] 联合国教科文组织世界遗产中心.加德满都谷地.http://whc.unesco.org/zh/list/121#top
[34] 联合国教科文组织世界遗产中心.非斯的阿拉伯人聚居区.http://whc.unesco.org/zh/list/170#top
[35] 联合国教科文组织世界遗产中心.维尔茨堡宫和宫庭花园.http://whc.unesco.org/zh/list/169
[36] 法律法规在环境管理体系建立和实施中的作用.豆丁网.http://www.docin.com/p-534584171.html
[37] 联合国教科文组织世界遗产中心.http://whc.unesco.org/en/list/129/
[38] 联合国教科文组织世界遗产中心.罗马历史中心.http://whc.unesco.org/zh/list/91#top
[39] 中国航空旅游网.世界遗产.http://yichan.cnair.com/494/
[40] 联合国教科文组织世界遗产中心.布鲁日历史中心.http://whc.unesco.org/zh/list/996#top
[41] 联合国教科文组织世界遗产中心.萨尔茨堡市历史中心.http://whc.unesco.org/zh/list/784#top
[42] 联合国教科文组织世界遗产中心.华沙历史中心.http://whc.unesco.org/zh/list/30#top
[43] 宣讲家:世界文化遗产——华沙历史中心.http://www.71.cn/2014/0623/766269.shtml
[44] 联合国教科文组织世界遗产中心.利马历史中心.http://whc.unesco.org/zh/list/500#top
[45] 2007年中国沈阳"世界文化与自然遗产博览会"官方网站.巴伊亚州的萨尔瓦多历史中心.http://www.ln.xinhuanet.com/sysyh/2007-04/09/content_9730228.htm
[46] 联合国教科文组织世界遗产中心.萨尔瓦多历史中心.http://whc.unesco.org/zh/list/309#top
[47] 联合国教科文组织世界遗产中心.丽江古城.http://whc.unesco.org/zh/list/811#top

[48] 联合国教科文组织. http://en.unesco.org/
[49] 联合国教科文组织世界遗产委员会. http://whc.unesco.org/en/committee/
[50] 联合国教科文组织世界遗产中心. http://whc.unesco.org/
[51] 国际古迹遗址理事会. http://www.icomos.org/fr/a-propos-de-licomos/mission-et-vision/statuts-et-politique
[52] 世界文化遗产保护管理办法. 2006. http://www.gov.cn/ziliao/flfg/2006-11/23/content_451783.htm
[53] 联合国教科文组织《黄山宣言》. 安徽网. http://www.ahwang.cn/zbah/20140529/1371102.shtml
[54] 丽江古城官方旅游宣传平台. http://www.ljgc.gov.cn/dbwh/index.htm
[55] 联合国:中国将成为世界排名第一的旅游目的地国家. http://www.enorth.com.cn
[56] 2012 中国旅游业发展报告. http://news.12371.cn/2012/12/20/ARTI1355953121651577.shtml
[57] 李贤华. 论世界遗产的法律保护. 法律咨询网. http://www.110.com/ziliao/article-11302.html
[58] 澳门世界遗产的保护与利用. 新闻网. http://www.china.com.cn/news/zhuanti/amhg/2009-12/06/content_19017168.htm
[59] 却咏梅. 世界遗产从我们手中传承——访北京大学世界遗产研究中心主任谢凝高教授. http://www.jyb.cn/gb/2004/06/04/zy/8-zb/1.htm
[60] 维基百科. http://zh.wikipedia.org/wiki/巴比伦
[61] 宣讲家:世界文化遗产——耶路撒冷古城及其城墙. http://www.71.cn/2014/0804/776503.shtml
[62] 读者维基:科潘玛雅古迹遗址. http://lib.ougz.com.cn/wiki/index.php?doc-view-6277
[63] 宣讲家:世界文化遗产——萨那古城. http://www.71.cn/2014/0804/776547.shtml
[64] 壹度创意. 中国遗产旅游管理体制. http://www.onedoing.com/a/news/2013/0502/414.html
[65] 世界各国应寻求遗产保护与旅游开发的平衡点. 新华网. http://news.xinhuanet.com/newscenter/2004-06/30/content_1557901.htm
[66] 维基百科. http://zh.wikipedia.org/wiki/吴哥窟
[67] 中央电视台国际部环球频道:世界最美的城市——萨尔茨堡. http://www.cctv.com/world/outlook/2002-12-23/887.shtml
[68] 人文天下:欧洲风情. 奥地利萨尔茨堡. http://news.xinhuanet.com/video/2010-12/17/c_12892629.htm

后 记

自2003年以来,我在中南财经政法大学开设了一门全校公选通识课"世界遗产与旅游",受到学生热烈欢迎,每学期选课人数在350人左右,有时开两个课堂,以满足学生求知的渴望。在教学过程中,我不断关注着世界遗产的保护与发展,并做了必要的研究和探索。2013年学校组织编写通识课教材,我和王子超老师欣然接受了这本教材的写作工作。从勾勒本书的写作框架,到完成书稿,用去一年多的时间,但仍有不少疏漏之处,敬请读者朋友们指正。

本书由邓爱民、王子超负责拟定大纲、组织撰写和修订。各章分工为:第一、二章(邓爱民、薛丽娟),第三章(邓爱民、王婷婷),第四章(邓爱民、付瑜),第五章(王子超、陈雅琪),第六章(王子超、万雪),第七章(王子超、乐晓丹),第八章(邓爱民、方草),第九章(王子超、朱婷),第十章(王子超、李小飞),第十一章(邓爱民、万芬芬)。在编写过程中,参考和查阅了大量书籍、学刊和资料,在此,向它们的作者表示衷心的感谢和深深的敬意。

最后,恳请读者和使用者提出宝贵的意见和建议,以便我们不断完善和提高。

编 者

教辅申请说明

北京大学出版社本着"教材优先、学术为本"的出版宗旨,竭诚为广大高等院校师生服务。为更有针对性地提供服务,请您按照以下步骤通过**微信**提交教辅申请,我们会在 1~2 个工作日内将配套教辅资料发送到您的邮箱。

◎扫描下方二维码,或直接微信搜索公众号"北京大学经管书苑",进行关注;

◎点击菜单栏"在线申请"—"教辅申请",出现如右下界面:

◎将表格上的信息填写准确、完整后,点击提交;

◎信息核对无误后,教辅资源会及时发送给您;
如果填写有问题,工作人员会同您联系。

温馨提示: 如果您不使用微信,则可以通过以下联系方式(任选其一),将您的姓名、院校、邮箱及教材使用信息反馈给我们,工作人员会同您进一步联系。

联系方式:

北京大学出版社经济与管理图书事业部
通信地址:北京市海淀区成府路 205 号,100871
电子邮箱: em@pup.cn
电　　话: 010-62767312 /62757146
微　　信: 北京大学经管书苑(pupembook)
网　　址: www.pup.cn